플루토크라트
PLUTOCRATS

플루토크라트
모든 것을 가진 사람과 그 나머지

크리스티아 프릴랜드 지음 | 박세연 옮김

일러두기
• 원주는 미주로, 옮긴이주는 각주로 처리했다.

이 책은 실로 꿰매어 제본하는 정통적인 사철 방식으로 만들어졌습니다.
사철 방식으로 제본된 책은 오랫동안 보관해도 손상되지 않습니다.

나의 어머니 할리나 초미악 프릴랜드를 기억하며

차례

들어가며

오늘날 가난한 사람들은 옛날에는 부자들도 가질 수 없었던 것들을 누리고 있다. 과거에 사치품이었던 것들이 이젠 필수품이 되었다. 지금의 노동자들은 몇 세대 전의 농부들보다 더 안락한 삶을 살고 있다. 오늘날 농부들은 과거의 지주들보다 더 많은 사치를 누린다. 더 좋은 옷을 입고 더 좋은 집에 산다. 그리고 오늘날 지주들은 옛날의 왕보다 더 희귀한 책과 그림, 더 예술적인 작품들을 소장하고 있다.[1]

— 앤드루 카네기

브란코 밀라노비치Branko Milanovic는 세계은행의 경제학자다. 1980년대에 자신의 고향인 유고슬라비아에서 박사 과정을 밟고 있었던 그는 처음에 소득 불평등 문제에 관심을 가졌다. 그러나 연구 과정에서 밀라노비치는 소득 불평등이 공공연하게 〈민감한〉 사안이라는 사실을 깨닫게 되었다. 당시 정권은 이 주제를 연구하는 학자들을 탐탁지 않게 여기고 있었다. 사실 그건 별로 놀라운 사실이 아니었다. 어쨌든 사회주의의 핵심 이념은 계급 없는 사회를 건설하는 것이었기 때문이다.

하지만 워싱턴으로 넘어오면서 밀라노비치는 이상한 사실을 발견했다. 미국인들은 그들의 부자들을 기꺼이 찬양했고, 적어도 이따금 가난한 이들을 걱정했다. 하지만 그 두 계층을 하나로 묶어 경제적 불평등에 대해 이야기하는 것은 금기시했다.

덥수룩한 구레나룻에 머리가 조금씩 벗겨지기 시작하고 있고 테디 베어 몸매를 지닌 밀라노비치는 최근 한 책에서 이렇게 언급했다. 〈워싱턴의 한 유명 연구소 소장으로부터 그 연구소 이사회는 앞으로《소득》이나《부의 불평등》을 제목으로 하는 어떠한 연구에도 지원을 하지 않을 것이라는 말을 들었다. 물론 그들은 빈곤 문제를 해결하기 위한 모든 시도들을 적극 후원할 테지만, 불평등은 차원이 다른 문제였다.〉[2]

밀라노비치는 이렇게 질문을 던졌다. 〈그 이유는 무엇일까? 가난한 사람들을 걱정한다는 말은《내》가 고귀하고 따뜻한 사람이라는 뜻이다. 그러므로 나는 기꺼이 내 돈을 들여 가난한 사람들을 도울 용의가 있다. 자선은 훌륭한 일이다. 비교적 적은 돈을 가지고서도 자아를 빛낼 수 있고, 도덕적으로 높은 점수를 얻을 수 있다. 하지만 불평등 문제는 다르다. 이 주제에 대해 논의하려면, 결국 내가 벌어들인 돈의 정당성까지 고려해야 하기 때문이다.〉

문제의 핵심은 슈퍼엘리트들이 그들의 부를 과시하고 싶어 하지 않는다는 게 아니다. 그들이 요트와 값비싼 옷, 거대한 저택을 사고, 사회적 이목을 받으며 거액을 기부하는 데에는 부의 과시라는 이유도 들어 있다. 하지만 분위기가 칭송에서 분석으로 넘어갈 때, 슈퍼엘리트들은 긴장한다. 워싱턴 및 미국 유명 금융 기관에서 요직을 거치고 지금은 월스트리트에서 일하고 있는 한 민주당 인사는 내게 오바마 대통령이 〈부자〉에 대해 언급함으로써 비즈니스 공동체를 사회로부터 소외시켜 버렸다는 이야기를 들려주었다. 그는 오바마가 소득 불평등 문제를 꺼내지 말았어야 했으며, 이 나라의 최고 부자들에 대한 언급을 피할 수 없었다면, 〈부유한affluent〉 정도의 표현을 썼어야 했다고 지적했다. 그러나 오바마는 〈부자rich〉라는 용어를 사용함으로써 그들의 심기를 불편하게 했다. 부자는 부자라는 호칭을 싫어한다. 2011년 빌 클린턴은 자신의 책 『다시 일터로Back to Work』에서 이에 대해 오바마를 비난했다. 클린턴은 이렇게 썼다. 〈나는 그들의 성공을 비난하지는 않았다.〉[3] 그리고 유연한 태도를 취함으로써 부자들에게 더 많은 세금을 걸을 수 있었다고 이야기했다.

슈퍼엘리트들을 전문으로 상담하는 보스턴의 심리학자 로버트 케니Robert Kenny 역시 이 말에 동의한다. 케니는 한 인터뷰에서 이렇게 말했다. 「〈rich〉라는 말에는 경멸적인 의미가 담겨 있습니다. 〈bitch(암캐)〉라는 말처럼 들리기도 하죠. 상담을 하다가 갑자기 벌떡 일어나 이렇게 말하는 사람들이 있습니다. 〈전 밥 케니이고, 그리고 부자입니다.〉 그리고 나서는 왈칵 울음을 터뜨리죠」[4]

갈수록 심각해지고 있는 소득 불평등에 대한 이야기를 좋아하지 않는 사람들은 비단 부자들만이 아니다. 소득 불평등은 대부분의 사람들에게도 이념적 차원에서 그리 편안한 주제는 아니다. 자본주의의 열렬한 지지자들조차, 또는 그들이 특히 더 글로벌 자본주의가 지금 방식대로 돌아가서는 안 된다고 생각하고 있기 때문이다.

지난 몇십 년 전까지만 해도 경제학자들은, 소득 불평등 수준이 산업화 이전에 아주 낮았다가(그때는 부와 생산의 전체 규모가 보잘것없었고, 그래서 부자들이 가져갈 수 있는 몫도 크지 않았다), 오늘날 중국처럼 산업화 기간 동안에 자본가와 산업 노동자들이 농민들을 앞지르기 시작하면서 크게 치솟았다는 주장을 일반적으로 받아들이고 있었다. 그리고 마침내 산업화가 모두 이루어지고 나서 교육이 보편화되고, 더욱 커진 정부가 소득 재분배에 적극적으로 개입하면서 소득 불평등 수준이 다시 감소했다고 믿었다.

경제 발전과 소득 불평등 사이의 이러한 관계에 대해서는 벨라루스 출신의 미국 경제학자인 사이먼 쿠즈네츠Simon Kuznets가 처음으로, 그리고 가장 명확하게 밝혀냈다. 쿠즈네츠는 유명한 경제학 그래프인 쿠즈네츠 곡선을 가지고 자신의 이론을 설명했다. 그의 그래프는 경제가 복잡하게 발전하면서 생산성이 증가하고, 그 과정에서 소득 불평등이 낮은 수준에서 높은 수준으로, 그리고 다시 낮은 수준으로 흘러가는 거꾸로 된 U자 모양으로 사회적 변화를 묘사하고 있다.

이미 산업 혁명 초기에 프랑스의 정치사상가 알렉시 드 토크빌Alexis de Tocqueville은 쿠즈네츠의 연구 데이터와 통계적 분석의 도움 없이도 이와 흡사한 결론을 제시했다. 〈사회가 모습을 드러낸 이후로 세상에서 벌어지고 있는 일들을 찬찬히 들여다보면, 역사적인 문명의 전환점에서 불평등이 뚜렷하게 나타난다는 사실을 쉽게 이해할 수 있다. 미개인들은 평등하다. 똑같이 힘없고 무지하기 때문이다. 고도로 문명화된 인간들 역시 평등하다. 편안함과 행복을 위해 사람들 모두 비슷한 방법들을 자유롭게 활용할 수 있기 때문이다. 이러한 양극단 사이에서 환경과 재산, 정보의 불평등이 드러난다. 소수가 권력을 독점하고, 그 나머지는 빈곤과 무지, 무능력의 상태에 머물러 있는 것이다.〉[5]

오늘날 대부분의 세상이 그러하듯 여러분도 자본주의를 받아들이고 있다면, 쿠즈네츠 곡선은 하나의 이상적인 이론이다. 경제 발전은 비정하고 복잡한 형태로 나타나고, 그 과정에서 수많은 패자들을 양산한다. 그러나 토크빌이 말한 〈고도로 문명화된 인간들〉의 단계에 진입하면, 사람들 모두가 혜택을 평등하게 누릴 수 있다. 1970년대 후반까지만 하더라도 자본주의 세상의 대표적 모델이었던 미국은 쿠즈네츠 곡선의 현실적 구현으로 보였다. 경제학자들이 〈대압축Great Compression〉이라고 정의하는 전후 대확산 시기에는 불평등 문제가 완화되면서 대다수의 미국인들이 스스로를 중산층으로 여겼다. 하버드 경제학자 래리 카츠Larry Katz는 그 시대를 〈미국인들은 함께 성장한다〉[6]라는 말로 설명했다. 그것은 또한 산업 자본주의의 자연스러운 형태이기도 했다. 이와 같은 패러다임의 흐름은 〈레이건 혁명〉으로까지 이어졌다. 어쨌든 트리클다운 경제학*에서 중요한 것은 부의 하향적 흐름이다.

그러나 1970년대 후반으로 들어서면서 상황은 달라졌다. 중산층의 소득은 정체되기 시작했고, 최상층은 나머지 사람들에게서 멀리 떨어져 나갔다. 이러한 현상은 미국에서 가장 뚜렷하게 나타났다. 21세기에 접어들면서 소득 불평등은 세계적인 현상으로 확대되었고, 신흥 시장은 물론 대부분의 서구 선진국 경제에서도 보다 뚜렷하게 드러났다.

대압축 시절의 미국에서 1퍼센트의 미국으로의 전환은 여전히 최근에 벌어진 일이라, 자본주의가 돌아가는 방식을 바라보는 우리의 직관적인 믿음은 아직 급변하는 현실을 따라잡지 못하고 있다. 날로 심각해지는 소득 불평등은 우리의 기대와는 너무나 크게 어긋나는 것이어서 대부분의 사람들은 이런 일이 벌어지고 있다는 생각조차 못하고 있다.

* trickle-down economics. 최상층이 부유해지면, 더 많은 일자리 창출 등을 통해 부의 흐름이 하층으로까지 이어진다고 보는 이론.

듀크 대학의 행동 경제학자 댄 애리얼리Dan Ariely는 하버드 경영대학원의 마이클 노턴Michael Norton과 함께한 2011년 연구를 통해 그러한 사실을 확인했다. 부의 분배와 관련하여 애리얼리는 당시 미국의 상위 20퍼센트가 전체 국부의 84퍼센트를 소유하고 있다는 사실을 보여 주었다.[7] 반면 스웨덴의 경우, 상위 20퍼센트가 차지하는 비중은 36퍼센트에 불과했다. 설문 응답자들 중 92퍼센트는 오늘날 미국의 상황보다 스웨덴의 상황을 선호하는 것으로 드러났다. 그 설문에서 애리얼리는 사람들에게 이상적인 형태의 부의 분배에 대해 물어보았고, 응답자들은 상위 20퍼센트가 전체 부의 32퍼센트 정도를 소유하는 상황을 가장 선호하는 것으로 나타났다. 이는 스웨덴의 경우보다 더욱 평등한 상황을 말한다. 부의 불평등 문제와 관련하여 미국인들은 스웨덴, 또는 1950년대 말의 미국에서 살고 싶어 했다. 또한 가장 이상적인 평등 사회로 키부츠 공동체를 꼽았다.

실제 데이터와 우리의 직관이 크게 어긋나고 있다고 해서 지금 우리 주변에서 벌어지고 있는 상황을 외면할 수는 없다. 미국 자본주의, 혹은 전 세계 자본주의가 지금 어떻게 돌아가고 있는지 이해하기 위해, 우리는 최상층에서 벌어지고 있는 일들을 자세히 들여다볼 필요가 있다. 여기서 우리가 주목해야 할 것은 계급 투쟁이 아니라 구체적인 데이터다.

미국의 재무장관을 지낸 하버드 경제학자 래리 서머스Larry Summers는 급진주의자와는 거리가 먼 사람이다. 그럼에도 불구하고 그는 지난 10년간 미국의 경제 성장이 지나치게 불평등한 분배 구조로 이루어졌기 때문에, 중산층의 입장에서 〈대공황 이후 처음으로 성장이 아닌 재분배에 집중하는 것이 바람직한 시대가 되었다〉[8]고 지적했다.

최상층 편중 현상이 너무나 뚜렷하게 드러나고 있기 때문에, 이 문제를 고려하지 않고서는 전반적인 경제 성장 데이터를 제대로 이해할 수 없다. 몇몇 뛰어난 학생들 때문에 평균 점수가 높게 나온 학급처럼, 최상층에서 급격하게 증가한 부는 소득 분배로 불황 문제를 덮어 버릴 수 있다. 가령 2009~2010년 동안 미국의 경제 회복에 대해 생각해 보자. 그 기간에 전체 소득은 2.3퍼센트 성장했다. 사실 이는 미미한 성장에 불과하지만, 당시 전반적으로 암울한 경제 상황에 비추어 볼 때 이마저도 놀라운 수치임에 틀림없다.

경제학자 이매뉴얼 사에즈Emmanuel Saez는 그 데이터들을 면밀히 검토했다.[9] 그리고 평균적인 미국인들은 당연하게도 경제 회복을 의심하고 있다는 사실을 확인했다. 실제로 99퍼센트의 미국인들에게 경제 성장은 0.2퍼센트 수준에 불과했다. 반면 상위 1퍼센트는 그보다 훨씬 높은 11.6퍼센트를 기록했다. 1퍼센트들에게 분명한 회복 기간이었던 셈이다.

신흥 시장들의 급속한 성장에서도 우리는 비슷한 내막을 확인할 수 있다. 도시 중산층의 〈빛나는 인도India Shining〉 캠페인을 기반으로 재선 승리를 노렸던 인도 인민당은 실망스럽게도 그 슬로건이 최저 생활 수준으로 살아가는 수억 명의 농부들에게는 아무런 영향을 미치지 못했다는 사실을 발견했다. 마찬가지로 중국에서도 해안 지역을 중심으로 부유층들이 성장했지만, 광대한 대륙의 시골 마을에서 살아가고 있는 절반에 가까운 중국 인구는 아직도 격리된 세상에서 살아가고 있다.

이러한 차원에서 나는 이 책에서 최상층에 대한 면밀한 관찰을 통해 세계 경제가 변화하는 양상을 파악해 보고자 한다. 그들은 어떤 사람들이며, 어떻게 돈을 벌고, 어떻게 생각하고, 그리고 나머지 대다수 사람들과 어떤 관계를 맺고 있을까? 그러나 이 책은 「부자와 유명인의 라이프 스타일Lifestyles of the Rich and Famous」이라는 TV 프로그램도, 그리고 러시아 사회주의의 아버지라고 불리는 알렉산드르 게르첸의 19세기 유명 소설 『누구의 죄인가』의 리메이크 버전도 아니다.

여기서 나는 우리가 살아가는 세상에는 자본가들이 필요하다는 믿음을 전제로 깔고 있다. 그것은 민주주의와 마찬가지로 자본주의는 지금까지 인류가 개발한 최고의 시스템이기 때문이다. 하지만 그 성과 역시 중요한 문제이며, 플루토크라트 집단이 다른 모든 사람들로부터 분리되고 있는 현상은 오늘날 자본주의가 돌아가는 중요한 방식이자, 미래를 열어 나가는 새로운 현실이라는 사실에 대해서도 논의를 할 것이다.

상위 1퍼센트에 대한 다양한 논의들은 정치학 또는 경제학에 초점을 맞추고 있다. 그 두 가지 사이에는 이념적인 의미가 담겨 있다. 만약 여러분이 플루토크라트 지지자라면, 경제학적 관점을 더 선호할 것이다. 이러한 관점으로 볼 때, 적어도 시장 경제에서만큼은 플루토크라트의 성장을 필연적인 현상으로 이해할 수 있기 때문이다. 반면 플루토크라트에 대해 비판적인 사람들은 정치적인 관점을 선호할 것이다. 그것은 1퍼센트가 세상을 지배하고 있는 문제의 원인이 애덤 스미스가 아니라 워싱턴에 있는 엘리트들에게 있다고 보기 때문이다.

이 책에서 나는 경제적, 정치적 접근 방식을 모두 다루고 있다. 가장 먼저 정치적 판단이 슈퍼엘리트들을 탄생시켰고, 이들 계급의 경제력이 성장하면서 그들의 정치적 권력도 함께 커졌다. 돈, 정치, 이념 사이의 순환 고리는 슈퍼엘리트 계급이 성장할 수 있었던 원인이자 결과다. 물론 경제력 역시 중요하다. 세계화와 기술 혁명, 그리고 이 두 가지가 함께 빚어내고 있는 세계적인 경제 성장은 플루토크라트의 발전을 위한 근본적인 원동력이다. 지대 추구를 기반으로 성장한 플루토크라트, 다시 말해 자신에게 유리한 정책 결정 덕분에 부자가 된 사람들은 부분적으로 세계 경제의 파이가 커지는 동안 막대한 부를 축적할 수 있었다.

미국은 아직까지 세계 경제를 주무르고 있고, 미국인들이 여전히 세계 슈퍼엘리트 집단을 장악하고 있다. 그러나 이 책에서 나는 또한 미국의 플루토크라트들을 세계적인 차원에서 바라보려는 시도를 하고 있다. 1퍼센트의 성장은 이제 세계적인 현상이 되었으며, 세계화된 경제 질서 속에서 플루토크라트들은 살아가는 방식, 그리고 돈을 버는 방식에서 가장 세계적인 존재들이다.

19세기 미국의 경제학자이자 정치학자인 헨리 조지Henry George는 자유무역주의 신봉자였으며, 자유 기업에 대한 확고한 믿음으로 소득세에 반대했다. 조지는 그 시대에 등장한 플루토크라트, 즉 강도 귀족들robber barons을 〈거대한 스핑크스〉로 보았다. 그는 이렇게 썼다. 〈진보와 빈곤의 결합은 우리 시대의 거대한 수수께끼다. ……오늘날의 진보가 오로지 거대한 부를 축적하는 방향으로 흘러가는 한, 그리고 사치를 조장하고 부자의 집과 빈자의 집의 차이를 계속해서 강화하는 방향으로 나아가는 한, 진보는 진정한 발전이라고 할 수 없으며, 그러한 진보는 영원하지 못할 것이다.〉[10]

그로부터 150년이 지나 거대한 스핑크스는 다시 그 모습을 드러내고 있다. 이 책을 통해 나는 가진 자들의 집 안으로 들어가, 거기에 살고 있는 사람들을 살펴봄으로써 그 수수께끼의 일부를 풀어 보고자 한다.

PLUTOCRATS

1장
역사, 그리고 역사가 중요한 이유

해외의 수많은 사람들이 지금 여러분이 하고 있는 일을 똑같이 할 수 있다. 여러분만의 경쟁력은 무엇인가?

— 실리콘밸리와 샌프란시스코를 잇는 101번 고속도로 옆 2009년도 광고판

두 번째 도금 시대

미국의 플루토크라트들이 자신을 뽐내기 위해 벌였던 파티를 찾아보고 있다면, 여러분은 아마도 2007년 6월 21일과 만나게 될 것이다. 그날, 거대 사모펀드 블랙스톤Blackstone은 2002년 이래로 미국의 기업 공개 공모 가격 기록을 갱신하면서 무려 40억 달러의 자본을 끌어모았다. 당시 그 기업의 시장 가치는 310억 달러에 육박했다. 블랙스톤의 공동 설립자 스티븐 슈워츠먼Stephen Schwarzman은 이후 6억 7,700만 달러의 현금과 함께 80억 달러에 해당하는 개인 지분을 가지고 회사를 떠났다. 또 다른 공동 설립자인 피터 페터슨Peter Peterson도 18억 8,000만 달러를 받고 은퇴했다.

역사가와 음모 이론가, 또는 출판업자들로서는 기쁘게도, 6월 21일은 또한 페터슨이 자신의 딸 홀리 페터슨의 데뷔 소설, 『매니 *The Manny*』의 출간을 기념하기 위해 맨해튼에 있는 포시즌 레스토랑에서 파티를 열었던 날이기도 했다. 이 소설에서 홀리는 어퍼이스트사이드에 사는 금융업자들과 그 아내들의 삶과 사랑을 가벼운 터치로 풍자하고 있다. 이 소설은 오늘날 주부들이 즐겨 읽는 소위 〈마미릿mommy lit〉 장르에 꼭 맞아떨어진다. 「USA 투데이」는 『매니』를 휴가철에 읽기 좋은 책으로 선정하기도 했다.[1] 하지만 홀리는 이 소설을 쓰게 된 이유가 부분적으로 〈사람들은 그들이 사는 동네에 도대체 얼마나 많은 돈이 돌아다니고 있는지 전혀 알지 못한다〉라는 자신의 확신 때문이었다고 내게 귀띔해 주었다.

조부모들로부터 지중해 스타일을 물려받은 홀리는 호리호리한 몸매에 뚜렷한 이목구비와 검은 눈동자, 짙은 눈썹, 진한 갈색 머리의 외모를 하고 있다. 출간 파티에서 많은 이야기를 나누는 동안, 나는 홀리로부터 오늘날 갑부들이 부의 의미를 어떻게 바꾸어 놓았는지에 대해 들을 수 있었다.

그녀는 내게 이렇게 설명했다. 「지금 어퍼이스트사이트 지역에는 어마어마한 돈이 있어요. 아직 마흔도 되지 않은 많은 사람들이 헤지펀드를 통해 일 년에 2~3천만 달러를 벌어들이고 있지만, 그 돈을 어디에 써야 할지 갈피를 잡지 못하고 있죠」[2] 그러고는 한 예로 저녁 파티에서 나누었던 대화를 들려주었다. 「그들은 전부 다 사려면 돈이 너무 많이 든다는 말을 꺼냈어요. 전용 비행기를 사는 대신 〈비행기 공동 소유권〉을 제공하는 넷제트NetJets와 같은 서비스를 이용하거나, 집이 네 채가 필요할 때 그런 식으로 운영을 한다면 돈을 좀 절약할 수 있다는 얘기였죠」

그 파티에서 들었던 결정타는 이런 말이었다고 홀리는 이야기했다. 「한 여성이 제게 이렇게 말하더군요. 〈아시다시피 20[2천만 달러의 연소득을 의미]은 사실 10[세후]에 불과해요.〉 그러자 그 자리에 있던 사람들 모두 고개를 끄덕이더군요」

페터슨은 순진한 촌뜨기도 아니고, 질투 전략에 속아 넘어갈 만큼 어리석지도 않다. 그러나 그녀와 같은 부자가 보기에도 경제 피라미드 맨 꼭대기에서는 무언가 놀라운 일이 벌어지고 있음이 분명하다.

그녀는 내게 말했다. 「영화 〈월스트리트Wall Street〉 원작을 보면 연봉 2~3백만 달러를 받는 삼사십대 남성들이 등장하는 보기 역겨운 장면들이 나오죠. 하지만 인터넷 시대와 세계화를 겪으면서 돈은 정말로 미쳐 날뛰고 있어요.」

홀리의 이야기는 계속되었다. 「오늘날 헤지펀드를 통해, 또는 골드먼삭스 파트너로 일하면서 2천만, 3천만, 혹은 4천만 달러를 연봉으로 챙겨 가는 30대들이 있습니다. 사실 그런 사람들은 많아요. 그들은 이제 끼리끼리 어울리기 시작하고 있습니다. 패거리를 이루면서 말이죠. 그들은 큰돈을 베팅하는 세계적 도박사들로서 전 세계를 함께 돌아다니고 있고, 그들과 전 세계 나머지 사람들과의 격차는 엄청나게 벌어졌습니다. 고든 게코*의 수준을 훌쩍 뛰어넘었죠. 완전히 다른 차원의 세계를 만들어 냈어요.」

홀리가 저녁 파티에서 느꼈던 것은 데이터로도 확인할 수 있다. 미국에서 상위 1퍼센트와 나머지 사람들 간의 격차는 말 그대로 〈완전히 다른 차원의 세계〉를 만들어 냈다. 1970년대 소득 상위 1퍼센트는 미국 전체 소득의 10퍼센트 정도를 차지하고 있었다. 그러나 35년 뒤 그 비율은 3분의 1 정도로 높아졌다. 이는 역사적으로 가장 높았던 도금 시대**에

* 영화 「월스트리트」에 등장하는 악명 높은 금융가 캐릭터.
** Gilded Age. 미국사에서 1870년에서 20세기 초까지를 이르는 말로, 마크 트웨인의 동명 소설에서 유래했다. 이 용어는 어마어마한 부를 축적한 신흥 갑부들(소위 강도 귀족들)이 금빛 찬란한 삶을 영위하는 동안, 그들 밑에서 대다수 민중들은 부정부패가 횡행하는 가운데 신산한 삶을 살아가던 당대의 사회상을 반영하고 있다.

필적할 만한 수준이다. 클린턴 정부 시절 노동부 장관을 지냈던 로버트 라이시Robert Reich는 이와 같은 불균형의 문제를 사례를 통해 생생하게 보여 주고 있다. 2005년을 기준으로 빌 게이츠의 재산은 465억 달러, 그리고 워런 버핏은 440억 달러에 달했다.[3] 그러나 같은 해에 미국 전체 인구의 하위 40퍼센트에 해당하는 1억 2,000만 명의 재산 총계는 두 사람의 재산을 합친 것보다 살짝 높은 950억 달러 정도였다.

두 사람은 미국의 억만장자이며, 이 데이터는 미국의 사례다. 그러나 오늘날 성장하고 있는 플루토크라트들의 주요 특성에 대한 홀리의 설명에 따르면, 현대의 갑부들은 〈큰돈을 베팅하는 세계적 도박사들〉이다. 2011년도 OECD 보고서에 따르면,[4] 스웨덴, 핀란드, 독일, 이스라엘, 뉴질랜드 등 미국보다 덜 경쟁적인 형태의 자본주의 시스템을 채택했던 국가들의 경우, 지난 30년 동안 불평등 문제는 미국만큼, 혹은 미국보다 더 빠른 속도로 악화되었다. 예외적인 존재임을 항상 자랑스러워했던 프랑스는 그간 서구 사회의 아웃라이어로 행세했으나, 최근 연구 결과들은 지난 10년 동안 프랑스 역시 이러한 흐름에서 크게 벗어나지 못했다는 사실을 보여 주었다.

신흥 국가들의 경우에서도 마찬가지로 1퍼센트 부자들은 나머지 사람들을 완전히 따돌리고 있다. 공산주의 중국의 소득 불평등 수준은 미국보다 높고, 인도와 러시아 역시 크게 증가하고 있는 추세다. 다만 브릭스BRICs의 마지막 주자인 브라질의 경우, 소득 불평등 수준이 애초에 지나치게 높았기 때문에 뚜렷한 변화는 보이지 않고 있다. 어쨌든 브라질은 오늘날 주요 신흥 국가들 중 불평등 수준이 가장 높은 나라다.

개발도상국들을 중심으로 최근 돈이 어떻게 흘러넘치고 있는지 이해하기 위해, 모국인 이집트는 물론 이탈리아와 캐나다까지 사업을 확장하고 있는 통신업계의 거물 나기브 사위리스Naguib Sawiris와 최근에 내가 주고받았던 이야기를 살펴보도록 하자. 타흐리르 광장에서 벌어진 반정부 시위를 지지했던 사위리스는 나와 마찬가지로 독재자들의 탐욕을 의심스런 눈길로 바라보고 있다. 「내가 아직도 이해할 수 없는 사실은, 왜 모든 독재자들이 그냥 10억 달러만 훔치고 나머지 돈을 국민들을 위해 쓰지 않을까 하는 점입니다.」[5]

그와의 대화에서 흥미로운 점은, 사위리스가 독재자가 약탈하기에 적절한 상한선으로서 10억 달러를 제시했다는 것이었다. 나는 그 근거가 궁금했다. 그가 살아가는 세상에서 10억 달러면 충분히 많은 돈인가?

사위리스는 이렇게 설명했다. 「여러 부가적인 것들, 비행기, 보트 이 모든 걸 누리려면 10억 달러는 있어야 하죠. 자리에서 물러날 때를 대비해 10억 달러는 최소한의 금액입니다.」

다른 한편으로 충분한 업무 능력을 갖고 있고 오랫동안 열심히 일을 해왔던 미국의 수많은 근로자들 대다수는, 플루토크라트들에게 부와 권력을 가져다주었던 바로 그 힘들로 인해 그들의 직업과 기업, 그리고 연금이 무너져 내리는 장면을 목격해야만 했다. 세계화와 기술 혁명은 서구 사회에서 고용 시장 전반의 급격한 위축으로 이어졌다. 서구 국가의 근로자들은 가난한 나라의 저임금 노동자들과 직접적으로 경쟁해야 했다. 그리고 이러한 변화에 대처할 수 있을 만큼 충분한 정보와 교육, 행운, 또는 용기가 없던 사람들은 치명적인 타격을 입었다. 기계와 개발도상국 근로자들의 존재는 서구 중산층 근로자들의 가치를 떨어뜨리면서, 평균 임금의 정체를 가져왔다.

비즈니스 저널리스트로서 나는 20년이 넘는 세월 동안 새로운 세계적

갑부들의 뒤를 쫓아 다녔다. 유럽의 비밀 컨퍼런스에 참석하고, 미국 케이프코드 연안의 마서즈 빈야드나 실리콘밸리 회의실에서 카푸치노를 마시며 인터뷰를 나누고, 맨해튼의 권위 있는 저녁 만찬에서 사람들을 면밀히 관찰했다. 그리고 그 과정에서 분명한 사실을 하나 깨닫게 되었다. 그것은 스콧 피츠제럴드의 말처럼, 부자들은 우리와는 다른 사람들이라는 사실이다.

우리가 지금 살아가고 있는 세상과 관련해서 말하자면, 오늘날의 부자들은 어제의 부자들과도 다른 존재다. 엄청나게 빠르게 전개되고 전 세계적으로 연결되어 있는 오늘날의 경제는 한두 세대만에 엄청난 부를 축적한 새로운 슈퍼엘리트 계급의 성장을 가능하게 하고 있다. 이들은 부지런히 일하고, 높은 수준의 교육을 받고, 동에 번쩍 서에 번쩍 돌아다니면서, 험난한 세계 경쟁 속에서 반드시 승리할 것이라고 확신하고 있다. 그리고 이들은 별다른 성공을 거두지 못한 평범한 사람들에 대해 일종의 양가감정을 갖고 있다. 즉 사회적 유동성을 허용하는 사회적 시스템은 인정하면서도, 그러한 시스템을 유지하기 위한 세금과 같은 재분배 정책에 대해서는 별로 관심을 보이지 않는 것이다. 여기서 가장 놀라운 사실은 이들은 고국에 있는 동포들이 아니라, 자신과 더 많은 공통점을 가지고 있는 세계적인 동료 부자들과 국경을 뛰어넘은 공동체를 이루어가고 있다는 점이다. 뉴욕, 홍콩, 모스크바, 뭄바이 등 어디서 살든 간에 오늘날 갑부들은 계속해서 그들만의 왕국을 만들어 나가고 있다.

이러한 새로운 형태의 가상 공동체의 출현은 대단히 충격적인 현상으로서, 시티그룹의 전략가들로 구성된 엘리트 팀은 고객들에게 전 세계적으로 성장하고 있는 갑부들의 영향력을 중심으로 포트폴리오를 구성하라고 조언하고 있다. 2005년도 한 자료에서 그들은 이렇게 지적했다.

〈세상은 두 블록으로 갈라지고 있다, 플루토노미*와 그 나머지로.〉[6] 그리고 〈플루토크라트 세상에서 미국 소비자, 영국 소비자, 러시아 소비자는 아무런 의미가 없다. 수적으로는 아주 적지만 소득과 소비에서 엄청난 비중을 차지하고 있는 부유한 소비자들이 있다. 그리고 수적으로는 많지만 전체 파이에서 놀라울 정도로 작은 조각만을 차지하고 있는 부유하지 않은 나머지 소비자가 있을 따름이다.〉

투자자 집단 내부에서 세상을 부자와 그 나머지로 바라보는 시각은 통념이 된 지 오래다. 세계 최대의 자산 운용 기업인 블랙록BlackRock의 수석 주식 전략가 밥 돌Bob Doll은 2011년 인터뷰에서 주식 시장의 강세와 경제 침체에 대해 이렇게 지적했다. 「미국의 주식 시장과 경제는 점점 다른 동물이 되어 가고 있다.」[7]

자유 시장의 수호자인 앨런 그린스펀조차 계속해서 심각해져만 가는 양극화 현상에 대해 뾰족한 대안을 내놓지 못했다. 최근 한 TV 인터뷰에서 그린스펀은 미국 경제가 〈심각하게 왜곡〉되어 있다는 사실을 인정했다.[8] 그의 설명에 따르면, 경기 침체 이후로 〈고소득 개인, 대형 은행, 대기업을 중심으로 상당한 회복〉이 이루어졌으나, 소기업과 〈엄청난 규모의 노동자들〉을 포함하는 나머지 부분은 침체를 벗어나지 못하고 있으며, 여전히 큰 어려움을 겪고 있다. 그린스펀은 우리가 보고 있는 것은 하나의 경제가 아니라 〈근본적으로 차원이 다른 양분화된 경제〉이며, 그 골이 점점 더 깊어지고 있다고 우려를 표했다.

보다 최근에 시티그룹은 그들의 〈소비자 모래시계 이론〉[9] 주제를 변주한 새로운 내용을 선보였다. 이를 통해 그들은 부자와 나머지로 양분화

* Plutonomy. 부유층을 뜻하는 plutocrat와 경제를 뜻하는 economy의 합성어로, 소수의 부유층에 부가 집중된 상태를 일컫는 말.

된 사회에서 현명한 투자 전략이란 사치스런 제품을 플루토크라트들에게 판매하는 기업들, 그리고 나머지 소비자들에게 값싼 물건을 판매하는 대형 할인 기업들의 주식을 사는 것이라고 말하고 있다. (중산층 공동화 현상이 심각해지면서 그들의 이론은 설득력을 얻고 있으며, 기업들도 여기에 발맞춰 대응해 나가고 있다.)

이러한 전략은 지금까지 좋은 성적을 보이고 있다. 위로는 삭스Saks, 그리고 아래로는 패밀리 달러Family Dollar와 같은 기업들의 주식을 포함하고 있는 시티그룹 모래시계 지수는 그것이 시작된 2009년 12월 10일에서 2011년 9월 1일까지 56.5퍼센트 성장한 것으로 나타났다. 반면, 다우존스 산업 평균 지수는 동일한 기간 동안 11퍼센트 성장하는 데 그쳤다.

첫 번째 도금 시대

1897년 2월 10일, 뉴욕 변호사 브래들리 마틴과 그의 아내 코넬리아가 주최한 가장 무도회에 참석하기 위해 700명에 이르는 미국 부유층 인사들이 월도프 호텔로 모여들었다.[10] 「뉴욕 타임스」는 이 행사에서 여성들에게 가장 인기 있는 의상이 마리 앙투아네트 복장이라고 보도했으며, 실제로 50명의 여성들이 그 차림으로 참석을 했다. 그러나 푸른 눈에 날렵한 입술, 풍만한 가슴, 그리고 턱살이 살짝 늘어지기 시작한 코넬리아는 프랑스 여왕이 소장했던 목걸이를 한 매리 스튜어트 차림으로 나타나 모두를 압도했다. 브래들리는 태양왕 루이 14세의 모습으로 등장했다. 영국 신문사를 운영하고 있었던 존 애스터는 헨리 4세의 차림으로, 그리고 또 한 사람의 앙투아네트인 그의 어머니 캐럴라인은 25만 달러짜리 보석으로 치장한 드레스를 입고 나왔다. J. P. 모건은 프랑스 극작가 몰리에르 차림으로, 그리고 그의 조카딸인 피어폰트 모건은 프로이센의 왕후 루이제 차림으로 모습을 드러냈다.

마크 트웨인이 24년 전 〈도금 시대Gilded Age〉라는 신조어를 만들어 소설의 제목으로 썼지만, 마틴은 무도회를 통해 당시 미국에서 성장하고 있던 유명 갑부들의 새로운 세상을 실제로 보여 주었다. 「뉴욕 타임스」는 마틴의 무도회를 〈대도시에서 벌어진, 가장 많은 공을 들인 사적인 연회〉라고 표현했다. 그리고 「뉴욕 월드」는 〈대부분의 사람들이 짐작하기 힘든〉 수준의 재산을 가진 86명의 인물들이 마틴의 초대 손님으로 참석했다고 보도했다. 그 기사에 따르면, 열 명은 1,000만 달러가 넘는 재산을, 그리고 또 다른 스무 명은 500만 달러 이상의 재산을 가지고 있었으며, 백만장자의 반열에 들지 못한 사람은 소수에 불과했다.

그들이 벌였던 돈 잔치는 온 나라를 들썩이게 했다. 「커머셜 애드버타이저」는 이렇게 보도했다. 〈이제 사교계 모임은 심지어 공식적인 행사에서조차 거대한 소란을 만들어 내고 있다. 이 모든 상황의 출발점은 브래들리 마틴의 무도회였으며, 이로 인해 중재 조약과 쿠바 문제, 렉소 위원회의 조사는 여론의 관심에서 밀려났다.〉 미국은 지금도 여전히 그러한 거물들과 그들을 배출해 낸 경제 시스템을 찬양하고 있다. 하지만 자본주의를 기반으로 하고 있는 나라에서도 마틴의 무도회는 판단 착오로 드러났다.

마틴의 무도회가 열렸던 1897년은, 1873년에 시작되어 19세기 동안 미국의 최대 경제 위기를 기록했던 장기 대침체 시대가 막판을 향해 치닫고 있던 순간이었다.

마틴 여사는 그 파티의 정당성을 변호하기 위해 일종의 트리클다운 이론을 내놓았다. 그녀는 파티 공지를 일부러 3주 전에 하여 준비 기간을 짧게 함으로써 초대 손님들이 머나먼 파리가 아니라 뉴욕에서 값비싼 의상을 사도록 유도했으며, 이를 통해 지역 경제를 활성화했다고 주장했다. 지역 음악가협회는 부자들의 소비가 모든 사람들의 일자리를 위한 중대한 원동력이라고 설명하면서 지지 의사를 밝혔다.

하지만 여론은 이를 받아들이지 않았다. 그들이 보여 준 부자 놀이에 대한 대중들의 분노는 갑부들에 대한 소득세 부과로 이어졌고, 이러한 사태에 직면한 마틴 부부는 결국 영국으로 달아날 수밖에 없었다. 물론 거기서도 그들은 저택을 소유하고 있었으며, 스코틀랜드에서는 6만 5,000에이커에 달하는 토지를 임대해 주고 있었다.

브래들리 마틴의 무도회는 과거 백년에 걸쳐 서구 세계를 시끄럽게 만들었던 경제적 변화를 단적으로 보여 주었다. 이제 산업 혁명이 일어난 지 200년에 가까운 세월이 흘렀다. 그러다보니 첫 번째 도금 시대가 인류 역사에 얼마나 급격한 변화를 몰고 왔는지 사람들은 점점 잊어 가고 있다. 1800년 이후로 200년의 세월 동안, 세계적으로 일인당 평균 소득은 열 배 이상 증가했고, 인구는 여섯 배 이상 늘었다. 이러한 변화는 농사를 짓고 가축을 키우던 인류의 삶에 거대한 충격을 가져다주었다.

여러분이 첫 번째 도금 시대를 살았더라면, 경제학자가 아니더라도 자신이 역사의 전환점에 살고 있다는 사실을 분명하게 인식할 수 있었을 것이다. 브래들리 마틴의 무도회가 열렸던 1897년에 공교롭게도 마크 트웨인은 런던을 방문했으며, 그가 거기에 머무르는 동안 빅토리아 여왕의 즉위 60주년 기념식이 있었다.

트웨인은 이렇게 말했다. 〈영국은 2천년의 역사를 이어 왔다. 그러나 우리가 살아가고 있는 세상은 여왕이 태어난 이후의 기간 동안에 그 2천

년의 나머지 세월 동안 변화한 것보다 긍정적인 차원에서 훨씬 더 많이 변화했다.〉[11]

2010년에 세상을 떠난 경제사학자 앵거스 매디슨Angus Maddison은 세상을 이해하는 데 도움이 되는 중요한 숫자들을 정말로 사랑했다. 〈암호광〉임을 자처했던 매디슨은 60년에 걸친 경제사학자로서의 이력을 대양 횡단에서 담배 판매에 이르기까지 지난 2천년 동안 벌어진 세계적인 경제 변화에 관한 흥미로운 데이터들을 수집하는 데 바쳤다. 그는 이러한 자료들을 조합하여 세계의 거시적 흐름을 밝혀내는 데 탁월한 재능을 가지고 있었다.

매디슨이 만든 가장 흥미로운 차트들 가운데 하나는 전 세계, 특히 서유럽과 그가 〈웨스턴 오프숏Western offshoot〉이라고 표현한 미국, 캐나다, 호주, 뉴질랜드 등 유럽에서 파생된 국가들이 19세기 동안 얼마나 극적으로 변화했는지를 잘 보여 준다. 서기 1년에서 1000년 사이에 서유럽 지역의 GDP 평균 누적 성장률은 실질적으로 0.01퍼센트 수준에 머물러 있었다. 평균적으로 볼 때, 서기 1000년 무렵의 사람들은 천 년 전에 살았던 선조들보다 조금 더 가난한 삶을 살았다. 오프숏 국가들의 성장률 역시 0.05퍼센트에 불과했다. 그리고 다음으로 서기 1000년에서 1820년 사이의 연평균 누적 성장률은 서유럽이 0.34퍼센트, 오프숏 지역이 0.35퍼센트였다.

그러나 바로 그다음부터 세상은 크게 달라지기 시작했다. 경제가 본격적으로 성장하기 시작한 것이다. 1820년에서 1998년 사이 서유럽의 연평균 경제 성장률은 2.13퍼센트로 늘어났고, 오프숏 국가들의 경우에는 3.68퍼센트로 급등했다.

이러한 역사적으로 전례 없는 경제적 번영의 원인은 다름 아닌 산업 혁명이었다. 결과적으로 인류는 그전까지 누렸던 것보다 더 많은 부를 누릴 수 있게 되었고, 산업화된 세상과 그 나머지 세상과의 격차는 크게 벌어졌다. 그렇게 벌어졌던 격차는 무려 200년의 세월이 흘러 신흥 시장들이 성장하면서 좁혀질 가능성을 보이고 있다.

그러나 엄청난 발전은 엄청난 사회적 비용을 요구했다. 농업 경제에서 산업 경제로의 이전은 기존 공동체를 무너뜨리고, 힘들여 배운 기술들을 불필요한 것으로 만들어 버리는 부작용을 낳았다. 마틴과 그의 지인들이 누렸던 절정의 시기는 보다 광범위한 경제적 성장의 한 측면이었지만, 이와 더불어 많은 사람들이 살길을 찾아 정든 고향을 떠나고 빈곤을 겪는 문제가 동시에 일어났다. 마틴의 무도회는 그로부터 두 세대 이후에 벌어졌던 대공황보다 더 오래 지속되었던 미국 및 유럽 지역의 경제 위기인 장기 대침체 시대에 벌어진 것이다. 산업 혁명은 흔히 〈강도 귀족〉이라고 불리는 플루토크라트 집단을 탄생시키며 그들과 다른 나머지 사람들과의 격차를 크게 벌여 놓았다.

산업 혁명을 이끈 주역들은 사회가 승자와 나머지로 나뉘는 현상을 경제적 변화의 필연적인 귀결로 받아들였다. 카네기도 마찬가지였다. 20세기의 1퍼센트가 모습을 드러낼 당시 피츠버그 철강업계의 거물이자 원조 강도 귀족의 일원이었던 카네기는 이렇게 말했다. 〈이것이 현실이다. 우리는 이를 회피할 수도 없고, 그렇다고 대안이 존재하는 것도 아니다. 그 변화가 개인들에게 때로는 가혹하겠지만, 그래도 모든 영역에서 적자생존을 실현한다는 차원에서 그것은 인류를 위한 최고의 선택이다. 그러므로 이제 우리는 거대한 불평등의 상황을 적응해 나가야 할 조건으로 받아들여야 한다. 그리고 산업과 상업에서 소수에 의한 비즈니스의 집중화, 그리고 이들 사이에서 이루어지는 경쟁의 법칙을 인류 발

전에 도움이 될 뿐 아니라 필수적인 요소로 인정해야 한다.〉[12]

산업 자본주의의 미덕을 묘사하기 위해 카네기가 사용했던 〈인류를 위한 최고의 선택〉과 같은 표현은 오늘날 우리가 받아들이기에는 무척 곤혹스러운 것이기는 하지만, 그래도 카네기는 산업 자본주의의 장점이 그 단점을 훨씬 능가한다고 확신했다. 그는 〈우리가 지불해야 할 대가가…… 엄청나다〉는 사실 또한 잘 알고 있었다. 특히 부자와 빈자의 거대한 격차를 〈우리 시대의 문제〉라고 말하기도 했다.

첫 번째 도금 시대를 살았던 카네기는 이전 시대에 사람들이 살았던 모습과 비교하여 그 격차가 얼마나 큰 것인지 오늘날 대부분의 사람들보다 직관적으로 훨씬 잘 이해하고 있었다. 그는 이렇게 썼다. 〈지난 몇백 년 동안 삶의 환경은 그저 달라진 것이 아니라, 혁신적으로 거듭났다. 아주 옛날에 집과 옷, 음식, 환경에 있어 주인과 노예 사이의 차이는 크지 않았다. 아직도 산업화되기 이전의 삶을 살아가고 있는 인디언 부족들이 남아 있다. 북아메리카 인디언인 수족을 방문했을 때, 나는 족장의 오두막에 들어가 볼 수 있었다. 그런데 겉으로 보기에 다른 사람들의 오두막과 별 차이가 없었고, 내부 또한 그 마을에서 가장 가난한 전사들의 집과 크게 다른 게 없었다. 오늘날 백만장자의 궁전과 노동자의 오두막이 드러내고 있는 극명한 대조를 보고 있노라면, 문명화가 가져온 변화의 위력을 실감하게 된다.〉

방직 공장 노동자에서 출발해 미국 최초의 플루토크라트들 가운데서도 최정상의 자리에까지 오른 이민자 카네기는 궁전과 오두막 사이의 차이는 부자와 빈자의 외적인 상징, 즉 일종의 채점판과 같은 것이라는 사실을 잘 이해하고 있었다.

권력 관계의 변화는 가장 먼저 직장에서 시작되었으며, 그리고 가장 극명하게 나타났다. 카네기는 이렇게 말했다. 〈예전에 사람들은 집 안에서, 혹은 가정용품에 들어가는 부품을 생산하는 작은 가게에서 물건을 만들었다. 장인들은 항상 수련공들과 함께 일을 했으며, 수련공들은 장인들과 함께 생활을 했기에 삶의 조건은 비슷했다. 그리고 수련공이 장인이 되었을 때 그들이 처한 삶의 환경 역시 거의 변화가 없었고, 그들이 배웠던 그대로 수련공들을 가르쳤다. 산업에 종사하고 있는 사람들은 정부에 대해 거의 혹은 전혀 발언권을 갖지 못했기 때문에, 실질적으로 사회적, 정치적 평등이 존재했다.〉

산업 혁명 이전에 세상은 꽤 평등했다. 그러나 첫 번째 도금 시대 이후 상황은 달라졌다. 카네기는 계속해서 이렇게 말한다. 〈공장이나 광산에서 수천 명의 숙련공들이 함께 일을 하고 있다. 사장들은 그들을 거의 알지 못하고, 그들에게 사장은 신화적인 존재다. 둘 사이의 상호 교류는 없다. 엄격한 카스트 제도가 자리 잡고 있으며, 서로에 대한 무지는 일반적으로 서로에 대한 불신으로 이어진다. 한 계급은 다른 계급과 공감대를 이루지 못하며, 계급 문제에 있어 서로를 헐뜯을 만반의 태세를 갖추고 있다.〉

이러한 현상은 특히 미국에서 뚜렷하게 나타났다. 그 한 가지 이유로, 미국의 건국 이념은 아직까지도 카네기가 백 년 전에 이야기했던 산업 사회의 〈엄격한 계급〉을 절대 인정하지 않고 있기 때문이다. 건국 신화로서의 미국, 즉 독립 혁명 시절의 미국은 지구 상에서 가장 평등한 사회 중 하나였다. 미국을 세운 국부들은 평등의 이념을 자랑스럽게 선포했다. 몬티첼로에서 토머스 쿠퍼 박사에게 보내는 1814년 9월 10일자 편지에서, 박식한 영국계 미국인이자 변호사로 활동했으며 화학과 정치경제학을 가르치고 대학 총장까지 지낸 토머스 제퍼슨은 이렇게 썼다. 〈여기서는 가난한 이들을 찾아볼 수 없다. ……대부분의 사람들이 노동자다. 정신적, 육체적 노동 없이 살아갈 수 있는 부자들은 아주 소수에 불과하며, 그들이 가진 재산 역시 그리 크지 않다. 노동 계층 대부분이 재산을 소유하고, 자신의 땅을 경작하고, 가정을 꾸려 나가고, 그리고 그들의 노동을 필요로 하는 부자들에게 충분한 음식과 좋은 옷, 적절한 노동, 가족을 부양하기에 충분한 보수를 요구할 수 있다. ……다른 한편으로 편안하게 살아가는 부자들 역시 유럽에서 말하는 사치와는 거리가 멀다. 그들은 자신을 위해 일하는 사람들보다 단지 조금 더 편안하고 우아하게 살아가고 있을 뿐이다. 이보다 더 멋진 사회가 존재할 수 있을까?〉[13]

제퍼슨은 이러한 평등주의적 이상향으로서의 미국과 극빈자들과 플루토크라트들로 사회가 양분되어 있는 영국을 비교했다. 〈이제 두 나라의 행복 점수를 매겨 보자. 영국에서는 많은 귀족들만이 행복을 누린다. 그리고 노동자와 가난한 사람들에 대한 귀족들의 상대적 비율에 대해서는 아마 여러분이 나보다 더 잘 알고 있을 것이다. 귀족의 수가 백 명당 네 명이라면, 국가 전체의 행복 점수는 25분의 1에 불과하다. 하지만 미국의 경우, 그 비율은 800만 대 0, 혹은 전부 대 0이다.〉 그로부터 20년 후 미국을 방문했던 알렉시 드 토크빌은 고향으로 돌아와 이렇게 말했다. 〈가장 놀라운 것은 삶의 환경이 전반적으로 평등하다는 사실이었다.〉[14]

제퍼슨과 토크빌의 눈에 미국은 18세기 말과 19세기 초의 스웨덴이었다. 경제사학자 피터 린더트Peter Lindert와 제프리 윌리엄슨Jeffrey Williamson이 공들여 조합한 데이터는 오늘날 그러한 사실을 확인시켜 준다.[15] 두 사람은 남부 지역 및 노예 제도를 유지하고 있던 미국의 13개 식민지들이 영국이나 웨일스, 네덜란드와 같이 산업 혁명이 뚜렷하게 나타났던 지역들보다 훨씬 더 평등하다는 사실을 발견했다.

린더트 교수는 이렇게 설명했다. 〈전반적인 소득 분배에서 노예까지 포함시킬 경우, 1774년도 미국 식민지들은 비록 근소한 차이이기는 하나 가구들 간의 소득 분배에서 가장 평등한 지역인 것으로 드러났다.〉

당시 미국을 방문한 여행자들과 미국인들은 미국 사회를 평등하다고 봤을 뿐만 아니라 식민지 주민들이 그들이 등지고 떠나온 고국의 주민들보다 더 잘 산다고 믿었다. 그리고 그러한 믿음은 이민에 대한 동기를 부여했다. 린더트와 윌리엄슨은 한 가지 중요한 예외적인 현상을 통해 이러한 사실을 확인시켜 주었다. 그것은 미국은 갑부들이 잘 사는 나라가 아니라, 평등하게 잘 사는 나라였다는 것이다. 상위 2퍼센트를 놓고 볼 때, 찰스턴 지역의 농장주들은 영국의 토지 귀족에 비해 훨씬 가난했다. 당시 영국 전체의 평균 소득이 미국보다 높았던 이유는, 오늘날 흔히 미국 중산층이라고 부르는 집단이 크게 성장했음에도 불구하고 영국의 상위 2퍼센트가 어마어마한 부를 차지하고 있었기 때문이었다.

린더트 교수는 이렇게 지적했다. 〈미국에는 영국의 베드퍼드 지역의 귀족에 견줄 만한 갑부가 없었다. 가장 부유한 찰스턴 지역의 노예 소유주들도 부유한 영국의 토지 귀족들과는 상대가 되지 못했다.〉

산업 혁명의 밀물은 평등주의 미국과 귀족주의 유럽의 모든 배들을 높여 주었지만, 동시에 사회적인 격차를 크게 벌려 놓았다. 이러한 변화가 치명적인 이유는 사회적 패배자가 된다는 것은 아주 끔찍한 일이었기 때문이다. 이러한 패배자의 입장에서, 일자리를 뺏긴 숙련공들이 기계를 파괴했던 산업 혁명 반대 운동은 당연한 처사였다. 그러나 모든 1퍼센트 엘리트 사회가 그러하듯, 산업 혁명의 창조적 파괴는 주류에 합류하기 위해 많은 노력을 기울였지만 결국 실패하고 말았던 많은 사람들에게 충격을 가져다주었다. 마크 트웨인이 그 시대를 소설 제목으로 정한 것도 승자를 꿈꾸는 사람들에 대한 비애감 때문이었다.

　마크 트웨인과 공저자 찰스 더들리 워너는 『도금 시대』의 런던판 서문에서 이렇게 썼다. 〈거의 모든 미국인들이 자신만의 꿈과 계획을 가지고 있으며, 이를 통해 사회적, 개인적으로 발전해 나가고자 한다. 우리가 도금 시대를 통해 그려 내고자 했던 것은 바로 이러한 사람들의 보편적인 희망이었다. 이는 개인적, 그리고 사회적 차원에서 좋기도 하도 나쁘기도 하다. 멈추지 않고 끊임없이, 다양한 방향으로 사람들을 나아가게 재촉한다는 점에서는 좋지만, 목표를 잘못 선택한 이들에게 파멸을 가져다준다는 점에서는 나쁘다. 그리고 부정적인 사례들이 많아지면 사회적으로 악영향을 미치게 되고, 그래서 국가적 차원에서 손해가 될 수 있다. 하지만 고통을 겪는다고 하더라도 꿈을 간직하고 있는 게 더 낫다.〉[16]

　역설적인 것은 미국의 대표적인 자본가 카네기가 국가의 급격한 경제적 변화로 인해 〈사회적 평등〉의 시대가 끝장났다고 인정했을 때조차, 정치적 민주주의는 미국과 유럽의 많은 나라에서 심화되고 있었다는 사실이다. 갈수록 확대되어 가는 정치적 평등과 갈수록 심화되어 가는 경제적 불평등 간의 충돌은 다양한 차원에서 19세 후반과 20세기 초반의 서구 사회에서 중요한 화두로 떠올랐다. 미국의 경우, 그러한 충돌은 포퓰리즘과 진보 운동, 독점 기업의 해체, 정부 규제, 그리고 불만이 가득했던 99퍼센트들이 요구했던 소득세의 성공적 입법으로 이어졌다. 그리고 몇십 년이 흘러 발발한 대공황으로 더욱 분노한 미국 대중은 플루토크라트들에게 더욱 강력한 압박을 가했다. 그리고 이러한 흐름은 상업 은행과 투자 은행을 분리하도록 하는 글래스-스티걸법, 루스벨트의 뉴딜 사회 복지 프로그램, 그리고 최상위층에 대한 더 높은 과세(1944년 당시 최고 과세율은 94퍼센트에 달했다)로까지 이어졌다. 브래들리 마틴이 무도회를 열었던 1897년에 소득세는 아직 존재하지도 않았다.

미국 식민지들보다 사회적 시스템이 더 열악했던 유럽 국가들의 경우, 산업 혁명이 몰고 온 사회적 고통은 너무나 심각했고, 이는 계급 투쟁에 관한 최초의 논리적 정치 이데올로기인 마르크스주의에 영감을 주었다. 그리고 결국 러시아와 동유럽, 그리고 20세기 중반의 중국에 공산주의 정권이 들어서게 만든 과격한 혁명적 움직임을 촉발했다. 혁명에 성공한 공산주의 권력은 자국의 경계를 뛰어넘어 세계적으로 큰 영향력을 행사하기 시작했다. 미국의 뉴딜 정책, 서유럽의 보편적 사회 복지 시스템은 부분적으로 이러한 공산주의의 위협에 대한 대응으로 등장한 것이다. 99퍼센트와 타협을 하는 것이 혁명의 위험을 무릅쓰는 것보다 훨씬 안전한 전략이었던 셈이다.

그러나 아이러니하게도 프롤레타리아트는 볼셰비키의 이름으로 독재 권력을 휘둘렀던 공산 국가들에서 최악의 푸대접을 받았다. 소련의 일반적인 생활 수준은 서구 국가들에 비해 한참 뒤쳐져 있었다. 반면, 미국과 서유럽 지역에서는 대중들과 타협하려는 플루토크라트들의 전략이 맞아떨어지고 있었다. 폭발적인 경제 성장이 이루어졌고, 소득 불평등은 점차 완화되었다. 미국의 경우, 1940년대에서부터 1970년대에 이르는 사이 1퍼센트와 다른 모든 사람들과의 격차는 줄어들었다. 상위 1퍼센트의 소득 비중은 1940년에 16퍼센트 정도였던 것이 1970년에 7퍼센트 아래로 떨어졌다. 1980년 당시 미국 CEO들의 평균 소득은 근로자 평균 소득의 42배였다.[17] 하지만 그 비율은 2012년에 이르러 380배로 치솟는다. 최고 한계 세율이 70퍼센트에 이를 정도로 세율이 높았지만, 1947년과 1977년 사이에 연평균 3.7퍼센트에 달한 탄탄한 경제 성장은 낙관주의와 번영에 대한 보편적인 전망으로 이어졌다. 이때는 미국 중산층의 황금기였고, 우리의 대중문화는 당연하게도 그 시절을 긍정적으로 회상하고 있다. 서유럽 국가들 역시 강력한 경제 성장, 높은 세율, 사회 복지 네트워크의 확대 등 미국과 비슷한 양상을 보이고 있었다.

그러다가 세계 경제는 1970년대에 다시 한 번 지각 변동을 일으켰고, 그 과정에서 전후의 사회 계약 또한 크게 변화했다. 오늘날 아주 강력한 두 개의 힘이 경제적 변화를 이끌고 있다. 그것은 바로 기술 혁명과 세계화다. 사실 이 쌍둥이 혁명이 완전히 새로운 것은 아니다. 최초의 퍼스널 컴퓨터가 판매되기 시작한 지도 어느덧 40년이 지났다. 익숙한 모든 것이 그러하듯이 우리는 이 두 가지 힘이 미친 영향을 과소평가하기 쉽다. 그러나 이 두 가지 요소는 하나로 뭉쳐 산업 혁명의 영향력과 규모에 필적할 만한 엄청난 지각 변동을 일으키고 있다. 한번 생각해 보자. 대공황 이후 최대의 금융 및 경제 위기가 발발한 지 2년밖에 되지 않은 2010년에 세계 경제는 전체적으로 6퍼센트나 성장했다. 1820년 이전 평균 성장률이 0.5퍼센트가 되지 않았던 것과 비교할 때 놀라운 수치다.

산업 혁명 이전 평균 성장률과 비교할 때 이는 대단한 성과다. 산업 혁명이 서구 경제를 마차의 속도에서 자동차의 속도로 끌어올렸다면, 지금의 변화는 세계 경제를 재래식 우편의 속도에서 이메일의 속도로 끌어올리고 있는 것이다.

서구와 서구에서 갈라져 나온 오프슛 국가들의 경우, 기술 혁명과 세계화는 산업 혁명과 비교하여 경제 성장에서 완전히 새로운 변화를 창조한 것은 아니다(두 가지 요소는 연간 성장률을 2~3퍼센트로 유지하도록 만들고 있으나, 오늘날 우리는 이를 기본적인 수준으로 여긴다. 하지만 역사적으로 볼 때 이것은 사실 대단히 이례적인 성과다).

반면 이 쌍둥이 요인은 세계의 나머지 국가들 중 다수에 산업 혁명에 맞먹는 폭발적인 경제 성장을 가져다주었다. 중국과 인도, 그리고 일부 개발도상국들은 이제 그들만의 도금 시대를 맞이하고 있다. 한번 생각해 보자. 서구 국가들이 첫 번째 거대한 경제 발전을 경험했던 1820년과 1950년 사이에 인도와 중국의 일인당 소득은 전반적으로 아무런 변화가 없었다. 하지만 그 이후 아시아는 달라지기 시작했다. 1950년과 1973년 사이 인도와 중국의 일인당 소득은 68퍼센트나 성장했다. 그리고 1973년과 2002년 사이 일인당 소득의 증가율은 245퍼센트에 달했고, 세계적인 금융 위기에도 불구하고 이와 같은 강력한 성장세를 계속 이어 나가고 있다.

이제 세계적인 관점으로 살펴보자. 미국 경제는 1950년 이후 크게 성장했고, 실질 일인당 GDP는 3배로 커졌다. 그러나 같은 기간 동안 중국은 12배로 성장했다. 산업 혁명 이전 서구 사회는 오늘날 신흥 시장이라고 부르는 국가들보다 조금 더 잘 살고 있기는 했지만, 그래도 전 세계 보통 사람들의 삶에는 서로 큰 차이가 없었다. 세계은행의 경제학자 밀라노비치는 19세기의 전 세계적인 소득 상황을 알아보기 위해 경제 관련 역사 자료들을 분석해 보았다.[18] 그 연구 결과에 따르면, 1800년과 1849년 사이 지구 상에서 가장 가난한 나라 중 하나였던 인도의 일반 일용직 노동자들의 임금 수준은 영국에서 똑같은 일을 하는 노동자 임금의 30퍼센트 정도였다. 또 다른 데이터도 있다. 1820년대 네덜란드 근로자들의 실질 임금 수준은 당시 중국 양쯔 강 유역 근로자들 임금에 비해 70퍼센트 정도 더 높았다. 이러한 차이가 커 보일 수도 있지만 오늘날의 차이에 비하면 새 발의 피에 지나지 않는다. 스위스 은행 UBS는 널리 인용되는 전 세계 물가 및 소득 보고서를 펴내고 있다. UBS가 발표한 정식 보고서 중 가장 최근에 나온 2009년판을 보면, 뉴욕 건설 근로자들의 세후 명목 임금은 시간당 16.60달러였던 반면, 베이징은 0.80달러, 델리는 0.50달러, 나이로비는 0.60달러에 불과할 정도로 그 격차는 19세기 때와는 비교도 안 될 정도로 크게 벌어져 있다. 산업 혁명은 플루토크라트를 만들어 냈지만, 또한 중산층도 부유하게 만들며, 서구 노동자와 세계 나머지 지역의 노동자 사이의 격차를 크게 벌려 놓았다. 그러나 이후 개발도상국들이 자유 시장 시스템을 받아들이고 그들 자신의 도금 시대를 맞이하면서, 그 격차는 다시 줄어들고 있다.

앵거스 매디슨과 함께 연구했으며, 장기적 관점에서, 다시 말해 문명화의 전체 맥락에서 세계 경제를 바라보는 차원에서 〈심층 역사deep history〉 모임을 이끌고 있는 린더트 교수는 오늘날 우리가 겪고 있는 세계적인 경제 변화가 규모와 영향력의 차원에서 전례가 없는 것이라고 확신하고 있다. 그는 내게 이렇게 말했다. 「영국의 전형적인 산업 혁명은 지난 30년 동안 벌어진 일에 비하면 그리 대단한 사건이 아니었습니다.」[19] 그는 오늘날의 생산성 증가가 더 크고, 파괴적인 혁신의 파도가 훨씬 더 거세다고 설명했다.

노스웨스턴 대학의 경제학자이자 기술 혁신의 역사 및 산업 혁명 전문가인 조엘 모키어Joel Mokyr 역시 린더트의 설명에 동의하고 있다.

모키어는 내게 이렇게 말했다. 「기술 변화의 속도는 과거 어느 때보다 빠르며, 다양한 분야들로 끊임없이 넘어가고 있습니다. 그 속도는 기하급수적으로 빨라지고 있습니다. 개인들 각각이 더 똑똑해지고 있는 것은 아니지만, 전체로서 우리 사회는 더 많은 지식을 계속해서 쌓아 나가고 있습니다. 쭉정이 더미에서 알곡을 골라내는 과정에서 지금처럼 방대한 정보와 기술적 도움을 누릴 수 있었던 시대는 없었습니다. 그건 엄청난 일이죠」[20]

이처럼 이중으로 이루어지는 경제 변화는 똑같이 그에 따른 사회적, 정치적 변화를 이끌어 내고 있다. MIT 연구원 프랭크 레비Frank Levy와 피터 테민Peter Temin은 그러한 전환을 〈디트로이트 협약〉에서 〈워싱턴 컨센서스〉로의 이동으로 설명한다.[21] 디트로이트 협약은 1950년에 전미 자동차 노동조합과 빅3 자동차 제조업체들 사이에 맺은 5년간의 계약이었다. 디트로이트 협약을 통해 미국의 자동차 기업들은 매년 반복되던 파업을 피해 갈 수 있었고, 그 대가로 근로자에게 포괄적인 의료 보험 및 연금 정책을 선사했다. 레비와 테민 두 사람은 〈디트로이트 협약〉을 기반으로 전후 미국에서 나타났던 다양한 형태의 정치적, 사회적, 경제적 제도, 다시 말해 강력한 노동조합과 높은 세율, 높은 최저 임금을 설명하고 있다. 디트로이트 협약 기간은 미국 중산층의 황금기이자, 1퍼센트와 나머지의 격차가 줄어 든 시대이기도 했다.

하지만 1970년대 후반과 1980년대 초에 디트로이트 협약은 허물어지기 시작했다. 로널드 레이건과 마거릿 대처의 시대가 도래한 것이다. 두 지도자는 최상층의 세율을 대폭 낮췄다. 레이건 행정부는 최상위 한계 세율을 70퍼센트에서 28퍼센트로 삭감했고, 최대 자본 이득세를 20퍼센트로 낮추었다. 그리고 노동조합을 압박하고, 사회 보장 지출을 줄이고, 경제 규제를 완화했다.

이러한 워싱턴 컨센서스의 흐름은 세계적으로 영향을 미쳤다. 이러한 흐름이 미친 가장 강력한 영향은 공산 국가들에서 확인할 수 있다. 소련 공산주의의 붕괴와 중국의 시장 경제 도입은 자본주의에 대항했던 공산주의 이데올로기의 70년에 걸친 지적, 정치적 실험에 종지부를 찍었고, 시장 경제야말로 현실적으로 가능한 유일한 시스템이라는 인식을 심어 주었다. 공산 진영의 위협은 플루토크라트들이 디트로이트 협약을 체결하게 만든 한 가지 요인이었으며, 유럽 사회 역시 마찬가지 이유로 보다 포괄적인 사회적 협약들을 마련했다. 공산 진영의 몰락은 워싱턴 컨센서스 주창자들을 보다 과감하게 만들었고, 그들이 세계화에 필요한 국제 기구들을 창설하는 과정에 힘을 실어 주었다.

기술 혁명, 세계화, 워싱턴 컨센서스의 등장이라고 하는 세 가지 요인은 세계 경제의 뚜렷한 성장, 그리고 세계적인 차원에서 플루토크라트의 재등장과 더불어 일어났다. 그 세 가지 요인 중 무엇이 1퍼센트의 성장에 가장 큰 영향을 미쳤는지에 대해서 소득 불평등을 연구하는 학자들은 여전히 치열한 논쟁을 벌이고 있다. 그러한 논의에서 이데올로기는 중요한 역할을 한다. 워싱턴 컨센서스를 옹호하는 입장을 취하는 사람들은, 심각한 소득 불평등을 기술 혁명과 세계화와 같이 비인격적이고 그 자체로는 온건한 경제적 요인들의 산물로 생각하려는 경향이 있다. 반면 진보적인 입장에서 디트로이트 협약의 붕괴를 안타까워하는 입장에 선 사람들은, 소득 분배에서 일어난 변화의 원인을 주로 정치 쪽에서 찾으려 한다. 제이컵 해커Jacob Hacker와 폴 피어슨Paul Pierson은 그들의 저서 『승자 독식 정치학Winner-Take-All Politics』에서 이러한 인식 과정에 대해 설득력 있게 설명하고 있다.

이러한 두 사람의 설명은 실질적인 정치적 의미를 함축하고 있는 대단히 중요한 주장이다. 하지만 정상에 선 플루토크라트의 시선으로 내려다볼 때, 두 가지 관점은 모두 옳다. 세계화와 기술 혁명은 1퍼센트의 번영을 창조했다. 그러나 플루토크라트가 더 많은 부와 권력을 차지하면서 일어난 디트로이트 협약의 붕괴는 우리 사회가 그들에게 세금을 줄여주고 규제를 완화하고 있다는 사실을 드러내고 있다. 우리가 지금 경제혁명의 시대를 살아가고 있다는 점에서, 또한 게임의 규칙이 다시 한 번게임에서 이기고 있는 자들에게 유리한 쪽으로 만들어지고 있다는 점에서, 우리 사회는 첫 번째 도금 시대로 귀환하고 있다.

오바마 행정부에서 예산국장을 지냈던 피터 오재그Peter Orszag는 내게 이렇게 말했다. 「중요한 사실은 이제 더 이상 이러한 흐름을 거스를 수는 없겠지만 상황이 더 악화되도록 방치해서도 안 된다는 겁니다. 주요한 흐름은 정부 정책이 아니라 세계화와 기술 혁명이 이루어 나가고 있습니다. 그러나 우리는 그 바람에 맞서는 대신, 심각해지고 있는 불평등의 항해에 바람을 조금 더 불어넣어 왔어요.」[22]

쌍둥이 도금 시대 — 브릭스의 등장

2012년 1월 중순의 어느 음울한 저녁, 은행가들과 출판업자들이 맨해튼 남쪽 끝에 위치한 골드먼삭스 본사 건물 42층에 모였다. 그곳에는 너무나도 미국적인 풍경이 펼쳐져 있었다. 가장 먼저 북쪽 도심에서 빛나고 있는 고층 건물들의 장관이 눈을 사로잡았고, 홀의 한 구석에서는 밴드가 부드러운 재즈 음악을 연주하고 있었다.

애피타이저로 요거트 크림에 상어알을 얹은 엄지 크기의 감자 팬케이크, 중국 딤섬, 인도 사모사, 터키 케밥 등 세계적으로 다양한 요리들이 나왔다. 그 만찬은 인터넷 혁명이 그 지역에서 유일한 경제적 게임은 아니라고 10년 전 그들에게 알려 주었던 골드먼삭스의 사상가 짐 오닐Jim O'Neill을 축하하기 위한 자리였다. 신흥 시장의 성장으로, 특히 당시 골드먼삭스의 수석 경제학자였던 짐 오닐이 네 마리 맹수라고 언급했던 브릭스, 즉 브라질, 러시아, 인도, 중국의 발전으로 세상은 크게 변하고 있었다.

그 1월의 만찬에서 발표했던 『그로스 맵: 브릭스와 기타 신흥 시장의 경제적 기회 The Growth Map: Economic Opportunity in the BRICs and Beyond』에서 오닐은 브릭스라는 말이 이제 〈우리 세대의 중요한 주제가 되었다〉라고 설명하면서, 브릭스와 함께 세상을 변화시키고 있는 신흥 〈넥스트 11〉 국가들을 소개하고 있다.

뉴욕에서 오닐의 책 출간을 축하하고 있었던 골드먼삭스의 중역들은, 오닐이 설명했던 강력한 경제적 요인들의 결과물, 즉 서구 선진 경제에서 1퍼센트의 성장, 그리고 오늘날 우리가 흔히 말하는 새로운 도금 시대의 출현에 앞장 선 인물들이었다. 19세기에 산업 혁명과 미국 서부 개척은 도금 시대와 그 시대를 지배한 강도 귀족들을 창조해 냈다. 그리고 세계 경제가 기술 혁명과 세계화로 인해 새롭게 재편되고 있는 오늘날, 그로 인해 나타난 경제의 대변동은 새로운 도금 시대와 새로운 플루토크라트 집단을 창조해 내고 있다.

하지만 그 차이는 분명하다. 우리가 겪고 있는 것은 예전과 똑같은 도금 시대가 아니다. 우리는 동시에 전개되고 있는 서로 다른 두 도금 시대를 살아가고 있다. 산업화된 서구 사회가 두 번째 도금 시대를 맞이하고 있는 동안, 오닐이 설명한 것처럼 신흥 시장들은 첫 번째 도금 시대를 맞이하고 있다.

이로 인한 경제의 지각 변동은 서구의 첫 번째 도금 시대보다 더욱 극적으로 일어나고 있다. 이번에는 서유럽과 북아메리카뿐만이 아니라, 수십억의 사람들이 이러한 변화에 동참하고 있다. 이 쌍둥이 도금 시대는 인류가 이전에는 한 번도 경험해 보지 못했던 속도와 규모로 세계 경제를 함께 변화시켜 나가고 있다.

노벨상을 수상한 경제학자이자 중국 정부의 열두 번째 5개년 계획의 자문을 맡았으며, 쌍둥이 도금 시대의 상호 관계를 분석하고 있는 『넥스트 컨버전스*The Next Convergence*』의 저자이기도 한 마이클 스펜스Michael Spence는 이렇게 말했다. 「다양한 차원에서 구조적으로 지금의 상황이 훨씬 극단적인 양상을 보이고 있습니다. 이러한 현상은 신흥 시장들이 워낙 방대하기 때문에 더욱 심각한 문제입니다. 예전의 경제적 변화와는 차원이 다른 것이라, 지금까지 한 번도 다루어 보지 못한 문제가 될 것입니다.」

스펜스 교수는 계속해서 이렇게 말했다. 「영국 산업 혁명으로부터 제2차 세계 대전에 이르는 200년 동안, 세계 경제의 구조는 비대칭적인 모양을 이루고 있었으며, 전 세계가 같은 방식으로 산업화되거나 상호 교류하는 일은 벌어지지 않았습니다. 이는 대단히 복잡한 현상이며, 우리는 겸손한 자세로 그 문제에 접근해야 합니다.」[23]

쌍둥이 도금 시대

신흥 시장의 도금 시대는 쉽게 확인할 수 있다. 아시아, 라틴 아메리카, 아프리카의 많은 국가들은 서구 사회가 19세기에 그랬던 것처럼 산업화와 도시화를 겪고 있으며 여기에 기술 혁명과 세계화된 경제라는 매력적인 요소가 더해지고 있다. 소련에서 해체되어 나온 국가들은 스탈린의 산업화 방식을 포기하고, 삐걱거리는 산업 경제를 유지해 왔던 실패한 중앙 계획 체제를 점차 시장 시스템으로 대체해 나가고 있다. 그리고 그 과정에서 많은 국가들의 삶의 기준이 높아지고 있다. 신흥 시장에서 최고의 이익을 누리고 있는 이들은 물론 최상층이지만, 수천만 명의 사람들 또한 중산층으로 올라서고 있으며, 그리고 수억 명의 사람들이 절대 빈곤에서 벗어나고 있다.

서구 사회가 두 번째 도금 시대를 겪는 동안에 신흥 시장이 첫 번째 도금 시대를 겪는 것은 더 유리하기도 하고, 더 불리하기도 하다. 더 유리하다고 할 수 있는 한 가지 이유는, 그 시나리오를 이전에 이미 보았고, 그래서 고통과 혼란에도 불구하고 결국 행복한 결말로 이어진다는 사실을 잘 알고 있기 때문이다. 산업 혁명은 오늘날 동서의 격차를 크게 벌려 놓기는 했지만, 그래도 서구 사회를 살아가는 모든 사람들의 삶의 수준을 크게 높여 놓았다.

하지만 우리는 첫 번째 도금 시대 동안 그러한 확신을 가질 수 없었다. 자본주의에 대한 좌파의 저항을 불러왔고, 결국 성공한 혁명가들이 경제적, 정치적 대안들을 현실로 옮기는 과정에서 피를 부르게 만든 산업 혁명기의 암울하고 사악한 공장들을 생각해 보라. 하지만 오늘날 분명한 것은 공산주의의 실험은 실패했으며, 자본주의는 여전히 잘 돌아가고 있다는 사실이다.

공산주의의 몰락은 오늘날의 이중 도금 시대에서 각주 이상의 의미를 가지고 있다. 경제사학자들은 지금도 서구 민주주의의 성장과 첫 번째 도금 시대의 관계에 대해 논쟁을 벌이고 있다. 그러나 기술 혁신과 마찬가지로, 공산 진영의 몰락과 자유 진영의 승리라고 하는 세계적인 정치적 변화로 인해 오늘날 쌍둥이 도금 시대가 도래했다는 주장에 대해서는 이견이 없다.

세계화와 기술 혁명은 함께 신흥 시장의 경제적 변화를 가속화해 나가고 있으며, 이로 인해 오늘의 브릭스 이론은 강력한 지지를 얻고 있다.

오늘의 〈넥스트 11〉 국가 중 하나인 터키 출신의 MIT 경제학 교수 대런 애스모글루Daron Acemoglu는 이렇게 말했다. 〈서구 국가들의 정책과 기술력을 기반으로 일반적인 수준의 기술이 필요한 일자리를 자국으로 끌어들임으로써, 특히 중국이나 인도와 같은 개발도상국들은 훨씬 더 빠른 경제 성장을 이룩하고 있다. 기술 혁신으로 세계 경제에서 차익 거래의 가능성이 더욱 높아졌기 때문에 그 나라들은 기대 이상의 성과를 달성할 수 있다.〉[24]

애스모글루의 주장은 곧 개발도상국들이 지금 겪고 있는 첫 번째 도금 시대가 19세기에 서구 사회가 겪었던 도금 시대보다 훨씬 더 빠른 속도로 진행되고 있다는 뜻이다.

애스모글루 교수는 계속해서 이렇게 말했다. 〈1950년대에 인도의 인건비는 대단히 낮았지만, 현실적으로 세계의 다른 지역에서 그 값싼 노동력을 이용할 수는 없었다. 그래서 그들은 서구 사회가 했던 대로 똑같은 단계들을 밟아 나갈 수밖에 없었다. 하지만 이제 상황은 달라졌다. 중국의 경우, 노동자들이 세계 경제로 효과적으로 편입되고 있기 때문에 훨씬 더 빨리 성장할 수 있다.〉

하지만 이러한 경제 혁명의 성공은 21세기에 첫 번째 도금 시대를 겪으면서 살아가는 사람들의 삶을 더욱 힘들게 만들기도 한다. TV와 인터넷, 또는 이주 노동자들을 통해 실시간으로 자신들과 서구 노동자 간의 격차를 접하고 있는 개발도상국 국민들은 4~5퍼센트의 성장률로는 충분치 않다고 생각할 것이다. 게다가 21세기의 플루토크라트들이 즐기고 있는 화려한 삶과 비교할 때, 더욱더 그러한 생각이 들 것이다. 사실 개인용 제트기나 심장 우회 수술 등 그들이 오늘날 누리고 있는 다양한 특혜들은 아마도 록펠러나 카네기마저 놀라게 만들 것이다.

다른 한편으로, 신흥 국가들이 첫 번째 도금 시대를 겪고 있는 동안 서구 국가들은 두 번째 도금 시대를 경험하고 있다. 현재 일어나고 있는 일들의 일부는 새로운 형태의 산업 혁명이다. 기계의 발명이 농부와 장인의 노동을 대량 수확과 대규모 조립 라인으로 바꾸어 버렸던 것처럼, 기술 혁명은 육체 노동자를 로봇으로, 그리고 사무직 노동자를 컴퓨터로 대체해 나가고 있다.

동시에 서구 국가들은 신흥 경제의 첫 번째 도금 시대로부터도 이익을 얻고 있다. 댈러스나 뒤셀도르프에 위치한 기업들은 산업화가 진행 중인 신흥 국가들에서 도시로 이주한 농부들의 노동력을 활용할 수 있다. 이는 분명 서구 플루토크라트에게 대단히 반가운 소식이다. 그들은 19세기식 강도 귀족인 동시에 21세기의 기술 비즈니스 거물이 될 수 있는 축복을 받고 있다. 그러나 이러한 변화는 서구 중산층을 가혹하게 몰아세우고 있다. 그들은 쌍둥이 도금 시대로부터 연타를 얻어맞고 있다.

2012년 1월, 1만 명에 가까운 하버드 경영대학원 졸업생들을 대상으로 한 설문 조사는 이러한 대조를 분명하게 보여 준다.[25] 응답자들 중 71퍼센트가 향후 3년간 미국 경제가 하락할 것으로 예상했을 정도로 그들은 세계 경제에서 미국의 경제력을 크게 우려하고 있었다. 그러나 미국 기업들과 미국 노동자들의 운명을 따로 떼어 놓고 생각할 때, 이들의 걱정은 다른 형태로 나타났다. 하버드 경영대학원 졸업생들 중 3분의 2 정도가 미국 근로자들의 임금 및 수당이 위험한 상황에 처할 것이라고 생각한 반면, 기업들이 위기에 직면하게 될 것이라고 걱정한 사람은 절반이 되지 않은 것으로 나타났다.

이 설문 조사를 실시했던 마이클 포터Michael Porter 교수는 이렇게 설명했다. 〈힘든 상황에 처하고 위기에 직면했을 때, 미국 기업들은 근로자들보다 훨씬 더 폭넓은 선택을 할 수 있다. 공장을 외국으로 옮겼던 84퍼센트의 기업들을 따라가거나, 또는 근로자들의 임금을 삭감함으로써 충분히 대처할 수 있다.〉[26]

런던 정치경제대학에서 경제성과연구소를 이끌고 있는 존 반 리넨John Van Reenen은 이렇게 언급했다. 〈파이 크기가 더 커지고 있음에도 불구하고, 많은 사람들의 몫은 오히려 더 줄어들고 있다. 《공부를 더 하세요》라고 말하기는 쉽다. 그러나 40~50대에게 그것은 분명 쉽지 않은 일이다. 지난 15년 동안 중산층은 큰 어려움을 겪고 있다.〉[27]

차이나 신드롬

유명 경제학자 삼인방인 데이비드 오터David Autor, 데이비드 돈David Dorn, 고든 핸슨Gordon Hanson은 중국과의 무역이 미치는 영향을 주제로 한 2011년의 논문 「차이나 신드롬The China Syndrome」에서 지금 벌어지고 있는 상황에 주목했다. 학계에서 이루어진 기존의 합의에 이의를 제기했다는 점에서 이들의 과학적 연구는 특히 더 중요하다. 날로 심각해지는 소득 불평등의 원인을 둘러싼 논쟁의 과정에서 미국 경제학자들은 기술을 주요 요인으로 파악해 왔다. 그러나 「차이나 신드롬」의 저자들은 미국의 지역 고용 시장에서 얻은 구체적인 데이터를 기반으로 전체적인 그림을 그려 나가면서 세계화, 특히 강력한 중국과의 관계가 오늘날 미국 근로자들에게 큰 영향을 주고 있다고 주장했다. 그들은 이렇게 지적했다. 〈보수적으로 말한다고 하더라도, 미국 생산직 고용 시장 전반에서 일어난 감소 현상의 4분의 1이 이로 인한 것이다.〉[28]

그 파괴적인 영향력은 해고 근로자들의 범주를 넘어선다. 차이나 신드롬으로부터 타격을 입은 산업에서는 임금은 떨어지고(밝혀진 바에 따르면, 특히 제조업 이외의 분야에서), 구직을 포기한 사람들까지 속출하고 있다. 그리고 그 결과는 〈가구 평균 소득의 급격한 하락〉으로 이어지고 있다. 이에 따라 미국 정부 또한 장애 및 실업 급여의 증가로 어려움을 겪고 있다.

오터, 돈, 핸슨, 이 세 사람은 보호 무역론자들이 아니다. 그러나 이들은 〈하나님 아래 한 나라〉*라는 세계관에 이의를 제기하며 무역 거래의 이익과 비용은 절대 공평하게 배분되지 않는다는 사실을 날카롭게 지적하고 있다. 저자들이 주장하고 있듯이, 그들의 발견은 자유 무역을 지지하는 입장의 〈논리와 모순되는〉 것이 아니다. 그들의 연구는 다만 〈무역의 분배적 결과를 집중적으로 조명〉하고 있을 뿐이다.

경제학자들이 쓰는 전문용어로 표현하자면, 그 분배적 영향은 노동 시장의 양극화로 나타나고 있다. 위에는 더 좋고 더 많은 돈을 주는 일자리들이 있고, 아래에는 예전과 다름없이 낮은 기술과 낮은 소득의 일자리들이 있다. 하지만 미국 중산층들의 경제적 기반이었던 중간 단계의 일자리들은 사라져 버렸다. 영국에서도 일어나고 있는 이와 같은 현상과 관련하여 마르턴 고스Maarten Goos와 앨런 매닝Alan Manning은 이를 〈멋진 일자리들과 형편없는 일자리들〉[29]로의 분할이라고 표현했다.

---

* one nation under God. 미국의 〈국기에 대한 맹세〉에 나오는 문구.

멋진 일자리와 형편없는 일자리, 그리고 중산층 일자리의 공동화 현상을 보여 주는 적절한 사례로 아이팟의 직접적인 고용 효과에 관한 최근 연구[30]를 살펴보도록 하자. 그렉 린든Greg Linden, 제이슨 데드릭Jason Dedrick, 케네스 크래머Kenneth Kraemer 등 세 명의 연구원은 최근 두 편의 논문을 통해 아이팟이 전 세계적으로 고용을 창출하고 수익을 일구어 낸 방식을 조망하고 있다. 그들의 연구 결과 중 하나는 2006년 아이팟은 그 제품이 개발된 미국보다 해외 시장에서 두 배 가까운 일자리를 제공했다는 것이다. 그 정확한 수치는 미국에서 1만 3,920명, 그리고 해외에서 2만 7,250명이다.

이 수치는 아마도 별로 놀라운 것은 아닐테지만, 미국인이라면 좀 걱정이 될 것이다. 그것은 애플이야말로 버락 오바마에서 릭 샌토럼에 이르기까지 많은 사람들이 주장하는 것처럼 그 나라를 실업의 위기에서 구해 낼 미국적 마법의 전형적 사례이자, 혁신가와 기업가 들을 양산해 내는 미국의 놀라운 능력에 대한 확고한 증거이기 때문이다. 그러나 오늘날 미국의 혁신가들과 몽상가들은 그들이 살고 있는 땅보다 해외에서 더 많은 일자리를 창출해 낸 것으로 드러나고 있다.

아이팟에 관한 이 논문을 직접 읽어 보지 않아도, 여러분은 아마 관련된 해외 노동자들의 상당수가 중국에 있다는 사실을 잘 알고 있을 것이다. 그러나 아시아의 거물인 중국이 최근 미국 사람들의 마음속에 얼마나 큰 자리를 차지하고 있는지를 감안할 때, 해외 아이팟 고용 시장에서 중국이 1만 2,270명으로 절반에 채 미치지 못한다는 사실은 주목할 만한 가치가 있다. 그 나머지 중 4,750명은 13억의 중국에 비해 그 인구가 9,200만 명에 불과한 필리핀에 있다. 이러한 점에서 필리핀은 스티브 잡스의 혁신으로부터 상대적으로 더 많은 혜택을 보고 있다고 할 수 있다.

미국의 일부 전문가와 정치인들이 중국의 평가 절하된 통화 가치와 수출 주도형 성장 전략으로 미국이 어려움을 겪고 있다고 종종 주장한다는 점에서, 이러한 상황은 특히 주목할 만하다. 하지만 애플 경제에 대한 사례에서 지금까지 한 이야기는 서론에 지나지 않는다.

이제 놀랄 만한 사실들을 살펴보자. 첫 번째는, 아이팟이 창출한 고용 효과가 대부분 미국 밖에서 나타나고 있기는 하지만 알짜배기 일자리는 여전히 미국에 그대로 남아 있다는 사실이다. 1만 3,920명의 미국 근로자들이 거의 7억 5천만 달러에 이르는 돈을 벌어들인 반면, 그 두 배에 가까운 2만 7,250명의 해외 근로자들이 번 돈은 3억 2,000만 달러가 되지 않았다.

이러한 불균형은 미국의 아이팟 노동력이 어떻게 구성되어 있는지 살펴볼 때 더욱 의미심장한 측면을 드러낸다. 미국 일자리의 절반 이상, 즉 7,789명의 근로자들이 업무 지원, 물류, 운송 등 소매 및 기타 비전문적인 일에 종사하고 있었다. 이러한 근로자들이 벌어들인 수입은 2억 2,000만 달러에 불과했다.

애플 혁신의 진정한 수혜자는 6,101명에 해당하는 미국의 기술자 및 다양한 전문 근로자들로, 이들은 5억 2,500만 달러가 넘는 돈을 벌어들였다. 이는 미국의 비전문직 종사자들이 벌어들인 수입의 두 배가 넘고, 애플이 해외에서 고용한 근로자들의 수입을 전부 합한 것보다도 훨씬 더 많다. 다른 이들에게 애플은 형편없는 일자리지만, 이들에게 애플은 멋진 일자리다.

애플의 세계는 미국이 세계화와 기술 혁명에 왜 그렇게 상반된 감정을 가지고 있는지를 보여 주는 소우주라 할 수 있다. 포퓰리스트들은 미국 최고의 혁신이 그들이 살고 있는 나라가 아니라 외국에서 더 많은 일자리를 창출하고 있다는 사실에 대해 우려한다. 하지만 현실은 포퓰리스트 비평가들이 생각하는 것보다 훨씬 더 암울하다. 아이팟과 관련된 미국 내 일자리의 절반 이상이 상대적으로 저기술 및 저임금의 형태를 띠고 있기 때문이다.

그래도 승자들은 미국 내에 있다. 애플을 위해 미국에서 일하고 있는 기술자 및 다양한 전문가들이 높은 연봉을 받을 수 있는 이유 중 하나는, 애플이 해외의 값싼 노동력을 활용해 많은 이익을 얻고 있기 때문이다. 애플 주주들의 상황은 이보다 더 좋다. 아이팟을 주제로 한 2007년 두 논문에서 린든, 데릭, 크래머는 아이팟이 창조한 경제적 이익 중 제일 큰 몫을 애플이 가져갔다는 사실을 확인했다. 물론 중국이 아이팟을 생산하고는 있지만, 제조 과정에서 발생하는 경제적 부가 가치는 〈지극히 낮다〉.[31]

물론 부자 나라들은 제조 분야 일자리를 그대로 유지할 수는 있다. 하지만 그럴 경우 그것은 그 일자리들이 다소 형편없는 수준으로 전락할 수 있음을 의미한다. 예를 들어, 2012년 캐나다 런던 시에 위치한 기관차 조립 공장에서 노동 쟁의가 일어났을 때 캐터필러 사가 이에 대처한 방식을 살펴보자.[32] 일리노이 주 라그랜지 지역의 남쪽에 위치한, 철도 장비를 생산하는 캐터필러 공장 근로자들의 임금과 복지 수준은 동일 기업에서 일하는 캐나다 공장 근로자들의 절반에도 미치지 못하고 있다. 그 차이는 캐나다 노동조합의 강력한 힘에서 나온다고, 혹은 캐나다의 정치 문화가 노동자들의 권익을 보호하는 방향으로 발전하고 있다는 증거라고 볼 수도 있을 것이다. 하지만 이 문제를 해결하기 위해 캐터필러 사가 선택한 방법은, 임금이 높은 캐나다 공장을 폐쇄하고 인디애나 주 먼시에 새로 공장을 지어서 그곳으로 생산량 일부를 가져오는 것이었다. GE가 생산직 일자리 일부를 다시 미국으로 가지고 왔던 떠들썩한 결정 뒤에도 비슷한 내막이 숨어 있다. 2011년에 새롭게 들어선 노스캐롤라이나 공장에서 근무하는 GE 근로자들은 시간당 평균 18달러를 임금으로 받고 있는데, 이는 노동조합이 힘을 발휘하던 시절에 GE 생산직 근로자들이 받던 임금의 절반에도 미치지 못하는 수준이다.

밀라노비치가 밝혀냈던 것처럼, 이러한 사례들은 지난 150년 동안 서구 노동자들에게 드리운 성공의 어두운 그림자다. 밀라노비치는 자신의 논문에서 서구 노동자와 개발도상국 노동자 사이의 엄청난 소득 격차가 이민에 대한 강력한 동기로 작용하면서, 더 많은 사람들이 임금이 높은 국가들로 넘어올 것이라고 예측했다. 하지만 노동력보다 제품이나 자본이 국경을 넘어 보다 자유롭게 이동할 수 있는 시대임을 감안할 때, 사람이 아니라 일자리들이 넘어가는 상황이 더 가능성 높을 것이다.

첫 번째 도금 시대를 겪은 앤드루 카네기에게 두 번째 도금 시대의 이러한 갈등 상황은 별로 낯설지 않았다. 그러한 갈등은 부자와 나머지로 사회를 양분했으며, 이에 대해 카네기는 이렇게 지적했다. 〈수많은 기업들이 가혹한 시장 상황으로 내몰리고, 그리고 그 고통의 상당 부분이 근로자들에게 전가되는 경쟁의 법칙하에서 기업과 근로자, 자본과 노동, 부자와 빈자 사이에 자주 충돌이 발생한다. 우리 사회는 동질성을 잃어가고 있다.〉[33] 카네기가 믿었던 자본주의가 성공을 거두기 위해서는 기업과 근로자들 사이에 탄탄한 계약 관계가 유지되어야만 했다.

노벨상을 수상한 경제학자이자 세계화의 어두운 측면에 대해 예전부터 비관적인 예측을 내놓았던 조지프 스티글리츠와 함께 이 문제에 대해 이야기를 나누었을 때, 그는 내게 확신에 가득 찬 목소리로 이렇게 말했다. 「경제학적 설명은 아주 분명합니다. 미국과 중국처럼 서로 다른 나라들이 문호를 개방할 때, 잘 사는 나라의 임금이 급격하게 떨어지는 현상이 나타납니다. 충분히 예상 가능한 결과죠. 완전한 세계화란 결국 미국의 임금 수준이 중국과 같아지는 상태를 의미합니다. 이것이 바로 완전 시장의 의미입니다. 결코 환영할 수 없는 결론이죠.」[34]

사실대로 말하자면, 우리는 〈하나님 아래 한 나라〉에서 살고 있는 게 아니다. 우리는 하나님 아래 하나의 세계에서 살아가고 있다. 세계화가 이루어지면서 세상은 점점 부유해지고 있다. 그러나 이러한 변화를 위해 치러야 할 대가 중 상당 부분을 서구 선진국의 근로자 계층들이 떠안고 있다.

일반적으로 세계주의적 관점은 진보 인사들에게 더 어울린다고 생각한다. 진보 인사들은 아프리카의 빈곤 문제와 인도 소녀들의 교육을 걱정한다. 그러나 아이러니하게도 오늘날 동정심 가득한 세계주의적 시선을 가장 많이 드러내고 있는 사람들은 진보주의자들이 아니다. 그들은 바로 잔인무도한 자본주의 거물들이다.

가령 세계적인 보험사인 AIG의 회장이자 디트로이트의 전설적 CEO 중 한 사람인 스티브 밀러Steve Miller(『턴 어라운드 키드The Turnaround Kid』라는 베스트셀러 회고록을 쓰기도 했다)는 세계화와 고용 문제를 주제로 한 다보스포럼에서 내게 이렇게 말했다. 「우선 한 사람의 세계 시민으로서, 저는 어느 나라에 살고 있는지 상관없이 세상 모든 사람들이 미국인들이 누리고 있는 것과 똑같은 기회를 가질 수 있어야 한다고 생각합니다. 세계화는 지금 여기에 있습니다. 세계화는 우리의 삶입니다. 그 흐름은 절대 멈추지 않을 겁니다. 이는 다양한 기술 수준에 따라 임금이 평준화될 것이라는 의미입니다. 모든 분야는 아니더라도, 특히 제품의 이동이 용이한 분야에서는 그럴 것입니다.」[35]

지금 어느 나라에 살고 있든 간에 여러분이 글로벌 기업을 소유하거나 운영하고 있다면, 이는 그다지 큰 문제가 아니다. 그러나 오터와 돈, 핸슨이 지적했던 것처럼 여러분이 미국의 노동자라면 〈평준화〉는 악몽이 될 것이다.

반 리넨 교수는 이러한 긴장 상태는 사실 오래전부터 시작되었지만, 금융 위기로 그 모습을 분명히 드러낸 것일 뿐이라고 설명한다. 그는 이러한 문제가 미국 우파의 조세 저항 운동인 티파티Tea Party에서부터 월가의 점령 시위에 이르기까지 포퓰리즘 저항 운동의 흐름을 촉발했다고 믿고 있다.

리넨은 이렇게 지적했다. 「이러한 문제는 이미 수십 년 동안 진행되었습니다. 다만 금융 위기와 더불어 그 모든 것들이 극명하게 부각되고 있을 뿐입니다.」[36]

쌍둥이 도금 시대들은 서로를 부채질하고 있다. 신흥 시장의 산업화는 서구 국가들에 새로운 시장과 공급망을 제공하고 있다. 가령 아이폰은 중국에서 생산되는 동시에 중국에서 팔리고 있다. 다른 한편으로 서구의 두 번째 도금 시대가 내놓고 있는 신기술들은 개발도상국들의 첫 번째 도금 시대를 가속화한다. 즉 컴퓨터와 커뮤니케이션 기술의 발달은 철도나 철강 공장을 짓는 수고를 19세기에 비해 한층 덜어 주고 있다. 또한 선진국 경제는 개발도상국의 산업화를 위한 풍부한 시장을 제공하고 있다.

현재 아내와 아들과 함께 뱅갈로르 지역에서 절반의 시간을 보내고 있는 인도 출신의 브라운 대학 정치학 교수 아슈토시 바시니Ashutosh Varshney는 2011년 11월 뭄바이에서 열린 세계경제포럼에서 내게 이렇게 말했다. 「인도의 도금 시대는 미국이 겪었던 첫 번째 도금 시대와 두 번째 도금 시대의 조합이 될 겁니다. 21세기 인도는 바로 그러한 시대를 맞이하게 될 것입니다. ……19세기에 정보가 이동하는 속도는 지금과는 크게 달랐습니다. 오늘날 8억 명의 인도 사람들은 휴대 전화로 연결되어 있습니다.」[37]

쌍둥이 도금 시대는 또한 서로를 간섭하기도 한다.[38] 2008년 금융 위기에 대한 설득력 있는 한 가지 설명으로, 중국의 도금 시대와 서구의 도금 시대 사이의 충돌이 그 원인이라는 주장이 있다. 다시 말해 중국식 수출 주도 성장 모델의 필연적 결과로 나타난 재정 불균형이 2008년의 파국을 초래한 신용 거품에 주요한 역할을 했다는 것이다.

두 도금 시대는 공통점이 많으며, 또한 서로를 강화해 나가고 있다. 그러나 그 두 가지 전환 모두 강력한 정치적, 사회적 압력을 만들어 낸다. 그 이유는 변화는 언제나 힘든 것이기 때문이기도 하고, 또한 급격한 형태의 변화가 가져다주는 열매는 극단적으로 불평등하게 분배되기 때문이기도 하다.

게다가 처음에는 산업 혁명으로 인해 발생한 압력을 북아메리카와 남아메리카와 같은 미개척 지역으로 일시적이나마 분출할 수 있었지만 이번에는 그러한 배출구가 없다. 도시화로 인한 긴장이 견디기 힘들 정도로 커지거나 불공정이 극단적으로 심화될 때, 사람들은 바글거리는 유럽 지역을 떠나 다른 곳으로 이민을 떠날 수 있었다. 그러한 선택이 가능했기에, 산업화와 도시화가 몰고 온 서구 사회의 갈등과 불평등은 혁명과 전쟁 이후 반세기 동안 어느 정도 해소될 수 있었다.

반 리넨 교수는 이렇게 지적했다. 「장기적인 관점에서 우리는 좋은 상황에 있습니다. 그건 시야의 범위에 관한 문제입니다. 인류는 대공황과

제2차 세계 대전으로 엄청난 대가를 치렀습니다. 그래도 우리는 이겨 나갈 것입니다. 자본주의는 잘 굴러가고 있지만, 30~40년의 중기적 차원에서 지각 변동의 가능성이 있습니다. 내년, 혹은 그 이후에 어떤 일이 벌어질지 저는 아주 걱정스럽습니다.」[39]

세계적인 차원에서, 즉 올림피아의 신들처럼 아래 세상을 조망하는 슈퍼엘리트들의 관점에서, 이러한 단기적인 〈지각 변동〉의 대가는 쌍둥이 도금 시대가 가져오는 대전환의 위력에 비하면 하찮기 그지없는 것이다.

오닐은 자신이 쓴 책의 결론에서 점증하는 국민 소득의 불균형과 서구 중산층의 공동화를 강조하는 비관론자들의 주장을 소개하면서 이들의 주장을 정면으로 반박하고 있다.

흥미진진한 이야기가 아닐 수 없다.[40] 그 이야기는 비즈니스와 경제학의 범위를 훌쩍 넘어서고 있다. 역사적 차원에서 우리는 부와 소득 불균형이 나타나고 있는 중요한 변화의 시기로 막 들어서고 있다. 극소수의 사람들만이 세계화의 과실을 따먹고 자신들의 배를 채우기 바쁜 동안 수많은 사람들이 주변부로 밀려나 몰락하고 있다는 왜곡된 이야기가 끝도 없이 이어지는 것을 보고 들을 때마다 나는 화를 참을 수 없다. 세계화는 특정 국가의 경계 내에서는 불평등을 심화시킬 수도 있지만, 전 세계적인 차원에서는 선(善)을 위한 거대한 힘으로 존재해 왔고, 또한 전례 없는 규모로 불평등의 격차를 줄여 왔다. 브릭스를 포함한 다양한 지역의 수많은 사람들이 국가의 경제 성장을 통해 가난에서 벗어나고 있다. 일반적으로 사람들은 중국이 수많은 억만장자들을 배출해 내고 있다는 사실에는 주목하면서도, 지난 15년 동안 3억 명, 또는 그 이상의 중국인들을 가난에서 구제했다는 사실은 쉽게 지나치고 있다. ……우리 골드먼삭스는 지금으로부터 2030년까지 브릭스와 N-11 경제권의 성장과 함께 20억 명에 달하는 사람들이 글로벌 중산층으로 올라설 것으로 추산하고 있다. ……이제 우리는 두려움이 아니라 용기와 희망으로 미래를 바라보아야 할 것이다. 어마어마하게 많은 사람들이 부의 열매를 맛볼 수 있는 가능성을 갖고 있다. 이는 대단히 의미심장한 이야기다.

앞으로 중국과 인도가 발전해 나갈 것이라는 오늘의 전망 외에도, 우리는 쌍둥이 도금 시대를 낙관적으로 바라볼 수 있는 또 다른 근거들을 발견할 수 있다. 지난 200년 동안의 경험을 통해 우리는 자본주의의 창조적인 파괴력이 세월의 힘과 더불어 사람들의 삶의 기준을 전반적으로 높여 주었다는 사실을 알고 있다.

텍사스 주 댈러스 지역에 기반을 둔 버스업체인 그레이하운드Greyhound Lines에서 재무와 운영을 총괄하고 있는 존 바라노브스키는, 기계가 다른 기계에게 명령을 내리는 방식으로 대부분의 업무를 처리하고, 인간이 개입할 여지가 거의 없도록 만드는 컴퓨터 혁명과 제2경제의 등장에 관해서 산타페연구소의 브라이언 아서W. Brian Arthur 교수가 쓴 글에 대해 이렇게 지적했다. 〈부는 우리가 상상하지 못하는 모습으로 창조되고 소비됩니다. 예전의 혁신은 수백만 개의 일자리를 없애 버리면서 동시에 수백만 개의 일자리를 새롭게 창출했습니다. 대단히 파괴적인 형태이기는 했지만, 고용 시장 전체에 부정적인 영향을 장기적으로 미친 사례는 없었으며, 앞으로의 상황(그리고 제2경제의 영향)이 지금까지와는 다르게 전개될 것이라고 걱정할 이유도 없습니다.〉[41]

반면 아서 교수는 바라노브스키의 바람이 실현되기를 희망하면서도,

오늘날의 기술 혁명이 우리 모두를 더 잘 살게 만들 것으로 낙관할 수 있는 근거는 어디에도 없다고 경고하고 있다.

아서 교수는 이렇게 썼다. 〈새로운 발전이 새로운 일자리를 창출할 것이라는 예측이 적중하기를 바랍니다. 그러한 흐름이 계속 이어질 것이라는 주장을 경제학자들은 세이의 법칙Say's law이라고 부르죠. 오늘날 경제학자들은 이 법칙을 현실이라기보다 믿음의 문제로 받아들이고 있습니다. 제2경제가 시작된 1990년대 초중반에 우리 사회는 구조 조정과 해고의 거센 파도를 연이어 얻어맞았고, 지속적이고 구조적인 실업 문제는 여전히 남아 있습니다. 물론 나는 일자리가 계속해서 생겨나기를 바라며, 또한 그럴 것이라고 기대합니다. 그러려면 예전처럼 우리 사회는 빠른 속도로 적응해 나가야 할 것입니다. 그리고 새롭게 탄생한 부를 분배하기 위한 방안 또한 발견해야 하겠죠.〉[42]

행복한 농부와 불행한 억만장자

세계화에 반대하는 사람들과 지지하는 사람들 모두 적어도 한 가지 점에 대해서만큼은 동의하고 있다. 그것은 신흥 시장, 특히 그 내부에서 떠오르고 있는 중산층은 거대한 승리자라는 사실이다. GDP에 관한 한 그것은 분명한 진실이다. 하지만 서구의 첫 번째 도금 시대가 당시를 살았던 모든 사람들에게 완전히 관대한 것은 아니었던 것처럼, 개발도상국들이 지금 겪고 있는 창조적 파괴의 시대 역시 순조롭게 흘러가고 있지만은 않다.

가장 먼저, 소득과 행복 간의 상관관계에 관한 최근의 다양한 국제적인 연구들은 우리의 상식과는 엇갈린 결과를 보여 주고 있다. 몇 년 전만 하더라도 이스털린의 역설은 돈과 행복을 바라보는 일반적인 관점이었다.[43] 이스털린의 역설이란 리처드 이스털린Richard Easterlin이 1974년에 주창한 것으로, 비교적 낮은 한계점 이상의 재산은 행복에 도움이 되지 않는다는 것이다. 그러나 이후 경제학자들은 보다 의미 있는 세계적인 데이터들을 기반으로 이스털린의 역설이 단일 국가 내에서 여러 세대들을 비교할 때만 유효하다는 사실을 확인했다. 여러분은 지금 부모 세대보다 더 부유하다고 해서 반드시 더 행복하다고 말할 수는 없을 것이다. 하지만 여러 국가들을 놓고 비교한다면, 수많은 이민자 집단은 절대 그 말에 동의하지 않을 것이다. 그들은 아마 일반적으로 부자 나라의 사람들이 가난한 나라의 사람들보다 더 행복하다고 생각할 것이다.

이스털린의 역설을 반박하는 가장 최근의 연구 결과는 더 부유하고 더 행복한 상태로의 이동이 대단히 고통스럽다는 사실을 보여 준다. 2006년 갤럽 월드 폴Gallup World Poll이 내놓은 결과에 대한 논평에서 앵거스 디턴Angus Deaton은 이렇게 결론짓고 있다. 〈충격적이게도 소득 수준에 상관없이 경제 성장은 더 낮은 수준의 삶의 만족도와 관련이 있는 것으로 드러나고 있다.〉[44] 에두아르도 로라Eduardo Lora와 캐럴 그레이엄 Carol Graham은 이러한 현상에 대해 〈불행한 성장 패러독스〉라는 표현을 썼다. 예를 들어 중국에 관한 두 다른 연구 결과에서는 농부들이 도시로 넘어가면서 더 잘 살게 되었음에도 불구하고, 농촌에 살 때보다 소득에 대해 불만을 더 많이 느끼고 있는 것으로 드러났다.[45] 〈빛나는 인도〉의 비즈니스 거물들을 주로 다루었다가 방향을 전환하여 그 뒤에 남겨진 하층 계급에 주목함으로써 명성을 얻고, 수상의 영예를 얻기도 했던 인도 기자 팔라구미 사이나드Palagummi Sainath 역시 똑같은 이야기를 들려주고 있다. 빈곤한 마을에서 도시의 슬럼가로 흘러든 인도 사람들은 쉽게 일자리를 구할 수 있지만, 사회 보장의 혜택은 누리지 못한다. 다음으로 벳시 스티븐슨Betsey Stevenson과 저스틴 울퍼스Justin Wolfers는 불행한 성장 패러독스는 한국이나 아일랜드의 사례와 같이 〈기적〉 경제가 성장을 시작하는 단계에서 특히 뚜렷하게 드러난다는 사실을 확인했다.[46] 그 호랑이들이 도약을 하는 순간, 국민들은 가장 불행한 시절을 보내고 있었던 것이다.

불행한 성장 패러독스에 대해서는 아무도 명쾌한 해석을 내놓지는 못했다. 그래도 이 문제를 파고든 경제학자들은 급속한 경제적 변화의 시기에 수반된 불확실성과 불평등이 아마 주요한 원인일 것이라는 진단을 내놓고 있다. 국가 경제가 전반적으로 높은 성장을 보이고 사람들은 풍요로운 삶을 살아간다고 해도, 우리는 조지프 슘페터Joseph Schumpeter의 표현대로 〈창조적 파괴creative destruction〉의 시대에 살고 있다는 사실을 알고 있다. 이러한 사회적 불안정성, 그리고 패자들이 겪어야 하는 고통으로 인해 승자들마저도 맘 편히 잠들지 못한다.

신흥 시장들을 중심으로 형성되어 있는 긴장 상태는 오직 심리적인 문제만은 아니다. 100여 년 전에 카네기가 지적했듯이, 서구의 경우와 마찬가지로 개발도상국의 첫 번째 도금 시대의 시나리오 역시 〈자본과 노동, 그리고 부와 빈곤 사이의…… 충돌〉로 이어지고 있다.

2011년 9월 워싱턴에서 열린 세계은행 토론회의 사회를 보는 동안 나는 이 문제에 대해 잠시 언급했다.[47] 임시직 근로자 파견 서비스를 제공하는 인도의 유명 기업인 팀리스TeamLease의 CEO 마니시 사브하랄은 현재 인도가 직면하고 있는 주요한 과제들 중 하나로 제도 경제formal economy 내의 인구 수 증가를 꼽았다. 놀랍게도 저임금 국가인 인도에서 전체 노동력의 12퍼센트만이 제조업 분야에 종사하고 있다.

중국의 유명 자동차 생산업체인 비야디BYD의 부사장을 맡고 있는 스텔라 리Stella Li는 그 논의에 뛰어들어 사브하랄에게 이렇게 말했다. 「저는 그 해답을 알고 있습니다.」 그녀의 설명에 따르면, 비야디는 높은 기대를 안고 인도 시장에 진출했다. 그녀는 이렇게 말했다. 「저희는 인도를 세계에서 두 번째로 큰 생산 공장을 짓기 위한 최적의 장소로 생각했습니다.」 실제로 비야디는 인도 노동력의 높은 수준에 만족했다. 「근로자들은 아주 뛰어납니다. 성실하고, 똑똑하고, 대단히 유능합니다.」 하지만 문제는 정치적인 측면에 있었다. 「그들은 파업을 벌입니다. ……그리고 임금 인상을 요구하죠. 이 문제를 해결하기 위해서는 상당한 시간이 필요하고, 한 달 가까이 생산이 중단되기도 합니다.」 리는 계속해서 이렇게 지적했다. 「그러나 중국에서는 파업으로 인한 문제는 없었습니다. 파업이 발생할 경우, 정부가 적극적으로 개입해서 근로자들에게 이렇게 말하죠. 〈우리가 여러분을 도울 것입니다. 그러니 먼저 일터로 돌아가기 바랍니다.〉」

나는 여기서 권위적인 인민 공화국이 강압적인 방식으로 파업 근로자들을 일자리로 돌려보내는 것은 아닌지 궁금했다. 여차하면 파업 주동자들을 감옥에 집어넣겠다고 협박하면서 말이다.

리는 곧바로 이렇게 대답했다. 「아닙니다. 정부는 단지 이렇게 말합니다. 〈요구 사항이 무엇입니까? 우리가 모든 조건을 들어주겠습니다. 걱정하지 마십시오. 이제 다시 일터로 돌아가세요.〉」

공격적인 인도 노동조합에 대한 비야디의 선택은 인도에 대한 애초의 계획을 철회하는 것이었다고 리는 말했다. 「일종의 생산을 위한 뒷마당으로서…… 우리는 그곳에 5~6천 명 정도의 근로자들을 두고 있습니다.

처음엔 더 큰 규모를 생각했죠. 5만 명 이상의 일자리를 말입니다.」

　서구 기업들과 마찬가지로 생산을 다른 지역으로 옮겨 버리는 전략은 과격한 노동조합에 대응하는 한 가지 방식이다. 그 밖의 다른 방식으로는 기술 도입이 있다. 자수성가한 인도의 부유한 여성 사업가인 키란 마줌다르쇼Kiran Mazumdar-Shaw는 직원들에게 이렇게 말했다. 「여러분들이 노동조합에 가입한다면, 저는 생산을 자동화하겠습니다. 그러면 여러분은 모두 일자리를 잃어버리게 될 것입니다.」[48] 여기서 한 가지 아이러니한 사실은, 인도 빈곤층의 삶을 개선하기 위한 마줌다르쇼의 자선 사업에 초점을 맞추고 있는 『뉴요커』지 기자에게 그녀가 그 말을 했다는 것이다. 이후 기업의 노동조합은 그녀의 말을 받아들이지 않았고, 마줌다르쇼는 결국 근로자들의 일을 모두 기계로 대체해 버렸다.

승자들: 데이터

　우리가 확실하게 알고 있는 사실이 한 가지 있다. 그것이 마줌다르쇼와 같은 인도 기업가들, 리와 같은 중국 중역들, 오닐과 같은 서구 금융가들처럼 세계적으로 최상층에 자리 잡고 있는 사람들 모두 쌍둥이 도금 시대에서 너무나 풍요롭게 살고 있다는 사실이다. 오늘날 심각해져만 가는 소득 불균형 문제를 연구하고 있는 가장 유명한 학자로는 이매뉴얼 사에즈를 꼽을 수 있다. 마른 몸매에 곱슬머리를 한 41세의 프랑스인 사에즈는 UC 버클리에서 경제학을 가르치고 있으며, 2009년에는 경제학 분야에서 최고의 상을 수상하기도 했다. 파리경제학교PSE에 있는 동료 토머스 피케티Thomas Piketty와 함께 연구를 추진하는 동안 사에즈는 지난 세기에 걸친 미국의 소득 분배 추이를 데이터로 정리했다.

1920년대 중반에서 1940년에 이르기까지 상위 10퍼센트가 전체 소득에서 차지하는 비중은 45퍼센트 정도였다. 이 수치는 제2차 세계 대전 동안에 33퍼센트까지 떨어졌다가 이후 1970년대까지 큰 변화 없이 그대로 이어졌다. 하지만 그 이후 폭발적인 증가가 나타난다. 2006년에 상위 10퍼센트는 미국 전체 소득의 50퍼센트를 차지했으며, 이는 광란의 1920년대 중 가장 높았던 1928년도보다 더 높은 수준이다.

하지만 사에즈와 피케티의 연구에 따르면, 소득 분배에서 나타난 가장 극적인 변화는 상위 10퍼센트와 나머지 사람들 사이가 아니라, 상위 10퍼센트 〈안〉에서 일어났다. 소득 분배 피라미드의 최고 정점에 있는 사람들이 거의 모든 이익을 독차지했다. 2002년에서 2006년에 걸쳐 경제가 성장하는 동안, 상위 1퍼센트는 미국 전체 소득 성장의 4분의 3을 차지했다. 사회적 격차는 단지 부자와 빈자 사이에만 있는 것이 아니다. 그것은 갑부들과 비교적 부유한 사람들(다시 말해 엄청난 성공을 거둔 부자들과 비교했을 때 스스로 부자라고 느끼지 않는 사람들) 사이에도 있다.

이제 이와 같은 현상이 2010년 미국의 평균 가구 소득에서 어떻게 나타났는지 살펴보자. 사에즈의 연구 결과에 따르면, 상위 0.01퍼센트 가구들은 평균 2,384만 6,950달러를 벌었고, 이 수치는 상위 0.1~0.01퍼센트로 넘어가면 280만 2,020달러로 크게 떨어진다. 그리고 상위 1퍼센트 가구들은 평균 101만 9,089달러를 벌었으며, 상위 10퍼센트는 24만 6,934달러를 벌었다. 반면, 하위 90퍼센트의 가구들은 평균적으로 2만 9,840달러를 번 것으로 나타났다.[49]

심지어 최고의 부자들 사이에서도, 즉『포브스』의 연간 부자 목록에 오른 갑부들의 경우에도 피라미드의 정점에 있는 사람들이 최고의 이익을 누린 것으로 나타났다. 『포브스』지가 400대 미국인 부자들을 대상으로 실시한 최근의 한 연구를 살펴보면, 1983년에서 2000년 사이에 부유층 전체가 번영을 누렸지만, 그중에서도 가장 부유한 사람들이 최고의 이익을 차지한 것으로 드러났다. 같은 기간 동안 『포브스』 부자 목록의 상위 25퍼센트는 4.3배 더 부유해진 반면, 하위 75퍼센트는 〈겨우〉 2.1배 부유해진 것으로 나타났다.[50]

2011년 세계적인 부자들에 관한 연간 보고서에서 국제 투자 은행인 크레디 스위스Credit Suisse는 갑부들의 수가 급증한 것으로 보고했다. 여기서 그들이 말하는 부자란, UHNWI, 즉 〈초고액 순자산 보유자ultra high net worth individual〉로서 5천만 달러 이상의 재산을 가진 사람들을 말한다. 그들은 이렇게 언급했다. 〈비교 가능한 과거의 데이터가 부족하기는 하지만, 그래도 UHNWI의 규모가 10년 전보다 상당히 성장한 것은 분명하다. 미국 달러에 대한 다른 화폐들의 평가 절상과 더불어 자산 가치의 전반적인 성장은 부자들의 증가를 부분적으로 설명해 주고 있다. 신용 위기에도 불구하고 지난 10년간의 세월은 거대한 부의 축적에 도움을 주었다.〉[51]

크레디 스위스는 세계적으로 약 2,960만 명의 백만장자들이 있는 것으로 추산하고 있다. 즉, 순자산 가치가 100만 달러가 넘는 사람들이 전 세계 인구의 0.5퍼센트 정도를 차지하고 있는 것으로 보고 있다. 이 자료에서 일등은 북미 지역이 아니다. 전 세계 백만장자들 중 37.2퍼센트를 차지하고 있는 유럽이 37퍼센트의 북아메리카를 살짝 앞서고 있다. 다음으로 중국과 인도를 제외한 아시아 태평양 지역에는 570만 명(19.2퍼센트)이, 그리고 중국에는 100만 명 이상(3.4퍼센트)이 있는 것으로 나타났다. 나머지 93만 7,000명은 인도와 아프리카, 남미 지역에 살고 있다.

2011년을 기준으로 전 세계적으로 8만 4,700명의 UHNWI들이 살고 있으며, 그중 2만 9,000명은 1억 달러 이상의 순자산 가치를 보유하고 있고, 또한 그중 2,700명은 5억 달러를 보유하고 있다. 여기서 5억 달러는 나기브 사위리스가 인정할 만한 최소한의 재산에 해당한다. 전체 UHNWI 중 3만 7,500명(44퍼센트)은 북미 지역에, 2만 3,700명(28퍼센트)은 유럽에, 1만 3,000명(15퍼센트)은 중국과 인도를 제외한 아시아 태평양 지역에 분포해 있다.

최고 갑부의 수에 있어서만큼은 미국은 부동의 1위를 지키고 있다. 전 세계 UHNWI 중 42퍼센트인 3만 5,400명이 미국에 살고 있다. 2위인 중국에는 6.4퍼센트에 해당하는 5,400명이 살고 있고, 그다음으로 독일(4,135명), 스위스(3,820명), 일본(3,400명) 순이다. 그리고 러시아에는 1,970명, 인도는 1,840명, 브라질은 1,520명, 대만은 1,400명, 터키는 1,100명, 홍콩은 1,030명으로 뒤를 잇고 있다.

전 세계를 시끄럽게 만들고 있는 근본적인 경제적 위력을 생각할 때, 사에즈는 이러한 추세가 앞으로 중단될 이유가 없을 것으로 믿고 있다. 금융 위기 가운데에서도 새로운 갑부들이 빠른 속도로 등장했던 현상은 사에즈의 믿음을 지지해 주고 있다. 사에즈는 금융 위기의 회복 기간인 2009년에서 2010년 사이에 상위 1퍼센트가 소득 증가분의 93퍼센트를 차지했다는 사실을 밝혀냈다.[52] 플루토크라트는 단지 부유한 사람들보다 훨씬 더 잘 살고 있다. 전체 증가분 중 37퍼센트는 상위 0.01퍼센트, 즉 평균 소득이 2,380만 달러인 1만 5,000명의 미국인들에게로 돌아갔다. 또 다른 자료에서 2009년 미국의 상위 25개 헤지펀드 매니저들은 평균 10억 달러 이상을 벌어들인 것으로 드러났다. 이는 2007년도 예전 기록을 넘어서는 수치다.

내가 버클리에 있는 사에즈의 사무실을 방문했을 때, 그는 이런 이야기를 들려주었다. 「19세기 후반에 살았더라도 지금과 비슷한 상황을 목격할 수 있었을 겁니다. 아마 이런 생각을 했을 테죠. 〈이들 모두 자수성가한 사람들이군.〉 제 생각은 이렇습니다. 자수성가를 통해 성공의 기반을 마련한 사람들이 자신의 재산을 다음 세대로 물려줍니다. 이러한 점에서 새로운 세상을 위해 정말로 중요한 문제는 자수성가한 신흥 부자들이 그들의 재산을 자식에게 물려줄 것인지, 아니면 자선 단체에 기부할 것인지, 또는 그 비율은 얼마나 될 것인지에 관한 것입니다. 상속과 기부는 아마도 동시에 일어나겠지만, 기부 문화에서 중대한 변화가 일어나지 않는 한, 재산 상속의 흐름은 앞으로 계속해서 이어질 것이라 생각합니다.」[53]

마틴의 무도회로부터 약 120년이 흐른 2007년 2월 13일, 새롭게 떠오르는 미국 플루토크라트 집단의 한 리더가 뉴욕의 파크 애비뉴에서 놀랄 만한 행사를 주최했다. 이번 행사가 열린 아모리 빌딩은 마틴 부부와 그 친구들이 떠들썩하게 연회를 즐겼던 호텔의 거대한 연회 홀에서 북쪽으로 채 일 마일도 떨어지지 않은 곳에 있었다.

스티븐 슈워츠먼의 60번째 생일 파티에 초대를 받은 손님들은 특별한 분장은 하지 않았고, 그 시간도 저녁 10시 반이 아니라 8시였다. 그러나 이번 행사 역시 여러 측면에서 19세기의 그 화려했던 파티를 닮아 있었다. 보석으로 치장한 숙녀들, 그리고 마이클 블룸버그와 존 테인, 하워드 스트링거 등 비즈니스 거물들이 참석했다. 행사장 역시 초호화판이었다. 하이라이트를 장식했던 가수 로드 스튜어트는 30분짜리 공연에 100만 달러를 받았다고 한다.

그리고 슈워츠먼의 친구들 역시 100년 전 사치스런 파티를 벌였던 마틴 지지자들과 마찬가지로 경제를 활성화하기 위한 것이라는 똑같은 변명을 들고 나왔다. 슈워츠먼과 페터슨이 자주 찾는 포시즌 레스토랑의 공동 소유주이자 이번 행사의 초대 손님인 줄리안 니콜리니Julian Niccolini는 이렇게 말했다. 「우리 경제를 위해 전반적으로 좋은 일입니다. 사람들은 샴페인과 꽃과 음악에 기꺼이 돈을 씁니다. 그리고 이는 모든 사람들을 위한 일자리를 창출합니다.」

1897년 당시 여론은 그러한 변명을 인정하지 않았다. 마틴의 파티와는 달리, 슈워츠먼의 행사는 보다 경기가 좋은 시기에 열렸다. 그러나 그로부터 7개월 후, 전 세계 신용 시장이 얼어붙으면서 거품이 터지기 시작했고, 미국은 18개월 만에 대공황 이래 최악의 재정적, 경제적 위기를 맞이했다. 슈워츠먼은 2011년에 6개월간 파리에 머물기는 했지만, 그래도 미국을 영원히 떠나지는 않았다. 그러나 3백만 달러짜리 화려한 생일 파티가 몰고 올 여파를 예상할 수 있었더라면, 아마도 생각을 달리 했을 것이라고 그는 인정했다.

PLUTOCRATS

2장

플루토크라트 문화

우리는 앉아서 진지하게 고민을 해봐야 한다. 그것은 조만간 조직의 형태가 국적 없는 슈퍼 클래스, 즉 거래와 골프 약속을 위해 살아가고, 태어나고 자란 나라가 아니라 MBA를 다녔던 나라에 더 많은 관심을 가진 사람들로 이루어질 것이기 때문이다. 중세 시대가 다시 한 번 도래했다. 이 작고 아무런 연고 없는 영지와 영토는 그들의 깃발을 휘날리며, 영주에게 목숨을 바치고자 하는 모든 신하들을 기꺼이 받아들인다. 공산주의 몰락으로 자화자찬에 여념 없는 사람들은 아마 코카콜라가 UN에 의석을 요구한다면 어떤 결과가 나올지 다들 궁금해할 것이다.[1]

— 스콧 터로, 『유죄를 인정하다 *Pleading Guilty*』

당신이 한 번도 들어 본 적 없는 미국에서 가장 유명한 경제학자

헨리 조지는 대단히 유명한 미국의 경제학자이지만, 아마도 여러분은 그의 이름을 들어보지 못했을 것이다. 그는 마이클 루이스Michael Lewis, 하워드 딘Howard Dean, 그리고 론 폴Ron Paul을 뒤섞어 놓은 듯한 19세기 인물이다.[*] 조지의 가장 유명한 저서인 『진보와 빈곤Progress and Poverty』은 300만 부나 팔렸고, 독일어, 프랑스어, 네덜란드어, 스웨덴어, 덴마크어, 스페인어, 러시아어, 헝가리어, 히브리어, 중국어 등으로 번역되었다. 당시 조지는 토머스 에디슨과 마크 트웨인 다음으로 미국에서 세 번째로 유명한 인물이었을 것이다. 톨스토이, 쑨원, 아인슈타인 같은 해외의 깨어 있는 사람들 역시 조지를 존경했다. 특히 아인슈타인은 이렇게 썼다. 〈아쉽게도 헨리 조지와 같은 사람은 대단히 드물다. 날카로운 지성과 예술적 재능, 정의를 향한 뜨거운 열정이 그만큼 아름답게 조화를 이룬 사

---

[*] 마이클 루이스는 경제 칼럼니스트이자 『머니볼』 등을 쓴 베스트셀러 작가이고, 하워드 딘과 론 폴은 둘 다 대선 후보 경선에 나선 바 있는 민주당과 공화당의 중진 정치인이다.

람은 상상조차 하기 힘들다.)[2] 또한 일전에 조지의 연설을 들었던 버나드 쇼는 정치 경제에 관한 자신의 생각이 조지가 펼친 이론의 연장선상에 있다고 설명하기도 했다.

자유의 여신상이 우뚝 솟았던 1886년, 조지는 뉴욕 시장 선거에 출마하여 2위를 했다. 최종적으로 6만 8,110의 표를 얻어 귀족 출신의 강력한 젊은 후보인 테오도어 루스벨트를 이겼다. 조지의 지지자들은 태머니 홀*의 선거 조작이 없었더라면, 당연히 조지가 당선되었을 것이라고 주장했다(결국 태머니 홀의 후보자인 에이브럼 휴이트가 당선되었다). 그러나 2위의 결과만으로도 조지는 미국 정치의 진보주의 시대를 이끈 많은 인사들로부터 신임을 얻을 수 있었다. 프리드리히 엥겔스는 그 선거에 대해 〈신기원을 이룩한 하루〉라는 표현을 썼고, 세인트루이스 지역의 한 노동조합 간부는 〈대서양에서 태평양에 이르기까지 노예처럼 살아가고 있는 모든 노동자들을 대변하는 외침〉[3]이 될 것이라고 예상했다. 뜻밖에 노동 계급의 선거 연합을 형성하게 된 조지의 행보는 당시 스물여덟 살의 루스벨트를 포함하여 많은 진보 정치인들에게 용기를 주었으며, 비즈니스 엘리트들에게는 신중한 협상이 얼마나 중요한지를 보여 주었다. 유명 백만장자인 피터 쿠퍼의 사위이자, 승승장구하고 있던 태머니 홀 정치인 에이브럼 휴이트 역시 이번 선거가 〈6만 8,000명의 사람들이 개혁을 향한 그들의 목소리를 적극적으로 드러낸〉 것임을 잘 이해하고 있었다. 1897년 조지는 다시 한 번 뉴욕 시장에 출마했지만, 선거일을 4일 앞두고 운명을 달리하고 말았다. 정치인으로 장례가 치러졌고, 그의 시신은 그랜드센트럴 역에 안치되었다. 그 장례식에는 십만 명이 넘는 사

* Tammany Hall. 19세기에서 20세기 초까지 뉴욕에서 강력한 영향력을 행사했던 부패한 정치 조직.

람들이 찾았다. 1865년 링컨 대통령의 장례식 이후 뉴욕에 가장 많은 조문객이 몰려든 것이다. 「뉴욕 타임스」는 조지를 지지했던 한 지지자의 말을 이렇게 인용했다. 〈링컨조차도 이보다 더 영광스런 죽음을 맞이하지는 못했다.〉[4]

정치판으로 뛰어들었던 조지의 개인적인 삶은 힘들고 모험 가득한 19세기 미국인의 전형적인 사례였다. 1839년 필라델피아에서 열 명의 형제들 중 둘째로 태어난 조지는 열네 살에 학교를 그만두고, 스무 명의 뱃사람들과 함께 50만 피트의 목재를 실은 586톤급 전장 범선 〈힌두〉호에 올랐다. 인도에 도착했을 때, 조지는 많은 사람들이 그토록 떠들어 댔던 인도의 이국적인 풍경이 아니라, 극심한 가난에 충격을 받았다. 다음으로 호주에서는 비밀 투표를 처음으로 보았고, 이를 미국 땅으로 그대로 들여왔다. 다시 고향으로 돌아와서는 인쇄공으로 일하다가, 당시 남미 최남단인 케이프 혼을 거쳐 미국 서해안으로 항해를 하던 증기선 슈브릭호를 타고 골드러시가 한창인 샌프란시스코로 갔다. 하지만 금을 발견하지 못한 조지는 먹고 살기 위해, 그리고 곧 여섯 명으로 늘어날 가족을 부양하기 위해 활자 조판일을 하고, 논설을 쓰고, 그리고 가장 좋아하는 가스 검침 일을 했다. 하지만 가족의 생계는 불안했다. 나중에 뉴욕 주 의원이 되는 둘째 아들이 태어나던 날, 조지는 이렇게 썼다. 〈지나가는 행인을 붙잡고 다짜고짜 5달러만 달라고 애원했다. 그는 무엇에 쓰려는지 물었고, 나는 아내가 누워 있는 데 먹을 게 없다고 사정했다. 그는 결국 내게 돈을 주었다. 만약 그가 돈을 주지 않았더라면, 절박한 마음에 어쩌면 그를 죽였을는지도 모른다.〉[5]

젊은 시절 방방곡곡을 돌아다니며 다양한 경험을 했지만, 그래도 뛰어난 지성의 조지는 아이자이어 벌린이 고슴도치라고 이름 붙였던 유형,

즉 한 가지 주제를 집중적으로 파고드는 사상가였다. 조지에게 그 한 가지 주제는 자신의 베스트셀러 제목으로도 쓴 것처럼, 도금 시대의 중요하고도 골치 아픈 패러독스인 진보와 빈곤의 아이러니한 공존에 관한 문제였다.

1886년 시장 선거 당시 지적했던 것처럼, 그가 던진 두 가지 핵심 질문은 이런 것이었다. 〈이 도시에 왜 이토록 비참한 빈곤이 사라지지 않는 것일까?〉 그리고 〈이 문제를 해결하기 위해 무엇을 해야 하는가?〉[6]

산업 혁명이 꽃을 피우고 미국의 개척자들이 자리를 잡아 가던 시절, 조지는 대부분의 미국인들과 마찬가지로 그 시대가 드러내고 있던 화려한 발전에 감탄하고 있었다. 『진보와 빈곤』의 앞머리에서 조지는 이렇게 썼다. 〈이 세기는 부를 창조하는 능력이 놀라운 도약을 이룬 시대로 기록될 것이다. 증기와 전기의 활용, 개선된 공정, 노동을 절약해 주는 기계의 도입, 더 세밀해진 분업화와 더 커진 생산 규모, 대단히 편리해진 거래는 노동 생산성을 크게 끌어올렸다.〉[7] 당시의 놀라운 변화에 대해 조지는 계속해서 나열하고 있다. 〈증기선이 범선을, 기차가 마차를, 자동수확기가 낫을, 탈곡기가 도리깨질을 대체하면서…… 이러한 기술을 도입한 공장들은 수선공이 구두창을 만드는 기존의 방식보다 훨씬 더 효과적으로 신발과 부츠를 생산하고 있다. 수많은 직공들이 힘들게 베틀로 짜고 있는 작업장보다 한 소녀가 가만히 바라보고 있는 동안에도 기계가 돌아가는 공장이 훨씬 빠른 속도로 옷을 만들어 내고 있다.〉

이와 같은 발명의 〈부를 창출해 내는 힘〉은 오늘날에도 뚜렷하게 나타나고 있다. 완만한 경제 성장의 시대에도, 그리고 수십 년 동안 임금이 정체된 시대에도 미국 중산층은 조지가 살았던 시대에 갑부들이 누렸던 것 이상의 삶을 누리고 있다. 가령 전기, 수도, 온수, 자동차, 비행기의 편리함은 물론, 백인 남성들의 평균 수명은 30년이나 늘었다(그리고 흑인과 여성들의 평균 수명은 훨씬 더 늘었다). 하지만 『진보와 빈곤』이 출간되었던 1879년 3월은, 65개월간의 불황으로 미국과 유럽에 엄청난 고통을 가져다주었던 장기 대침체 시대가 막바지에 이르고 있던 순간이었다. 이러한 관점에서 산업 혁명이 기대에 부응하지 못했다는 것은 대단히 우울한 사실이었다. 〈우리는 틀림없는 사실들 간의 충돌을 겪고 있다. 산업화가 이루어진 모든 곳에서 경기 불황에 대한 불만들이 터져 나오고 있다. 비자발적 실업, 비효율적인 거대 자본, 비즈니스맨들이 겪는 경제적 스트레스, 노동 계층의 요구 사항과 어려움, 그리고 불안에 대한 외침을 들을 수 있다.〉[8]

산업 혁명의 경제적 결과에 대해 조지가 가장 의아해한 점은 성공과 실패가 균등하게 나타나지 않는다는 사실이었다. 그 대신 산업 혁명은 승자가 모든 것을 차지하는 사회를 창조했다. 그는 이렇게 쓰고 있다. 〈어떤 이들은 더없이 좋고 편안한 삶을 살아가는 반면, 다른 이들은 고통 속에서 살아가고 있다. 《도보 여행》과 기차 여행이 공존하고, 화려한 저택과 거대한 창고, 드높은 교회와 더불어 빈민구호소와 교도소가 동시에 《물질적 진보》를 드러내고 있다. 길거리에는 가스등이 빛나고, 제복을 입은 경찰관들이 순찰을 돌고, 거지들은 행인을 기다리고, 그리고 대학과 도서관, 박물관의 그늘진 곳에는 영국의 여류 작가 매콜리가 예언했던 대로 무시무시한 파괴자들이 모여 있다.〉[9]

이에 대해 조지가 내린 진단은 묘하게도 간단했다. 그것은 혁신의 열매가 지주들에게만 흘러들어 가면서 공평한 분배가 이루어지지 않았다는 것이다. 이러한 주장은 미국적 산업 자본주의에 대한 고발이었다. 마르크스가 유럽 지역의 진보와 빈곤에 대해 사유 재산의 전면적 폐지로 맞서고 있을 당시, 조지는 산업과 자유 무역, 그리고 정부의 제한적인 개입을 열렬히 지지하고 있었다. 하지만 그 역시 부유한 연금 생활자들, 그리고 산업화와 도시화로부터 한몫을 챙겼으나 아무런 기여도 하지 않은 지주들을 폐단의 원인으로 지목했다.

조지는 자본주의 자체는 부인하지 않은 채 19세기 미국 자본주의에서 명백히 드러난 불평등 문제를 다루었기 때문에, 그의 주장은 뜨거운 호응을 얻었다. 조지는 공산주의자들이 말하는 유토피아를 꿈꾸지 않았다. 그의 선거 전략은 미국을 갑부들의 손아귀에서 구해 내서 다시 〈토머스 제퍼슨의 민주주의〉 시절로 되돌려놓는 것이었다. 월가 점령 시위는 물론 티파티와도 흡사한 구석이 있는 조지의 비전은 노동 계층 유권자 및 새뮤얼 곰퍼스Samuel Gompers 같은 노동 운동 지도자들의 지지를 받았을 뿐 아니라 많은 중소기업 소유주들로부터도 공감을 이끌어 냈다. 공화당 대변인이자 변호사, 그리고 지식인이었던 로버트 잉거솔 Robert Ingersoll 역시 조지의 지지자였다. 그는 동료 공화당원들에게 그를 지지해 줄 것을 부탁하며, 〈그렇게 함으로써 은행가와 기업, 그리고 백만장자들에게 자신들이 동의하지 않음을 보여 주자〉고 설득했다.[10]

일하는 부자들

조지의 인기는 자본 소득자들에 대한 비판, 즉 파벌 없는 자본주의에 대한 한 가지 비전을 말해 주고 있다. 그의 생각은 오늘날에도 충분히 공감을 얻을 수 있다. 오늘날 갑부들의 층이 과거 강도 귀족들의 시대보다 훨씬 더 두텁다는 점에서 더욱 그러하다. 파벌 계층은 그대로 남아 있으며, 또한 아주 잘 살고 있다. 하지만 오늘날 플루토크라트들의 한 가지 두드러진 특징은 그들이 19세기 선조들과는 달리 일을 하면서 살아간다는 사실이다. 지금은 지대 추구를 하는 플루토크라트들도 일을 한다. 가령 멕시코의 통신 재벌인 카를로스 슬림이나 러시아의 올리가르히들은 선조들이 정복한 영토가 아니라, 그들 스스로 장악한 곳에서 임대료를 거둬들이면서 부를 축적해 나가고 있다.

사람들은 갑부들이 흥청망청 돈을 쓰는 모습들을 넋을 놓고 바라본다. 가령 헤지펀드 매니저인 켄 그리핀Ken Griffin의 커다란 개인용 제트기에는 아이들 놀이방이 따로 있고, 마이크로소프트의 공동 창립자인 폴 앨런Paul Allen이 소유한 126미터짜리 요트 옥토퍼스에는 두 대의 헬리콥터와 잠수함, 그리고 수영장까지 갖추어져 있다. 이러한 사치들이 별로 특별하지 않고 식상하게 느껴진다면, 오늘날 플루토크라트들이 또 다른 방식으로 보여 주는 새로운 현상에 주목해 보자. F. 스콧 피츠제럴드가 살았던 시대의 부자들은 〈그렇게 태어났기〉[11] 때문에 부자였다. 그들은 〈소유하고 즐기는 것이 무엇인지 어릴 적부터〉 잘 알고 있었다. 이들은 존 스튜어트 밀이 반세기 전에 묘사했던 엘리트 임대업자의 증손들이었다. 밀은 이렇게 말했다. 〈부를 창출하는 우리 사회의 전반적인 진보는 항상 지주들의 소득을 높이고, 그리고 그들이 빚어내는 문제나 소비와는 상관없이 더 많은 재산과 더 많은 공동체 지분을 선사하는 형태로 이어지고 있다. 그들의 재산은 끊임없이 증가한다. 아무런 일이나 위험, 또는 절약하려는 노력이 없어도 그들의 부는 말 그대로 자는 시간에도 늘어나고 있다.〉[12]

이러한 밀의 말은 오늘날 다수의 슈퍼엘리트들에게는 어울리는 이야기가 아니다. 경제사학자인 피터 린더트는 내게 이렇게 말했다. 「할아버지의 덕을 본 자본가들이 이윤을 독자치하고 있는 것이 아닙니다. 오늘날에는 이윤의 상당 부분이 혁신가들 몫으로 돌아가고 있어요. 베드퍼드 공작보다 빌 게이츠 같은 능력 있는 엘리트들이 더 많은 정상의 자리를 차지하고 있죠.」[13] 심화되는 소득 불균형의 사회적, 정치적 영향에 대해 심각한 우려를 표하고 있는 혁신적인 경제 데이터 전문가인 사에즈와 같은 사람들조차 오늘날 플루토크라트들의 가장 중요한 특성은 그들이 〈일하는 부자〉라는 사실에 동의하고 있다. 사에즈는 1916년 당시 미국 최상위 1퍼센트가 직접 일을 해서 벌어들인 돈은 전체 소득의 5분의 1 정도에 불과하다는 사실을 확인했다. 반면 2004년에 그 수치는 세 배인 60퍼센트로 증가했다. 사에즈와 피케티 두 사람은 이 주제를 다룬 유명한 논문에서 이렇게 설명했다. 〈그 결과 20세기에 걸쳐 최고의 중역들(〈일하는 부자들〉)이 최고의 자본 소유자들(〈임대업자들〉)을 소득 피라미드의 정상에서 밀어냈다.〉[14]

미국을 이끌어 가는 사람들의 성장 배경과 행동에 관한 수년간의 연구인 〈플래티넘 스터디Platinum Study〉의 일환으로 500명 이상의 미국 지도자들을 인터뷰했던 라이스 대학의 마이클 린지Michael Lindsay 역시 똑같은 결론을 보여 주고 있다. 2010년 가을, 엘리트를 주제로 열린 컬럼비아 대학의 한 컨퍼런스에서 린지는 오늘날 미국의 기업, 비영리 단체, 학술 분야의 지도자들 대부분이 물려받은 유산이 없거나 특권층에서 성장하지 않았다고 지적했다.[15]

미국의 초당파적 정부 연구 기관인 의회예산처가 2011년 10월에 추진했던 미국 내 소득 불평등에 관한 연구 또한 자본을 통한 소득, 즉 잠자는 동안에도 증가하는 재산에서 임금을 통한 소득에 이르기까지 최상위 계층에서 벌어지고 있는 변화에 대해 똑같은 이야기를 들려주고 있다.

그 연구는 오늘날의 슈퍼엘리트와 도금 시대의 갑부들을 비교하는 작업에서 한 걸음 더 나아가고 있다. 1970년대 말부터 근로 소득과 관련하여 뚜렷한 전환이 이루어져 왔다. 최상층과 나머지 사람들의 격차가 커지면서, 자본 소득이 아니라 근로 소득에서도 1퍼센트가 차지하는 비중 또한 크게 증가했다. 이러한 변화에 대한 의회예산처의 설명을 들어보자.

일반적으로 최상위 가구들의 수입 원천 가운데 양도 소득을 제외한 이자, 배당금, 임대료 등 자본 소득의 비중은 점점 더 줄어드는 추세를 보이고 있다. 그 비중은 1979년 42퍼센트에서 2002년 21퍼센트로 떨어졌다. ······ 최상위 가구들을 중심으로 나타나고 있는 소득 형태의 변화는 보다 장기적인 흐름을 반영하고 있다. 20세기 전반에 걸쳐 고소득 납세자들의 소득에서 자본 소득이 차지하는 비중은 크게 떨어졌다. 고소득 근로자들이 부동산과 주식으로 돈을 벌어들이고 있는 사람들을 소득 분배의 정상에서 밀어내면서, 2007년 최상층 전체 소득에서 근로 소득이 차지하는 비중이 제2차 세계 대전 이전보다 더 높아진 것으로 나타났다.[16]

이러한 현상은 최상층에서 대단히 분명하게 나타나고 있다.[17] 미 재무부 산하 세무분석국 연구원을 포함한 세 명의 경제학자들이 2005년도 데이터를 조합했을 때, 연간 1,000만 달러 이상을 벌어들이는 진정한 플루토크라트들인 상위 0.01퍼센트 집단에서도 임금이 임대 수입보다 훨씬 더 큰 비중을 차지하고 있는 현상을 확인할 수 있었다. 양도 소득을 제외할 경우, 전체 수입에서 근로 소득과 사업 소득의 비중은 80퍼센트에 달했고, 양도 소득을 포함해도 그 비중은 64퍼센트를 차지했다. 상위 1퍼센트의 근로 소득에서 나타난 이러한 변화는 승자 독식 시장의 출현과 동시에 발생했다. 1979년만 하더라도 그 비중은 각각 61퍼센트와 46퍼센트로 4분의 1가량 더 낮았다.

오늘날 우리는 플루토크라트들의 삶에서 이러한 변화를 직접 확인할 수 있다. 예를 들어, 피터 페터슨은 열일곱 살의 나이에 처음 미국으로 건너와 네브래스카에서 식당을 운영했던 그리스 이민자의 아들이며, 그와 함께 사모펀드 블랙스톤을 설립했던 스티븐 슈워츠먼은 필라델피아 지역 상인의 아들이었다. 백악관에 대한 거침없는 비판으로 유명한 골드먼삭스의 중역이자 헤지펀드로 억만장자가 된 레온 쿠퍼맨Leon Cooper-man은 2011년 가을에 대통령에게 보내는 공개서한에서 자신의 초라한 성장 배경에 대해 이렇게 설명했다. 〈평생 많은 노력(그리고 큰 행운)으로부터 충분한 보상을 받았지만, 사실 저는 부잣집 아들이 아니었습니다. 제 아버지는 어머니와 함께 폴란드에서 이민을 오셨고, 사우스브롱크스에서 배관공으로 일하셨습니다. 저는 우리 가족들 중 처음으로 대학에 들어갔습니다. 훌륭한 공교육 시스템(브롱크스에 있는 모리스 고등학교와 헌터 칼리지)과 부모님들의 끊임없는 격려 덕분이지요.〉[18]

『포브스』는 2012년 억만장자 랭킹 순위에 오른 1,226명 가운데 840명을 자수성가한 사람으로 분류하고 있다. 오늘날의 플루토크라트들 중에 모든 기회가 원천적으로 차단되어 있을 만큼 가난한 집안 출신이 거의 없는 것은 사실이다. 열성적인 초기 교육은 성공에 상당한 영향을 미치는 전제 조건이고, 전문직에 종사하는 부유한 아버지를 두고 있는 것도 아주 유익한 일이다. 하지만 그들이 쌓아올린 부의 대부분은 대개 그들의 활력과 지성, 그리고 많은 행운이 가져다준 열매다. 그들은 대체로 귀족적인 인물이기보다는, 부를 소비하는 것뿐만 아니라 부를 창조하는 데도 탁월한 재능을 가진 능력자들이다.

이와 같은 이야기는 호레이쇼 앨저* 이야기에 전 국민적인 믿음을 가진 미국인들에게만 해당되는 것이 아니다. 세계적으로 일어난 자본주의의 성장은 엄격한 계급 사회의 하층민들에게 상류 사회로 올라설 수 있는 기회를 주었다. 가령 지금은 소수에 불과하지만 점점 그 수가 늘어나고 있는 달리트 출신 플루토크라트를 생각해 보라. 달리트들은 과거에 인도의 카스트 제도하에서 불가촉천민으로 여겨졌었다. 인도의 시골 일부 지역에서 달리트들은 아직도 마을에서 함께 물을 마실 수 없으며, 영적 불결함을 다른 학생들에게 오염시킨다는 이유로 학교에서도 격리되어 있다. 하지만 오늘날 인도에서는 달리트 출신 백만장자들이 등장하고 있다. 그중 한 사람인 아쇼크 카데Ashok Khade는 연안 지역에 시추공을 건설하고 관리하는 기업을 소유하고 있으며, 최근에는 「뉴욕 타임스」 1면의 표지 인물로도 나왔다. 달리트 출신의 한 사업가는 인터뷰에서 이렇게 밝혔다. 「우리는 자본주의라는 무기로 카스트 제도에 맞서 싸우고 있습니다.」[19]

자수성가는 오늘날 세계적인 플루토크라트들이 그리고 있는 자화상의 핵심 주제다. 또한 그들의 사치와 지위, 영향력을 정당화하기 위해 자수성가를 들먹이기도 한다. 플루토크라트들이 서로 무슨 이야기를 나누는지 엿들을 수 있는 한 가지 통로는, 부자들만을 위한 번쩍이는 한정판 잡지들을 살펴보는 것이다. 그중 하나로 〈룩소스Luxos〉라고 하는 다소 상상력이 빈곤한 제목의 잡지가 있다. 스스로를 〈글로벌 럭셔리를 지향하는 현지 가이드〉라고 소개하고 있는 이 잡지는 주로 유럽 지역의 고급 호텔에서 발견할 수 있다. 최근의 한 기사에서 『룩소스』는 롤스로이스의

---

* Horatio Alger. 자수성가를 주제로 소설을 썼던 미국의 아동문학가.

CEO 토르스텐 뮐러외트뵈스와의 인터뷰를 실었다. 여기서 외트뵈스는 그들의 고객에 대해 이렇게 말하고 있다. 「지난 몇 년 동안 우리는 실질적인 변화를 목격했습니다. 롤스로이스 세대는 훨씬 젊어졌습니다. 우리의 고객 중에는 28살의 인도 사업가도 있습니다. 우리는 롤스로이스의 많은 고객들이 스스로의 노력을 통해 성공을 이루어 냈고, 그러한 자신에게 롤스로이스를 선사하고 싶어 한다는 사실을 알게 되었죠.」[20]

이러한 슈퍼엘리트들의 전형적인 모습을 그려 보고자 한다면, 그들은 분명 제인 오스틴의 소설 『오만과 편견』에 나오는 펌블리의 드넓은 영지를 소유한 다아시와는 다른 부류의 사람들이다. 대부분이 남성들인 슈퍼엘리트들은 공격적이고, 엄격한 교육을 받은 수학자에다가, 젊어서 자수성가한 중산층 혹은 중상위층 부모의 자녀들이다.

알파 긱스의 성장

기술 선도자를 의미하는 〈알파 긱스alpha geeks〉의 성장은 이들이 창조한 문화적 세상이자 경제적 원동력인 실리콘밸리에서 가장 두드러지게 드러나고 있다. 물론 오늘날 우리는 플루토크라트들이 활동하고 있는 모든 분야에서 알파 긱스들을 만나볼 수 있다. 이들은 또한 기술 아웃소싱을 처음으로 선보였던 인도의 뱅갈로르 지역 또한 주름잡고 있다. 심지어 공산주의 중국에서도 이와 같은 많은 엔지니어들이 모습을 드러내고 있다. 물론 중국에서는 기술적 능력보다 정치적 수완이 더 중요하기는 하다. 러시아의 올리가르히들은 정실 자본주의의 전형으로서, 일곱 명 중 여섯은 천연자원 시장의 거물로 성장하기 전에 수학, 물리학, 재정학 등에서 박사 학위를 받았다. 대학에서 공학을 전공하고, 학부생들에게 대수학과 선형 프로그래밍을 가르쳤던 카를로스 슬림은 숫자에 대한 재능으로 막대한 부를 벌어들였다. 스티븐 슈워츠먼 역시 그러한 인물로, 거대한 숫자의 집합 속에서 〈다른 사람들은 보지 못하는 패턴을 발견해 내는 능력〉 덕분에 성공할 수 있었다고 내게 말했다.

슈퍼엘리트들은 알파 긱스의 출현이 시작에 불과하다고 보고 있다. 기술 업계의 거물 엘리엇 슈라지Elliot Schrage는 실리콘밸리의 인기가 한창일 때 구글에서 커뮤니케이션 관리자로 일하다가, 페이스북이 거대 기업으로 막 도약할 무렵 그곳으로 옮겨 갔다. 2009년 교육 및 출판 분야 중역들을 대상으로 한 내부 회의에서 앞으로 아이들에게 어떤 분야를 선택하도록 해야 할지에 대한 질문을 받았을 때, 슈라지는 즉각 통계학을 꼽았다. 데이터를 해석해 내는 능력이야말로 21세기에 가장 각광받는 기술이라고 생각했기 때문이다.

알파 긱스들의 성장은 1퍼센트들이 보다 집중적인 교육을 받고 있으며, 이러한 엘리트 교육에 따른 보상이 예전에 비해 훨씬 높아졌다는 사실을 보여 준다. 어쩌다 우리가 이처럼 컴퓨터만 아는 괴짜들의 황금시대에 살게 되었는지를 설명해 주는 한 가지 사례로, 경제학 분야 최초로 노벨상을 공동 수상했던 얀 틴베르헨Jan Tinbergen의 비유인 〈교육과 기술의 경주〉를 들 수 있다. 틴베르헨의 아이디어는 신기술과 교육 간의 상호 작용이 어떻게 소득 분배에 영향을 미치는지를 주제로 연구했던 두 명의 하버드 연구원인 래리 카츠Larry Katz와 클라우디아 골딘Claudia Goldin이 최근에 펴낸 책의 제목이자 기본적인 개념이기도 하다.

19세기에 첫 번째 도금 시대가 절정을 맞이하고 있을 때. 기술은 교육보다 한참 앞서 있었다. 그 결과, 당시만 해도 고학력이었던 고졸자들

(베스트셀러 작가 헨리 조지가 열네 살에 학교를 그만두었다는 사실을 기억하자)은 아무런 기술이 없는 노동자들에 비해 특권을 누렸다. 이후 미국 정부가 50년에 걸쳐 공립 고등학교에 어마어마한 투자를 하면서, 교육은 기술을 따라잡았고, 그만큼 학력 프리미엄은 줄어들었다. 1870년대에서 약 1950년 사이에 태어났던 미국인들은 교육 기간이 10년마다 0.8년 정도 늘어나는 현상을 경험했다. 이에 대해 카츠와 골딘은 이렇게 쓰고 있다. 〈그 80년 사이에 자녀들의 교육 수준은 대부분 그들의 부모에 비해 크게 높아졌다.〉[21]

그러나 지금으로부터 대략 30년 전부터 교육은 더 이상 앞으로 나아가지 못한 반면, 기술은 계속해서 앞으로 달려 나갔다. 그리고 그 결과로 알파 긱스들이 등장했다. 한 연구 결과를 보면, 고졸자들과 대졸자들 사이의 급여 차이를 의미하는 임금 프리미엄은 1979년에서 2005년 사이에 두 배 이상 급증한 것으로 나타났다.[22] 일반적으로 대학 졸업장은 평생 벌어들이는 수입에서 100만 달러에 가까운 소득 증가를 나타냈다.[23] 금융 분야에서 규제 철폐와 소득 증가 사이의 관계를 연구했던 경제학자 토마 필리퐁Thomas Philippon과 아리엘 레셰프Ariell Reshef 두 사람은 대졸자들이 누렸던 임금 프리미엄이 1970년에 0.382에서 2005년에 0.584로 50퍼센트 이상 증가했다는 사실을 확인했다.[24] 이러한 점에서 우리는 소득 불평등이 계속 심각해지고 있는 이유를 이해할 수 있다. 또 다른 경제학자인 토머스 르뮤Thomas Lemieux는 이 주제와 관련한 2006년 연구에서 이렇게 결론 내리고 있다. 〈1973년에서 2005년 사이에 임금 불평등이 심화된 주요한 이유로 중등 이상 교육에 대한 보수의 급격한 증가를 꼽을 수 있다.〉[25]

게다가 광범위한 차원에서 교육이 가져다주는 보상의 증가는 중요한 차원에서 슈퍼엘리트들의 성장을 뚜렷하게 보여 주고 있다. 승자 독식 경제가 주변 사람들보다 정상에 있는 사람들에게 엄청나게 더 많은 보상을 주었던 것처럼, 슈퍼엘리트 교육 역시 어마어마한 이익을 가져다주고 있는 것이다.

뉴욕이나 샌프란시스코, 혹은 런던의 도심뿐만이 아니라 뭄바이와 모스크바, 상하이와 같이 새롭게 떠오르는 대도시들처럼 0.1퍼센트의 상류층들이 밀집해 있는 주요한 지역에서 그들과 함께 살아가고 있는 중산층 부모들은 향후 엄청난 이익을 가져다줄 엘리트 교육을 향한 적자생존 투쟁이 이미 유치원에서부터 시작되고 있다는 사실을 잘 이해하고 있다. 상황이 이렇다보니 시티그룹의 기술분석가 잭 그럽맨과 같은 사람들조차 어처구니없는 실수를 저지르고 있다. 그럽맨은 자신의 두 살배기 쌍둥이들을 맨해튼에서 가장 인기 높은 〈92번가 Y〉에 입학시키기 위해 그의 상사인 샌디 웨일로부터 도움을 받는 대가로, 별로 전망 없는 기업들을 고객들에게 추천하는 어리석은 짓을 범하고 말았다.[26]

이러한 말도 안 되는 일들을 그저 갑부들의 지나친 욕심이나 과도한 자녀 중심적 문화가 낳은 집착 정도로 치부해 버릴 수도 있다. 그러나 현실은 좀 더 복잡하다. 퀸즐랜드 대학의 경제학자 존 퀴긴John Quiggin의 최근 연구에 따르면, 아이비리그 대학들의 전체 신입생 규모(약 2만 7,000명)는 미국 전체 대학 신입생 규모(약 300만 명)의 1퍼센트가 채 되지 않는다. 그리고 오늘날의 교육 주도적인 승자 독식 경제에서 열여덟 살의 1퍼센트가 성인이 되어서도 1퍼센트에 그대로 남아 있을 가능성은 대단히 높다. 퀴긴은 이렇게 쓰고 있다. 〈이러한 데이터를 염두에 둘 때, 엘리트 교육 시스템에 들어가기 위한 치열한 경쟁은 그리 놀라운 현상이 아니다. 등록금이 계속해서 높아지는 상황에서도, 부모와 학생들은 《일류》 대학에 들어가는 것이, 한 세대 전에 비해 인생의 방향을 더욱 크게 좌우하는 중요한 선택이라고 믿고 있다.〉[27]

일류 대학에 들어가는 것이 얼마나 힘든지, 입학 허가를 받기 위해 얼마나 오래 노력해야 하는지, 그리고 부유한 집안에 태어나는 깅짐이 유산 상속이 아니라 값비싼 교육을 받을 수 있는 것이라는 사실을 이해하기 위해, 하버드의 입학 사정 절차를 한번 들여다보도록 하자. 하버드 총장 시절에 래리 서머스는 학생 선발에 고심 중인 입학사정위원회를 종종 방문하곤 했다.

서머스는 특히 까다로운 사례에 끌렸다. 그는 이렇게 말했다. 「여기 한 학생이 하버드에 원서를 냈습니다. 아시다시피 엄청나게 많은 쟁쟁한 학생들이 하버드에 지원을 합니다. 그 학생은 대도시의 유명 사립 고등학교 출신입니다. 최고의 성적은 아니지만, 그래도 상당히 우수한 편입니다. 시험 점수 역시 최고는 아니지만 대단히 좋습니다. 하버드에 들어와도 손색이 없을 학생입니다. 그런데 이런 학생들이 7,000명이나 지원했고, 우리는 그중에서 2,000명을 골라내야 합니다. 그런데 그 학생에겐 뭔가 특별한 게 보입니다. 가령 중국말을 유창하게 합니다. 중국말을 잘 한다는 것은 그 학생이 9학년 이후로 일주일에 3일씩 방과 후에 중국어 개인 교사와 함께 열심히 공부했다는 것을 말해 줍니다. 그 학생은 중국어가 중요하다는 생각을 했고, 그리고 공부를 열심히 해서 유창한 실력을 갖추었습니다. 그런 학생들은 많지 않죠. 그 학생은 학교 과정의 일부로 중국어를 공부한 게 아니라, 개인적으로 선택을 한 것입니다. 그러한 사실을 우리는 어떻게 해석해야 할까요? 제가 생각하기에, 많은 것을 말해 주는 중요한 성취로 인정해 주는 것이 공정한 평가가 아닐까 합니다. 다른 한편으로, 미국이나 캐나다에서 과연 얼마나 많은 가정들이

4년 동안 자녀에게 일주일에 세 번씩 중국어 개인 교사를 붙여 줄 수 있을 만큼 충분한 재력을 가지고 있을까요? 이 점에 대해서는 어떻게 생각하세요? 우리는 특권의 세습에 기여하고 있는 것일까요? 아니면 다만 그 혜택을 인정하고 있는 것일까요?」[28]

〈일류〉 대학 입학은 단지 시작에 불과하다. 베이비붐 세대가 졸업식에서 연설을 하는 세대가 되면서, 졸업생들을 위한 그들의 일반적인 조언은, 스티브 잡스가 했던 인상 깊은 말처럼 이런 식이다. 〈자신의 심장과 직관을 따르는 용기를 가져라〉, 〈자신이 하는 일을 사랑하라〉, 그리고 절대로 〈안주하지〉 말라.[29] 하버드 대학의 총장으로서 맞이한 세 번째 졸업식에서 드루 파우스트Drew Faust는 졸업생들에게 〈인생의 주차장 이론〉을 설파하며 이렇게 강조했다. 「더 가까운 자리를 발견하지 못할 것이라는 걱정으로 목적지에서 열 블록 떨어진 자리에 성급하게 주차를 해서는 안 됩니다. 여러분이 원하는 자리로 가세요. 크게 한 바퀴 돌다 보면 여러분 자신이 있어야만 할 자리를 발견하게 될 것입니다.」[30] 그러나 승자 독식 시장은 자아 발견에 너무 많은 시간을 낭비한 사람들에게 가차 없다. 광고 전문 잡지 『애드 에이지*Ad Age*』가 실시했던 2011년 연구를 보면, 살아가는 동안 1퍼센트에 들기 위해서는 35세 무렵에 연간 10만 달러의 소득을 벌고 있어야 한다.[31]

모든 이에게 두 번째 기회가 남아 있는 것은 아니다

일찍 출발하는 것이 대단히 유리하다는 사실은 새로운 진리가 아니다. 그건 누구나 쉽게 이해할 수 있고, 그리고 이미 잘 알려져 있는 사실이다. 이와 관련한 한 가지 사례로 사회과학자 로버트 머턴Robert Merton 이 노벨상 수상자들을 대상으로 실시했던 1968년 연구가 있다. 여기서 머턴은 노벨상 수상자들의 한 가지 놀라운 공통점은, 젊은 시절부터 뛰어난 재능과 집중적인 노력으로 자신의 분야에서 가장 뛰어난 과학자들 밑에서 연구를 하는 기회를 잡았다는 것이었다. 〈미국 노벨상 수상자 55명 중 34명이 젊은 시절에 총 46명의 노벨상 수상자들 밑에서 자리를 잡고 연구를 했다.〉[32]

더욱 중요한 변화는 경제가 급속도로 발전하는 동안 출발점에서 머뭇거렸던 사람들, 혹은 처음에 잘못된 방향으로 달렸던 사람들이 두 번째 기회를 잡을 가능성은 더욱 희박해지고 있다는 사실이다. 이러한 현상은 산업 혁명 동안에도 나타났다. 이 점에 대해 시대를 앞서갔던 19세기 영국 경제학자 앨프리드 마셜Alfred Marshall은 이렇게 썼다. 〈산업 환경이 너무나 빨리 변화하고 있기 때문에, 오랜 경험이 특정 분야에서는 오히려 불이익으로 작용할 수 있으며, 많은 경우 새로운 아이디어를 개발하고 새로운 환경에 신속하게 적응하는 순발력이 훨씬 더 중요한 자질이 되었다. 앞으로는 쉰이 넘은 사람보다 서른이 되지 않은 사람들이 더 많은 돈을 벌 수 있을 것이다.〉[33]

연구실 밖에서 발로 뛰며 조사하는 방식으로 경제학에 혁신을 몰고 온 마셜이 이 같은 관찰을 한 것은 1890년이었다. 그로부터 한 세기하고도 사반세기가 지난 오늘날, 우리는 그가 살던 지역으로부터 아주 멀리 떨어진 곳에서 인터넷 혁명을 이끌고 있는 리더들에게서 놀랍게도 비슷한 말을 들을 수 있다. 시카고에 기반을 둔 인터넷 공동 구매 사이트인 그루폰Groupon에서 편집자 채용 담당자로 일하고 있는 키스 그리피스Keith Griffith는 7억 달러에 달했던 그 신생 기업의 주식 공개가 있기 5개월 전인 2011년에 한 기자에게 이렇게 말했다. 「다양한 전문 작가들이 우리 회사에 지원하고 있습니다. 『롤링 스톤』이나 〈월스트리트 저널〉에서 일했던 사람들도 있습니다. 그러나 우리가 바라는 대로 그들이 움직이도록 만드는 일은 정말로 어렵습니다. 새로운 것을 가르치는 것보다 기존의 것을 잊어버리게 만드는 게 더 힘듭니다.」[34]

이러한 불확실성은 사람들을 언짢게 만든다. 브루킹스연구소의 연구원 캐럴 그레이엄은 급속도로 성장하는 사회에서 욕심 많은 중산층들은 안정적인 사회의 가난한 사람들보다 더 불행하다고 말하는, 행복한 농부와 불행한 백만장자의 패러독스를 제시했다. 그레이엄은 자신이 〈혼란을 겪고 있는 성취자〉라고 표현한 집단이 행복하지 못한 한 가지 이유로 그들이 겪고 있는 경제적 지위의 불확실성을 꼽고 있다. 그들은 언제라도 직장과 저축을 잃어버리고 바닥으로 떨어질 수 있다고 걱정한다.[35]

반면, 초기에 거둔 엄청난 성공은 예측하기 힘든 변덕스러운 경제적 변화를 이겨 낼 수 있는 튼튼한 울타리가 되기도 한다. 오늘날 많은 플루토크라트들이 초반 10~20년 동안 어려움을 겪다가 큰 성공을 거두고, 이를 기반으로 다시 더 큰 기회에 도전하고 있다.

젊은 시절부터 성공 가도를 달려 온 부유한 알파 긱스들의 삶을 통해 우리는 초기 성공의 프리미엄을 확인할 수 있다. 오늘날 주요 기술업체들이 대학 기숙사에서 시작되었다는 것은 널리 알려진 사실이다. 헤지펀드 역시 대학 기숙사에서 시작되었다. J. C. 페니와 타깃과 같은 기업들을 투자 대상 목록에 올려놓고 있는, 오늘날 미국에서 가장 영향력 있는 행동주의 투자가 빌 애크먼Bill Ackman은 하버드에서 MBA를 함께 밟았던 동료와 함께 처음으로 헤지펀드를 설립했다. 시카고에 기반을 둔 헤지펀드 시타델Citadel을 설립한 억만장자 켄 그리핀 역시 대학 기숙사에서 채권 거래를 시작했다.

신흥 시장의 많은 플루토크라트들에게서도 똑같은 패턴을 찾아볼 수 있다. 열두 살에 처음 주식을 샀던 카를로스 슬림 또한 대학 시절부터 멕시코 주식 시장에서 주식 투자를 했으며, 장이 끝나면 함께 도미노 게임을 즐겼던 공격적인 젊은이들의 모임인 〈로스 카사볼세로스Los Casabolseros〉, 혹은 〈스톡 마켓 보이스Stock Market Boys〉의 일원으로 활동하면서 본격적으로 돈을 벌어들이기 시작했다.[36] 러시아의 많은 올리가르히들은 학창 시절에 고르바초프의 페레스트로이카 개혁에 따라 창문 세척이나 컴퓨터 프로그래밍과 같은 다양한 비즈니스에 도전했다.

이처럼 슈퍼엘리트 집단에 속한 젊은이들은 자신의 지위를 유지하기 위해 언제나 열심히 노력하고 있다. 일류 대학에 입학하기 위한 경쟁이 시작되는 유치원 시절부터는 아니라고 하더라도, 적어도 고등학교 때부터는 그러한 삶을 살아간다. 베이비붐 세대들의 기억 속에 흥겨운 파티와 자아 발견을 위한 자유로운 시절로 희미하게 남아 있는 대학 시절은, 미래의 1퍼센트를 꿈꾸는 젊은이들에게는 새로운 비즈니스에 도전하기 위해, 또는 골드먼삭스나 매킨지와 같은 초일류 기업에서 사회생활을 시작할 수 있는 기회를 잡기 위해 자격을 갖추어야 할 고난의 기간으로 바뀌어 버렸다. 최근 상류층 젊은이들 사이에서 퍼지고 있는 〈애더럴Adderall〉이라는 금지 약물은 이러한 변화를 말해 주고 있다. 프린스턴 대학에 다니는 한 공학도의 설명에 따르면, 애더럴을 복용하면 24시간 동안 자지 않고 집중해서 공부할 수 있다고 한다.

자본의 고아들

성공한 이들에게 삶은 끝없는 달리기다. 슈퍼엘리트가 되기 위한 중요한 자질 중 하나는 바로 시차 적응이다. 노벨상을 수상했던 스콧 터로 Scott Turow는 이들을 〈날아다니는 계급〉[37]이라고 불렀고, 〈일주일에 나흘 밤을 집을 떠나 잠을 자는 신분을 상징하는 배지〉를 단 〈자본의 고아들〉이라고 묘사했다. 아주 유명한 다국적 기업의 한 CEO는 최근 딸의 대학 졸업을 축하하기 위해 함께 킬리만자로 등정에 올랐다. 그는 친구에게 2주간의 여행이 두 사람이 함께한 가장 긴 시간이었다고 말했다.

홀리 페터슨은 어퍼이스트사이드에서 금융가로 살아가는 사람들에 대해 이렇게 설명한다. 「그들은 엄청나게 돈을 벌고, 엄청나게 열심히 일하고 있습니다. 그러다보니 아이들 얼굴 볼 시간이 없죠.」 이들의 삶은 문화나 계절, 또는 가족의 전통이 아니라, 최근 계약의 요구 조건이나 시장 상황에 따라 흘러간다. 마크 주커버그Mark Zuckerberg가 유리 밀너 Yuri Milner의 첫 번째 제안을 거절했을 때, 이미 억만장자였던 이 러시아 투자자는 바로 그다음 날 왕복 1만 2,000마일에 이르는 거리를 날아와 팰러앨토에 있는 주커버그의 사무실에 모습을 드러냈다. 2010년 11월에 대형 사모펀드의 2인자이자 법정 상속인이었던 한 사람도 내게 비슷한 이야기를 들려주었다. 어느 수요일 저녁 나는 매디슨 파크 근처에서 그 사람과 함께 술을 한잔 하고 있었다. 그는 내게 8시에는 자리에서 일어서야 한다고 했다. 그날 저녁 서울로 날아가야 한다는 것이었다. 그는 90분짜리 회의를 위해 1만 4,000마일 왕복 여행 계획을 잡았다. 사업 파트너가 될 가망성이 있는 사람들로부터 불과 48시간 전인 월요일에 급박하게 초대를 받았던 것이다. 그는 이렇게 말했다. 「일종의 신뢰 테스트인 셈이죠」 2011년 유럽의 국가 부채 위기가 시장을 압박하고 있을 무렵, 뉴욕의 증권 중개인들은 프랑크푸르트 주식 시장이 열리는 새벽 2시 30분에 알람을 맞추어 놓기 시작했다. 캘리포니아의 몇몇 투자자들은 그때까지 아예 잠자리에 들지도 않았다.[38]

월스트리트 사람들의 이메일 편지함 역시 금융가들의 업무 생활을 조금 엿보게 한다. 물론 그들이 그 메일을 읽어 본다는 가정하에 말이다. 2010년 봄, 오바마 행정부가 처음으로 백만장자들의 세금에 대한 이야기를 꺼냈을 때, 한 익명의 제보가 증권 중개인들의 책상으로 날아들었다. 그리고 그 이메일은 일부 기자들에게 전달이 되었다. 〈우리는 월스트리트입니다〉라는 문장으로 시작하는 그 이메일은 증권 중개인들의 고단한 삶을 이렇게 묘사하고 있었다. 〈우리는 새벽 5시에 일어나 저녁 10시, 또는 더 늦게까지 일을 합니다. 일단 자리에 앉으면 화장실에 갈 시간도 없습니다. 점심시간은 한 시간도 되지 않습니다. 노조에 가입할 수도 없습니다. 50세에 연금을 받고 퇴직하는 것도 아닙니다. 혼자 힘으로 먹고 살아야 합니다.〉[39]

자아를 망가뜨리는 기계

여행을 하지 않을 때에도 슈퍼엘리트의 삶은 변화무쌍하다. 최고의 일자리는 지극히 불안정하고, 그리고 그 정도는 계속해서 심해지고 있다. 포춘 500대 기업 CEO들의 평균 재임 기간은 지난 10년 사이에 9.5년에서 3.5년으로 크게 줄어들었다.[40] 이러한 현상은 먹이 사슬의 좀 더 아래 단계에서도 그대로 나타나고 있다. 규제 철폐와 월스트리트의 임금 상승 사이의 관계를 밝힌 경제학자인 토마 필리퐁 역시 금융 분야의 고용 상태가 대단히 불안정하다는 사실을 확인했다. 그렇다고 자신의 비즈니스를 운영한다고 해서 불확실성으로부터 스스로를 지킬 수 있는 것은 아니다. 투자 심리를 주제로 2011년 부다페스트의 중앙유럽 대학에서 열린 학회에서 조지 소로스George Soros는 그 자리에 참석한 학자들에게 이렇게 말했다. 「시장은 자아를 망가뜨리는 기계입니다.」 대중문화가 그려 내고 있는 월스트리트 전문가들의 이미지는 세계적인 부러움의 대상이다. 물론 완전히 틀린 말은 아니다. 그러나 그들은 자신의 마지막 선택이 수백만 달러를 날려 버리는 실수로 드러나면서 직장에서 쫓겨날 위험을 항상 떠안고 살아가는 사람들이기도 하다. 뼛속까지 현실적인 소로스는 자신의 팀과 이야기를 나누는 동안 그러한 투자 실수를 〈죄악〉이라고 표현한다.

「애플이나 구글 세상에서 중요한 것은 오직 잔인한 효율성입니다. 최고의 기업들은 언제나 비즈니스 모델을 끊임없이 개선해 나갑니다. 지독하게 치열한 세상이죠. 공 위에서 중심을 잡으려면 그만큼 빨리 움직여야 합니다.」 석유와 석탄 업계의 거물이자 세계 10대 부자로 손꼽히는 브라질 최고의 갑부 에이케 바티스타Eike Batista는 내게 이렇게 말했다. 「1년 6개월 전만 하더라도 우리는 태블릿이라는 걸 알지도 못했습니다. 그렇지 않나요? 하지만 이제 태블릿 때문에 PC 시장이 죽어 가고 있습니다. 아시다시피 태블릿을 가지고 시장을 뒤엎고자 했던 애플이 성공을 거둔 거죠. 이제 우리는 변해야 합니다. 태블릿과 같은 제품들 때문에 벌어지고 있는 잔인한 변화들을 살펴보세요. 변화하지 않는 자에게 내일은 없습니다.」[41]

바티스타가 애플을 사례로 들어 이야기한 것은 아마도 내가 북미 출신이기 때문일 것이다. 하지만 그가 정작 말하고 싶었던 것은, 오늘날 가장 빠르게 성장하는 지역 중 하나인 브라질의 최상층에서 벌어지고 있는 적자생존에 관한 이야기였다. 「10퍼센트의 부자들 중 70퍼센트는 지난 10년 동안 엄청난 부를 쌓았습니다. 정말로 엄청난 사회적 변화가 있었던 거죠」 바티스타 역시 그렇게 부자가 되었다. 기존의 부자들은 바티스타 같은 부류를 탐탁지 않게 생각한다. 이에 대해 그는 조금은 자랑스럽게, 그리고 조금은 애처롭게 말했다. 「비판은 받아들여야겠죠. 그것 또한 브라질의 민주주의 시스템의 일부니까요」

그렇다고 해서 우리가 슈퍼엘리트들을 가엾게 여겨야 한다는 말은 아니다. 영국 공무원들을 대상으로 했던 유명한 화이트홀 연구는 수백 년 동안 인류가 의심해 왔던 문제의 진실을 밝혀냈다.[42] 그것은 권력이 건강에 도움을 준다는 것이다. 1967년 영국에서 시작된 이 연구는 관료 조직에서 더 높은 자리에 있을수록 더 오래 산다는 사실을 보여 주었다. 그 연구 결과는 오늘날 슈퍼엘리트에게도 그대로 해당된다. 그들은 많은 스트레스 속에서 힘들게 살아가고 있다. 그렇다고 하더라도 똑같이 주당 60시간을 일하면서도 개인용 제트기나 가정부, 의료 보험 등의 혜택을 누리지 못하는 최저 임금의 청소부보다, 일 년에 수백만 달러를 벌어들이면서 고액의 퇴직금까지 보장받는 주식 중개인이나 CEO로 살아가는 편이 훨씬 더 낫다. 그래도 슈퍼엘리트들의 생각과 그들의 자아관을 이해하자면, 그들 역시 걱정이 많고, 힘들고, 불안한 삶을 살아가고 있다는 사실을 염두에 둘 필요는 있다.

속세의 성인들

돈은 분명 오랜 시간의 노력을 보상해 준다. 그러나 적어도 2008년 금융 위기가 터지기 전까지 슈퍼엘리트들은 우리 모두가 기꺼이 영웅으로 떠받들어 주던 사회적 분위기의 수혜자였다. 슈퍼엘리트의 장점은 전통적인 유대-기독교 가치 속에서 스스로를 드러내지 않아도 된다는 것이다. 오늘날 성스러운 벽화의 주인공으로 가장 자주 등장하는 스티브 잡스는 실제로 직원들, 딸을 포함한 가족들, 그리고 그에게 용감하게 이메일을 보냈던 많은 사람들을 종종 잔인하고 경멸적으로 대했던 자기중심적인 괴짜였다. 그렇다고 하더라도 탁월한 능력을 발휘하여 비즈니스에서 거대한 성공을 보여 줘야만 한다. 잡스의 일대기 중 흥미진진한 대목은 그를 내쫓았던 평범한 무리들 앞에 당당하게 다시 돌아왔던 순간이었다.

무엇보다 중요한 사실은, 플루토크라트들은 자신들이 단지 이기적인 목표만을 쫓고 있는 것은 아니라고 확신하고 있다는 점이다. 그들은 대중문화 속에서 이구동성으로 이러한 자신들의 속내를 드러내고 있다. 카네기는 자신과 같은 자본주의 수호자들, 〈그리고 그들 사이의 치열한 경쟁〉은 〈이익을 가져다줄 뿐만 아니라 인류의 발전을 위해 반드시 필요하다〉고 강조했다.[43] 오늘날에는 아무도 이런 식으로 얘기하지는 않지만, 자본주의의 승자들은 자신의 이미지를 지극히 도덕적인 차원에서 그려 내기를 좋아한다. 구글의 기업 이념은 〈사악해지지 말자Don't Be Evil〉이며, 구글의 공동 창립자이자 CEO인 래리 페이지Larry Page는 최근에 있었던 기업 컨퍼런스에서 진지한 어조로 구글의 위대한 업적에는 생명을 살리는 일도 포함된다고 언급했다. 가령 사람들은 자신의 증상을 구글로 검색하는 동안 심장마비의 가능성이 높다는 사실을 깨닫게 된다. 검색 엔진의 도움이 없었더라면 운명을 달리했을 사람들의 목숨을 구한 것이다. 페이지는 자신이 특히 관심을 갖고 추진하는 자동 운전 자동차 프로젝트가 그 어떠한 정치적, 사회적, 인도적 노력보다 더 많은 생명을 살리게 될 것이라고 주장했다.

구글의 CEO를 지낸 에릭 슈미트Eric Schmidt는 내게 이렇게 말했다. 「세상을 더 좋은 곳으로 만들기 위한 노력과 개인의 야망을 따로 구분할 수는 없습니다. 그것은 실리콘밸리가 생겨난 과정, 그리고 그 세계의 문화와 밀접한 관련이 있습니다. 실리콘밸리에는 박애주의적이고 자유주의적인 문화가 자리 잡고 있습니다. 사람들은 종종 그러한 사실에 놀라죠. ……부자가 되기 위해서가 아니라, 세상을 바꾸기 위해서 구글에 들어오는 것이라고 저는 항상 사람들에게 이야기합니다. 그리고 정말로 그렇게 믿고 있습니다.」[44]

우리 시대 플루토크라트들이 공공의 이익을 위해 싸우는 영웅이라고 믿는 또 한 가지 방법은, 자본주의를 일종의 해방 신학으로 받아들이는 것이다. 즉 「월스트리트 저널」이 논평에서 지적한 것처럼, 자유로운 시장이 곧 자유로운 인간을 의미하는 것이라고 생각하는 것이다. 이러한 생각을 가장 설득력 있게 제시한 사례로, 실리콘밸리 벤처 캐피털의 원조인 피치 존슨Pitch Johnson이 2010년 10월 자본주의와 혁신을 주제로 경영대학원 학생들에게 했던 공개 강연을 꼽을 수 있다.

HP의 공동 설립자 빌 휴렛Bill Hewlett의 낚시 친구이기도 한 존슨은 인상적인 백발에 안경을 쓴, 산타클로스 몸매의 마음씨 좋은 80대 할아버지다. 1990년 이후로 러시아를 스무 번이나 왔다 갔다 하면서 존슨은 러시아 프로젝트를 추진하고 있다(그는 특히 자신의 전용 비행기를 타고 당시 소련 상공을 넘나들기를 좋아했다). 존슨의 말처럼 자본주의는 자신을 위해 돈을 버는 단계에서 멈추지 않는다. 자본주의는 자유 국가 건설에 기여한다. 존슨은 열정적으로 이렇게 외쳤다. 「경제 자유를 실현하고 있는 여러분들은 동시에 자신의 국가에 더 많은 정치적 자유를 가져다주고 있는 것입니다. 여러분이 살고 있는 나라에서 여러분은 혁명가와 같은 존재입니다.」[45]

누가 여름을 팔아먹었나?

영국의 『스펙테이터Spectator』지는 보수 기득권층을 위한 잡지로서 주로 런던에서 초호화 파티를 벌이고, 때로는 세간의 이목을 집중시키는 불륜에 관한 정치적 스캔들을 일으키는 것으로 유명한 문학적, 정치적 인사들의 글들을 싣고 있다. 발행 부수가 6만 5,000부도 안 된다고 이 잡지를 우습게 봐서는 안 된다. 『스펙테이터』에서 편집장을 맡았던 세 명의 인물이 보수당 내각을 거쳤고, 그중 한 명인 보리스 존슨Boris Johnson은 현재 런던 시장으로 있다. 보수적인 세계관을 가진 젊은이를 뜻하는 〈young fogey〉라는 표현도 『스펙테이터』가 1984년에 만들어 낸 신조어다. 이들은 여전히 우아한 말투로 이야기하는 것을 자랑스럽게 여기고 있으며, 독자들이 〈스피시〉라고 부르는 칼럼에서는 팝스타보다 여우사냥에 관한 이야기를 더 자주 만나게 된다.

바로 이러한 이유로 우리는 영국 엘리트 문화에 대한 『스펙테이터』의 논평에 귀를 기울일 필요가 있다. 2011년 6월호 커버 스토리에서 『스펙테이터』는 상전벽해와도 같은 큰 변화를 다루었다. 〈누가 여름을 팔아먹었나?〉라는 질문을 표제로 내세운 이 기사는 그 아래 〈영국의 사교 시즌이 세계적인 엘리트들의 차지가 되어 버린 이유에 대하여〉라는 부제를 그 대답으로 달아 놓았다.

그 기사의 요지는 애스컷이나 엡섬에서 열리는 경마, 오벌이나 로즈에서 열리는 크리켓 경기, 코벤트 가든이나 글라인드본의 오페라와 같이 한때 『스펙테이터』 공동체의 전유물이었던 영국의 문화적 삶이 이제는 세계적인 슈퍼엘리트들의 차지가 되어 버렸다는 것이다. 이 글을 쓴 해리 마운트는 귀족적인 보수당 출신 수상인 데이비드 캐머런과 육촌지간으로, 영국에서 가장 배타적인 사립 학교 가운데 하나인 웨스터민스터 졸업생이자 종종 사회적인 논란의 대상이 되는 옥스퍼드 대학의 사교 모임인 벌링던 클럽의 전 회원이기도 했다. 그는 이렇게 쓰고 있다. 〈갑부들에게 세상은 더 이상 국가로 나누어진 곳이 아니다. 다만 부자와 가난한 사람들 사이의 구분이 있을 뿐이다. 북반구에서 특권을 누리고 있는 부유한 사람들은 여름이 되면 모두 영국으로 몰려든다. 영국은 지금 윔블던 경제 효과를 톡톡히 누리고 있다.[46] 우리는 멋진 장소를 제공하고, 관광객들은 윔블던 센터 코트에서 즐거운 시간을 보낸다. 아이러니하게도 경기 침체가 영국의 세계화를 가속화시키고 있다. 영국은 큰 타격을 입었다. 50만 개의 일자리가 사라졌고, 부자들은 50퍼센트의 세율과 이자세로 어려움을 겪거나, 또는 해외로 도망을 다니고 있다. 그러나 해외에 재산을 묻어 둔 세계적인 엘리트들은 거의 영향을 받지 않았다. 이들은 성장을 하고 있는 동쪽 세상에 그들의 재산을 다양한 방식으로 옮겨 두었다.〉

마운트는 아주 최근까지만 해도 자신이 속한 집단의 전유물이었던 다분히 영국적인 행사들을 오늘날 세계 슈퍼엘리트들이 차지해 나가고 있는 상황을 기록하고 있다. 하지만 그가 이튼 칼리지 운동장에서 목격했던 장면은 전 세계적으로 벌어지고 있는 현상이었다. 플루토크라트들은 이제 고국에 있는 동포들이 아니라 그들과 더 많은 공통점을 가지고 있는 동료들과 함께 국제적인 공동체를 이루고 있다. 뉴욕, 홍콩, 모스크바, 뭄바이 등 어디에서 주로 살고 있든 간에 오늘날의 갑부들은 점차 그들만의 공동체를 만들어 나가고 있다.

에릭 슈미트는 캘리포니아 마운틴뷰 구글 사무실에서 내게 이렇게 말했다. 「소위 글로벌 엘리트라고 하는 사람들은 언론들과 이야기를 주고받습니다. 세상에서 가장 매력적인 곳에 대해서 말이죠. 잡지들은 그들에게 모든 사람들이 가고 싶어 하는 곳을 알려 줍니다. 일종의 목록을 제공하는 셈이죠. 대표적인 곳들로는 다보스, 오스카, 칸 영화제, 선밸리, TED 컨퍼런스, 테디 포스트만 컨퍼런스, UN 위크, 패션 위크, 그리고 유월 마지막 주에 런던에서 열리는 윔블던 위크가 있습니다.」[47]

슈미트는 계속해서 설명했다. 「지역 행사였던 것들이 이제 세계적인 행사가 되어 버렸습니다. 이러한 행사들은 사실 신문으로 읽을 때만큼 그렇게 대단하지는 않습니다. 사진이 항상 실물보다 더 멋있죠. 그래도 자칭 세계 시민으로서 저는 그 행사들을 보러 갑니다. ⋯⋯그건 아마 똑똑하고 흥미로운 사람들이 모여 있는 곳에 가고 싶어 하는 심리 때문일 겁니다. ⋯⋯사람들은 꼭 그곳에 가야 한다고 생각합니다. 게다가 세계화와 비행기 덕분에 얼마든지 가능한 일이 되었죠. 당신이 취재하고 있는 사람들은 언제나 이런 식으로 세상을 돌아다닙니다. 또한 그들은 여러 나라에 집을 가지고 있습니다. 그렇죠? 런던에 집이 있으면 여행은 그다지 고생스럽지 않을 겁니다. 하지만 저는 없어요.」

슈퍼엘리트들을 가장 열심히 연구하는 이들은 아마도 그들과 관계를 맺고 싶어 하는 금융 기관들일 것이다. 경쟁자들과 마찬가지로 크레디 스위스 역시 일종의 주소록이자 건강 상태에 대한 소식지, 그리고 세계적인 갑부를 향한 러브레터라고 할 수 있는 「글로벌 웰스 리포트Global Wealth Report」를 펴내고 있다. 2011년 판에서 크레디 스위스는 국적을 중심으로 제한된 범위 내에서 살아가는 세계적으로 떠오르는 중산층과 점점 더 많은 것들을 공유하면서 세계를 누비는 상류층 사이의 차이를 이렇게 설명했다.

전 세계 모든 국가에서 삶의 주기의 다양한 단계를 살아가고 있는 수많은 사람들이 부의 피라미드에서 그 기반을 형성하고 있다. 반면 HNW(high net worth, 투자 가능 소득이 100만 달러에서 5,000만 달러 사이에 이르는 사람들), 그리고 UHNW(ultra high net worth, 투자 가능 소득이 5,000만 달러 이상인 사람들)들은 대단히 비슷한 라이프스타일을 공유하면서 특정 국가와 지역에 집중적으로 모여 살고 있다. 다른 지역에 살고 있는 사람들조차도 높은 이윤을 남길 수 있는 제품이 있다면 동일한 글로벌 시장에 뛰어들려는 경향이 있다. 이들의 자산 포트폴리오 역시 특히 국제 시장에서 거래되는 기업 지분과 같은 금융 자산을 기반으로 비슷한 형태를 보인다.[48]

UHNWI들 역시 비슷한 경험을 들려준다. 사모펀드 실버레이크Silver Lake의 공동 설립자인 글렌 허친스Glenn Hutchins는 이렇게 설명한다. 「아프리카에서 대형 은행을 운영하고 있으며, 하버드 비즈니스 스쿨을 졸업한 아프리카 출신 동료가 주변 이웃들보다 저와 더 많은 공통점을 갖고 있습니다. 마찬가지로 저 역시 주변 사람들보다 그와 더 많은 공통점을 가지고 있습니다.」[49] 허친스의 설명에 따르면, 그가 속해 있는 집단에서 중요한 요소는 〈지역〉이 아니라 〈관심사〉다. 「어떤 측면에서 베이징은 뉴욕과 아주 비슷한 도시입니다. 두 도시에서 사람들은 똑같은 사람들을 만나고, 같은 레스토랑에서 식사를 하고, 같은 호텔에서 잠을 잡니다. 우리는 더 이상 장소에 크게 신경 쓰지 않습니다.」

아르셀로미탈ArcelorMittal의 CFO이자 그 억만장자 설립자의 아들인 아디트야 미탈Aditya Mittal은 외국에서 태어난 플루토크라트로, 『스펙테이터』의 표현대로 전통적인 영국 행사를 차지한 또 하나의 인물이다. 인도네시아 태생인 미탈은 미국에서 학교를 다녔고, 인도 여권을 갖고 있으며, 지금은 런던에 거주하고 있다.

「안타깝게도 세계화로 인해 오늘날 도시들은 너무 비슷한 모습을 하고 있습니다.」 맨해튼에서 함께 커피를 나누면서 미탈은 내게 이렇게 말했다. 「예전에 비해 정체성의 차이가 미미해졌습니다. 글로벌 기업가들은 이제 런던, 뉴욕, 싱가포르와 같은 곳에서 거의 비슷한 환경을 접하게 됩니다. 동일한 인력, 금융가, 변호사의 서비스를 받을 수 있으며, 똑같이 좋은 레스토랑과 멋진 호텔에 갈 수 있습니다. 즉, 비즈니스에 필요한 다양한 요소들을 모든 대도시에서 똑같이 누릴 수 있게 된 거죠. 덕분에 이러한 도시들 중 어디서나 일을 할 수 있고, 그래서 런던에 있다가 뉴욕으로 넘어와도 그다지 큰 차이를 느낄 수 없습니다. 물론 다양한 측면에서 긍정적인 일이죠. 다만 도시들의 개성이 완전히 사라지지는 않았으면 합니다.」[50]

「신흥 시장에서, 특히 중국에서 너무나도 많은 글로벌 CEO 회의들이 열리고 있습니다.」[51] 매킨지 회장 도미니크 바턴Dominic Barton은 맨해튼 도심에서 함께 아침 식사를 하면서 내게 이렇게 말했다. 본인은 런던에 거주하지만, 비서는 싱가포르에서 일하고 있는 캐나다 사람인 바턴은 사모펀드 투자자인 스티븐 슈워츠먼을 이따가 만날 예정이라고 했다. 「스티븐을 마지막으로 본 것도 중국에서였습니다.」 지난 가을 블랙스톤은 파트너들을 초빙한 회의를 중국에서 열었다. 바턴은 회의를 마치고 나서 그 주에 칠레로 여행을 떠났다가, 다시 매킨지 이사회가 예정되어 있던 상파울로로 넘어갈 계획이었다고 당시를 회상했다. 반면 슈워츠먼은 유럽과 아시아 지역을 중심으로 중요한 투자 기회를 모색하기 위해 6개월간 주로 파리에서 머무를 예정이었다고 했다(그는 프랑스 남부에 저택을 갖고 있다).

슈워츠먼은 자신의 시간 중 절반에 가까운 시간을 이동하면서 보낸다. 그가 공동 설립자 중 한 명으로 있는 블랙스톤은 상하이와 뭄바이, 런던, 파리, 뒤셀도르프 등 전 세계 주요 도시에서 사무실을 운영하고 있으며, 미국 외부에서도 자금을 모으고 투자를 벌이고 있다.

슈미트의 설명은 계속된다. 「그들이 살고 있는 지역이나 배경, 혹은 정부가 아니라 그들의 경험을 서로 공유하는 데서 더 많은 도움을 얻는 신흥 세력이 있습니다. 저는 기본적으로 그들의 생각이 맞다고 생각합니다. 당신이 취재하고 있는 사람들은 스스로를 무엇보다 세계 시민이라 생각합니다. 이는 비교적 최근에 나타나고 있는 인식이죠. 물론 태어나고 자란 나라를 사랑하고 어머니를 사랑하죠. 하지만 이들은 세계 시민임을 자처하고 있습니다. 그래서 지구 어딘가에서 재앙이 벌어질 때, 그들은 즉각 관심을 기울입니다.」[52]

베이징에 있는 중국세계화연구소Center for China and Globalization의 설립자이자 소장을 맡고 있는 왕후이야오(王耀輝)는 내게 이렇게 말했다. 「새로운 물결이자 새로운 흐름입니다. 지금까지 무역의 세계화, 자본의 세계화가 이루어졌다면, 이제 인재의 세계화 시대가 열린 것입니다.」[53]

왕후이야오는 계속해서 이렇게 말했다. 「더 이상 인재 유출이나 인재 영입에 대한 문제가 아닙니다. 중요한 것은 세계적으로 인재들이 순환하고 있다는 사실입니다.」

왕 박사는 30년 전 학생 신분으로 처음 북미에 왔을 때, 중국행 비행기가 하루에 한 편밖에 없었다고 했다. 하지만 이제 상황은 달라졌다. 「적어도 20~30편은 될 겁니다.」

그 결과로 한 지역에서 다른 지역으로 넘어가는 이민의 행렬 대신에, 많은 중국인들이 이제는 〈갈매기〉 마냥 샌프란시스코나 밴쿠버, 그리고 베이징과 상하이 사이를 왔다 갔다 하고 있다고 왕 박사는 말한다. 사실 그 역시 갈매기다. 왕 박사가 워싱턴에 머무르는 동안 나는 그와 통화를 할 수 있었다. 현재 그는 매사추세츠 주 케임브리지에 있는 하버드 대학 케네디 스쿨에서 공부를 하면서 베이징에 있는 연구소를 동시에 운영하고 있으며, 또한 예전에 살았던 밴쿠버에 있는 아파트를 그대로 가지고 있다.

비슷한 맥락에서 미국에서 큰 성공을 거둔 한 펀드 매니저의 아내로부터 나는 사소하지만 의미심장한 일화를 들은 적이 있다. 그녀는 남편이 자신이 태어난 맨해튼보다 다보스의 거리를 더 잘 찾아다닌다고 했다. 그녀의 설명에 따르면, 맨해튼에 머무를 때 그는 기사가 모는 차를 타고 돌아다닌다. 리무진을 타고 돌아다니기에는 너무 작고 불편한 눈 덮힌 스위스의 작은 마을에 가서야 두 다리로 걷는 정도라고 한다. 지난 365일 동안 120일 밤을 돌아다니면서 보냈던 한 세계적인 언론의 중역은 그러한 부류를 이렇게 설명했다. 「우리는 아내보다 비행기 승무원들을 더 잘 아는 그런 사람들이죠.」 스칸디나비아에서 태어나 그곳에서 교육을 받고, 이후 런던과 뉴욕에 있는 다국적 기업들을 상대하는 투자 은행에서 경력을 쌓았으며, 지금은 신흥 시장의 플루토크라트들을 위해 일하고 있는 한 투자 은행가는 내게 최근에 그의 가족 전체가 런던에서 홍콩으로 이동한 것이 뉴욕의 한 구역에서 다른 구역으로 이동하는 것보다 더 수월했다고 말했다.

슈퍼엘리트들이 세계화를 체험하는 시기는 본격적인 게임에 들어가기 전, 즉 학창 시절부터 이미 시작된다. 플루토크라트들에게 여권은 의미가 없다. 그 대신 미국의 아이비리그, 스탠퍼드나 옥스브리지, 가장 미국적인 집단인 세계 최고의 비즈니스 스쿨들, 그리고 유럽의 인시아드INSEAD*와 같은 그들의 모교가 중요하다. 터로의 말대로, 이들은 MBA 졸업장이 국적보다 더 중요한 세상에서 살고 있다. 물론 모국에서 전체 교육 과정을 모두 수료한 플루토크라트들이 아예 없는 것은 아니다. 하지만 그들 대부분은 자수성가한 사람들이다. 그러나 이러한 플루토크라트들 대부분은 자녀들만큼은 세계 최고의 대학들로 유학을 보낸다. 더 일찍 시작하는 경우, 자녀들을 기숙학교, 특히 영국의 명문 사립학교들로 보낸다. 이러한 학교에서 학부모 방문일에 러시아 올리가르히 부모들이 헬리콥터를 타고와 학교 운동장에 내리는 모습은 더 이상 특별한 일도 아니다. 자녀 교육에 연간 지출의 5분의 1 이상을 쓰는 중국의 플루토크라트들 역시 열성적인 세계화 지지자들이다. 『후룬 보고서*Hurun Report*』의 발행인이자 중국의 슈퍼엘리트 문화를 다루는 세계 최고의 기사를 쓰는 루퍼트 후게베르프Rupert Hoogewerf에 따르면, 〈오늘날 중국 기업가들 5명 중 4명은 자녀의 유학을 고려하고 있다〉.[54] 중국의 억만장

---

* 프랑스 파리 근교 퐁텐블로에 있는 경영대학원. 유럽 최고의 경영대학원으로 인정받고 있다.

자들은 자녀들을 외국 고등학교에 입학시키고 싶어 하며, 특히 영국의 사립학교들을 선호한다. 대학의 경우, 중국 백만장자들의 자녀들이 플루토크라트로 합류하고자 할 때, 일류 대학으로 손꼽는 곳은 바로 미국의 아이비리그 대학들이다. 다보스에서 함께 식사를 하고 있을 때, 한 유럽 백만장자가 동유럽의 억만장자에게 영국 사립학교의 장점에 대해 이렇게 설명했다(동일한 유학 알선 진로 교사 덕분에 두 사람의 자녀들은 같은 영국 사립 학교에 다니고 있다). 「외국어를 배우는 것은 물론, 전 세계적으로 뛰어난 친구들을 사귈 수 있죠」

이와 같이 세계적인 갑부들이 일류 국제 교육기관들을 차지하고 있는 추세는 학교의 이름에서도 확인할 수 있다. 가령 옥스퍼드의 경우를 살펴보면, 우크라이나 오데사에서 태어나 하버드 MBA를 마치고 뉴욕과 런던에서 살고 있는 러시아의 철강 및 석유 갑부인 진정한 글로벌 플루토크라트 렌 블라바트니크Len Blavatnik로부터 7,500만 파운드를 기부받아 설립되어 하버드 케네디 스쿨의 라이벌로 떠오르고 있는 블라바트니크 행정대학, 그리고 시리아에서 태어나 사우디아라비아에서 막대한 돈을 벌어서 세금에 관대한 모나코, 그리고 파리에서 주로 지내고 있는 와픽 사이드Wafic Saïd로부터 2,000만 파운드를 기부받아 세워진 사이드 비즈니스 스쿨을 그 사례로 꼽을 수 있다.

세계 시민

국가가 그러하듯이, 플루토노미 또한 균일하지 않다. 다양한 민족들은 저마다 독특한 관습을 따르고, 사회 구성원들은 서로 다른 가치관에 따라 살아간다. 러시아인이나 중동 지역 사람들처럼 억압적이거나 불안정한 사회에서 태어난 플루토크라트들은 더욱더 세계화를 갈망하고 있다. 중국이나 인도의 플루토크라트들은 고국을 떠나 있을 때 더욱 강력한 공동체 네트워크를 구축하고자 한다. 일부 국가들은 세계적으로 떠돌아다니는 플루토크라트들을 위한 지상 낙원을 제공함으로써 국민 경제의 상당 부분을 구축해 왔다. 스위스와 모나코는 수 세대에 걸쳐 이같은 비즈니스를 펼쳐 온 경우다. 보다 최근에는 싱가포르와 홍콩도 이 대열에 합류하고 있다. 에어컨으로 사막의 뜨거운 열기를 식히며 화려하게 등장한 두바이 또한 새로운 경쟁자로 떠오르고 있다. 이러한 지역에서 영어는 슈퍼엘리트들의 공용어이며, 이러한 점에서 멋진 빌딩과 관대한 외국인 세금 정책을 자랑하는 영국 역시 인기 있는 장소다. 오늘날 250만 파운드가 넘는 런던 부동산의 약 60퍼센트는 외국인들의 소유다.[55]

반면 미국의 비즈니스 엘리트들은 이 초국가적인 공동체에 비교적 늦게 도착했다. 예를 들어 영국과 미국의 CEO들에 관한 한 연구에서, 중역 전문 헤드헌터인 엘리자베스 마르크스는 영국의 경우에는 3분의 1 정도가 외국 국적인 반면, 미국은 10퍼센트에 불과하다고 밝히고 있다. 마찬가지로 영국 CEO의 4분의 3 이상이 2년 이상 외국에서 일을 했던 반면, 미국 CEO들은 3분의 1 수준에 불과하다.[56]

출발은 늦었지만 미국 비즈니스 역시 바삐 따라잡고 있다. 최근 미국 CEO들은 10년 전 그들의 선배들에 비해 두 배나 더 많은 시간을 해외에서 일하며 보내고 있고, 미국 CEO들 중 외국인이거나 외국에서 태어난 사람들의 비중은 여전히 상대적으로 낮기는 하지만 그래도 꾸준히 증가하는 추세에 있다. 이러한 변화는 특히 월스트리트에서 뚜렷하게 나타나고 있다. 2006년만 하더라도 월스트리트 주요 8개 은행들은 모두 미국 출신의 CEO가 운영하고 있었다. 하지만 오늘날 그 수는 5개로 떨어졌으며, 이중에서도 시티그룹과 모건스탠리 등 2개의 기업은 해외에서 태어난 자들이 이끌고 있다.

제너럴 일렉트릭의 CEO인 제프 이멜트Jeff Immelt는 내게 조만간 신흥 시장에서 자신의 후임자가 올 것이라고 알려 주었다. GE의 미래, 더 나아가 미국 비즈니스의 미래가 그 지역에 달려 있기 때문이라는 것이었다.

이멜트가 보기에, 금융 위기는 미국이 경제를 지배하던 시대가 종말을 고했음을 알리는 사건이었다. 이멜트는 내게 이렇게 말했다. 「1982년에 GE에 입사했는데, 거품이 터졌던 2007년까지 25년 동안 미국 소비자들은 세계 경제의 확고한 원동력이었습니다.」[57] 그러나 이멜트는 향후 25년 동안 미국 소비자들은 〈세계 경제 성장의 엔진이 되지는 못할 것〉이라고 말했다. 「대신 중산층으로 올라서고 있는 수십억 명의 아시아 인구, 그리고 유가 상승으로 새롭게 부를 쌓아 나가고 있는, 천연자원이 풍부한 나라들이 그 역할을 맡게 될 것입니다. 게임은 그런 식으로 흘러갈 것입니다.」[58]

이멜트는 계속해서 이렇게 말했다. 「10억 명의 아시아 소비자들이 중산층으로 떠오르고 있습니다. 실업률을 줄이기 위해서는 수출이 주요한 대안이 될 것입니다. 대부분의 소비자들이 이 땅이 아닌 다른 나라에 살고 있기 때문에, 수출은 미국의 유일한 선택입니다.」

경고를 위한 반대 사례로서 이멜트는 내향성이 다분한 일본 기업들의 사례를 들고 있다. 「자, 봅시다. 제가 GE에 갓 입사한 신참이었을 때, 잭 웰치는 우리 모두를 일본으로 보냈습니다. 당시 일본은 우리보다 한발 앞서 있었거든요. 우리는 일본에서 많은 것들을 보고 배울 수 있었어요.

하지만 이후 30년이 지나서 일본 기업들은 모두 뒤처지고 말았습니다. 세계화에 무심했기 때문이죠. 그들은 세계 구석구석을 돌아다니며 돈을 벌어야 할 필요성을 느끼지 못했습니다. 하지만 GE의 경우는 다릅니다. 미국의 다른 다국적 기업들도 물론 그래서는 안 됩니다.」

2010년에 열린 아스펜 아이디어 축제Aspen Ideas Festival에서 실리콘밸리의 녹색 기술 기업인 어플라이드 머티리얼스Applied Materials의 CEO 마이클 스플린터Michael Splinter는 지금 다시 사업을 벌일 수만 있다면, 근로자들 중 20퍼센트만을 자국 사람들로 쓰게 될 것이라고 털어놓았다. 그는 이렇게 설명했다. 「올해 매출에서 해외 시장이 90퍼센트 정도를 차지할 것으로 보입니다. 주로 아시아 지역에 있는 대다수의 소비자들에 다가가기 위해 많은 노력을 기울이고 있습니다.」[59] 같은 자리에서 연설을 했던 올스테이트Allstate의 CEO 토머스 윌슨Thomas Wilson 역시 비슷한 이야기를 들려주었다. 「전 세계 어딜 가더라도 [근로자들을] 구할 수 있습니다. 이는 미국에게는 심각한 문제이지만, 미국 기업들에게는 꼭 그런 것만은 아닙니다. ……미국 기업들은 분명히 적응해 나갈 겁니다.」

인플레이션에 맞서 싸운 것으로 유명한 전 미국 연방준비제도이사회 의장 폴 볼커Paul Volcker는 2012년 맨해튼에서 한 CFO 그룹과 함께했던 만찬에서 내게 〈소위 미국 기업들〉이 말하는 글로벌 전망에 충격을 받았다고 했다. 볼커는 이렇게 말했다. 「노골적으로 드러내지는 않고 있지만 그들은 암암리에 스스로를 더 이상 미국 기업이라 생각하지 않습니다. 글로벌 기업인 거죠. 미국 정부가 정당한 대우를 해주지 않으면, 그들은 본사를 해외로 옮겨 가 버릴지도 모릅니다. 이들 기업들은 해외 지사를 미국인이 아닌 현지인으로 운영할 준비가 되어 있으며, 미국 본사의 운영을 외국인에게 맡기기까지 합니다.」[60]

세계 최대의 채권 투자 기업인 핌코Pimco의 CEO를 맡고 있는 모하메드 엘에리언Mohamed El-Erian은 세계화 시대에 발맞춰 미국 최고의 인재로 떠오르고 있는 대표적인 글로벌 유목인이다. 이집트인 아버지와 프랑스인 어머니 사이에서 태어난 엘에리언은 파리와 카이로, 뉴욕, 런던을 돌아다니면서 어린 시절을 보냈다. 그리고 케임브리지와 옥스퍼드에서 공부를 했으며, 지금은 독일의 금융 대기업인 알리안츠 SE가 소유하고 있고 미국에 본사를 두고 있는 핌코를 이끌고 있다.

엘에리언은 지금 핌코 본사가 있는 캘리포니아 주 뉴포트비치에 살고 있지만, 고국이 어느 나라냐는 질문에 선뜻 대답하지 못한다. 최근 뉴욕에 들른 엘에리언은 나와 만난 자리에서 이렇게 말했다. 「저에게는 세 개의 여권이 있습니다. 하지만 저는 그중 어떤 나라의 국민도 아닙니다. 대신 여러 나라들, 혹은 세계 전체의 시민이죠.」[61] 함께 도심을 걷는 동안 엘에리언은 흐뭇한 표정으로 자신의 어린 시절을 떠올렸다. 어릴 적 그는 매일 그 길을 따라 버스를 타고 UN 국제학교를 다녔다고 했다. 그날 저녁, 엘에리언은 비행기를 타고 런던으로 떠났다. 그리고 그 주 후반에는 상트페테르부르크로 넘어갈 계획을 가지고 있었다.

공격적으로 세계화를 쫓아가지 않는 미국 기업들은 조만간 뒤처지게 될 것이라는 위기의식이 GE는 물론 다른 기업들에서도 높아지고 있다. 세계적인 비즈니스 규모에도 불구하고, 핌코는 아직까지 미국 시장에 집중하고 있다. 그러나 슈퍼엘리트들이 타고 다니는 상품과 자본의 물결은 예전에 그랬던 것보다 더 자주 미국 시장을 건너뛰어 지나가고 있다. 가령 투자 은행 르네상스 캐피털Renaissance Capital을 공동으로 설립한 52살의 뉴질랜드인 스티븐 제닝스Stephen Jennings의 사례를 보자. 르네상스 캐피털은 제닝스가 주로 거주하는 모스크바에 기반을 두고 있다(그는 또한 옥스퍼드셔와 뉴질랜드에 농장을 가지고 있고, 자녀들은 영국 학교로 보내고 있다). 제닝스는 특히 러시아와 아프리카, 아시아 등지의 신흥 시장에서 투자의 흐름을 따라가는 방식으로 기업을 포지셔닝하는 전략을 구사하고 있다. 이러한 점에서 뉴욕은 그와 갈수록 무관한 곳이 되어 가고 있다. 2009년 뉴질랜드 웰링턴에서 했던 한 연설에서 제닝스는 단극 체제를 벗어나 있는 비즈니스 현실과 관련하여 자신의 비전을 제시했다. 「세계 최대 철강 기업들은 모두 인도에 모여 있습니다. 그리고 최대 알루미늄 기업들은 러시아에 모여 있죠. ……반면 중국과 러시아, 나이지리아에서 가장 빨리 성장하고 가장 규모가 큰 은행들은 모두 자국 기업들입니다.」[62]

마침 그 자리에는 모스크바에 있는 제닝스의 최첨단 고층 빌딩에 입주해 있는 사람이 참석하고 있었는데, 그는 이와 같은 신흥 시장 내부 거래의 모습을 잘 보여 주는 계약을 최근에 맺은 적이 있다고 했다. 2010년 봄, 러시아 최대 투자 기업인 디지털 스카이 테크놀로지스Digital Sky Technologies는 남아프리카공화국의 언론 기업인 나스퍼스Naspers 및 중국 기술 기업 텐센트Tencent와 협약을 맺었다. 세 기업 모두 글로벌 비전을 기반으로 빠른 성장세를 보이고 있었다. 그리고 2010년 가을, 디지털 스카이 테크놀로지스에서 분사한 메일닷루Mail.ru는 기업 공개를 통해 57억 1,000만 달러의 시장 자본을 끌어모으면서 유럽에서 가장 자산 가치가 높은 인터넷 기업으로 발돋움했다. 하지만 미국에서는 이와 관련하여 이렇다 할 사례가 없었다. 신흥 시장 내부 경제의 유사 사례로는, 인도의 통신 대기업인 바르티 엔터프라이즈가 쿠웨이트에 기반을 둔 통신 기업자인Zain이 보유한 아프리카 부동산 대부분을 인수한 경우가 있다. 유럽과 아시아 지역을 돌아다니며 살고 일하고 있는 또 한 사람의 글로벌 유목인인 한 캘리포니아 기술 기업 중역은 내게 바르티와 같은 기업들이 향후 폭발적으로 성장할 아프리카 시장에서 경쟁 우위를 차지하게 될 것이라고 설명했다. 「그들은 우리보다 훨씬 더 싼 가격에 휴대 전화를 판매하는 노하우를 알고 있습니다. 그런데 서구 기업들이 어떻게 아프리카와 같은 지역에서 경쟁할 수 있겠습니까?」[63]

아이디어 귀족

철도가 새로운 도시들을 탄생시켰던 것처럼, 개인용 제트기, 혹은 넷제트와 같은 비행기 공유 서비스는 슈퍼엘리트들의 세계화에 한몫하고 있다. 중산층 사람들이 자가용을 모는 것처럼, 이들은 쉽게 세상을 돌아다니면서 곳곳에 주택을 마련해 놓고, 그리고 비즈니스를 이끌어 나가고 있다. 신기술은 이들에게 큰 힘이다. 이동통신 기술 덕분에 이들은 편하게 세상을 돌아다닌다. 그리고 지난 20년 동안 일어난 정치적 변화는 많은 나라들의 국경을 활짝 열어 놓았다.

하지만 그중에서도 가장 중요한 변화는 애덤 스미스가 이미 『국부론』에서도 예언했던 현상이다. 산업 혁명 초기인 1776년에 『국부론』을 쓰면서 애덤 스미스는 재산이 토지에서 주식 혹은 지분의 형태로 바뀌어 감에 따라 부의 유동성이 크게 높아질 것이라고 예측했다. 〈토지를 소유한 사람은 어쩔 수 없이 부동산이 있는 국가의 국민으로 살아야 한다. 반면 주식을 소유한 이들은 세계 시민으로서 특정 국가에 얽매일 필요가 없다.〉[64]

애덤 스미스는 제조 기업들, 그리고 그 주식을 소유하고 있는 뿔뿔이 흩어진 주주들의 위력이 경제 발전의 원동력으로서 토지의 중요성을 능가할 것으로 내다보았다. 눈에 보이지 않는 새롭고 강력한 경제 활동을 가능케 한 기술 혁신의 발전 속도는 계속해서 높아지고 있다. 스미스의 예언대로, 글로벌 마인드로 무장하고 경제적 이해관계에 따라 움직이는 엘리트 집단이 등장했다. 〈주식 소유자는 까다로운 조사를 받고 엄청난 세금을 물어야 하는 모국에서 보다 수월하게 비즈니스와 재산을 관리할 수 있는 다른 나라로 그들의 재산을 옮길 준비가 되어 있다.〉 그러나 이처럼 자본(그리고 자본가들)이 기꺼이 해외로 나가려고 하는 것과는 반대로, 정부와 중산층 대부분은 국가의 경계 안에 머무르고자 한다. 이러한 차원에서 플루토크라트들이 글로벌 슈퍼엘리트로 성장하기 위해서는 자국의 나머지 사람들과의 관계를 잘 이해해야만 한다.

『스펙테이터』의 평론가 해리 마운트는 영국 상류 사회의 전통적인 여름철 사교 모임 일정표를 〈구독〉해 주는 것에 대해, 그리고 그 지면을 화려하게 장식해 주는 것에 대해 글로벌 슈퍼엘리트들에게 마지못해 감사를 표하고 있다. 〈요란하고, 어설프고, 퇴색해 가는 영국의 여름 시즌은 이제 세계 자본의 물결에 의해 한층 강화되고, 세련되고, 매끄러운 모습으로 바뀌어 가고 있다.〉

사교계에 처음으로 발을 들여 놓는 오래전의 파티, 사냥, 또는 요트 시합이 완전히 시대에 뒤떨어졌다고 말할 수는 없지만, 그래도 아이러니한 사실은 그러한 행사들이 글로벌 플루토크라트들이 장악을 하는 형태로 변화하고 있다는 점이다. 21세기 플루토크라트들의 진정한 공동체적 삶의 단면은 세계적인 컨퍼런스에서도 엿볼 수 있다. 최상층을 지향하는 아이디어 포럼이자 사회적 혁신 네트워크인 팝테크PopTech의 앤드루 졸리Andrew Zolli는 이렇게 물었다. 「우리에겐 성(城)도 작위도 없습니다. 그렇다면 자신이 엘리트의 일원이라는 사실을 어떻게 알릴 수 있을까요?」[65]

바로 이러한 목적으로 열리는 행사들 중 가장 대표적인 것으로 매년 스위스 다보스에서 열리는 세계경제포럼을 들 수 있다. 세계경제포럼은 야심찬 플루토크라트들이 국제 무대로 올라섰음을 만천하에 알리는 행사다. 포럼 참석자들은 고상한 작위 대신 높은 신분을 상징하는 정교하게 만들어진 컨퍼런스 배지를 가슴에 단다. 포럼에 처음 참석한 사람들은 사람들의 뜨거운 관심을 받는 동안 배지의 위력을 실감하게 된다.[66] 다음으로 유럽과 북미에서 매년 개최되는 빌더베르크그룹Bilderberg Group은 지정학적인 주제에 좀 더 집중하면서, 글로벌 비즈니스나 자선 사업에는 크게 신경을 쓰지 않는 다분히 폐쇄적인 비밀 모임이다. 그리고 매년 봄에 중국 하이난 섬에서 열리는 보아오포럼Boao Forum은 중국의 높아진 경제적 위상과 글로벌 플루토크라트들의 문화에 대한 수용을 드러내고 있다. 빌 클린턴은 〈클린턴 글로벌 이니셔티브Clinton Global Initiative〉를 이 포럼의 공식 사업으로 만들기 위해 많은 노력을 들이고 있다. 이스라엘의 기술 기업을 이끌고 있는 사업가 요시 바르디Yossi Vardi가 독일의 출판 미디어 그룹인 후베르트 부르다와 함께 (다보스 방문 계획이 있다면 들르기에 아주 편리하도록) 매년 1월 뮌헨에서 주최하는 DLD(Digital-Life-Design)와 마찬가지로, 매년 열리는 TED(Technology, Entertainment, Design) 컨퍼런스 역시 디제라티들*을 위한 중요한 행사다. 허브 앨런 Herb Allen이 주최하는 선밸리는 언론 거물들의 모임이며, 아스펜연구소

---

* digerati. digital과 지식 계급을 뜻하는 literati의 합성어. 디지털 변혁의 선두에 서 있는 정보화 시대의 새로운 지배 계층을 말한다.

의 아이디어 페스티벌은 미국에 우호적인 정치적 성향이 뚜렷한 인물들의 모임이다. 글로벌 엘리트 집단의 소속감과 관련해서 이러한 모임들은 대단히 선명한 느낌을 전달한다. TED 컨퍼런스를 주최하고 있는 크리스 앤더슨Chris Anderson은 한 모임에서 이렇게 말했다. 「전체적인 차원에서 우리 모임의 인맥은 전 세계 전체는 아니라고 해도, 한 국가 내에서 특별한 사람들 대다수를 아우르고 있습니다.」[67]

글로벌 비밀회의가 중요하다는 사실을 간파한 일부 기업들은 자체적으로 컨퍼런스를 주최하기 시작했다. 가령, 구글의 자이트가이스트Zeitgeist 컨퍼런스를 꼽을 수 있다. 몇 년 동안 내가 사회를 보고 있는 이 모임은, 2010년 5월에 예전 영국 시골의 사유지였던 그로브라는 곳에서 열렸다. 현재 그로브의 300에이커에 달하는 부지에는 골프장이 들어섰으며, 그리고 천정을 아주 높게 만든 건물의 실내에는 엔틱 가구와 현대 가구들이 한데 어울려 있다(특히 고급 플라스틱으로 만든 루이 14세 의자 모조품이 눈길을 끈다). 태양의 서커스단은 야외에 세운 거대한 텐트 속에서 500명의 관객들을 대상으로 사적인 공연을 벌인 적이 있었다. 그것은 그 일 년 전에 구글이 유튜브를 인수하면서 하룻밤 사이에 전 세계적으로 인터넷 세상에 센세이션을 불러일으켰던 사건을 축하하기 위한 것이었다.

사치스러운 분위기이기는 해도 자이트가이스트 컨퍼런스는 결코 흥청망청 돈을 쓰는 행사는 아니다. 오히려 최우수 대학 졸업생들의 진지하고 학구적인 분위기마저 풍긴다. 하루 휴가를 보내는 행사와는 거리가 멀다. 컨퍼런스가 진행되는 아침 9시부터 저녁 6시까지 회의실은 항상 사람들로 북적인다. 잠시 커피를 마시는 휴식 시간 동안 앞마당은 블랙베리와 아이패드를 든 중역들로 바글바글하다.

2010년 자이트가이스트 컨퍼런스에서 연설을 했던 사람들로는 데스먼드 투투 대주교, 보리스 존슨 런던 시장, 그리고 스타벅스 CEO 하워드 슐츠가 있다(구글 CEO 에릭 슈미트는 말할 필요도 없다). 하지만 이와 같은 행사에서 가장 중요한 것은 돈도 인기도 아니다. 마이클 루이스가 〈새롭고 또 새로운 것〉이라고 표현했던 것처럼, 중요한 것은 세상을 바꿀 수 있는 위력을 지닌 통찰력, 알고리즘, 그리고 기술이다. 그렇기 때문에 행동 경제학 분야의 개척자인 대니얼 카너먼Daniel Kahneman을 포함한 세 명의 노벨상 수상자들이 이 모임에 참석했던 것이다. 컨퍼런스에 등장했던 비즈니스 스타에는 서른여섯 살의 기업가 토니 셰이Tony Hsieh도 있었다. 지난 여름, 셰이는 자신의 온라인 신발 유통업체인 자포스를 무려 10억 달러가 넘는 금액으로 아마존에 팔았다. 컨퍼런스에서 가장 주목을 끈 것은 넥서스 스마트폰을 포함한 구글의 신제품 발표 시간이었다.

혁신과 아이디어를 향한 과도하게 뜨거운 열정은 보다 친숙한 분위기로 이루어지는 글로벌 엘리트 모임에서도 똑같이 분명하게 드러난다. 사모펀드 억만장자인 헨리 크래비스Henry Kravis의 아내이자 경제학자인 마리호세 크래비스Marie-Josée Kravis가 그들의 호화로운 어퍼이스트사이드 아파트에서 열었던 화려한 맨해튼 저녁 파티를 살펴보자. 세브르 산(産) 도자기와 거장의 작품들이 집 안을 장식하고 있었지만, 대화의 분위기만큼은 대학원 세미나를 연상케 했다. 크래비스 부인은 자신의 남편과 마이클 블룸버그와 같은 플루토크라트들을 포함하여 리처드 홀브룩 Richard Holbrooke, 로버트 졸릭Robert Zoellick, 그리고 「파이낸셜 타임스」의 칼럼니스트 마틴 울프Martin Wolf와 같은 석학과 정책 결정자들을 한자리에 모을 수 있다는 사실에, 그리고 글로벌 금융 불균형에서 아프가

니스탄 전쟁에 이르기까지 다양한 주제를 가지고 토론을 벌일 수 있다는 사실에 강한 자부심을 느낀다.

사실 아이디어 컨퍼런스는 최근 대단한 인기몰이 중이라, 뉴욕에 사는 한 커플은 그들의 결혼식까지도 아이디어 컨퍼런스처럼 진행했다. 2011년 12월에 데이비드 프리들랜더와 재클린 슈미트는 브루클린에서 결혼식을 올리면서 하객들에게 하나의 약속을 선언하도록 하는 이름표를 나누어 주었다. 또 다른 카드에는 이렇게 적혀 있었다. 〈여러분이 한 약속과 관련하여 24시간 안에 할 수 있는 한 가지 행동을 적으세요.〉[68] 가족이나 친구들이 신부와 신랑을 둘러싸고 술에 취해 되는 대로 이야기를 늘어놓는 대신에, TED 컨퍼런스 스타일의 토론이 결혼식의 하이라이트를 장식했다. 그 시간 동안 참석자들은 신경과학이나 환경, 또는 몸과 영혼의 치유 등 커플이 관심을 갖고 있는 주제들을 놓고 파워포인트 프레젠테이션까지 동원하여 이야기를 나누었다.

이러한 사고 리더십thought-leadership 결혼식은 좀 지나친 감이 있다. 「허핑턴 포스트Huffington Post」는 그 커플에게 진지한 찬사를 보냈고, 「뉴욕 타임스」는 두 사람의 결혼식을 세세하게 보도를 했으며, 인터넷 매체인 「거커Gawker」는 혹평을 했다. 그러나 〈고정관념을 벗어나out of the box〉와 같은 문구와 〈킬러 앱〉*과 같은 용어에 열광하는 엘리트들의 시대에 가장 각광받는 지위의 상징은 요트나 승마, 또는 기사 작위가 아니라 자선 재단일 것이다. 그리고 한 발 더 나아가, 세상을 변화시키기 위한 숭고한 비전을 가지고 있다는 사실을 후원자들에게 적극적으로 보여

* killer app. 등장하자마자 경쟁 상품을 몰아내고 시장을 완전히 재편하는 제품이나 서비스. 노스웨스턴 대학의 래리 다운스 교수가 금속 활자, 도르래, 증기 기관, 백열 전구, 엘리베이터, 원자 폭탄 등을 〈킬러 애플리케이션〉이라고 명명한 데서 유래한 용어다.

줄 수 있는 재단일 것이다.

2010년 여름에 80대로 접어든 조지 소로스는 사회적으로 책임 있는 억만장자 이미지에 대한 선구자이자 롤 모델이다. 전후 시대에 최고의 성공을 일구어 낸 투자자 소로스가 가장 자랑스럽게 여기는 것은 자신의 열린사회재단이다. 이 재단을 통해서 소로스는 마약 법률화와 유럽 중동부 시민 사회, 그리고 금융 위기에 따른 기존의 경제학적 전제에 대한 검토 등 다양한 분야의 문제를 해결하기 위해 수십억 달러를 투자하고 있다.

진보적인 소로스에게서 영감과 조언을 얻은, 그리고 공화당원이자 닉슨 내각에도 몸을 담았던 피터 페터슨 역시 미국 정부의 재정 적자 및 법정 지출 문제를 해결하기 위해 블랙스톤의 수익금 10억 달러를 재단에 기부했다. 마찬가지로 빌 게이츠는 차터 스쿨* 지원에서 아프리카의 질병 관리에 이르기까지 다양한 문제를 해결하기 위해 자신의 많은 시간과 노력을 재단에 쏟고 있다. 아직 서른이 되지 않은 페이스북 설립자 마크 주커버그 또한 지난가을에 뉴어크 지역의 공립학교 발전을 위해 1억 달러를 기부했다. 그리고 보험 및 부동산 분야의 거물인 엘리 브로드Eli Broad는 줄기세포 연구 및 학교 개혁을 위한 후원자로서 자신의 영향력을 발휘하고 있다. 블랙베리를 개발한 RIM사의 공동 설립자 제임스 발실리James Balsillie는 국제적인 사안들을 다루는 싱크 탱크를 설립했다. 이러한 사례들의 목록은 끊임없이 이어진다. 대통령 임기를 마친 빌 클린턴이 자신의 글로벌 박애주의 〈브랜드〉 구축에 힘을 쏟는 데는 다 그럴

---

* charter schools. 주정부의 예산으로 설립되지만 독립적인 권한을 갖고 자율적으로 운영되는 미국 공립 학교.

만한 이유가 있다.

갑부들은 박애주의 전략이 도덕적 보상뿐 아니라 사회적 인정, 그리고 심지어 영생을 위한 티켓을 가져다준다는 사실을 오래전부터 알고 있었다. 〈부자로서 불명예스럽게 세상을 떠날 뻔한〉 카네기는 병원과 음악당, 도서관, 대학을 설립함으로써 자신의 이미지를 강도 귀족에서 세속의 성인으로 바꾸어 놓을 수 있었다. 알프레드 노벨은 노벨상을 통해 다이너마이트 발명보다 더 숭고한 무언가를 사람들의 뇌리에 남겼다. 이와 관련하여 오늘날 플루토크라트들의 움직임에서 특이한 점은 그들이 재산을 벌어들였던 것과 똑같은 방식으로, 즉 기업가적인 방식으로 부를 사회에 환원하려고 한다는 사실이다. 단지 뜻있는 자선 단체나 큰 재단에 기부를 하는 것이 아니라(물론 그런 경우도 있다), 사회적으로 중요한 문제를 해결하기 위한 새로운 접근 방식에 자신의 돈을 쓰려고 한다.

그들의 이러한 움직임은 대단히 독특해서 〈박애 자본주의philanthro-capitalism〉라고 하는 신조어까지 탄생했다. 매튜 비숍Matthew Bishop과 마이클 그린Michael Green은 이 용어를 자신들의 책 제목으로 썼다. 비숍과 그린은 이렇게 말하고 있다. 〈새로운 박애주의자들은 오늘날 급변하는 세상에서 나타나는 새로운 문제들을 해결하기 위해 도움을 제공함으로써 자선 활동을 발전시켜 나가고 있다고 확신한다. ……그들은 돈을 벌기 위해 사용했던 자신의 비즈니스 전략을 기부 활동에도 그대로 적용하고 있다.〉[69]

비숍은 내게 이렇게 말했다. 「다양한 비즈니스 기법과 사고방식을 적용하기 위해 그들은 많은 노력을 기울이고 있습니다. 기업가적인 사고방식과 기부 방식 사이에는 연결고리가 있습니다. 중세 시대까지 거슬러 올라가 예전의 다양한 시대들과 비교해 볼 때, 기업가들은 그들을 부자로 만들어 주었던 경제적 시스템의 파괴적 변화에 주도적으로 대응했습니다. 우리는 이러한 모습들을 중세와 빅토리아 시대, 그리고 카네기와 록펠러의 시대에서도 찾아볼 수 있습니다. 다른 점이 있다면 규모일 것입니다. 이제 비즈니스는 세계화되었고, 오늘날 기업가들은 세계적인 문제에 관심을 기울이고 있습니다. 그들은 엄청난 영향력을 확보하기 위해 많은 고민을 하고 있습니다. 그리고 거대한 규모로 기업을 운영해 나가는 데 아주 익숙하며, 자선 사업 또한 마찬가지 규모로 추진해 나가고자 합니다. 게다가 예전보다 훨씬 더 젊은 나이에 시작하고 있습니다.」[70]

오늘날 갑부들이 사회적 관계를 중요하게 여기고 있다는 사실은 신흥 시장의 플루토크라트들 역시 열성적으로 그들 자신의 재단과 연구소를 설립하려 한다는 사실에서도 확인할 수 있다. 전 소련의 올리가르히들이 처음으로 세계 무대에 모습을 드러냈을 때, 그들은 벼락부자의 모습을 한 마르크스로 그려졌다. 그들은 요트와 스포츠 팀을 사들였고, 명품을 걸친 슈퍼모델들에 둘러싸여 있었다. 하지만 15년이 흐른 지금, 그들은 아이디어 세상으로 들어갈 수 있는 방법을 모색하고 있다.

가장 대표적인 사례로 우크라이나의 기업가 빅토르 핀추크Victor Pin-chuk의 경우를 꼽을 수 있다. 핀추크의 비즈니스 왕국은 파이프 생산에서 TV 방송국에 이르기까지 광대한 영역에 걸쳐 있다. 42억 달러의 순자산을 가진 핀추크는 현대 미술 컬렉션에 더 이상 만족하지 못한다. 2009년 그는 키예프에 있는 핀추크 아트 센터Pinchuk Art Centre에서 젊은 예술가들을 대상으로 한 글로벌 콘테스트를 개최했다. 그 행사를 통해 핀추크는 우크라이나를 국제적인 문화적 주류 사회로 이끌어 올릴 수 있기를 기대하고 있다. 그는 또한 다보스 외곽에서 점심 만찬을 정기적으로 열고 있고(2012년에는 첼시 클린턴이 사회를 맡았다), 여기에 더해 스탈린과 루스벨트, 처칠이 얄타 회담을 가졌던 리바디아 궁전에서 지정학을 주제로 한 〈아이디어〉 포럼을 다소 진중한 분위기에서 매년 주최하고 있다. 내가 사회를 맡았던 2010년 9월 포럼에는 당시 국제통화기금IMF 총재였던 도미니크 스트로스칸과 폴란드 대통령 브로니스와프 코모롭스키, 러시아 부총리와 재무장관을 겸직한 알렉세이 쿠드린도 참석했다. 저녁 행사에서 기조연설을 맡은 빌 클린턴은 아이러니하게도 점점 심각해지고 있는 불평등의 경제적 결과에 대해 이야기를 했다.

글로벌 슈퍼엘리트로 올라서고자 하는 핀추크의 노력들은 성과를 내고 있다. 2010년 미국 방문길에 핀추크는 워싱턴에서 오바마 행정부의 선임 고문인 데이비드 액설로드를 만났고, 『타임』지 편집자 릭 스텐겔이 주최한 뉴욕 북 파티에 참석하여 찰리 로즈*와 이야기를 나누었다. 지난번 방문 때는 케이블 TV HBO의 사장인 리처드 플레플러의 어퍼이스트 사이드 저택에서 캐럴라인 케네디와 함께 식사를 했다. 그리고 집으로 돌아와서는 키예프 외곽에 있는 호화 저택에서 예술을 끔찍이 사랑하는 자신의 친구 엘리 브로드와 함께 즐거운 시간을 보냈다(그곳에는 나인홀 골프장과 일본 장인들이 지은 일본식 정원이 있다). 또한 우크라이나 시민 사회 프로젝트를 후원하기 위해 소로스와도 손을 잡고 있다.

자선 사업은 먼저 고향에서 — 그런데 어디가 고향인가?

자선 사업과 관련하여 플루토크라트들이 겪는 한 가지 어려움은 자신

---

* 미국의 공영방송인 PBS의 시사 프로그램 「찰리 로즈쇼」의 진행자.

의 부를 어디에 환원해야 할지 결정하기가 쉽지 않다는 것이다. 만약 여러분이 글로벌 유목민이라면, 자신이 태어난 나라, 지금 살고 있는 장소(하나로 정할 수 있다면), 또는 비즈니스를 운영하고 있는 지역 중 어디에 자선 사업을 위한 초점을 맞추어야 할까? 이러한 고민에 대한 올바른 접근 방식은 아마도 민족이나 감정적 유대를 떠나 기업 운영에 관한 객관적인 사고방식을 똑같이 활용하면서, 전 세계적인 차원에서 최고의 성과를 올릴 수 있는 지역을 물색하려는 노력이 될 수 있을 것이다.

나는 글로벌 0.1퍼센트에 속하는 몇몇 사람들이 탄자니아 다르에스살람에 모여 이 문제와 관련하여 이야기를 나누는 자리에 참석한 적이 있다. 2010년 5월, 당시 다르에스살람에서 열리고 있던 아프리카 세계경제 포럼은 며칠간의 무더운 날씨 속에서 지역 정상들을 한 사람씩 초청하는 방식으로 진행되고 있었다. 나는 거기서 두 사람을 만났다. 한 사람은 홍콩에 살고 있는 한 호주인으로 동남아시아와 중국에서 오랫동안 일을 한 경력이 있었고, 다른 한 사람은 실리콘밸리에서 돈을 벌었던 아시아 출신의 기술 전문가였다.

우선 호주인은 자선 사업을 위한 목표 지역에 대해 분명한 기준을 가지고 있었다. 그가 생각하는 장소는 태어난 곳도, 살고 있는 곳도 아니었다. 「제가 영향력을 가장 많이 발휘할 수 있는 지역, 그리고 저를 가장 필요로 하는 곳에 저는 항상 초점을 맞추고 있습니다. 그렇게 하다 보니 가난하고, 교육을 제대로 받지 못하는 개발도상국 소녀들이 눈에 들어오더군요.」 반면 아시아 기술 전문가는 개인적인 관계가 있는 지역에 더 많은 의무감을 느끼고 있었다. 그는 두 가지 방향으로 자선 사업을 생각하고 있었다. 하나는 모국에 학교를 설립하는 것이고, 다른 하나는 동시에 캘리포니아의 가난한 아이들을 대상으로 교육을 지원하는 것이었다.

해외의 가장 가난한 사람들을 위해, 그리고 자국의 동포들을 위해 동시에 기부를 하고자 하는 이들의 이중 초점은 오늘날 플루토크라트들의 다양한 노력들 속에서 균형을 이루고 있다. 우리는 또한 켄싱턴 궁전 잔디밭에서 또 다른 사례를 찾아볼 수 있다. 붉은 벽돌의 그 궁전은 한때 다이애나 왕세자비가 살았고, 지금은 그 아들들이 머무르는 곳이다. 2011년 여름, 헤지펀드 매니저이자 슈퍼모델을 애인으로 두고 있는 아르파드 부손은 자신이 설립한 아동 자선 단체인 ARK의 기금 마련을 위한 연례 경매 행사를 바로 그곳에서 열었다.

부손은 박애 자본주의의 열렬한 지지자다. 〈아이들을 위한 절대 수익 Absolute Return for Kids〉을 의미하는 ARK는 그대로 비교적 보수적인 뮤추얼 펀드나 상대 수익을 추구하기보다는, 공매도와 같이 공격적인 전략들을 종종 활용하면서 보다 광범위한 투자 전략을 추구하는 헤지펀드나 절대 수익을 추구하는 형태를 표방하고 있다. 부손은 ARK을 헤지펀드처럼 운용해야 한다고 믿고 있다. 「옵서버」지와의 인터뷰에서 부손은 이렇게 밝혔다. 「자선 사업에 비즈니스 전략을 활용한다면, 대단히 효과적인 방식으로 아이들의 인생을 바꾸어 놓을 수 있습니다.」[71]

프랑스인 아버지와 영국인 어머니 사이에서 태어났고, 런던과 뉴욕, 파리에서 일하고 있으며, 호주 출신의 모델 엘 맥퍼슨 사이에서 두 아들을 낳은 부손은 진정한 글로벌 유목민의 한 사람으로서 전 세계적으로 과연 어떤 아이들을 선택해야 할지를 놓고 많은 고민을 하고 있다. ARK는 현재 영국은 물론 동유럽, 아프리카, 인도에서 프로젝트를 추진하고 있다. 이러한 모습은 제3세계의 가난한 사람들이 다양한 범주로 따로 나뉘어 있었던 이전 세대의 자선 사업가들에서는 찾아볼 수 없다. 그러나 오늘날 지구를 누비고 다니는 플루토크라트들에게는 런던의 저소득층 주택 단지에 사는 아이들과 뉴델리 슬럼가에 사는 아이들 사이의 차이는 중요하지 않다.

박애 자본주의

비즈니스 전략을 자선 사업에 똑같이 적용해야 한다는 부손의 믿음은 공익 활동에 대한 글로벌 슈퍼엘리트들의 특징적인 접근 방식이다. 이러한 모습을 가장 잘 드러내는 인물로는 빌 게이츠를 꼽을 수 있다. 게이츠는 330억 달러의 기금, 그리고 엄격하게 분석적인 방식으로 운영되고 있는 자신의 재단을 통해 자선 사업의 개념을 바꾸어 놓았을 뿐만 아니라, 전 세계 공공 정책에도 종종 막대한 영향력을 행사하고 있다.

게이츠 재단은 플루토크라트 집단 내에서도 중대한 문화적 영향력을 발휘하고 있다. 우연찮게도 세상에서 가장 유명하고 존경받는 두 사람의 억만장자인 빌 게이츠와 공동 후원자 워런 버핏은 다른 후원자들이 더 많은 돈을 기부하도록 자극하는 것은 물론, 기부금을 쓰는 과정에 적극적으로 관여하는 것을 하나의 의무로 만들어 놓았다. 자본가들은 선행을 실천해야 하고, 선행을 실천하기 위해서 더욱더 진정한 자본가가 되어야 한다는 믿음을 게이츠는 널리 전파하고 있다. 그리고 〈창조적 자본주의creative capitalism〉라는 신조어를 가지고 그러한 자신의 믿음을 설명하고 있다. 게이츠는 2008년 역시 다보스에서 열렸던 세계경제포럼 연설에서 그 용어를 처음으로 사용한 바 있다.

마르크스는 많은 선배 철학자들이 세상을 설명하기 위해 노력했다는 사실을 알고 있었다. 하지만 그가 원했던 것은 세상을 이해하는 것이 아니라 바꾸는 것이었다. 게이츠와 동료 플루토크라트들 또한 마찬가지로 자선의 세계를 바꾸고 싶어 한다. 그들은 단지 공익 단체에 기부하는 것에 만족하지 않는다. 그들은 새로운 박애주의 세상을 꿈꾼다. 한 가지 사례로, 그들은 미국의 교육에 많은 영향력을 발휘했다. 게이츠와 더불어 교육에 많은 관심을 가지고 있는 동료 억만장자들은 측정 가능한 성과에 집중하는 데이터 중심적 혁신에 앞장섰다. 그 첫 단계는 시험을 교육 과정의 핵심에 둠으로써 성과, 즉 학업 성취도를 객관적으로 평가할 수 있도록 만드는 것이었다. 그리고 다음 단계는 학생들을 가르치는 업무를 데이터와 인센티브 기반으로 이루어지게 만드는 것이었다. 2010년 11월 한 연설에서 게이츠는 이렇게 말했다. 「유능한 교사가 왜 유능한 것인지 우리는 분명히 이해해야 합니다.」[72] 이러한 접근 방식에는 수업 장면을 녹화하거나 성과 기반으로 급여를 책정하는 등의 방식들이 포함되어 있다.

놀랍게도 박애 자본주의자들의 야심은 기부 단체의 운영 방식을 바꾸는 것에서 끝나지 않는다. 그들은 국가의 운영 방식도 바꾸고 싶어 한다. 레버리지 효과를 활용하는 금융가나 눈금을 이용하는 공학자처럼 그들은 최소의 투입으로 최대의 성과를 올림으로써 비즈니스를 성공적으로 운영해 온 사람들이다. 그들은 자선 사업에 쓰는 돈도 이와 동일한 방식으로 생각한다.

「우리 재단은 획기적인 발견 작업에 더 많은 돈을 지원하고 있으며, 그 과정에서 파트너로서 함께 참여하고자 합니다. 하지만 가장 큰 부분은 정부 지원입니다.」[73] 2010년 4월 MIT를 방문했을 때 게이츠는 학생들에게 이렇게 설명했다.

「에이즈 치료제를 제공하는 일에 대해 생각해 봅시다. 안지오텐신 II

수용체 길항제를 아프리카 지역에 효과적으로 보급할 수 있다는 사실을 확인하기 위해 우리는 먼저 보츠와나에서 예행 실험을 했습니다. 그러고 나서야 미국 정부의 단일 원조 프로그램임에도 불구하고 우리 재단 전체보다 훨씬 더 큰 50억 달러 규모의 〈에이즈 퇴치를 위한 대통령 비상 계획PEPFAR〉이 들어왔으며, 그동안의 경험을 바탕으로 규모를 늘려 나갔습니다.」

이러한 사례는 세계 경제 속의 플루토크라트들이 재정적, 정보적 차원에서 국가의 정책 방향에 영향을 미치고 있음을 분명하게 보여 주고 있다. 실제로 박애 자본주의자들은 원래 의도와 무관하게 국가들 전체의 사회 안전망에 왜곡을 가져올 만큼 강력한 영향력을 발휘하고 있다. 이러한 사실과 관련하여 일부 아프리카 국가들에서는 불만의 목소리가 터져 나오고 있다. 풍족한 자금 지원을 받으며 에이즈 치료제와 결핵, 말라리아 백신에 집중하고 있는 게이츠의 프로그램들은 의사와 간호사들로 하여금 절실하게 필요하지만 별로 눈에 띄지는 않는 일상적인 의료 활동을 꺼리게 하는 역효과를 낳고 있다. 30년 동안 아프리카에서 일하고 있는 소아과 의사인 피터 푸어 박사는 「로스앤젤레스 타임스」지의 취재 기자들에게 이렇게 지적했다. 「그들은 대단히 심각한 상황을 초래할 수도 있습니다. 그들의 활동은 그들 자신이 개선해 나가고 있다고 믿는 보건 시스템을 아주 엉망으로 만들 수 있습니다.」[74] 아프리카 남부 레소토에서 서구 국제 구호원으로 활동하고 있는 레이철 코언 역시 이렇게 동의를 표했다. 「국가 전체에 걸쳐 [게이츠 재단이 후원하는 보조 요원들로 알려져 있는] ART 직원들이 받는 인센티브에 불만이 많습니다. 그들은 다른 보건 요원들의 두 배가 넘는 급여를 받고 있어요.」

세계적인 보건 문제와 미국 교육에 대한 박애 자본주의자들의 영향력은 종종 논쟁을 불러일으킨다. 학생들에게 더 많은 시험을 치르게 하거나, 특히 아프리카 지역의 에이즈 퇴치를 위해 특정한 방식을 고수하는 것에 대해 모든 사람들이 공감하는 것은 아니다. 물론 그 목표와 관련해서는 거의 이견이 없다. 미국 학생들의 공부 시간을 줄이고, 아프리카에서 의사와 치료제의 규모를 줄여도 괜찮다고 말하는 사람은 없다. 하지만 아이디어를 추구하는 플루토크라트들은 뜨거운 논쟁 속으로 과감하게 뛰어들어 간다.

마이클 블룸버그나 미트 롬니와 같이 공적인 무대를 갈망하는 실용적인 해결사로부터 러시아의 미하일 호도르콥스키나 이집트의 나기브 사위리스와 같이 엄청난 재산을 무기로 독재자에 용감하게 맞서는 신흥 시장의 억만장자에 이르기까지, 정치인으로서의 플루토크라트들은 세계를 지배하는 엘리트 집단의 중요한 구성원으로서 자리를 잡아 가고 있다. 플루토크라트 정치인들은 자신의 재력을 가지고 선거 운동을 직접적으로 후원할 수도 있고, 또는 자신의 재단을 통해 간접적인 방식으로 후원함으로써 지지 기반을 구축할 수도 있다.

멀리 내다보는 일부 플루토크라트들은 자신의 이익을 위해 공공 기관을 매수하는 데 그치지 않고 국가나 지역, 심지어 세계 전체의 지배 이데올로기의 향방에까지 영향력을 행사하려고 든다. 소로스의 열린사회재단이 공산주의를 붕괴시킨 것은 아닐 테지만, 이 재단은 동유럽과 전 소련에 걸친 많은 지역에서 민주주의와 다원주의가 등장하는 과정에서 강력한 힘을 발휘했다. 그 이데올로기의 반대편 끝에서는 코흐 형제들과 같은 보수적인 억만장자들이 미국은 물론 그 국경을 넘어서까지 선거 정치와 입법 의제에 강력한 영향력을 행사하고 있는 싱크 탱크와 기자들의 우익적 지성 생태계에 꾸준히 힘을 보태고 있다.

정치적 성향이 뚜렷한 플루토크라트들의 행보에 대한 평가는 아마도 각자의 정치적 입장에 따라 갈릴 것이다. 마약 합법화에 찬성하는 사람들은 소로스 재단을 지지할 것이다. 그리고 동성 결혼을 인정하는 사람이라면, 뉴욕 주 억만장자 공화당원인 폴 싱어가 동성 결혼 합법화를 위해 벌이고 있는 캠페인에 박수갈채를 보낼 것이다.

박애 자본주의자들이 자신의 비즈니스적 이해관계, 또는 플루토크라트 집단 전체의 이해관계와 직접적인 연관이 있는 정치적 사안들에 그들의 재력을 동원할 경우, 문제는 걷잡을 수 없이 복잡해진다. 가령 코흐 형제는 환경 보호에 대한 정부 차원의 노력을 포함하여, 산업에 대한 정부 규제의 완화를 촉구해 왔다. 환경 변화에 대해 처음부터 회의적인 시각으로 일관하고 있는 그들은 그 누구도 타인의 생각과 행동에 간섭할 권리가 없다고 믿는 철두철미한 자유의지론자들이다. 우연하게도 이들의 비즈니스는 정유와 석유 수송관, 목재소와 같이 미국 환경보호청 권한의 축소로 이익을 볼 수 있는 분야들을 기반으로 하고 있다.

보다 일반적인 차원에서 플루토크라트 집단 전체의 이해관계로 넘어가 보자. 균형 예산은 특정한 사회 경제적 집단이나 정당에 속하는 문제가 아니다. 관용적인 사회 보장 제도를 실시하고 있는 독일 사람들은 미국의 티파티 운동처럼 예산 적자 문제에 대해서는 대단히 민감하다. 그러나 법정 지출을 줄이는 정책은 정부의 지원 프로그램에 크게 의존하고 있는 빈곤층에 특히 불리한 영향을 미치게 된다. 이 문제를 해결하기 위해 플루토크라트인 피터 페터슨은 10억 달러를 내놓았다.

노스웨스턴 대학의 정치학자 제프리 윈터스Jeffrey Winters는 미국의 슈퍼엘리트들은 소수의 특권을 보호하기 위해, 이론적으로 다수가 통치해야 한다고 말하는 정치적 민주주의라는 도구를 효과적으로 잘 활용하고 있다고 믿고 있다. 미국 최초의 영구 연방소득세는 플루토크라트들에게 세금을 부과하기 위해 시작되었다. 이에 관한 논의가 처음으로 나왔던 1894년, 그 세금은 6,500만 명의 미국인들 중 0.1퍼센트가 약간 넘는 8만 5,000명에게 부과되었다. 두 명의 백만장자가 포함되어 있었던[75] 의회의 저항은 예상대로 만만치 않았다. 한 의원은 그것은 〈민주주의가 아니라 공산주의〉라고 경고했다.[76] 그리고 다른 한 의원은 〈성공한 사람들을 실패한 사람들의 합법적인 먹이로 전락하게 한 수치스러운 일〉이라며 분노를 드러냈다. 연방소득세는 19년의 세월과 헌법에 수정 조항을 추가하는 난항 끝에 결국 1913년에 법률로 제정되었다. 결론적으로 그 순간은 도금 시대의 절정이자 진보 시대의 여명이었다. 미국 사회는 점점 더 부유해지고 있었지만, 부의 불평등한 분배와 플루토크라트들의 영향력에 대한 걱정도 함께 높아졌다.

그렇지만 다음 세기에 0.1퍼센트들은 맞서 싸우기 시작했다. 제1차 세계 대전의 비용을 보충하기 위한 차원에서 부자들에 대한 초기의 세율은 대단히 높았으며, 1918년에 최고 세율은 77퍼센트에 육박했다. 반면 21세기 초반, 최상층에 대한 실질 세율은 당시 수준의 3분의 1도 되지 않는다. 놀랍게도 상류층에 대한 세율이 떨어지면서, 소득 분배상 더 아래에 위치해 있는 사람들에 대한 세율은 오히려 높아졌다. 세율을 둘러싼 정치적 싸움에서 플루토크라트들은 그저 부유한 정도의 사람들에 비해 승리를 거두었다. 1916년 당시 갑부에 속했던 백만장자들에 적용된 세율은 65퍼센트였다. 이 수치는 그저 부유한 정도의 사람들보다 35포인트나 더 높은 것이었다. 자본 이득에 대한 세율은 일반 소득 세율과 비슷한 수준이었으며, 대부분의 미국인들은 소득세를 전혀 내지 않았다.

당시 대단히 진보적이었던 그 곡선은 오늘날 역전이 되었다. 상위 1퍼센트를 놓고 볼 때, 실제 세율은 부자일수록 더 낮다. 2009년에 상위 1퍼센트는 소득의 23퍼센트를 세금으로 납부했지만, 상위 0.1퍼센트의 세율은 21퍼센트가 약간 넘는 정도였다. 그리고 상위 400명의 납세자들에게 적용된 세율은 17퍼센트 미만이었다. 플루토크라트들에게는 중요한 소득 원천이지만, 소득 분배 피라미드에서 아래로 내려갈수록 그 비중이 떨어지는 자본 이득에 대한 2012년도 세율은 15퍼센트에 불과했다.

윈터스의 주장에 따르면, 미국 갑부들이 실질 세율을 이처럼 낮출 수 있었던 것은 변호사, 회계사, 로비스트 등으로 이루어진 전문 집단의 활약이 있었기 때문이다. 그는 이러한 브로커 집단들을 통칭하여 〈소득 방위 산업income defense industry〉[77]이라고 부른다. 이들은 플루토크라트들이 후원하는 특정한 싱크 탱크들이 지난 수십 년에 걸쳐 정교하게 만들어 낸 논리적인 세금 반대 의제로부터 분명한 이익을 얻고 있다.

하지만 미국의 갑부들이 정말로 그들의 나라를 좌지우지하고 있다면, 이들은 정말로 사악한 조직적 집단일 것이다. 가장 두드러진 플루토크라트들, 그리고 그중에서도 가장 돋보이는 워런 버핏은 그들이 실제로 낮은 실효 세율을 내고 있다고 강조하면서, 정치인들에게 세율을 높이라고 촉구했다. 버핏은 이렇게 말했다. 〈계급 투쟁이 일어나고 있다. 하지만 전쟁을 도발한 쪽은 나의 계급, 즉 부자 계급이며, 우리는 승리를 거두고 있다.〉[78]

0.1퍼센트와 1퍼센트의 대결

전 소련에서 연구를 했으며, 많은 정치 지도자들에게 조언을 주었던 스웨덴 경제학자 안데르스 오슬룬드Anders Åslund는 오렌지 혁명*이 한창이던 2004년, 키예프를 방문하고는 놀라운 사실을 발견하고 나서 그가 살고 있던 워싱턴으로 돌아왔다.

우크라이나 수도의 중앙 광장에서 영하의 날씨에도 불구하고 단호한 자세로 캠프를 떠나지 않았던 기자들은 정부의 친러시아적 정책에 반대하는 서우크라이나 사람들, 또는 정치적 억압에 기꺼이 맞서 싸우고자 했던 학생들 각각의 입장에서 오렌지 혁명을 보도했다. 두 가지 관점 모두 타당한 것이기는 했지만, 오슬룬드는 또 다른 세 번째 힘이 작용하고 있다는 사실을 발견했다. 그는 내게 오렌지 혁명에 대해 억만장자들에 대한 백만장자들의 저항이라고 설명했다. 우크라이나의 파벌 자본주의는 올리가르히들로 이루어진 작고 단단하게 연결된 최상층의 입장에서는 잘 굴러가고 있었지만, 떠오르는 중산층의 목을 죄고 있었다. 점차 세력을 얻어 가던 프티 부르주아들의 분노가 높아지면서 게임의 규칙을 공평하게 만들기 위한 싸움이 마침내 시작되었던 것이다.

백만장자 대 억만장자의 싸움은 오늘날 전 세계에 걸쳐 일어나고 있다. 이러한 싸움의 측면은 이집트의 타흐리르 광장에서 벌어졌던 시위에서도 중요한 역할을 했다. 타흐리르 시위를 조직했던 가장 대표적인 인물인 와엘 고님Wael Ghonim은 MBA를 마치고 구글의 두바이 사무실에서 중역으로 있었다. 그는 이집트의 부유한 군사 엘리트들의 지원을 신

---

* orange revolution. 오렌지색 물결로 뒤덮였던 우크라이나의 대규모 부정 선거 규탄 시위.

속하게 이끌어 냈다. 인도에서도 비슷한 일이 벌어지고 있었다. 경험 많은 사회운동가 안나 하자레Anna Hazare의 반부패 단식 농성은 성장하는 인도 중산층들을 정치적으로 일깨우면서 사회적으로 큰 지지를 받았다. 모스크바에서도 그러한 장면을 목격할 수 있다. 블로그 활동을 하는 한 부동산 업자가 블라디미르 푸틴의 〈사기꾼과 도둑 패거리들〉에 대한 저항 운동을 예상치 못하게 촉발하면서 모피 차림의 전문가들이 거리로 쏟아져 나왔다.

미국의 월가 점령 시위는 이와는 좀 다르게 99퍼센트와 1퍼센트를 갈라놓는 정치적 전선을 그어 놓았다. 그러나 그 데이터를 자세히 들여다보면, 1퍼센트 내부의 미묘한 경계선을 확인할 수 있다. 0.1퍼센트의 갑부들은 소득 피라미드의 아래 0.9퍼센트를 차지하고 있는 일반적인 부자들보다 훨씬 더 앞서 있다. 그 경계선은 문화적, 경제적 구분이며, 그 구분이 정치적으로까지 확대된다면 국가적인 논의마저도 바꾸어 버릴 수 있을 것이다.

소득 불평등을 둘러싼 광범위한 사회적 논의는 사실 1퍼센트 내부의 경계선에 대해서는 별로 주목하지 않고 있다. 그 부분적인 이유는, 실업률이 9퍼센트에 달하고, 근로자 가구들이 치명적인 타격을 입은 상황에서 부자들의 등급을 구분하는 시도 자체가 사회적인 반감을 자극할 수 있다는 우려 때문이다. 그러나 1퍼센트 사람들을 부의 수준에 따라 구분하는 작업은 인도의 카스트 제도만큼이나 세밀하게 이루어진다.

피터 페터슨의 딸이자, 1퍼센트들의 삶을 글로써 은밀하고 자세하게 묘사하고 있는 홀리 페터슨은 최상층에서 드러나고 있는 갈등에 대해 비슷한 이야기를 들려주었다.

그녀는 내게 이렇게 말했다. 「500만 달러에서 1,000만 달러 사이를 버는 사람들은 그 정도면 충분하다고는 절대 생각하지 않을 겁니다. 〈전용 비행기를 타고 날아다니면 어떨까?〉 일 년에 5백만 달러를 버는 사람들도 하고 싶은 일들이 너무나 많아요. 부자 집단 내에서도 낮은 계층에 속하는 사람들은 따라잡기에 버거운 삶을 살아가고 있어요. 10만 달러를 버는 중산층 부부들도 12월에 파산을 맞이하거나 신용카드 한도를 초과하기 일쑤죠. 그들은 아마도 스스로를 부자라고 생각하지는 않을 겁니다. 돈을 흥청망청 써대는 사람들과 어울리기 위해 애를 쓰지만, 종종 무력감과 박탈감에 빠지죠. 완전히 병적이고 말도 안 되지만, 사실 그게 문제의 핵심이에요.」[79]

소득 분배의 꼭대기에서 무슨 일이 벌어지고 있는지 이해하기 위해서는 그 숫자들을 살펴볼 필요가 있다. 런던 정치경제대학의 경제성과연구소에 있는 두 명의 경제학자 브라이언 벨Brian Bell과 존 반 리넨은 영국의 갑부들을 심도 있게 연구했다. 두 사람은 상위 1퍼센트 내부의 소득 분배가 경제 전반의 소득 분배만큼 불평등하게 이루어져 있다는 사실을 발견했다. 1퍼센트 내부에서 상위 2퍼센트는 1998년에 그 집단 내의 전체 임금에서 11퍼센트를, 그리고 2008년에는 13퍼센트를 차지했다. 영국과 미국의 1퍼센트 내부에서 불균형한 모습을 보이고 있는 금융가들 사이에서도 최상위층으로 기울어진 현상은 뚜렷하게 나타나고 있다.[80]

미국의 정치학자인 윈터스는 그냥 부자와 갑부의 차이를 측정하는 새로운 방법을 발명했다. 그가 제시한 〈물질력 지수material power index〉란 상위 10퍼센트의 평균 소득을 하위 90퍼센트의 평균 소득으로 나눈 값을 말한다. 정상으로 올라가면서 산의 경사가 더 가팔라지는 것처럼, 미국의 소득 양극화 정도는 부자로 올라갈수록 더욱 심해진다. 상위 10퍼센트의 MPI 값은 4로서, 이 말은 그들의 평균 소득이 하위 90퍼센트 평균 소득의 네 배라는 뜻이다. 그리고 상위 1퍼센트의 MPI 값은 15였다. 이제 상위 0.1퍼센트로 올라가면 MPI 값은 124로 급증한다. 윈터스가 볼 때 바로 이 지점이 갑부와 그냥 부자를 구분하는 경계선이다. 0.1퍼센트에 대해 윈터스는 이렇게 쓰고 있다. 〈2007년에 평균 연간 소득이 4백만 달러 이상인 미국인의 수는 약 15만 명이었다. 바로 여기서부터 갑부들이 살고 있는 세상이다.〉[81]

1퍼센트 내부의 상황을 이해할 수 있는 또 다른 방법으로는 미국 일류 대학 출신들의 삶을 엿보는 것이다. 하버드 대학의 경제학자들인 클라우디아 골딘과 로런스 카츠 두 사람은 1969년에서 1992년 사이에 12개의 하버드 동기생 집단들을 대상으로 그들의 가정과 직장을 추적하는 방식으로 일련의 데이터를 구축했다.[82] 그 연구의 목적은 일과 삶에서 성이 어떤 영향을 미치는지 살펴보기 위한 것이었다. 그러나 그 결과는 엘리트 집단 전반에 걸쳐 미묘하면서도 의외의 이야기를 들려주었다. 가장 놀라운 사실은 부유한 하버드 졸업생들 사이에서도 최고들은 나머지 사람들로부터 한참 멀리 떨어져 있다는 점이었다. 2005년을 기준으로 하버드 출신들의 평균 소득은 16만 2,000달러로 미국의 소득 분배 구조에서 상위 10퍼센트에 드는 수준이었다. 그러나 약 8퍼센트의 졸업생들은 근로 소득이 100만 달러가 넘어 상위 0.5퍼센트 안에 들었다. 이러한 차이를 유발한 주요한 동인은 금융가들과 나머지 사람들 간의 격차였다. 금융가들의 소득은 다른 동료들의 195퍼센트에 달했다.

전공을 예술사에서 경제학으로 바꾸지 않았던, 그리고 자신이 상류층의 맨 아래에 머물러 있다는 사실을 깨달은 1퍼센트들에게 그러한 경험은 대단히 참기 힘든 것일 수 있다. 캐럴 그레이엄의 행복한 농부와 불행한 백만장자의 역설은 이러한 이야기에 잘 어울린다. 러시아와 페루에서 시작하여 국제적인 차원으로 그 규모를 확장했던 연구에서 그레이엄은 이러한 사실을 발견했다. 〈아주 가난한 사람들은 행복에 있어 높은, 또는 상대적으로 높은 단계에 있었다. 반면 더 높은 유동성과 기회를 가진 부유한 사람들은 행복에 있어 훨씬 낮은 단계에 머물러 있었고, 경제적, 또는 여타 상황에 있어 더욱 심한 좌절감을 드러냈다.〉[83]

그레이엄 박사는 내게 〈주변 사람들의 수입이 자신보다 훨씬 높을 때, 심지어 자신이 평생 벌 수 있는 것보다 더 많을 때〉[84] 그러한 불만이 발생한다고 설명했다. 그레이엄 박사는 0.1퍼센트에 대한 불편한 느낌이 부분적으로 탐욕 때문이라고 여기고 있다. 그녀는 더 부유할수록 더 탐욕스럽게 된다는 사실을 증명했던 경제학자 앵거스 디턴의 연구를 언급했다. 디턴은 그 연구를 통해 부자가 천국에 가기는 낙타가 바늘귀에 들어가는 것보다 더 어렵다는 속담을 과학적으로 입증해 보였다. 그래도 그레이엄 박사는 파벌 자본주의는 마땅히 비난받아야 한다고 말한다. 최상층으로의 상승이 능력 대신 인맥의 힘으로 이루어지는 사회에서 가장 불만이 많은 사람들은 성공한 중산층이다.

코넬 대학의 경제학자 로버트 프랭크Robert Frank가 가장 많이 기여한, 더욱 공감이 가는 논리적인 근거는 위치재Positional Goods라는 개념이다. 위치재란 희소성과 얼마나 많은 사람들이 그것을 원하는지에 따라 부분적으로 그 가치가 결정되는 제품 및 서비스를 말한다. 가령 여러분이 특정한 위치재를 갖고 있다면, 나는 그걸 가질 수 없다. 하버드 신입생 정원이나 일류 학군에 위치한 집이 위치재에 해당한다. 반면 아이폰이나 G메일 계정은 위치재가 아니다. 인기 있는 새로운 레스토랑에 예약을 하거나, 한정판 핸드백을 구입하는 것과 같이 위치재에 대한 사람들의 갈망을 단지 탐욕의 결과로 간과해 버릴 수는 있다. 그러나 장기 이식의 경우는 어떤가? 또는 상위 1퍼센트들의 가장 큰 고민 중 하나인 엘리트 교육은 어떤가?

1퍼센트와 0.1퍼센트의 격차는 심각한 정치적 문제를 야기할 수 있다. 미국에서도 2007년 재산이 10억 달러 이상인 사람들은 412명, 그리고 상위 0.1퍼센트 납세자는 13만 4,888명에 불과했다. 상위 1퍼센트는 이보다 더 많은 74만 9,375명으로 이들의 평균 연소득은 48만 6,395달러였다.[85] 이는 보다 넓은 10퍼센트에 해당하는 750만 명의 납세자들의 평균 연소득인 12만 8,560달러와 비교할 때, 엄청난 격차라고 말할 수는 없다. 소득 분배 구조의 상층에서 아래 기반을 이루는 사람들은 미국 경제에 필수적인 존재이며, 또한 최상층에게는 정치적으로도 없어서는 안 될 존재다. 최상층에 해당하는 슈퍼엘리트들이 이들의 신뢰를 잃어버린다면, 그들은 사회적으로 고립되고 말 것이다.

역사적으로 미국 사회의 평범한 부자들은 갑부들에 대해 강력한 동질감을 느껴 왔다. 1퍼센트의 아래 기반을 이루고 있는 부류는 최상층과, 그리고 결국 중상층upper middle class이라는 측면에서는 다를 바 없는 다른 모든 사람들과 다른 야망을 갖고 다른 역할을 하면서 열심히 살아간다. 중산층은 그들의 라이프스타일을 지키기 위해 힘겹게 살아가지만, 1퍼센트에 속하는 사람들은 〈조만간 갑부가 될 것〉이라 기대해 왔다. 하지만 이러한 백만장자들이 최근 억만장자들이 부당한 거래를 벌이고 있다고 의심하기 시작했다는 조짐들이 나타나고 있다. 그중 한 가지는, 〈파벌 자본주의〉라는 표현이 월가 점령 시위뿐 아니라 세라 페일린과 보수 지식인 폴 라이언을 돋보이게 만들었던 티파티의 슬로건으로 쓰였다는 사실이다.

상위 1퍼센트의 아래 기반을 이루면서 비즈니스와 돈을 추구하는 미국인들과 0.1퍼센트 미국인들 사이에서 나타나고 있는 초기 분열의 양상은 월가 시위의 반체제적 이상주의보다 다양한 측면에서 더욱 강력한 선동적 잠재력을 갖고 있다. 진보 인사들은 거대한 금융 거래를 언제나 의심의 눈초리로 바라보고 있다. 하지만 놀라운 사실은, 월스트리트에서 일하고 있는 사람들마저도 이제 그들의 고용주들을 의심하기 시작했다는 점이다.

뉴욕을 기반으로 엄청난 자산을 운영하고 있는 개인이나 자선 단체, 퇴직 연금 기관들을 대상으로 투자 자문을 제공하고 있는 조슈아 브라운Joshua Brown은 오늘날 미국 사회에서 부당한 비난을 받고 있다고 불만을 토로하는 많은 월스트리트 금융가들에게 정면으로 맞섰다.

자신의 블로그 〈회개한 중개인The Reformed Broker〉을 통한 그의 뜨거운 외침은 순식간에 널리 퍼져 나갔다. 그는 이렇게 쓰고 있다. 〈당신네들과 흥분한 플루토크라트들이 걱정하는 것과는 달리 우리는 《부자들을 미워하지》 않을 뿐 아니라, 사실 그들을 사랑하기까지 한다. 우리는 주변에서 일어나는 성공 이야기를 좋아한다. 이러한 성향은 가능성이 매우 낮기는 하지만, 누구라도 엘리트를 따라갈 수 있다고 믿는 미국인들의 특징이다. 그래서 우리는 절대 부자를 미워할 수 없다. 우리가 정말로 미워하는 것은 약탈자들이다. ……미국 사회는 불공정한 특권, 기울어진 경기장, 파산의 책임을 지지 않는 파벌 자본주의, 개인적인 이익과 사회적인 손해, 많은 사람들의 희생으로 소수만 이익을 보는 법률 개정, 구제 금융에 따른 엄청난 사회적 고통에도 후회와 반성의 기미를 보이지 않는 사람들을 미워할 뿐이다.〉

백만장자들이 스스로 억만장자의 뒤를 따라갈 수 있다는 가능성을 믿고 있어야, 슈퍼엘리트들은 민주주의 시대에서 살아남을 수 있다. 그러나 그러한 믿음이 무너지는 순간, 백만장자와 억만장자의 싸움은 카이로와 키예프에서 런던과 뉴욕으로 넘어올 것이다.

여자들은 대체 어디 있는가?

2011년 뉴욕 마라톤 대회에 참여했던 4만 7,763명 중 4만 7,745명은 남녀가 함께 달렸다.[86] 육체적으로 힘든 시합에 여성들도 참여할 수 있다는 인식이 사회적으로 자리를 잡으면서 마라톤 대회에서 여성들은 꽤 중요한 비중을 차지하고 있다. 하지만 0.04퍼센트에 해당하는 상위 18명의 선수들에게 뉴욕 마라톤 대회는 육체적 조건을 이유로 여성들이 10마일 이상 달리는 것을 금했던 1971년 이전과 마찬가지로 남성들만의 경기였다.

오늘날 플루토크라트가 된다는 것은 바로 그 18명의 남자들 중 한 명이 되는 것과 다르지 않다. 물론 신체적인 이유로 마라톤에서 여성들을 배제했던 것처럼, 생물학적인 이유로 플루토크라트 집단에서 여성들을 소외시키고 있다는 뜻은 아니다. 슈퍼엘리트들이 성장하는 과정에서 여성들이 소외받고 있다는 사실은 대단히 중요한 현상임에도 사실 아무도 주목하지 않는다. 그곳은 남성들이 지배하는 공간이다. 가령 2012년 『포브스』 억만장자 목록을 살펴보더라도 전체 1,226명 중 여성은 104명에 불과하다. 거기서 억만장자의 아내나 딸, 미망인까지 제외한다면, 그 수는 크게 줄어들 것이다.

최상층에서 여성들이 소외를 받고 있는 현상을 보고 놀랍다고 말할 수 있는 것은, 이러한 현상이 전체 세상의 흐름에 역행하는 것이기 때문이다. 99퍼센트의 세상에서 여성들은 더 많이 벌고, 더 많이 배우고 있으며, 그리고 더 높은 역량을 키워 나가고 있다. 이러한 흐름은 전 사회적으로, 그리고 전 세계적으로 똑같이 나타나고 있다. 플루토크라트 이외의 세상에서는 여성 상사를 모시고, 주 수입자가 여성인 가정에서 살고, 여학생들이 상위권을 차지하고 있는 학교에서 공부하는 사례들이 점점 더 늘어나고 있다. 이처럼 99퍼센트의 세상에서 여성들의 비중이 점점 더 커져 가는 반면, 1퍼센트는 아직 소년들의 공간으로 남아 있다. 1퍼센트와 그 나머지의 격차를 바라보는 또 다른 한 가지 시선은, 오늘날의 세상이 여성이 지배하는 방대한 중산층, 그리고 그러한 중산층을 지배하는 최상위 남성 엘리트층으로 나뉘고 있는 현상에 주목하고 있다.

최상층에서 뚜렷하게 나타나고 있는 성비 불균형은 골딘과 카츠의 하버드 연구에서도 확인할 수 있다. 오늘날의 대학 역시 중산층 여성들이 지배하는 경기장이다. 미국의 모든 학부에서 여성이 재학생의 절반 이상을 차지하고 있으며, 평균 졸업 학점 또한 여성들이 남성 동료들에 비해 높다. 그리고 대학을 졸업하고 나서도 더 많은 젊은 여성들이 대학원에 진학한다. 게다가 경기 침체는 이러한 현상을 더욱 부추기고 있다. 고용 시장이 악화되면서 젊은 여성들은 다시 학교로 돌아가 자신의 능력을 높이는 방향으로 대응하고 있지만, 젊은 남성들은 그렇지 않다. 래드클리프 캠퍼스로 여학생을 따로 구분했던 정책을 1973년에서야 폐지했던 하버드의 경우도 2004년도 신입생에서 여학생들의 수가 더 많았다.

그러나 하버드 여성들이 최상층으로 들어갈 수 있는 가능성은 졸업을 하자마자 떨어진다. 그것은 직업 선택과 관련이 있다. 골딘과 카츠는 금융 및 경영 분야가 압도적으로 고소득 직종을 차지하고 있으며, 금융가들이 받는 보수는 다른 직종의 195퍼센트에 달한다는 사실을 확인했다. 이러한 프리미엄에 대해 남성들은 보다 적극적으로 반응한다. 1990년도 졸업생들의 경우, 졸업 후 15년이 흐른 시점에서 남성 가운데 38퍼센트가 금융과 경영 분야에서 일하고 있는 반면, 여성은 그 비율이 23퍼센트에 불과했다. 2007년의 경우, 여성이 금융과 경영 분야에서 사회 생활을 시작한 비율은 43퍼센트로 높아지긴 했지만, 그래도 여전히 남성들의 58퍼센트에는 한참 못 미친다. 이러한 차이는 수입으로 고스란히 이어진다. 2005년에 하버드 대학을 졸업한 남성 가운데 8퍼센트가 100만 달러 이상을 벌어들인 반면 여성 가운데 그 비율은 2퍼센트에 불과했다.[87]

그러나 최상위에서 나타나고 있는 여성 소외 현상에 대해 지적하는 사람들은 많지 않다. 그 이유는 아마도 부분적으로 레닌과 볼셰비키 페미니스트 알렉산드라 콜론타이Alexandra Kollontai 사이에 벌어졌던 유명한 논쟁 이후로 이어진 싸움에서, 좌파들은 최고 권력에서 나타나는 성 문제를 용감하게 제기했던 여성들을 핍박한 역사를 가지고 있기 때문일 것이다. 이 문제를 제기하는 것은, 더욱 중요한 하층 여성들에 대한 문제에 먼저 신경 써야 한다고 말하는 사회적 분위기 속에서 상류층 여성들의 이기심으로밖에 취급받지 못한다. 반면 우파들의 경우, 역사적으로 성, 그리고 계급을 함께 논의하는 것을 회피하려는 경향이 강하다.

하지만 플루토크라트 집단에서 나타나는 여성 소외 현상은 1퍼센트 문화의 중요한 한 부분이자, 갑부들과 다른 사람들을 구분하는 주요한 측면이다. 대다수의 플루토크라트들에게서 여성 비즈니스 동료를 찾아보기 힘든 이유는 바로 여기에 있다. 또한 플루토크라트들은 그와 같은 태도로 삶을 살아가고 있다. 2009년은 미국의 고용 시장에서 하나의 분

기점이 된 해였다. 조사가 시작된 이후로 처음으로 임금에서 여성이 남성을 이긴 것이다.[88] 2010년의 경우, 일하는 기혼 여성들 10명 중 4명 정도는 가정의 주 수입원이었다.[89]

반면 플루토크라트들은 여전히 「매드맨」* 시대를 살아가고 있다. 그리고 가정의 분위기는 더 부유할수록 더 가부장적이다. 2005년을 기준으로 상위 0.1퍼센트에 해당하는 납세자들 중 배우자가 일을 하고 있는 경우는 4분의 1을 약간 넘는 수준이다.[90] 범위를 1퍼센트로 확대할 때, 그 비율은 38퍼센트로 높아지지만, 그래도 미국 평균에는 못 미친다. 저녁 파티에서 만난 한 사모펀드 투자자의 설명에 따르면, 상위 0.1퍼센트 가정의 아내들이 이러한 선택을 하는 것은 어쩌면 당연한 현상이다. 아직 자녀가 없는 30대 후반의 그 남성과 함께 얘기를 주고받는 동안 나는 그가 예일대 로스쿨 시절에 아내를 만났다는 사실을 알게 되었다. 그런데 그의 아내가 어디서 일하고 있는지 묻는 순간, 그만 결례를 범했다는 사실을 깨닫게 되었다. 연봉 1,000만 달러를 받는 남편을 둔 아내가 돈벌이를 위해 따분한 직장 생활을 하는 것은 이해가 안 되는 소리였던 것이다. (그의 아내는 가족의 투자를 관리하면서 예술사를 공부하고, 그리고 어퍼이스트 사이드에 있는 그들의 타운하우스를 꾸미면서 살아가고 있다고 했다.)

그리고 플루토크라트들의 아내들은 그들 스스로 예일대 로스쿨 출신이거나 그 비슷한 부류의 사람들이다. 비서와 결혼을 했던 상사들에 대한 정부 자료에 따르면, 1979년을 기준으로 상위 1퍼센트에서 8퍼센트 정도만이 배우자가 미국 국세청 분류에 따른 생산 및 서비스 직종에서 일을 하고 있는 것으로 나타났다.[91] 그리고 그 비율은 계속해서 떨어지고

---

* Mad Men. 1960년대 광고 제작자의 일과 사랑, 권력 싸움을 그린 미국 드라마.

있는 추세다. 경제학자들이 말하는 〈동질 결혼assortive mating〉 현상, 즉 자신과 비슷한 사람과 결혼을 하는 경향이 점점 더 뚜렷해지고 있다. 그러나 공격적인 슈퍼엘리트들이 비서가 아니라 동창들과 결혼을 하는 반면, 엘리트 교육을 받은 주부들은 일을 하려고 하지 않는다.

나는 대부분의 플루토크라트들이 개인적으로는 여성에게 부족한 면이 있기 때문에 최상층으로 올라가지 못한다고 믿고 있을 것이라 생각한다. 물론 직접적으로 그렇게 말하는 바보는 없다. 가령 여성 인재들의 경력을 끌어올린 훌륭한 기록을 갖고 있는 래리 서머스가 어떤 대가를 치러야 했는지 분명하게 기억하고 있다. 그러나 나는 한 사모펀드 억만장자로부터 솔직한 이야기를 들을 수 있었다. 그의 설명에 따르면, 문제는 여성이 남성만큼 똑똑하지 않거나, 계산에 밝지 않다는 사실이 아니다. 처음에 그는 남성들만큼 뛰어난 많은 여성들을 채용했었다. 하지만 뭔가 중요한 게 부족하다고 그는 털어놓았다. 「킬러 본능이 없습니다. 싸우려 들지 않고, 상대의 급소를 공략하지도 않죠」 그리고 그 증거로, 실수를 했다고 지적하자 울음을 터뜨린 한 여성 직원의 사례를 들었다. 그래서는 절대 성공할 수 없다고 그는 말했다.

PLUTOCRATS

3장

슈퍼스타들

지식 근로자들이 지배하는 사회는, 지식 근로자들로 이루어진 상대적으로 소수인 집단과 높거나 낮은 기술 수준의 육체노동과 서비스 업무를 통해 전통적인 형태로 생계를 꾸려 나가는 다수 집단 사이에 일어날 수 있는 새로운 형태의 계급 충돌의 위험을 떠안고 있다.[1]

— 피터 드러커

유명한 작가들이…… 자격이 있는 사람들에게 합당한 보상을 제공한다는 점에서 자유 기업을 옹호해 온 것은 아마도 불행한 일이며, 그리고 일반 대중이 수긍할 수 있는 유일한 변명인 시장 질서의 미래를 위해서도 좋지 않은 조짐이다. ……그러므로 젊은이들에게 도전을 하면 성공할 수 있다고 말해야 할지, 아니면 그럴 만한 자격이 있는 사람들이 실패를 하고, 그렇지 못한 사람들이 성공을 하는 어쩔 수 없는 현실을 강조해야 할지는 심각한 딜레마다.[2]

— 프리드리히 하이에크

대부분의 올챙이들이 그저 올챙이 신세로 살다가 죽는다고 해도, 똑똑한 올챙이들은 그중 운 좋은 몇몇이 어느 날 꼬리를 떨어뜨리고, 입과 배를 부풀리고, 육지를 폴짝폴짝 뛰어다니면서 자격과 능력을 갖춘 올챙이가 자라서 개구리가 되는 가치에 대해 어릴 적 친구들에게 울음소리로 말을 하게 될 것이라는 사실을 떠올리면서 자신의 운명을 그대로 받아들일 것이다.[3]

— R. H. 토니

계급 권력을 향한 도정에 나선 지식인들

셸리가 시인을 일컬어 〈세상에서 인정받지 못한 입법자〉라고 묘사했을 때, 그는 시인이 실제로 국가의 조직을 통제하거나 경제의 조종간을 잡고 있다는 것이 아니라 창조적인 계급이 지닌 도덕적, 가상적 권력을 말하고자 한 것이다. 그러나 1973년에서 1974년까지 이태 동안 쓰인 이후 공산주의 헝가리에서 암암리에 퍼져 나간 한 비밀 원고는 시인들이 실제로 권력을 장악하고 있다고 주장했다.[4] 소설가 죄르지 콘라드György Konrád와 사회학자 이반 셸레니Ivan Szelényi는 그들이 함께 쓴 『계급 권력을 향한 도정에 나선 지식인들The Intellectuals on the Road to Class Power』에서 노동 계급이 지배하는 공산주의 국가에 대한 마르크스적 비전, 또는 전체적으로 국가의 개념이 사라진 최종 단계의 유토피아 비전은 진즉 왜곡되었다고 주장했다. 대신 새로운 계급이 권력을 잡았다. 그들은 다름 아닌 공학자, 경제학자, 물리학자, 그리고 시인까지도 포함하는 계급, 말하자면 지식인들이다.

콘라드와 셸레니의 책은 혁명적인 도전이었다. 두 저자는 비밀경찰의 눈을 피해 부다힐스 지역의 마을로 숨어들었고, 이른 새벽에 피습 당해 원고를 빼앗기는 사태를 미연에 방지하기 위해 매일 밤마다 원고를 마당에 묻었다. 원고를 마치고 5년이 지난 1979년에 그들의 책이 서구 사회에서 출간되자 예상대로 엄청난 파장이 일었다. 이 책의 출간은 나중에 냉전의 승리를 기록한 마지막 장의 도입부였음이 드러난다. 바로 그해에 레이건은 대선에서 승리를 거두었고, 브레즈네프는 소련 공산당 총서기로서 15년째 임기를 시작하고 있었다. 이른바 노동자의 낙원에 대한 신임을 떨어뜨렸다는 것, 게다가 그 고발이 내부로부터 터져 나왔다는 사실은 지정학적인 일대 사건이었다.

『계급 권력을 향한 도정에 나선 지식인들』은 한 세대 전에 동유럽에서 은밀히 퍼져 나갔던 획기적인 작품인 밀로반 질라스Milovan Djilas의 『새로운 계급The New Class』에 대한 논의에 기반을 두고 있다. 1970년대에 원고를 쓸 당시, 콘라드와 셸레니는 공산당원은 아니었지만 그들 자신이 책에서 묘사한 초라하지만 사회적으로 인정받는 사회주의 인텔리겐치아 계급의 구성원이었다. 당파 싸움이 벌어지던 동안 유고슬라비아 대통령을 지낸 티토의 오른손이자 그의 사자로서 스탈린의 크렘린 궁을 드나들었던 질라스는 보다 앞선 혁명 세대에 속했다. 1930년대 혁명 활동으로 수감되었던 바로 그 감옥에서 다시 7년 동안 옥살이를 하도록 만들었던 질라스의 책은 출간되자마자 전 세계적인 반향을 일으켰는데, 당연히 그럴 만했다. 소비에트 연방의 구축에 참여했던 고위 관료가 공식적으로 체제를 비난한 것은 그 책이 처음이었다. 풍자적인 차원으로 비슷한 비판을 했던 조지 오웰의 『동물 농장』이 나온 지 13년 만에 출판된 그 책에서 질라스는, 소위 노동자의 나라는 과거의 오랜 통치 계급인 부르주아를 새로운 계급인 공산주의 조직으로 대체한 것에 불과하다는 이데올로기적으로 급진적인 주장을 펼쳤다. 그는 여기서 지방 및 도시의 당 조직 대표에 해당하는 비서들의 소득이 일반 노동자들의 25배에 달한다고 밝힌 소련의 저항 운동가 유리 오를로프Yuri Orlov의 보고서를 인용하면서, 새로운 엘리트와 피지배층 사이의 경제적 격차까지 추산하고 있다.

콘라드와 셀레니는 오를로프의 이러한 분석에다가 새로운 계급적 질서가 이제 지식 계급들이 정치적, 경제적으로 착취를 하는 단계에까지 이르렀다는 그들의 발견을 추가했다. 세습과 군사력은 봉건 시대 권력의 기반이며, 돈과 사업 수완은 자본주의 시대의 권력 기반이다. 그리고 공산주의 치하에서는 기술 능력과 높은 교육 수준이 새로운 당 간부들의 특성을 정의하는 가장 중요한 요소라고 두 사람은 강조하고 있다.

두 사람의 분석에는 많은 진실이 담겨 있다. 예전 동유럽 및 소련의 일부 인텔리겐치아는 물론 그들의 서방 친구들까지 그 시절에 대한 향수를 버리지 못하고 있는 데는 이런 이유도 한몫하고 있다. 하지만 『계급 권력을 향한 도정에 나선 지식인들』을 이미 읽은 사람이라면, 이와 같은 바르샤바 체제의 사회주의에 대한 상이한 분석에서 가장 아이러니한 점은, 21세기 글로벌 자본주의에서도 똑같은 현상이 너무나도 분명하게 나타나고 있다는 사실임을 이해할 것이다. 콘라드와 셀레니가 주목했던 지식 계급, 즉 엘리트 교육을 받은 테크노크라트*의 입장에서 공산주의 붕괴와 글로벌 시장 경제의 등장은 계급 투쟁으로 가는 당연한 과정으로 보였다.

---

* technocrat. 과학적인 지식과 기술을 기반으로 조직 또는 사회의 의사결정에 영향력을 미치는 사람들. 기술 관료라고도 한다.

1970년대 중부 유럽의 반체제 인사들이 사용했던 언어들은 21세기 서구 경제학자들보다 훨씬 더 다양했다. 그렇기 때문에 21세기 초 미국에서 일어난 학술 논쟁에서 계급 투쟁을 통한 테크노크라트들의 성장을 다룬 자료는 그리 많이 찾아볼 수 없다. 그래도 〈숙련 편향적 기술 변화 skill-biased technical change〉의 영향에 관한 집중적인 연구들이 특히 서구 선진국들을 중심으로 이루어졌다. MIT 경제학자 데이비드 오터의 노력으로 도출된 합의점은, 숙련 편향적 기술 변화로 인해 테크노크라트가 실질적으로 계급 권력을 차지하게 되었다는 것이다.[5] 오터의 주장에 따르면, 숙련 편향적 기술 변화는 노동 시장을 양극화시켰다. 다시 말해 그러한 변화는 신기술을 받아들일 수 있는 능력과 학식을 갖춘 상류층에게는 막대한 보상을 가져다주면서도 임금 수준이 낮은 〈형편없는〉 일자리를 차지하고 있는 하위 계층에게는 실질적인 도움을 주지 못했으며, 중산층의 경제적 기반이었던 보수 좋은 중간 수준의 일자리들은 사라지게 했다는 것이다.

물론 소득 불균형을 심화시키는 원인을 놓고 열띤 논쟁이 벌어지고 있으며, 이러한 문제를 연구하는 학자들 대부분이 다양한 요인을 지목하고 있다. 그래도 숙련 편향적 기술 변화가 중요한 요소로 기능을 했으며, 가장 주요한 요소일 수 있다는 주장에 대해 전반적인 합의가 이루어지고 있다. 2012년 1월, 소득 불균형을 주제로 한 연설에서 현재 오바마 행정부의 경제자문위원회를 이끌고 있는 프린스턴 대학의 경제학자 앨런 크루거Alan Krueger는 그 합의에 대한 한 가지 지표를 제시했다.[6] 1990년대 중반 크루거는 뉴욕 연준에서 열린 컨퍼런스에 참석한 전문 경제학자들을 표본 집단으로 하여 설문 조사를 실시했다. 거기서 경제학자들은 기술 변화를 소득 양극화의 주요한 원인으로 지목했으며, 40퍼센트 이상은 이를 가장 중요한 요인으로 꼽았다. 그리고 지나치게 겸손하게도 두 번째로 많이 나왔던 대답은 〈모르겠음〉이었다. 그다음 세 번째는 세계화였다. 그리고 정치 변화, 최저 임금 하락, 노동조합의 쇠퇴와 같은 요인들이 그 뒤를 이었다.

글로벌 자본주의의 계급 권력을 향한 지식 계급의 성장이 그 혜택 받은 집단 내에서 언제나 즉각적으로 뚜렷하게 드러나지는 않는 데에는 또 다른 이유가 있다. 그것은 높은 수준의 교육을 받았다고 해서 똑같이 다 잘 살고 있는 것은 아니기 때문이다. 가령 영문학 박사를 받았다고 해서 지배 계급의 엘리트라고 느끼지는 않을 것이다. 그리고 은행가, 변호사, 컴퓨터 프로그래머 등 교육을 통해 1퍼센트로 도약할 수 있는 집단 내부에서조차, 숙련 편향적 기술 변화의 영향력을 뒤틀어 버림으로써 그 집단이 번영하고 있다는 인식을 약화시키는 현상이 있다. 경제학자들은 이런 현상을 〈슈퍼스타〉 효과라고 부른다. 기술의 변화와 세계화는 많은 기업들이 토너먼트를 벌여 최후의 승자를 가리는 승자 독식 경제를 만들어 내는데, 이러한 경제하에서는 한 분야에서 가장 성공한 자에게는 엄청난 보상이 주어지는 반면, 2등이나 5등, 10등으로 밀려날 경우 경제적 보상이 현저히 줄어들게 된다.

컴퓨터 괴짜들의 성공은 서구 선진국들의 후기 산업 사회 속에서 직관적으로 알 수 있을 만큼 분명하게 나타나고 있으며, 실제로 이러한 사회에서는 이미 몇 세대 전부터 두뇌가 근육보다 더 높은 가치를 점하고 있다. 또한 쌍둥이 도금 시대를 겪고 있는 오늘날에 지식 계급의 성장은 세계적인 추세로 확대되고 있다. 고등 교육을 받은 사람들은 인도의 아웃소싱 산업이 일군 기적의 선봉에 서 있으며, 공산주의 중국에서도 지식 계급, 특히 〈기술〉 집단이 대단히 중요한 역할을 차지하고 있다. 그리고 서구 사람들에게는 요트와 슈퍼모델 아내로 더 유명한 러시아의 올리가 르히들조차도 대부분 수학과 물리학 분야에서 석사와 박사 학위를 보유하고 있다.

컴퓨터 긱스들, 그중에서도 특히 엄청난 성공을 거둔 사람들은, 노동직, 또는 비교적 반복적인 중간 수준의 사무직, 행정직, 관리직이 큰 비중을 차지하고 있는 엄청난 규모의, 그리고 문화적으로 지배적인 중산층의 성장이 미국과 서유럽의 경제 회복을 강력하게 이끌었던 전후 시대에서 단연 돋보이는 존재다. 아주 똑똑한 사람들이 전례 없는 성공을 거두고 있는 시대에, 자신에게는 그런 기회가 없다는 인식은 대중들이 컴퓨터 괴짜들에 대해 반감을 갖게 되는 한 가지 이유다. 그러한 반감은 놀랍게도 초당파적으로 나타나고 있다. 보수적인 티파티조차 스스로를 99퍼센트라고 규정하는 월가 점령 시위만큼이나 이러한 엘리트들에게 대단히 적대적이다.

아이러니하게도, 그리고 현실에 만족하지 못하는 중산층이 좌절감을 느끼기에 충분할 만큼, 지식층의 계급 권력은 좌우를 막론하고 모든 정치 조직의 정상을 차지할 정도로 막강해졌다. 실제로 공화당과 민주당 양 당은 서로 날카롭게 대립하며 정쟁을 벌이지만, 역설적이게도 진보와 보수 진영을 대표하는 인물들은 서로 너무나 닮아 있다. 미트 롬니와 버락 오바마 모두 원칙적이고 신념이 강한 백만장자들로서, 그들은 자신의 유명한 아내를 자신보다 더 나은 반쪽이라고 소개하고, 모두 하버드 로스쿨에서 학위를 받았으며, 감성적인 주장이 아니라 데이터에 기반을 둔 객관적인 주장을 선호한다. 그리고 두 사람 모두 냉정하고 딱딱하다는 인상을 주면서, 정당의 풀뿌리를 이루고 있는 사람들과 관계를 유지하기 위해 많은 노력을 기울인다.

이러한 모습을 인식의 단절, 다시 말해 데이터에 기반을 둔 세계관과 신념이나 이데올로기에 기반을 둔 세계관 사이의 단절이라고 볼 수도 있을 것이다. 그리고 이는 오늘날 미국 사회에서 드러나고 있는 중요한 단절들 중 하나다. 우파에 대한 비판에서 오바마는 외국의 위험한 선조들과 더불어 한 사람의 사회주의자다. 그리고 좌파에 대한 비판에서는 어떤 뚜렷한 입장 없이 인기를 위한 소심한 마음으로 애매하게 말을 흐리는 사람이다. 그러나 가장 타당한 설명은, 그가 속해 있는 떠오르는 지식 계급의 나머지 사람들과 마찬가지로 오바마 역시 경험주의자라고 말하는 것이다.[7] 그가 원하는 것은 특정 이데올로기와 조화를 이루거나 또는 특정 유권자들을 기쁘게 만드는 것이 아니라, 실질적인 성과를 보여 주는 것이다. 그의 핵심적인 신념은 사실에 대한 믿음이다.

경험주의자 오바마는 배후에 숨어 있다가 2008년 대선에 갑자기 나타나 승리를 거둔 그런 인물이 아니다. 대통령 후보 시절에 오바마는 희망과 변화에 대한 약속으로 급부상했던 웅변가였다. 하지만 그 실용주의자는 항상 그곳에 머물러 있다. 백악관에서도 일을 했던 캐스 선스타인 Cass Sunstein은 대선이 있기 몇 주 전인 2008년 9월에 그 후보자에 대해 이렇게 썼다. 〈무엇보다 오바마의 실용주의는 지극히 경험적이다. 그는 어떤 방법이 효과가 있을지 궁금해한다.〉[8] 언론사 편집자들은 오바마의 2009년 취임 연설이 역사상 〈데이터〉라는 용어를 사용한 최초의 연설이자, 〈통계학〉을 언급한 두 번째 연설이었다고 말한다.[9]

이러한 인식적 접근 방식을 기반으로 오바마는 많은 사람들, 그중에서도 특히 젊은 층과 월스트리트 및 실리콘밸리 사람들의 지지를 끌어모을 수 있었다. 그것은 레닌이 볼셰비키의 자금줄이었던 자본가들을 쓸모 있는 바보들이라고 불렀던 경우처럼 계급 이익에 대한 감성적인 배신이 아니었다. 오히려 그것은 오바마가 오늘날 세계 경제를 지배하고 있는 슈퍼엘리트의 완벽에 가까운 구현체임을 사람들이 인정한 결과였다. 오바마는 데이터 중심적 테크노크라트이며, 주식 중개인이나 인터넷 사업가들 역시 그렇다. 월스트리트와 워싱턴에 똑같이 정통한 한 내부자로부터 나는 이런 말을 들었다. 「당신은 아마도 확실한 사실을 근거로 움직이고, 결과에 초점을 맞추고, 그리고 세상이 불확실한 곳이라는 사실을 충분히 이해하는 사람에게 자금 관리를 맡기고 싶어 할 것입니다. 오바마 역시 바로 그러한 사람들로부터 경제에 관한 조언을 들으려고 합니다.」

교육과 성품, 그리고 경험의 차원에서 미트 롬니 역시 경험주의 진영에 속한다. 데이터의 힘을 무시하면서 사모펀드를 통해 수백만 달러를 버는 것은 불가능하다. 공화당의 입장에서는 변덕스러워 보이는 것도 인식의 단절을 연결하고자 하는 롬니의 노력으로 똑같이 이해할 수 있다.

슈퍼 긱스super-geeks들의 지배는 월스트리트나 실리콘밸리, 뱅갈로르나 베이징에서 멈추지 않는다. 어느 당이 승리를 하건 간에 워싱턴 역시 그들의 손아귀에 있다.

첫 번째 도금 시대를 장식한 디바, 엘리자베스 빌링턴

엘리자베스 빌링턴Elizabeth Billington은 오페라 디바이자 유명인이었고 무엇보다 슈퍼스타였다.[10] 오늘날 많은 음악학자들은 그녀를 영국이 낳은 가장 위대한 소프라노 가수로 평가하고 있다. 현대 평론가들은 그녀를 〈노래의 신〉으로 묘사하기도 한다. 국왕의 초청으로 빌링턴은 당시 세계 최고의 권위를 자랑하던 나폴리 오페라하우스에서 노래를 불렀다. 그 무대에서 빌링턴은 그녀를 위해 특별히 만든 오페라인 「이네스 디 카스트로Ines di Castro」의 여주인공으로 등장했다. 베네치아에서 걸렸던 병에서 회복된 뒤 오페라하우스가 3일 동안 불을 밝힐 정도로 빌링턴의 이탈리아 공연은 성공적이었다. 밀라노에서는 조세핀 황후의 환대를 받았다.

빌링턴의 인기가 하늘을 찌를 무렵, 영국에서 가장 인기 있던 초상화가인 조슈아 레이놀즈 경은 빌링턴을 성녀 체칠리아의 모습으로 화폭에 담았다. 그 그림을 보면, 한 천사가 그녀에게 월계관을 씌워 주고 있고, 그녀는 다른 네 천사의 노래 소리에 귀를 기울이고 있다. 화폭에 담긴 빌링턴의 모습은 빛나는 긴 머릿결에 완벽한 타원형의 얼굴, 그리고 커다란 눈망울이 인상적이다. 하지만 정작 빌링턴의 팬들은 그녀의 모습을 제대로 표현하지 못했다고 불만이었다. 전하는 바에 따르면, 레이놀즈 경은 사람들의 비판에 이렇게 대답했다고 한다. 「달리 어떻게 할 수 있었겠습니까? 그녀의 목소리를 그림으로 그릴 수는 없죠」 평생의 친구인 하이든은 그 그림을 보고 레이놀즈에게 이렇게 말했다. 「그런데 잘못된 곳이 있군. 자네 그림에서는 그녀가 천사들의 노랫소리에 귀를 기울이고 있잖아. 당연히 천사들이 그녀의 목소리에 귀를 기울이는 모습으로 그렸어야지」

빌링턴의 인기는 대중들 사이에서도 높았다. 1792년 1월 14일 그녀의 비공식적인 전기가 출판되었을 때, 오후 3시쯤 모두 매진될 정도였다. 이 책에서 가장 놀라운 것은 그녀가 어머니에게 보낸 사적인 편지들을 소개한 부분이었는데, 하이든의 설명처럼 그 편지에는 서섹스의 귀족과 웨일스의 왕자까지 포함된 〈그녀의 정부들〉에 대한 이야기가 상세히 담겨 있었다.

뛰어난 재능과 명성, 그리고 자신의 공연에 대한 세계적으로 드높은 수요 덕분에 빌링턴은 스스로 자신의 몸값을 결정할 수 있었다. 빌링턴이 7년간의 이탈리아 생활을 접고 영국으로 돌아갔던 1801년, 런던에서 가장 권위 있는 두 오페라하우스인 드루어리 레인과 코벤트 가든의 책임자들은 그녀를 끌어들이기 위해 치열한 경쟁을 벌였다. 빌링턴은 완전히 새로운 전략으로 그 상황을 이용했다. 그녀는 두 오페라하우스를 번갈아 가며 노래를 불렀고, 한 시즌 동안 3,000파운드의 보수를 받으며 보너스로 600파운드까지 챙겼다. 게다가 공연 때마다 오케스트라를 이끌었던 바이올린 연주자인 그녀의 오빠에 대한 보수로 따로 500파운드를 받았다. 그해 빌링턴의 총수입은 1만 파운드가 넘었다. 당시 그 금액은 농장 인부 500명의 임금, 혹은 그 후 12년 뒤에 나온 소설 『오만과 편견』속에 등장하는 엘리자베스 베넷의 부유한 연인 다아시가 거두어들인 연간 임대 수입에 해당한다.

그로부터 100년에 가까운 세월이 흐른 1875년, 현대 경제학의 아버지인 앨프리드 마셜은 빌링턴의 이야기를 19세기로 넘어가던 시절에 산업 혁명으로 인해 영국에서 나타나기 시작한 GDP의 전례 없는 증가가 가져다준 결과의 한 사례로 사용했다. 마셜은 산업 혁명으로 인해 경제가 발전하면, 일반적인 장인들의 소득은 하락하지만, 모든 직종 및 직업에서 최고의 기술을 가진 전문가들의 소득은 급증할 것이라고 믿었다. 그는 슈퍼스타 경제의 탄생을 감지하고 있었던 것이다.

산업 혁명이 몰고 온 경제적 영향을 처음으로 간파했던 마셜은 당시의 상황을 이렇게 설명했다. 〈평범한 능력으로 벌 수 있는 소득의 상대적 하락은…… 최고의 기술을 보유한 사람들의 소득 성장과 대비될 때 더욱 도드라져 보인다. 꽤 잘 그린 유화 작품들이 지금처럼 싸게 팔렸던 시절은 없었다. 마찬가지로…… 일류 작품들이 이토록 비싸게 팔린 시절도 없었다.〉[11]

마셜은 최고의 기술을 보유한 사람들이 거대한 프리미엄을 누릴 수 있는 한 가지 요인으로 산업 혁명으로 인한 〈전반적인 부의 증가〉를 꼽았다. 파도는 국가 전체로 밀려왔고, 슈퍼스타들이 타고 있던 배는 거기서 가장 높이 올라갔다. 마셜의 주장에 따르면, 광범위한 경제 변화로 인해 〈일부 변호사들은 더 높은 수임료를 요구하고, 명예나 부, 혹은 그 두 가지 모두가 위험에 처한 부자 고객들은 최고의 서비스를 받기 위해서라면 터무니없이 높은 비용을 어떻게든 감당해야 한다. 그리고 이와 똑같은 이유로 실력이 탁월한 경마 기수나 화가, 음악가들 모두 높은 대가를 요구할 수 있다〉.

물론 여기서 마셜이 들고 있는 화가, 음악가, 기수, 변호사들은 뛰어난 재능으로 프리미엄을 요구했던 최초의 뛰어난 장인이나 전문가는 아니었다. 14세기부터 17세기까지 중국 땅을 지배했던 명나라는 회화를 대단히 중요시했다. 당시 치우잉(仇英)이란 화가는 한 부유한 후원자의 모친의 팔순 생일 선물로 긴 두루마리에 작품을 그려 준 대가로 100온스의 은을 받았다고 한다.[12] 르네상스 시대의 이탈리아 예술가들 또한 빌링턴과 마찬가지로 새로운 상업적 엘리트들의 성장으로부터 막대한 이익을 챙긴 슈퍼스타들이었다. 이들이 거대한 부를 벌어들였던 분야는 비단 문화에 국한된 것은 아니었다. 중세의 영주와 왕자들은 유럽 최고의 용병 기사들을 확보하기 위해 경쟁을 벌였다. 그리고 표트르 대제와 에카테리나 여제와 같은 러시아의 통치자들은 근대화를 위해 서구의 기술 및 군사 전문가들에게 엄청난 비용을 지불했다.

그러나 마셜은 신기술 및 널리 확산된 기술들을 기반으로 최고의 역량을 갖춘 사람들이 더 높은 가격을 요구할 수 있도록 함으로써, 그리고 그 아래 단계에 있는 수많은 장인 및 전문가들의 상대적 소득을 깎아내림으로써 산업 혁명이 예전과는 차원이 다르게 슈퍼스타들을 더욱 빛나게 만들어 주었다는 사실을 가장 먼저 발견한 사람들 중 하나였다.

산업 혁명이 그 힘을 더해 가면서, 영국 사회에서 어떤 일들이 벌어졌는지는 이미 널리 알려져 있는 상식에 속한다. 마셜이 꼽았던 사례 중 하나는 사무직 계급의 임금 하락이었다. (친숙하지 않은가?) 〈놀라운 사례로 글을 쓰는 직업을 들 수 있다. ……대부분의 육체적 노동보다 보수가 더 높았던 필사 기술은 모든 사람이 글을 쓸 수 있게 되는 때가 오면 비숙련 직업으로 전락하고 말 것이다.〉[13] 여러분은 아마 한때 대단히 인기 높았던 기술들이 과잉 상태가 되면서 나타났던 파괴적인 이야기들을 잘 알고 있을 것이다. 가령 대규모 자동 방직 기계의 등장으로 일자리를 잃어버린 베틀 직공들이 산업 혁명에 대한 저항으로 기계를 파괴했던 사건들을 들어봤을 것이다. 실제로 산업 혁명에 대한 저항 운동은 빌링턴의 1만 파운드의 보수를 받은 지 10년 만인 1811년에 시작되었다.

마셜은 그 두 가지 상황이 서로 연결되어 있다는 사실을 간파할 만큼 똑똑했다. 기계화의 흐름은 일자리를 잃은 기존의 베틀 직공들에게는 대단히 비극적인 소식이었으나, 국가 전체적으로는 거대한 부의 축적을 가능하게 했던 폭넓은 경제 변화의 일부였다. 그리고 빌링턴과 같은 슈퍼스타들은 국부의 증가가 가져다준 혜택의 직접적인 수혜자였다.

19세기에 거대한 성공을 거둔 슈퍼스타들은 자신들의 서비스를 제공하기 위해 세계 시장으로 진출했고, 계속해서 그 범위를 넓혀 나갔다. 빌링턴은 먼저 아일랜드에서 본격적으로 활동을 시작했고, 다음으로 고향인 런던으로 돌아왔다. 그리고 런던에서 누렸던 인기 덕분에 알게 된 귀족 지인들의 도움으로 당시 세계적으로 가장 권위 있는 음악 시장이었던 이탈리아로의 진출을 준비하게 되었다. 이후 이탈리아 시장에서도 성공을 거둔 빌링턴은 더욱 높은 입지를 확보했고, 다시 런던으로 돌아와서는 시장에 더 높은 대우를 요구할 수 있었다.

빌링턴은 분명 세계화의 직접적인 수혜자였지만, 마셜은 그녀를 포함한 모든 슈퍼스타들이 자신들의 서비스를 팔기 위해 세계 시장을 활용하는 데에는 분명히 물리적인 한계가 있었다고 생각했다. 마셜은 그러한 한계를 날카롭게 지적했다. 〈인간의 목소리로 도달할 수 있는 청중의 규모에는 분명한 한계가 있다.〉[14]

마셜은 빌링턴과 그녀의 후계자들이 벌어들일 수 있는 소득의 자연스러운 한계에 대해 자신의 대표작 728쪽에 주석으로만 언급해 두었다. 그러나 마셜의 언급은 그의 사후 경제학 문헌들에서 수없이 인용되어 왔다. 1981년 시카고 대학의 경제학자 셔윈 로젠Sherwin Rosen이 20세기의 기술 혁신이 어떻게 슈퍼스타들의 수입을 극대화시켰는지에 관해 쓴 영향력 있는 논문의 결론이 마셜의 주장을 뒷받침하고 있기 때문이다. 로젠은 빌링턴 부인과 당시 공연을 더 넓은 대중을 대상으로 확산하는 것이 불가능하다는 마셜의 말을 인용한 후 다음과 같이 주장했다. 〈1981년도의 물가를 감안하더라도, 파바로티와 비교한다면 빌링턴은 희미한 그림자에 불과하다. 1801년에 라디오와 축음기가 있었더라면 그녀의 수입이 어떠했을지 상상해 보라!〉[15]

한 걸음 더 나아간 찰리 채플린

신기술의 경제적 효과를 활용하는 데 있어서 파바로티는 그 게임 속으로 느지막이 도착한 인물이었다. 축음기와 라디오, 그리고 더 중요한 영화의 등장과 함께 중대한 변화는 이미 한 세기 앞서 시작되었다. 찰리 채플린을 한번 떠올려 보자. 엘리자베스 빌링턴보다 125년 늦은 1889년에 태어난 채플린은 그녀와 마찬가지로 런던에서 태어나 천재적인 재능으로 무대를 누볐다. 빌링턴은 아홉 살에 데뷔했고, 채플린 역시 그 나이 때 거리를 돌아다니며 하루에 두세 번 공연이나 리허설을 했다. 그리고 마찬가지로 세계적인 주목을 받았다. 채플린은 1910년 처음 미국 투어를 떠나 2년 동안이나 전 지역을 돌아다녔다. 하지만 빌링턴의 경우와 마찬가지로, 폭발적인 에너지에도 불구하고 그의 무대 공연은 관객이 보고 들을 수 있는 물리적인 한계를 벗어날 수 없었다.

그래도 채플린은 운이 좋았다. 1867년 윌리엄 링컨이라는 미국 발명가가 스스로 〈생명의 바퀴wheel of life〉라고 부른 장치로 특허를 냈는데, 이 기계로 활동사진을 볼 수 있었다. 활동사진의 시대는 1895년(채플린이 태어난 후 6년이 지난) 루이 뤼미에르와 오귀스트 뤼미에르라고 하는 프랑스인 형제가 세계 최초의 휴대용 활동사진 카메라이자 영사기, 그리고 프린터 역할까지 하는 시네마토그라프를 발명했을 때 시작되었다. 그러나 미미한 주변 반응에 실망한 뤼미에르 형제는 초조한 마음에 이렇게 말했다. 〈영화는 미래가 없는 발명품이다.〉 그러나 한 세대가 지나기도 전에 대중들이 문화를 즐기는 방식에 큰 변화가 나타났다. 1900년만 하더라도 사람들이 즐길 수 있는 것은 대부분 무대 공연에 국한되었다.[16] 그러나 1938년에 이르자 무대 공연이 대중 엔터테인먼트 산업에서 차지하는 비중은 8퍼센트에 지나지 않게 되었다. 유성 영화가 시작되기 전인 1920년 중반에 미국인들은 무대 공연에 일인당 평균 1.33달러를, 그리고 영화에 3.59달러를 지출했다. 그러나 1938년에 이르면 그 비율은 영화 쪽으로 더욱 기울어 무대 공연에 대한 지출은 0.45달러까지 떨어진 반면, 영화에 대한 지출은 5.11달러로 급증했다.

채플린은 이 새로운 매체의 첫 번째 글로벌 슈퍼스타였다. 그러나 출발부터 대단했던 것은 아니었다. 채플린이 조우한 첫 번째 영화감독인 맥 세넷Mack Sennett은 채플린의 1914년도 데뷔작인 「생계Making a Living」를 〈값비싼 실수〉로 여겼다. 하지만 같은 해에 채플린은 키스톤 영화사의 시리즈에 출연하면서 〈방랑자〉라는 새로운 캐릭터를 만들어 냈다. 그리고 그 캐릭터와 함께 채플린은 일약 세계적인 스타가 되었다. 방랑자라는 캐릭터로 데뷔 후 2년 만에 채플린은 뮤추얼 필름사에서 그 다음 1년 동안 열 편의 희극 단편 영화를 찍으면서 67만 달러를 벌어들이는 진정한 슈퍼스타로 성장했다.[17] 인플레이션을 감안한다고 해도, 이는 1801년에 빌링턴이 보수로 받은 1만 파운드의 두 배에 가까운 금액이었다.

신기술의 등장은 무대 공연자들이 슈퍼스타로 올라설 수 있는 새로운 길을 열어 주었다. 앨프리드 마셜이 설명하고 있는 세상에서, 슈퍼스타들은 사회 전체의 부가 증가한 덕분에, 특히 그 사회에서 가장 부유한 사람들의 부가 증가한 덕분에 탄생할 수 있었다. 다시 말해 변호사, 의사, 기수, 화가, 오페라 가수 들은 예전보다 훨씬 더 부유해진 고객들에게 더 높은 보수를 요구할 수 있게 되었다.

하지만 마셜이 소개하고 있는 슈퍼스타들은 산업 혁명이 낳은 거대한 혁신들 중 하나인 대량 생산의 혜택은 얻지 못했다. 그들은 인간의 목소리라는 한계를 벗어날 수 없었다. (인쇄 기술 덕분에 작가들은 여기서 예외적인 존재다. 성공한 작가이기는 했으나 슈퍼스타는 아니었던 앤서니 트롤럽Anthony Trollope은 1959년 6주 안에 소설을 한 편 써준다는 조건하에 1,000파운드를 선불로 받았다. 이때 쓴 작품이 『프램리 목사관Framley Parsonage』이다.)[18] 이러한 이유로 마셜은 산업 혁명의 진정한 승리자로 기업가들을 꼽았다. 그들은 〈지배적인 위치를 차지한 사람들이 자신의 건설적, 투자적 재능을 보다 넓은 분야에 쏟고, 예전에 비해 더 넓은 지역으로 사업을 확장해 나갈 수 있게 해준 새로운 커뮤니케이션 기기들의 개발〉이 가져다준 혜택을 본 사람들이다.

셔윈 로젠은 20세기에 들어서면서 문화가 하나의 산업이 되었다는 사실을 잘 이해하고 있었다. 커뮤니케이션 기술의 발달로 능력 있는 사람들은 누구나 규모의 경제를 누릴 수 있게 되었다. 〈상대적으로 적은 규모의 사람들이 엄청나게 많은 돈을 벌고, 그리고 그들의 활동 분야를 지배하는 슈퍼스타 현상은 현대 사회에서 점점 더 두드러지고 있다.〉 로젠은 그 변화의 핵심으로 〈개인 시장 규모personal market scale〉, 그리고 개인 시장 규모를 확대하고 있는 신기술의 힘을 지목했다. 19세기의 산업주의자들과 마찬가지로 20세기의 슈퍼스타들은 거대한 시장을 맞이하게 되었다. 그리고 기술과 규모의 경제 덕분에 제품당 혹은 공연당 들어가는 비용이 크게 줄어들었고, 이를 기반으로 그들은 신규 시장으로 진출할 수 있었다.

신기술의 등장으로 많은 것들이 사라졌지만, 그래도 시장 전체 규모는 더 커졌다. 빌링턴의 유일한 활동 분야이자 찰리 채플린의 첫 번째 시장이었던 무대 공연은 문화 산업 전반에서 그 비중이 크게 줄어들었다. 하지만 영화와 라디오가 무대 공연을 대체하면서 문화 시장은 더욱 커졌고, 관객들은 이러한 상업 문화 시장에 더 많은 시간을 할애하기 시작했다.

스스로 〈슈퍼스타 경제학〉이라고 이름 붙인 현대 경제학 이론의 창시자인 로젠은 1981년에 논문을 쓰면서 기술 혁명이 여전히 진행 중이라는 사실을 잘 알고 있었다. 그리고 그 결론으로 다가오는 기술 변화가 슈퍼스타들에게 미칠 영향에 대해 이런 질문을 던졌다. 〈케이블, 비디오테이프, 가정용 컴퓨터와 같은 것들이 앞으로 어떤 변화를 몰고 올까?〉

물론 로젠의 목록에 인터넷은 들어 있지 않았다. 사실 인터넷의 상용화는 여전히 불과 몇 년 전의 이야기다. 그러나 인터넷이 보편적인 기술로 자리 잡고 난 뒤, 그 신기술로 인해 슈퍼스타 경제학이 종지부를 찍게 될 것이라고 예측하는 설득력 있는 주장들이 나왔다. 대표적인 것으로, 크리스 앤더슨Chris Anderson이 사용해서 널리 알려진 〈긴 꼬리 이론theory of the long tail〉이 있다. 앤더슨이 2004년 동명 제목의 글에서 밝혔던 것처럼, 긴 꼬리는 〈매체와 엔터테인먼트 산업을 위한 완전히 새로운 경제 모델이며, 이제 그 모습을 드러내고 있다. ……20세기 문화 산업이 적중hit에 관한 것이었다면, 21세기는 실패miss에 관한 것이 될 것이다.〉[19] 앤더슨는 기술 발달로 블록버스터와 슈퍼스타 시대가 종말을 고하게 될 것이라고 강조했다. 그 대신 틈새 예술가와 소규모 청중들의 황금시대가 열릴 것이라고 예측했다.

물론 현실은 그의 예언대로 돌아가고 있지 않다. 가령 구글처럼 긴 꼬리를 따라 늘어서 있는 수많은 사람들을 끌어모으는 방식으로 거대한 비즈니스를 구축할 수는 있지만, 그래도 슈퍼스타와 나머지 사람들 사이의 소득 격차는 예전보다 더 커졌다. 상위 1퍼센트가 국민 소득의 약 17퍼센트를 차지하는 전반적인 소득 분배 구조 속에서 우리는 이러한 사실을 확인할 수 있다. 또한 금융이나 법률, 스포츠, 연예, 그리고 치과와 같은 일상적인 서비스 등 최고가 그 집단 전체를 이끌어 나가는 전문 분야에서도 확인할 수 있다. 이러한 슈퍼스타 경제학은 글로벌 슈퍼엘리트의 등장을 초래한 한 가지 요인이다.

앨프리드 마셜은 옳았다

한 세기도 훨씬 전에 마셜이 처음으로 주목했던 밀물 효과rising-tide effect가 분명하게 나타나고 있다. 세계 경제가 발전하면서, 특히 슈퍼엘리트들이 부유해지면서 슈퍼스타들은 갑부들에게 더 높은 대가를 요구하고 있다.

2009년에 행크 그린버그Hank Greenberg와 그가 세운 거대 보험사 AIG 사이에 벌어졌던 법적 공방을 한번 살펴보자. 이 거대한 다툼은 스타 인터내셔널Starr International이라고 하는 사기업을 통해 자산 가치 43억에 달하는 돈을 횡령한 혐의로 AIG가 그린버그를 고소하면서 시작되었다. 이에 그린버그는 데이비드 보이스David Boies를 변호사로 기용했다. 자신의 트레이드마크인 다소 초라한 랜즈엔드 슈트(사무실에서 인터넷으로 한번에 열 벌씩 주문했던) 차림의, 미국 중서부 지역에서 자라고 주사위 두 개로 하는 크랩스와 같은 미국 중부 지역의 놀이에 뿌듯한 애착을 가지고 있는, 또한 심각한 난독증(초등학교 3학년이 되어서야 글을 읽을 수 있었다)을 앓았던 보이스는 외모상으로는 전혀 슈퍼스타나 슈퍼엘리트처럼 보이지 않는다. 그러나 그는 진정한 슈퍼스타이자 슈퍼엘리트다.

보이스, 그리고 동명의 법률 사무소는 9개월에 걸쳐 그린버그를 변호하는 동안 총 1억 달러의 수임료를 받았다. 이는 단일 사건으로 받은 최고 금액 중 하나다. 그 소송은 그린버그에게 대단히 위협적인 것이었다. 43억 달러를 날릴 위기에서 그 금액의 2.3퍼센트에 불과한 1억 달러는 결코 큰 액수가 아니었다. (이 사건에서 더욱 흥미로운 점은, 당시 미국 정부가 80퍼센트에 가까운 지분을 보유하고 있었던 AIG에게 그린버그의 법적 수임료로 1억 5천만 달러까지 지급할 의무가 있다고 했던 최종 판결이었다. 그러나 보이스를 고용하고 있던 당시, 그린버그는 그 사실을 모르고 있었다.)

보이스를 비롯한 작고 핵심적인 엘리트 변호사 집단의 수임료를 끌어올리는 것은 바로 이러한 거대한 숫자의 논리다. 위기에 직면하여 엄청난 수임료를 기꺼이 지불하려는 부유한 고객들 덕분에 세계화나 기술 혁명으로부터 직접적인 영향을 받지 않는 이와 같은 부류의 슈퍼스타들도 이익을 보고 있다. 보이스는 평생 미국에서만 살았고, 영어만 쓰고, 매년 남부 유럽으로 자전거 여행을 떠나고, 그리고 미국이 아닌 다른 나라의 법정에는 서본 적이 없는 사람이다. 그는 기술 혁신과 거리가 멀고, 일주일 동안 보내는 메일이 10통도 안 되고, 최근에 들어서야 아내의 설득에 못 이겨 아이패드를 사용하고 있다. 하지만 그나마도 대부분 주식 시세를 확인하는 데 쓸 뿐이다. 그러나 세계화(행크 그린버그는 세계화의 개척자들 중 한 사람으로서, 베이징에서도 맨해튼에 있을 때처럼 편안하게 지낸다)와 기술 혁명이 그의 고객들을 부유하게 만들었고, 이들은 보이스 또한 슈퍼스타로 만들었다.

여러분이 만일 플루토크라트라면, 보이스와 같이 법률 문제를 말끔하게 해결해 주는 유능한 인재에게 특별 대우를 해주는 데에는 충분한 경제적 합리성이 있다고 생각할 것이다. 그러나 슈퍼엘리트들의 성장으로부터 이익을 얻고 있는 사람들은 변호사처럼 단지 비즈니스 서비스를 제공하는 스타 전문가들만은 아니다. 가령 인테리어 디자이너와 같이 호화스런 환경을 조성해 주는 전문가들도 슈퍼스타로 떠오르고 있다. 가령 2009년에 백악관의 대통령 집무실과 이스트윙 건물을 새롭게 단장하는 작업을 맡았던 마이클 스미스Michael Smith가 그렇다. 지금까지 가장 잘 알려진 스미스의 작업으로는 메릴린치 CEO였던 손 테인의 맨해튼 워터프런트 사무실의 120만 달러짜리 리모델링 공사였다. 이 공사는 위기에 빠진 메릴린치를 살리기 위해 뱅크오브아메리카가 미국 정부로부터 450억 달러의 구제 금융을 받았던 2009년에 이루어졌으며, 곧장 언론의 머리기사를 장식했다. 스미스가 받았던 80만 달러의 보수, 그리고 기업으로부터 받은 8만 7,000달러짜리 〈고급 융단〉과 3만 5,000달러짜리 앤틱 가구와 같은 고가의 선물은 어느새 플루토크라트의 사치의 상징이 되었다. 이러한 악명 높은 물건들은 글로벌 플루토크라트의 성장이 어떻게 스스로의 능력으로 플루토크라트로 올라선 최고의, 그리고 운 좋은 슈퍼스타 예술가 및 전문가 집단의 등장으로 이어졌는지를 잘 드러내고 있다.

이와 비슷한 사례로 런던에 기반을 두고 두 형제가 운영하는 캔디앤캔디Candy and Candy를 꼽을 수 있다. 그들은 고급 인테리어 디자인 사업에서 시작하여 현재는 부동산 개발로 그 영역을 확장해 나가고 있다. 부동산은 가장 지역적인 자산이지만, 캔디앤캔디는 바로 그러한 자산을 기반으로 쌍둥이 도금 시대의 파도를 타고 있다. 2011년 캔디앤캔디는 글로벌 슈퍼엘리트들의 성장을 기반으로 거대한 성공을 거두었다. 만다린 오리엔탈 호텔 바로 옆에서 런던 하이드 파크를 굽어보고 있는 38만 5,000평방피트 넓이의 건물인 원하이드 파크에 살고 있는 주민들의 목록은, 세계적인 플루토크라트들에게는 세계경제포럼이 참여자들에게 매년 나누어 주는 벽돌 두께의 명부록보다 더 가치 있다. 거기서 가장 넓은 크기인 2만 5,000평방피트에 달하는 집은 동부 우크라이나 출신의 석탄 및 철강 올리가르히인 리나트 아흐메토프에게 2억 2,300만 달러에 팔렸다. 원하이드 파크에 살고 있는 다른 인물들로는 카자흐스탄에서 구리로 큰돈을 번 블라디미르 킴, 카타르 총리 셰이크 하마드 빈 자심 빈 자베르 알타니, 아일랜드 부동산 개발업자 레이 그레언, 러시아 부동산 거물인 키릴 피사레프와 유리 주코프 등이 있다.

캔디앤캔디의 사례는 서구에서뿐만 아니라 신흥 시장에서도 플루토크라트의 성장을 가져온 쌍둥이 도금 시대가 어떻게 그들을 위해 일하는 슈퍼스타들의 시장을 확대해 왔는지, 그리고 자기 영역에서 최고 수준에 이른 사람들의 몸값이 어떻게 천정부지로 치솟게 되었는지를 잘 드러내고 있다. 또한 우리는 단지 20년의 시차를 두고 태어난 북미 건축가 두 명의 상반된 운명을 통해 세계화의 힘을 확인할 수 있다. 고든 번샤프트Gordon Bunshaft는 1909년 뉴욕 주 버팔로에서 태어났고, 프랭크 게리Frank Gehry는 1929년에 그곳에서 북쪽으로 160킬로미터 떨어진 토론토에서 태어났다. 두 사람 모두 동유럽 쪽에 뿌리를 두고 있었다. 번샤프트의 부모님은 러시아계 유대인이었고, 게리의 부모님은 폴란드계 유대인이었다. 그리고 두 사람 모두 건축가로서 최고의 영예인 프리츠커 상을 수상했다. 그러나 사람들은 게리의 이름을 한번이라도 들어봤을 테지만, 번샤프트의 이름은 금시초문인 경우가 많을 것이다. 두 사람의 차이는 신흥 시장과 그 첫 번째 도금 시대에 있다.

번샤프트의 대표작은 맨해튼 금융 왕자들이 점심식사 시간에 애용하는 레스토랑인 레버 하우스로, 포시즌스 레스토랑 맞은편 파크 애비뉴에서 가장 돋보이는 깔끔한 라인의 현대적인 직사각형 건물이다. 이 건축가는 북아메리카 지역 밖에 있는 몇몇 빌딩의 설계도 맡은 적이 있으며, 그중 하나인 사우디아라비아 제다에 위치한 국립 상업은행은 그의 경력이 막바지에 이른 1983년에 74세의 나이로 맡은 것이었다. 이후 세계화의 시대가 도래했지만, 고든 번샤프트의 삶을 바꾸기에는 너무 늦은 감이 있었다. 반면 그보다 20년 늦게 태어난 게리는 세계화의 물결을 타고 경력을 쌓아 나갈 수 있었다. 번샤프트의 세계적인 대작이 완성된 지 6년 만인 1989년에 게리는 첫 해외 작업으로 독일의 비트라 디자인 박물관의 설계를 맡았다. 번샤프트가 맛만 보고 끝냈던 세계화의 무대를 게리는 마음껏 누비고 다녔다. 1989년 이후로 게리의 작업들 중 절반은 미국을 떠나서 이루어졌으며, 여기에는 빌바오의 구겐하임 미술관과 같은 랜드마크들도 포함되어 있다.

게리는 그냥 건축가가 아니다. 그는 〈스타키텍트starchitect〉다. 즉 건축가 개인의 브랜드가 작품보다 더 유명한 세계적인 스타 건축가다. 게리는 애플의 유명한 흑백 광고, 「다르게 생각하라Think Different」에도 출연했고, 심슨 가족에도 희화화된 캐릭터로 등장했으며, 아동 프로그램인 「내 친구 아서」에서는 아이들이 나무 집을 짓는 일을 도와주기도 했다. 게다가 레이디 가가의 모자 디자인도 맡았다. 빛나는 수상 경력을 지닌 북미 건축가 번샤프트와 글로벌 스타키텍트인 백만장자 게리, 이 두 사람의 차이는 1퍼센트와 나머지의 격차가 좁혀졌던 전후 대압축 시대에 살았느냐, 아니면 세계화와 기술 혁신으로 성장한 세계적인 플루토크라트들이 게리와 같은 슈퍼스타들을 위한 엄청나게 부유한 글로벌 고객으로 등장한 쌍둥이 도금 시대에 살았느냐 하는 것이었다.

다음으로 구글의 CEO 시절 에릭 슈미트가 세계적인 플루토크라트들의 힘을 사치품의 가격, 그리고 사치품을 생산하고 판매하는 사람들의 부를 기준으로 설명했던 것에 주목해 보자. 슈미트는 이렇게 회상했다. 「저는 파일럿이라 항공기 시장을 잘 알고 있습니다. 고가의 개인용 제트기 매출이 다른 모델들에 비해 50~80퍼센트 뛰었던 적이 있었는데, 그것은 러시아 사람들이 그 시장으로 들어왔기 때문이었습니다. 이러한 부유층 시장의 고객 규모는 그 실질적인 경제학을 눈으로 확인할 수 있을 만큼 충분히 작습니다. 가령 하나의 물건에 세 명의 입찰자가 있는 식이죠. ……거품이 한창이던 10년 전 캘리포니아 애서턴 거리를 중심으로 모든 부동산 가격이 두 배로 뛰었던 적이 있었습니다. 그 이유는 더 이상 베이에리어 지역에 살지 않는 많은 주요 인사들이 그 지역으로 몰려들었기 때문이었죠. 당시 그들은 어마어마한 가처분 소득을 확보하고 있었고, 거기에다가 집을 사려고 했습니다. 결국 폭발이 일어나고 말았던 거죠」[20]

슈미트의 설명에 따르면, 플루토크라트의 경기 순환을 잘 파악하면 누구나 큰 부자가 될 수 있다. 「페이스북과 같은 기업들에서 나타나는 또 다른 주식 공개 주기도 존재합니다. 그리고 이러한 기업들은 주로 다양한 도시들에 걸쳐 사무실을 운영하고 있습니다. 그러한 도시들 역시 새로운 진입자들에게는 희소가치의 대상입니다. 우선 살 집이 필요합니다. 그러므로 단기 투자를 노린다면, 주식 공개가 있은 후 6개월 이후에 돈을 번 사람들이 몰려들 만한 지역의 부동산을 사면 됩니다.

이러한 모든 것들 이후에는 분명히 부정적인 결과들이 나타날 것입니다. 저 역시 이를 바라지는 않습니다. 다만 그러한 흐름을 설명하고자 하는 것이죠」

마셜은 이미 19세기에 번영의 밀물이 모든 예술가 및 전문가들의 배를 높이지는 않았다는 사실을 확인했다. 〈꽤 잘 그린〉 유화 작품들이 이렇게 헐값에 팔리고, 반대로 〈일류〉 작품들이 〈이토록 비싸게 팔린〉 적이 없었다. 그 이후 한 세기가 지난 다음에 이와 같은 승자 독식 현상은 그 분야에서 더욱 두드러지게 나타나고 있으며, 그 슈퍼스타들은 글로벌 슈퍼엘리트의 성장을 기반으로 번영을 이어 나가고 있다.

적절한 사례로 법률 분야를 꼽을 수 있다. 1950년 당시 개인 사업자로 활동하고 있던 미국 변호사들의 연평균 수입은 오늘날 화폐 가치로 5만 달러 정도였다.[21] 반면 아홉 명 이상의 파트너를 보유한 법률 사무소에서 일하던 변호사들은 오늘날 화폐 가치로 평균 약 20만 달러의 연봉을 받았다.

하지만 오늘날의 기준에서 보면 그 정도의 차이는 사회주의적인 느낌이 들 정도다. 2011년에 미국의 유명 법률 사무소에서 파트너로 일하면서 최고 수준의 대우를 받는 변호사들의 연봉은 1,000만 달러가 넘었다. 반면 일반 법률 사무소에서 파트너로 일하고 있는 변호사들의 평균 연봉은 64만 달러였다. 이와 유사하게 같은 법률 사무소 내에서 일하는 파트너들 사이에서도 아주 큰 격차가 나타나고 있다. 1950년대만 하더라도 월스트리트의 법률 사무소에서 최고 대우를 받는 파트너들은 가장 적은 보수를 받는 변호사들보다 두세 배 정도의 연봉을 받았으며, 그렇게 차이가 나는 주요 요인도 연공서열에 불과했다. 반면 2011년의 경우, 가장 공격적으로 확장해 나가고 있는 미국 법률 사무소들은 그들의 스타 변호사들에게 일반 파트너들의 열 배에 달하는 연봉을 지급했다.

이 차이는 하나의 유명 법률 사무소에서 일하고 있는 파트너들 사이의 차이에 불과하다. 스타 파트너들과 동일 분야에서 소득 수준이 더 낮은 파트너들 사이의 격차는 계속해서 크게 벌어지고 있다. 최고 파트너들 소득이 1천만 달러를 넘어서고, 백 명 이상의 미국 변호사들이 시간당 수임료가 1천 달러를 초과했던 2011년의 경우[22](알려진 바에 따르면 데이비드 보이스의 시간당 수임료는 1,220달러 이상이다),[23] 로스쿨 졸업생들의 평균 초임 연봉은 8만 4,111달러였으며,[24] 변호사들의 평균 연봉은 13만 490달러였다.[25] 이러한 경향은 갈수록 강화되고 있다. 점점 더 많은 법률 사무소들이 아무리 오랫동안 근무한다 해도 파트너가 될 수 없는 조건으로 신입 변호사를 선발하거나 아예 국내에서 아웃소싱하는 방식을 채택하고 있다. 이렇게 함으로써 법률 사무소들은 기존 파트너 체제에서는 생각지도 못할 저렴한 비용으로 경험 많은 변호사들을 고용하고 있다 (글로벌 로펌 DLA 파이퍼는 국내 아웃소싱 방식으로 채용한 변호사들에게 시간당 100달러 정도를 지불한다).

여기서도 부자 경제학이 모습을 드러낸다. 글로벌 슈퍼엘리트들이 다른 사람들을 훨씬 앞질러 나가면서, 고급 서비스에 대한 수요가 일반 서비스 수요를 넘어서고 있다. 앞서 언급했듯이, 이는 〈플루토노믹스pluto-nomics〉라는 신조어를 탄생시킨 시티그룹 연구원들이 고안해 냈던 투자 이론을 설명해 주고 있다. 구찌가 월마트보다 더 많은 수익을 내고, 최고의 회화 작품들의 가격은 일반 작품들보다 더 빠른 속도로 높아지고 있다. 그리고 데이비드 보이스에 대한 수요는 다른 동료 변호사들에 대한 수요를 크게 앞서고 있다.

그리고 고급 서비스에 대한 수요 증가가 법률 시장의 슈퍼스타들에게 프리미엄 몸값을 선사하고 있을 때조차, 21세기 경제를 움직이는 또 다른 요인들은 중산층의 소득을 깎아내리고 있다.

주로 고객들을 더 부유하게 만들어 준다는 점에서 기술 발달은 보이스에게 많은 이익을 가져다주고 있다. 그러나 신참 변호사들의 소득은 오히려 떨어지고 있으며, 예전에 높은 연봉을 받았던 변호사들이 했던 다양한 업무들을 컴퓨터로 처리하는 방식을 법률 사무소들이 발견해 나가면서 변호사 서비스에 대한 수요도 그만큼 줄어들고 있다. 이러한 흐름을 보여 주는 최근 사례로 디지털 증거 개시e-discovery를 꼽을 수 있다.[26] 2010년 DLA 파이퍼는 법원이 부과한 일주일의 시한 안에 57만 건의 서류를 몽땅 검색해야 하는 과제에 직면했다. 볼티모어를 기반으로 세계 최대의 로펌으로 도약하고 있던 DLA 파이퍼는 이 문제를 해결하기 위해 실리콘밸리의 디지털 증거 개시 관련 기업인 클리어웰Clearwell에 의뢰를 했다. 그리고 클리어웰의 소프트웨어는 그 과제를 이틀 만에 해치워 버렸다. 덕분에 DLA 파이퍼 변호사들은 하루 만에 최종 결과를 확인할 수 있었다. DLA 파이퍼는 이러한 방식으로 단 3일 만에 3,070건의 서류를 작성하여 법원의 요구 사항을 충족시킬 수 있었다. 10년 전이었더라면 DLA 파이퍼는 이 문제를 해결하기 위해 서른 명의 전일 근무 직원들을 6개월 동안 고용해야 했을 것이다. (스타 파트너들과 나머지 변호사들 사이에 9대 1의 격차를 인정하고 있는 로펌 중의 하나인 DLA 파이퍼는 2011년에 워싱턴의 유명 변호사 제이미 웨어럼을 영입했다. 그의 첫해 연봉은 500만 달러였으며, 그 금액은 스카우트 과정에서 중요한 역할을 했을 것이다.)[27]

세계화는 마찬가지로 변호사들에게 두 단계로 영향을 미친다. 슈퍼스타들에게 세계화란 더 부유한 고객, 더 큰 사건, 그리고 더 높은 수임료를 요구할 수 있는 하나의 기회다. 반면 아웃소싱을 통해 인건비, 즉 임금을 줄일 수 있는 제조나 콜센터 업무와 같은 반복적인 서비스 분야와 마찬가지로, 아래 기반을 차지하고 있는 신흥 시장 변호사들의 값싼 수임료는 서구 사회의 변호사들 연봉까지 깎아내리고 있다. 이와 관련하여 인도의 법률 전문 아웃소싱 기업인 판게아3의 사례를 살펴보자. 판게아3는 최근 미국에 사무실을 열었다. 교대 근무를 통해 24시간 내내 일을 하는 시스템을 기반으로 수백 명의 변호사들을 고용하고 있는 판게아 3는 계약서 초안 작성이나 서류 검토 작업 등 반복적인 법률 업무를 처리해 주고 있다. 이들의 기업 고객들에는 아메리칸 익스프레스, GE, 소니, 야후, 넷플릭스*와 같은 일류 기업들이 포함되어 있다. 이들의 서비스와 관련하여 『미국변호사협회 저널*American Bar Association Journal*』은 최근 표제로 다음과 같은 문구를 뽑았다. 〈맨해튼에서 뭄바이 가격으로.〉

글로벌 슈퍼엘리트 시대에서는 치과의사도 슈퍼스타 반열에 들 수 있다.[28] 이를 보여 주는 좋은 사례로 모로코 출신의 프랑스 치과의사인 베르나르 투아티를 들 수 있다. 투아티는 러시아 올리가르히 고객을 시작으로 플루토크라트들의 치아를 관리해 줌으로써 큰돈을 벌고 슈퍼스타의 대열에 합류하고 있다. 시베리아 지역의 석유 올리가르히인 로만 아브라모비치는 투아티에게 정기 진료를 받기 위해 모스크바 왕복 항공료까지 지불하고, 심지어 자신의 사무실에 치과용 의자까지 설치해 놓았다. 푸틴 때문에 시베리아로 쫓겨나기 전까지 러시아 최고 갑부였던 미하일 호도르콥스키도 투아티의 치료를 받은 적이 있으며, 석유 및 금융 거물인 미하일 프리드만의 아내처럼 올리가르히 남편을 둔 여인들은 투아티의 서비스 덕분에 더 환한 미소를 지을 수 있게 되었다. 투아티는 또한 마돈나는 물론 뉴욕에서 활동하고 있는 디자이너 다이앤 본 퍼스텐버그와 같은 서구 슈퍼엘리트들의 치아까지 관리하고 있다.

투아티의 갑부 고객들의 사례는 마셜 효과를 통해 플루토크라트들의 경제가 전반적으로 대다수 사람들과는 동떨어져 독자적인 글로벌 경제로 자리 잡는 과정을 잘 보여 주고 있다. 러시아 올리가르히들은 슈퍼스

---

* Netflix. 온라인 비디오 스트리밍 서비스 업체.

타 프랑스 치과의사를 만들어 냈고, 월스트리트 금융가와 아랍 왕자들은 슈퍼스타 인테리어 디자이너를 만들어 냈다. 치아든, 디자인이든, 혹은 그 어떤 분야든 간에 뛰어난 기술을 가지고 슈퍼스타 리그로 들어갈 수 있다면, 소수의 글로벌 비즈니스 엘리트들이 누리고 있는 부의 집중화 현상으로부터 엄청난 이익을 얻을 수 있다. 그리고 시베리아 서부든 미국 중서부든 그 어떤 지역에서 시작하던 관계 없이 일단 슈퍼엘리트 집단에 합류하게 되면, 누구든 똑같은 치과의사와 인테리어 디자이너, 큐레이터의 고객이 될 수 있다. 바로 이러한 모습으로 플루토노미는 그 내부에서 안락한 세계적인 마을을 형성해 나가고 있다.

셔윈 로젠 역시 옳았다

플루토크라트들에게 서비스를 제공하는 것은 그 부류에 합류할 수 있는 한 가지 방법이다. 하지만 21세기 슈퍼스타 경제학을 이끄는 훨씬 더 강력한 동인은 세계화와 기술 혁명이 빌링턴과 같은 일부 슈퍼스타들로 하여금 세계 무대를 누비고, 그리고 그에 따라 엄청난 부를 벌어들이게 하는 방식이다. 이러한 방식이 바로 셔윈 로젠이 관심을 기울였던 슈퍼스타 효과를 의미하는 것이며, 이는 또한 가장 뚜렷하게 드러나고 가장 이해하기 쉬운 요소다. 이러한 차원에서 슈퍼스타들은 쌍둥이 도금 시대의 직접적인 수혜자인 셈이다.

인터넷 덕분에 레이디 가가는 빌링턴보다 수억 명이나 더 많은 청중들에게 다가설 수 있다. 가가의 2011년도 싱글 「본 디스 웨이Born This Way」는 5일 만에 무려 백만 장이 팔렸다.[29] 2011년 『포브스』 유명인 100인에서 1위를 차지한 가가는 총 2,300만 장의 정규 앨범과 6,400만 장의 싱글을 세계 시장에 내다 팔았다. 2010년 5월에서 2011년 5월 사이에 가가는 25개국에서 총 137번의 공연을 했으며, 여기서 1억 7,000만 달러를 벌었다.[30] 『포브스』는 레이디 가가의 2010년도 수입을 9,000만 달러로 추산했으며, 이는 미국 평균 가구 소득의 1,800배가 넘는 액수다. 거의 한 세기가 흐른 후에 앨프리드 마셜이 슈퍼스타의 수입을 설명하기 위해 사례로 들었던 빌링턴의 1801년도 수입 1만 파운드 또한 엄청난 금액으로서, 당시 영국 농장 근로자들 평균 소득의 200배에 달하는 것이었다.[31]

레이디 가가가 어떻게 해서 빌링턴보다 훨씬 더 많은 돈을 벌 수 있었는지 이해하는 것은 어려운 일이 아니다. 두 사람 모두 당대 최고의 디바였으며 세계적으로 명성을 얻었다. 그러나 빌링턴의 목소리를 듣기 위해서는 직접 공연장을 찾는 수밖에 없었다. 반면 인터넷이 연결된 상태라면 누구든지 레이디 가가를 보고 들을 수 있다. 세계화와 기술 혁신으로 레이디 가가는 훨씬 더 많은 청중들에게 다가갈 수 있는 기회를 얻었고, 이를 통해 더욱더 빛나는 스타로 성장했다.

슈퍼스타 배우와 운동선수들 역시 이와 똑같은 요인의 수혜자들이다. 찰리 채플린은 실제 무대에서 은막으로 이동했고, 그 과정에서 수입은 1,000배로 뛰었다. 그래도 오늘날의 무비 스타들에 비할 바는 아니다. 1916~1917년 동안 채플린이 벌어들인 67만 달러와 2010~2011년 동안 레오나르도 디카프리오가 벌어들인 7,700만 달러를 비교해 보자. 인플레이션을 감안하더라도 디카프리오는 채플린보다 6배나 더 많이 벌었다. 스포츠 스타들 역시 이러한 규모의 경제를 통해 엄청난 부를 거머쥐었다. 뉴욕 양키스의 간판 타자 미키 맨틀은 1960년 한 시즌 동안에

10만 달러를 벌었다.[32] 반면 50여 년의 세월이 흐른 2012년에 양키스 스타 알렉스 로드리게스의 한 해 수입은 3,000만 달러에 달했다.[33] 인플레이션을 감안해도 로드리게스의 수입은 맨틀의 50배가 넘는다.[34] 슈퍼스타들과 같은 분야에서 활동하는 다른 일반적인 사람들 사이의 격차 또한 크게 증가했다. 맨틀의 연봉은 다른 메이저리그 선수들 평균 연봉의 5배가 되지 않았던 반면, 로드리게스의 경우 10배가 넘는다.

로젠이 언급한 슈퍼스타들과 관련하여 특히 놀라운 사실은, 인터넷의 발달로 인해 그들이 예전에 활동하던 시장이 크게 위축되었음에도 불구하고 슈퍼스타들은 오히려 더 많은 수입을 올리고 있다는 점이다. 가령 인터넷으로 인해 음반 산업이 시들어 가고 있는 상황에서도 레이디 가가와 같은 가수들은 최고의 주가를 올리고 있다. 그리고 영화사들 역시 고전을 면치 못하고 있지만, 무비 스타들은 예전보다 더 많은 돈을 벌고 있다. 많은 스포츠 팀들이 파산을 맞이하고 있는 반면, 스포츠 스타들은 여전히 엄청난 돈을 벌어들이고 있다.

부분적으로 슈퍼스타들은 탁월한 기술을 통해 얻은 인기를 적극 활용함으로써 값비싼 공연으로부터 막대한 수입을 올리고 있으며, 이러한 방식으로 정상의 자리를 지키고 있다. 2011년에도 U2, 본 조비, 엘튼 존, 폴 매카트니와 같은 최고의 가수들은 이러한 전략을 활용했다. 이들 모두 6,500만 달러 이상의 수입을 올렸으며, 그중 무대 공연 수입이 큰 비중을 차지하고 있다.

오늘날 우리는 로젠 효과와 마셜 효과가 서로 상승 작용을 하는 모습을 지켜보고 있다. 저렴하면서도 효과적인 커뮤니케이션 기술 덕분에 소수의 스타들은 예전보다 더 빨리, 그리고 더 강력하게 세계적인 인기를 얻고 있다. 레이디 가가는 25세의 나이로 세계 시장에 6,400만 장의 싱글 앨범을 팔았다. 그래도 16세에 7억 5,000만 건의 동영상 조회 수를 기록했던 저스틴 비버에 비하면 늦은 나이이다.

여기서 역설적인 점은, 저스틴 비버와 레이디 가가를 유명하게 만들었던 기술 혁신 그 자체가 그들을 갑부의 반열로 올려놓은 것은 아니라는 사실이다. 2012년의 경우, 이 두 스타들이 팬들과 소통하고 있는 가장 중심적인 통로는 트위터였다. 레이디 가가는 〈리틀 몬스터스〉라는 팬 전용 소셜 네트워크 서비스를 통해 2,500만 명이 넘는 팔로워들을 거느리고 있으며, 저스틴 비버는 〈빌리버스〉 회원으로 2,300만이 넘는 팔로워들을 확보하고 있다. 물론 이들이 트윗 활동으로 돈을 버는 것은 아니다. 다만 이를 통해 수입의 원천인 무대 공연을 찾아 줄 청중들을 만들어 내고 있는 것이다.

이들의 공연은 마셜 효과를 세계적인 규모로 보여 주는 적절한 사례다. 대중들이 드루어리 레인이나 코번트 가든에서 열린 값비싼 공연을 보러 갈 만큼 영국 사회가 부유해지고, 두 극장 사이의 경쟁이 빌링턴의 몸값을 천정부지로 끌어올렸던 것처럼, 오늘날 신흥 시장의 떠오르는 중산층과 서서히 모습을 드러내고 있는 글로벌 슈퍼엘리트들은 인기 스타의 공연을 원하는 주요 관객들이다. 세계적인 시장 규모는 오늘날 슈퍼스타 경제학에서 대단히 중요한 요소다. 2010년 레이디 가가는 29개국을 돌며 공연했으며, U2는 15개국, 엘튼 존은 16개국, 본 조비는 15개국을 돌았다. 이러한 뮤지션들의 공연은 대중문화 상품이기도 하지만, 동시에 엘리트들을 위한 행사이기도 하다. 레이디 가가의 「본 디스 웨이」 공연의 티켓 가격은 평균 백 달러가 넘었다.[35]

공연 티켓 가격에 관한 연구 조사에서 경제학자 앨런 크루거는, 처음

뮤직비디오가 등장하고, 특히 MTV 채널을 타고 인기를 얻고, 그리고 냅스터에 의해 시작된 디지털 공유 기술을 통해 최고 뮤지션들이 활동 영역을 넓혀 나가던 1982년에서 2003년 사이 20년 동안 공연 시장에서 상위 5퍼센트 스타들이 차지하는 비중이 62퍼센트에서 84퍼센트로 20퍼센트 넘게 증가했다는 사실을 발견했다. 상위 1퍼센트의 상황은 더 좋아졌다. 그들의 비중은 1981년 26퍼센트에서 2003년 56퍼센트로 두 배 이상 뛰었다. (한편으로 1998년 미국 전체 소득에서 상위 1퍼센트의 비중은 14.6퍼센트였다.)

슈퍼스타 연예인들에게는 억만장자들과의 보다 개인적인 거래가 그 규모는 작지만 더 중요한 소득 원천이다. 30대의 러시아 사업가 아르카디는 레이디 가가의 뮤직비디오 「알레한드로Alejandro」에 출연하기 위해 백만 달러를 냈다고 한다. 그리고 전성기를 지난 스타들조차 플루토크라트들이 벌이는 행사에 출연함으로써 짭짤한 수입을 올리고 있다. 이러한 모습은 사모펀드 대표가 자신의 성대한 생일 파티에 직접 만든 케이크를 내놓는 것처럼 하나의 의례적인 이벤트로 자리를 잡았다. 2011년 사모펀드 그룹인 아폴로Apollo의 설립자 레온 블랙은 자신의 60번째 생일 파티를 위해 100만 달러를 들여 엘튼 존의 무대를 벌였다. (글로벌 시장에서 이러한 모습들은 때로는 아주 극단적인 형태로 드러나기도 한다. 미국 영화배우 힐러리 스웽크는 그로즈니에서 열린 체첸 대통령 람잔 카디로프의 35번째 생일파티에 수십만 달러를 받고 참석했다. 이후 스웽크는 정적들을 무자비하게 고문하고 처형한 것으로 악명 높은 정치인과 자리를 함께했다는 이유로 가차 없는 — 그리고 정당한 — 비판에 시달려야 했다.)

이전 세대들이 대중 지식인이라고 불렀던 인물들 또한 대중적 인기를 기반으로 한 로젠 효과, 그리고 엄청난 비용을 지불할 능력이 있는 플루토크라트들을 기반으로 한 마셜 효과를 통해 오늘날 막대한 돈을 벌어들이고 있다. 세계적인 영향력을 지닌 비즈니스 작가 맬컴 글래드웰Malcolm Gladwell이 바로 대표적인 사례다. 그는 책을 써서 수백만 달러를 벌었다. 그리고 동시에 10만 달러짜리 연설을 통해서도 그만한 돈을 쉽게 벌어들이고 있다. 글래드웰은 블랙스톤의 투자자 그룹, 그리고 세계 최고 법률가들의 다보스포럼인 페블 비치 법률 컨퍼런스에서도 연설을 한바 있다.

최고의 베스트셀러 작가만이 이와 같은 방식으로 슈퍼엘리트들의 지갑에서 돈을 꺼내 가고 있는 것은 아니다. 정치평론가이자, 28년의 역사를 자랑하는 『쿡 폴리티컬 리포트Cook Political Report』의 발행인인 찰리 쿡Charlie Cook 역시 연설을 통해 자신의 출판 비즈니스를 〈원조〉하고 있다. 쿡은 〈무겁고 지친 엉덩이를 이끌면서 일주일에 세 도시를 돌아다니는〉 것은 힘든 일이지만, 그래도 〈정말로 짭짤한〉 활동이라고 말한다.[36]

계속해서 부유해지는 사회를 대상으로 한 실황 공연에 관한 마셜 효과와 기술 주도적인 규모의 경제에 관한 로젠 효과 사이에서 일어나는 상호작용은, 흔히 공연 예술이라고 칭하는 분야를 훌쩍 뛰어넘어서 슈퍼스타 효과를 드러내고 있다.

요리사의 경우를 한번 생각해 보자. 요리 슈퍼스타들의 등장이야말로 앨프리드 마셜이 언급한 부의 트리클다운 효과를 보여 주는 분명한 사례다. 플루토크라트들은 최고의 바리스타와 훌륭한 기수를 원하는 것처럼, 세계적으로 유명한 스페인 레스토랑 엘 불리에서(혹은 그만한 명성을 얻은 곳이라면 어디든) 250유로를 기꺼이 지불하고 멋진 식사를 하고자 한다. 여러분은 아마도 여기서 끝이라고 생각할는지도 모른다. 그러나 법정 변호나 경마처럼 맛있는 요리를 내놓는 일 역시 사람이 직접 해야만 하는 서비스이며, 오페라나 연극처럼 복제와 확장이 불가능한 특성을 갖고 있다.

이는 슈퍼스타들의 입장에서 심각한 경제적 한계를 의미한다. 유명 요리사들이 그러한 한계를 뛰어넘을 수 있는 한 가지 방법은, 그들의 역할을 개인적인 고급 서비스에서 대규모 대중적 활동으로 확장하는 것이다. 바로 이러한 차원에서 이탈리아 요리사 마리오 바탈리Mario Batali는 뉴욕 웨스트빌리지에 〈포Po〉라는 이름의 획기적인 소규모 레스토랑을 차렸다. 한 접시에 15달러짜리 요리인데도 사람들은 라비올리를 먹기 위해 아주 멀리서도 찾아온다. 1997년에는 자신의 이름을 건 「몰토 마리오Molto Mario」라는 프로그램을 맡으면서 바탈리는 진정한 슈퍼스타로 등극했다. TV 프로그램으로 인기가 높아지면서 더 많은 손님들이 그의 레스토랑으로 몰려들었고, 이에 힘입어 바탈리는 대량 유통 시장으로까지 진출했다. 현재 바탈리는 베스트셀러 작가이자 독특한 파스타 소스 생산자, 포도원 공동 소유주, 그리고 맨해튼의 플랫아이언 빌딩에 이탈리아 식료품 및 와인 매장, 푸드 코트가 모여 있는 이탈리Eataly의 파트너로 활동하고 있다. 고객층만 확실하다면, 슈퍼스타 요리사는 직접 매장을 운영하지 않고도 대중 매체를 통해 두 번째 직업을 가질 수 있다. 2007년까지 오프라 윈프리의 개인 요리사로 일했던 아트 스미스의 경우를 보자. 스미스 역시 요리책을 세 권 펴냈고, 레스토랑을 세 군데나 열었으며, 다른 레스토랑들의 메뉴를 써주는 방식으로 자신의 인기를 빌려주고 있다.

2011년 6월의 어느 선선한 저녁, 아스펜 아이디어 페스티벌Aspen Ideas Festival이 열리는 동안 컨설팅 기업 부즈 앨런 해밀턴Booz Allen Hamilton이 아스펜 메도즈 리조트에서 주최한 슈퍼엘리트 만찬에서 우리는 슈퍼스타 요리사들이 어떻게 로젠 효과와 마셜 효과를 활용하는지 확인할 수 있다. 그 자리에는 앨런 그린스펀도 참석해 있었다. 오늘날 〈예술적인〉 요리는 슈퍼엘리트들의 라이프스타일로 자리 잡았고, 그래서 그 컨설팅 기업은 〈평생의 요리〉를 손님들에게 선사하기 위해 샌프란시스코의 델피나 레스토랑 그룹의 공동 소유자이자 공동 설립자인 크레이그 스톨 Craig Stoll을 비행기로 모셔 와서 그의 스탭들과 함께 그날의 만찬을 준비하도록 했다. 코스 요리들이 나올 때마다 『애틀랜틱』의 수석 편집자이자 푸드 작가로 활동하고 있는 코비 쿰머가 음식들을 〈해설〉해 주었다.

그의 해설은 장황하게 이어졌다. 가령 강낭콩과 그라파에 담근 체리를 곁들인 버크셔 돼지고기 요리인 아리스타arista가 두 번째 접시에 나왔을 때, 쿰머는 그 고기를 니먼 랜치Niman Ranch에서 가지고 왔으며, 그 창립자의 세 번째 배우자가 채식주의자이며 『돼지가 사는 공장Righteous Pork-chop』이라는 책까지 쓸 정도로 윤리적인 기업이라고 소개했다. 체리는 델피나 직원이 샌프란시스코 농부들에게 직접 구매한 것으로, 그해 수확량이 너무 적어서 구하기가 대단히 힘들었으며, 가정에서 만든 델피나 그라파에 담가 두었다고 설명을 했다. 디저트로 나온 블랙베리와 나무딸기(델피나의 버터밀크 판나코타를 곁들인 프루티 델 보스코frutti del bosco)는 델피나 직원이 그날 아침에 여행 가방에 담아 샌프란시스코에서 비행기를 타고 기내 수하물로 아스펜으로 가지고 온 것이라 했다. 쿰머가 마지막으로 이 이야기를 들려주었을 때, 대부분의 손님들이 박수갈채를 보냈다.

부즈 앨런 해밀턴과 손님들을 위한 사적인 만찬에서 요리를 담당하는 것은, 크레이그 스톨과 같은 슈퍼스타 요리사들이 더욱 폭넓게 성장한 슈퍼엘리트들로부터 이익을 얻어 낼 수 있는 한 가지 방식이다. 유명 요리사들이 일반 대중들의 취향에 영합하려는 모습은 이제 너무 흔한 일이 되어 버렸다고 덧붙이면서, 쿰머는 식사를 마친 손님들에게 스톨은 〈아직도〉 요리책을 쓴 적이 없다고 강조했다. 그리고 리코르디 델 소기오르노ricordi del soggiorno라고 하는 평생의 요리를 맛본 기념으로 델피나 해산물 요리 서명이 들어간 화려한 이탈리아 스타일 접시를 나누어 주면서 모든 행사를 마쳤다. 개인 제트기로 다음 날 〈아침 9시〉에 웨체스터로 돌아갈 예정인 한 손님의 아내는 델피나 직원들이 그 접시를 완충재로 싸고 비행기에 가지고 탈 수 있도록 종이박스로 안전하게 포장을 하는 모습을 지켜보고 나서야 가져가겠다고 했다.

요리사들은 슈퍼스타로서 재능을 발휘하여 돈을 버는 가장 좋은 방법이 값싼 음식을 대량으로 판매하는 전략, 그리고 슈퍼엘리트를 위한 고가의 개인 서비스 전략을 적절하게 혼합하는 것이라는 사실을 뒤늦게 깨달은 축에 속한다. 그러한 깨달음을 가장 먼저 얻은 전문가들은 아마도 패션 디자이너들일 것이다. 이 분야의 첫 번째 혁명가는 찰스 프레데릭 워스Charles Frederick Worth였다. 1825년 파리로 건너간 영국인 워스는 패션 시장의 엘리자베스 빌링턴이었다. 그는 19세기 유럽 슈퍼엘리트의 등장으로 큰돈을 번 슈퍼스타였다. 워스는 새로운 분야를 개척하여 슈퍼스타 반열에 올랐다. 1826년에 태어난 워스는 런던에서 일하다가 프랑스로 넘어가 직물업체에서 판매직으로 일을 했다. 거기서 그는 직물을 유통하는 단계를 넘어서 옷을 직접 만들어 팔 수 있는 기회를 발견한다. 머뭇거리는 사장을 끝내 설득한 워스는 회사에 옷을 제작하는 부서를 신설하도록 했다. 그리고 그 부서의 수익이 점점 높아지면서 워스는 파트너 자격으로 일하기 시작했다. 그 성공을 발판으로 워스는 1858년 스웨덴 투자가 오토 구스타프 보베르의 후원을 받아 자신의 회사를 차렸다. 그후 얼마 지나지 않아 워스는 〈오트 쿠튀르haute couture〉라고 하는 새로운 슈퍼스타 시장을 창조하였으며, 그 시장에서 최초의 비즈니스맨으로 활약했다.

워스는 자신의 옷에 라벨을 붙였다. 맞춤식으로 옷을 제작하는 대신, 일 년에 네 번 자신만의 특별한 스타일을 선보이는 행사를 통해 현대 패션 디자인을 창조해 냈으며, 이를 기반으로 개별 고객들에게 맞춤 재단을 해주는 형태로 판매를 했다. 워스는 적극적으로 새로운 기술을 받아들인 인물이었다. 워스가 자신의 매장을 열기 7년 전인 1851년, 아이작 싱어라는 사람이 실용적인 재봉틀을 최초로 개발해서 보스턴에 특허를 냈으며, 워스는 그 기계를 받아들여 수작업보다 더 빠르고 더 효과적으로 할 수 있는 모든 작업에 재봉사들이 이를 활용하게끔 했다. 또한 기계로 제작한 리본과 레이스 같은 장식들도 적극 활용했다.

워스는 유럽 귀족들에게 집중함으로써 명성을 얻었다. 워스의 초기 고객 중에는 주 프랑스 오스트리아 대사의 아내인 파울리네 폰 메테르니히 공주도 있었으며, 특히 나폴레옹 3세의 아내인 외제니 왕후가 워스의 옷을 입기 시작하면서 더욱 유명해졌다. 또한 워스는 미국의 도금 시대로부터도 엄청난 도움을 받았다. 당시 애스터, 카네기, 밴더빌트와 같은 유명 가문들은 그 귀부인들을 파리로 보내 모든 옷을 직접 주문하도록 했다. 이들은 1897년 브래들리 마틴의 파티는 물론, 결혼식 또는 호화로운 가장무도회와 같은 19세기 상류사회의 특별한 사교 모임을 위한 의상을 사기 위해 대서양을 넘나들었다.

워스는 슈퍼스타 장인 이상이었다. 그는 유럽과 미국의 신흥 갑부들을 위해 옷을 만들고 판매하는 새로운 방법을 개발했다. 전성기를 구가

하던 1870년대에 워스의 연간 수입은 8만 달러에 달했다. 그의 옷은 심지어 1만 달러에 팔리기도 했다. 당시 그건 확실히 어마어마한 금액이었다. 하지만 빌링턴의 수입이 공연을 직접 보러 오는 관객들의 규모에 제한되어 있었던 것처럼, 하우스 오브 워스House of Worth의 매출 역시 특정 고객들을 대상으로 연간 6~7천 벌의 옷을 제작하는 한계를 넘어설 수는 없었다.

그러나 일반 대중에 다가가면서 찰리 채플린이 얻었던 슈퍼스타로서의 지위가 엘리자베스 빌링턴의 인기를 초라해 보이도록 만든 것처럼, 오트 쿠튀르 시장에서 프레타 포르테, 즉 기성복 시장으로 활동 무대를 넓혀 나가는 과정에서 유명 패션 디자이너들의 부는 크게 증가했다. 이와 같은 놀라운 변화는, 백여 년 전에 워스가 사업을 시작했고, 그리고 워스와 보베르가 살았던 집에서 2마일도 떨어지지 않은 파리 6구의 투르농 거리에 이브 생 로랑Yves Saint Laurent이 리브 고슈Rive Gauche라는 기성복 매장을 처음으로 열었던 1966년에 비로소 시작되었다.

패션 디자이너들이 대량 생산 방식으로 돈을 벌기까지는 꽤 오랜 시간이 걸렸다. 그 부분적인 이유는 가장 수익성 높고, 값싸고 질 좋은 여성복 시장이 재봉틀의 발명을 즉각 도입한 것은 아니었기 때문이다. 오늘날의 스마트폰에 견줄 만큼, 1850년대에 등장한 재봉틀에 관한 천재적인 발명들은 미국의 남북 전쟁과 유럽의 프로이센-프랑스 전쟁을 거치면서 군복의 대량 생산에 큰 공헌을 했다.

그러나 공장에서 대량 생산된 여성복은 소비자들의 관심을 여전히 끌지 못했다. 1920년에 이루어진 한 연구가 보여 주고 있듯이, 가정에서 직접 옷을 만들어 입는 것이 기성복을 사는 것보다 훨씬 경제적이었기 때문이다.[37] 집에서 옷을 만드는 데 들어가는 평균 비용은 20달러 정도로, 평균 30달러의 기성복보다 훨씬 저렴했다. 즉, 기성복 구매는 당시 하나의 사치였다. 그 부분적인 이유는 획기적인 신기술인 재봉틀을 도입한 의류 공장들이 노동 착취적인 방식으로 옷을 생산했던 것처럼, 일반 가정주부들 역시 마찬가지 방식으로 옷을 만들 수 있었기 때문이었다. 집 안에서 엄마와 딸들이 맨해튼 중심가 공장에서 이주 노동자들보다 더 값싸게 옷을 만들 수 있는 한, 기성복은 사치품으로 남아 있을 수밖에 없었다. 드라마 「초원의 집」에서 로라 잉걸스 와일더가 〈매장에서 파는〉 옷을 입고 다니는 부잣집 친구들을 부러워하듯이 말이다. 두 번째 문제는 옷의 맵시였다. 이 문제는 남성복보다 여성복에서 더 중요한데, 그것은 여성들이 몸에 달라붙고, 유행에 민감한 스타일을 더 선호하기 때문이다.

사실 이 문제는 지금도 그대로 남아 있다. 여성 독자라면 아마 이 말에 공감할 것이다. 그래도 1941년에는 중대한 전환점이 있었다. 대공황 시절 실업 문제 해결의 일환으로 미국 농무부는 1만 5,000명에 달하는 여성들의 체형을 재고 그 데이터를 취합하여 표준 사이즈를 처음으로 만들어 냈다. 또한 산업용 재봉 기술 또한 크게 발전하여 1950년대에 들어서는 한 명의 재봉사가 여러 대의 재봉틀을 가지고 동시에 여러 벌의 옷을 만드는 작업이 가능해졌다.

이브 생 로랑이 깨달았던 것처럼, 슈퍼스타 패션 디자이너들은 이 두 가지 혁신을 통해 규모의 경제를 기반으로 막대한 돈을 벌어들였다. 단지 옷을 생산하는 것과는 달리, 현대 패션 디자인 시장은 연기나 노래, 요리 분야 이상으로 도금 시대 엘리트들을 위한 최고급 서비스로 거듭났다. 이브 생 로랑은 기성복 시장으로의 확장이 기존 패러다임과의 단절이라는 점을 잘 알고 있었으며, 그의 대중주의를 하나의 경쟁력으로 부각시키고자 했다. 그는 귀부인들의 옷을 만드는 게 패션 디자인의 전부라면, 그건 끔찍하게 지긋지긋한 일이 될 것이라고 지적했다. (하지만 짚고 넘어가야 할 점이 있다. 리브 고슈의 첫 번째 유명 고객은 카트린 드뇌브였다. 그리고 1987년의 블랙 먼데이로 주식 시장이 폭락한 지 불과 며칠 만에 열렸던 이브 생 로랑 기성복 컬렉션에서 10만 달러짜리 보석이 달린 재킷이 등장했다.)

그러나 이브 생 로랑의 많은 동료 엘리트 디자이너들은 큰 충격을 받았다. 에마누엘 웅가로는 리브 고슈의 컬렉션을 보고 크게 상심에 빠졌다고 썼다. 그로부터 1년 전 기성복 시장에 진출했다가 실패했던 피에르 가르뎅은 표준화와 일반화는 우리 모두를 〈죽을 만큼 지루한〉 세상에 빠트릴 것이라고 경고했다.

하지만 얼마 지나지 않아 오트 쿠튀르와 프레타 포르테에 동시에 손을 댄, 다시 말해 부자들에게는 고가의 맞춤 서비스를 제공하면서 동시에 신기술을 통해 자신의 능력을 확장했던 최고의 패션 디자이너들은 마셜 효과와 로젠 효과로부터 모두 이익을 얻었다. 1975년 이브 생 로랑은 2,500만 달러를 벌었고, 인플레이션을 감안해도 이 금액은 찰스 워스가 전성기 시절에 벌어들였던 수입의 100배에 달한다. 워스는 프랑스의 재봉사들보다 조금 더 부유할 뿐이었지만, 이브 생 로랑은 자신의 프레타 포르테 제품들을 생산한 외국 노동자들과는 확연히 다른 진정한 플루토크라트였다. 법률 및 공연, 예술과 요리 분야처럼 패션 시장에서도 슈퍼스타들과 그 나머지와의 격차는 계속해서 벌어지고 있다.

마틴 효과 — 자본과 인재의 대결

마셜 효과와 로젠 효과로부터 엄청난 혜택을 입은 슈퍼스타들은 두 가지 차원에서 점점 더 부유해지고 있다.

첫째, 더욱 커진 파이로부터 이익을 얻는다. 갑부 고객들은 예전보다 더 부유해졌으며, 그리고 규모의 경제를 기반으로 대중들에게 다가갈 수 있다. 그리고 둘째, 같은 분야의 동료들에 비해 그 파이에서 더욱 큰 조각을 차지할 수 있다(그게 능력 차이인지는 좀 더 생각해 볼 문제다). 슈퍼스타들의 소비자인 갑부와 대중들은 모두 〈최고〉 가수의 노래를 듣고, 〈최고〉 디자이너들이 만든 옷을 입고 싶어 한다. 변호사나 화가처럼 서비스 범위를 쉽게 확장할 수 없는 분야도 마찬가지다.

컨설턴트이자 경영대학원 학장인 로저 마틴Roger Martin은 지난 30년 동안 또 다른 요인이 시장에서 그 힘을 발휘했다는 진단을 내렸다. 슈퍼스타들은 단지 고객들로부터 더 많은 이익을 얻어 내는 것에 그치지 않고, 그들의 고용주들에게서 노동의 가치에 대한 더 많은 보상을 이끌어 내고 있다. 능력과 자본이 서로 경쟁하는 역동적인 상황에서 그 중심점은 점차 〈인재〉 쪽으로, 즉 슈퍼스타들 쪽으로 기울어지고 있다고 마틴은 보고 있다. 19세기와 20세기에 해당하는 산업 자본주의 첫 단계를 노동과 자본 사이의 경쟁으로 정의했던 것처럼, 마틴은 21세기 지식 기반의 탈산업화 자본주의 단계에서는 자본과 인재 간의 경쟁이 핵심적인 긴장 상황을 이루고 있다고 주장한다.

『하버드 비즈니스 리뷰』에서 마틴은 자신의 이론을 이렇게 소개했다. 〈20세기 상당 기간 동안에 노동과 자본은 산업화된 시장의 주도권을 놓고 치열한 싸움을 벌였으며, 많은 나라에서 정부 및 사회적 통제력을 차지하기 위해 경쟁했다. ……이제 새로운 형태의 싸움이 벌어지고 있다. 이번에는 지식 경제에 기반을 둔 이권을 놓고 자본과 인재가 경쟁을 벌이고 있다. 20세기에는 기업이 노동조합에 완벽한 승리를 거두었던 반면 오늘날 주주들이 기업 내부에서 지식 노동자들이 주도하는 혁신을 가로막는 일은 그리 만만치 않을 것이다.〉[38]

마틴의 이론을 통해 우리는 오늘날의 슈퍼엘리트와 도금 시대의 슈퍼엘리트 사이에는 중요한 차이가 있음을 알 수 있다. 그것은 다름 아닌 오늘날 〈일하는 부자들〉의 등장이다. 이매뉴얼 사에즈가 지적했던 것처럼, 오늘날 미국 최상층은 소득의 3분의 2를 일을 통해 벌고 있다. 한 세기 전만 해도 그 비중이 5분의 1이었다는 점을 감안한다면 중대한 변화라 하겠다.

높아지고 있는 〈인재〉의 위상에 관한 마틴의 이론은 경영 분야의 학술적 연구를 위한 지적 기반을 다진 오스트리아 출신 학자인 피터 드러커 Peter Drucker의 생각을 기반으로 하고 있다. 지긋지긋한 파워포인트 프리젠테이션, 요란하지만 핵심이 없는 경영서, 활력은 넘치지만 아무런 메시지가 없는 〈코치〉들의 원조로 드러커를 비난하는 사람도 있다. 그러나 드러커는 이미 반세기 전에 그의 표현대로 〈지식 경제〉로의 전환, 그리고 이와 더불어 〈지식 노동자〉의 성장을 예언했었다.

드러커는 비록 미국에서 성공을 거두었지만, 거시적이고 근본적인 사회적, 경제적 요인들을 모색하고, 그 요인들이 변화하는 시점을 포착하고자 했던 빈 스타일의 지적 전통을 물려받은 인물이다. 조지프 슘페터는 드러커 가족의 지인이자 어린 시절 자주 만났던 집안 손님이기도 했다. 이러한 관점에서 드러커는 떠오르는 지식 노동자를 자본주의 발전 과정에서 나타나는 필연적인 변화의 산물인 동시에 그 수혜자로 보았다. 드러커는 1994년 『애틀랜틱』지에 기고한 한 글에서 이렇게 말했다. 〈지식 사회에서 일꾼들, 즉 지식 노동자들은 생산 도구를 소유하고 있다.〉[39] 드러커는 거대한 변화가 일어나고 있으며, 산업 혁명 이후 처음으로 경제적 힘의 중심점이 노동자에게로, 또는 똑똑하고 고등 교육을 받은, 그리고 자본과는 멀리 떨어진 집단으로 옮겨 가는 흐름이라고 주장했다.

드러커는 이렇게 설명했다. 〈위대한 통찰력의 마르크스는 공장 노동자가 생산 도구를 소유하지 않고 있으며, 할 수도 없고, 그리고 거기서 《소외》되어 있다고 생각했다. 그의 지적대로 노동자가 증기 기관을 소유하고, 직장을 옮길 때 그것을 가지고 다니는 것은 현실적으로 불가능한 일이다. 자본가만이 증기 기관을 소유하고 통제할 수 있었다.〉 그래서 권력은 자본가의 몫이었던 반면, 불만은 프롤레타리아트의 몫이었다.

그러나 지식 경제가 도래하면서 그러한 개념이 붕괴되었다. 〈지식 사회로 접어들면서 근본적인 투자 대상이 기계나 도구가 아니라, 지식 노동자들의 지적 능력으로 바뀌어 가고 있다. ……시장을 조사하는 연구원에게는 컴퓨터가 필요하다. 하지만 컴퓨터는 점차 연구원 자신의 개인용 컴퓨터로 바뀌어 가고 있으며, 그 연구원은 쉽게 컴퓨터를 들고 다닐 수 있다. ……지식 사회에서 기업들의 보편적인 생각은…… 지식 노동자들이 기업을 필요로 하는 것보다, 기업이 지식 노동자들을 훨씬 더 필요로 한다는 점이다.〉

바로 이러한 차원에서 탁월한 소수 지식 노동자들은 슈퍼엘리트로 나아가는 길을 쉽게 발견할 수 있다. 그것은 그들이 독립적으로 업무를 수행할 수 있기 때문에, 다시 말해 생산 도구가 증기 기관이 아니라 개인용 컴퓨터로 바뀌었기 때문에 가능한 일이다.

물론 기계 중심적인 초기 산업 혁명 시절에도 소수의 슈퍼스타들은 자본가의 노예 신세를 뛰어넘어 활동했다. 가령 화가는 물감과 캔버스만 있으면, 그리고 변호사는 고등 교육과 지능, 그리고 자격증만 있으면 할 수 있었다. 마틴이 1890년에 서구 사회의 경제적 변화로 엄청난 이익을 얻는 사람들로 그 두 분야의 슈퍼스타들을 지목한 것은 이러한 점에서 우연이 아니다.

지식 경제에서 노동자들은 증기 기관이 아니라 노트북을 더 많이 사용하고 있다. 이 말은 그러한 분야에서 슈퍼스타들이 더 높은 수입을 벌어들이고 있다는 것을 의미한다. 지식 노동자들은 이제 계급 권력을 향해 나아가고 있다.

금융권의 슈퍼스타들

최고의 승리자는 금융가들이다. 산업 혁명 시대에도 금융가들은 아주 부유했다. 그들은 분명 그 시대의 플루토크라트들이었다. 가령 뉴욕의 J. P. 모건, 그리고 시티 오브 런던의 지그문트 바르부르크Siegmund Warburg가 그랬다. 그러나 이들은 자본을 소유한 사람들이었다. 그들의 직원들, 즉 그들 밑에서 월급을 받고 일하는 금융 전문가들은 그만한 보상을 누리지 못했다. 그들의 역할은 그저 숫자를 기록하는 데 불과했다.

그러나 금융 전문가들의 위상은 제2차 세계 대전 이후 지식 경제의 꾸준한 성장과 함께 엄청난 변화를 겪는다. 이제 그들은 금융 분야의 거물이나 주식회사의 주주와 같은 자본 소유자들 밑에서 일하는 월급쟁이 신세를 넘어서서, 스스로 자본을 소유하고, 자본가들과 더불어 회사를 소유할 수 있다는 사실을 깨닫게 되었다. 그런데 여기서 중요한 사실은, 월급쟁이에서 자본가로 올라서는 기회가 오프라 윈프리나 레이디 가가와 같은 특정 분야의 정상을 차지하고 있는 한두 명의 스타들에만 국한된 것이 아니라, 수천 명의 사람들에게 열려 있었다는 점이다. 2012년 『포브스』 선정 1,226명의 억만장자들 중 77명이 금융 전문가, 그리고 143명이 투자자들이었다. 3천만 달러 이상의 투자 자산을 보유하고 있는 4만 명의 미국인들, 다시 말해 부자에 관한 가장 권위 있는 보고서를 매년 만들어 내고 있는 메릴린치의 표현대로 〈초고액 순자산 보유자들〉 중 40퍼센트는 금융권에서 일하고 있다. 2014년이 되면, 미국의 소득 분배 구조의 0.1퍼센트 중에서 금융가들이 18퍼센트를 차지할 것으로 예상된다. 금융가들의 위상은 특히 소득 피라미드의 맨 꼭대기에서 두드러진다. 상위 0.01퍼센트에 대한 연구에서 스티븐 캐플런Steven Kaplan과 조슈아 라우Joshua Rauh는 월스트리트가 메인스트리트*보다 훨씬 더 많은 돈을 벌고 있음을 밝혀냈다. 전체적으로 볼 때, 월스트리트 상장 기업에서 일하고 있는 임원들은 비금융 분야에서 일하는 임원들에 비해 훨씬 더 많은 돈을 벌어들였다. 특히 헤지펀드 매니저나 사모펀드 대표와 같은 월스트리트 투자자들이 많은 돈을 벌었다.[40] 캐플런과 라우는 이렇게 쓰고 있다. 〈2004년을 기준으로 1억 달러 이상을 번 월스트리트 투자자의 수는 상장 기업 CEO들의 9배에 달했다. 실제로 상위 25명 헤지펀드 매니저의 총수입은 S&P 500 기업 CEO들의 총수입보다 더 많다.〉

우리는 회계사나 사무직 직원에서 출발해 플루토크라트 사회의 지배적 집단으로 변신한 금융가들의 경이로운 진화 과정을 제2차 세계 대전

---

* Main Street. 월스트리트와 대비하여 실물 경제를 가리키는 용어.

이후 10년 동안 등장한 세 개의 새로운 금융 형식, 그리고 보스턴에서 출발해 볼티모어로 이어지는 동부 해안을 따라 서로 500마일 이내에서 살던 세 남자의 전혀 이질적인 삶을 통해 추적해 볼 수 있다.

그 첫 번째 인물은 앨프리드 윈슬로 존스Alfred Winslow Jones라는 상류층 뉴요커다(그의 아버지는 호주 GE를 운영했다). 두 자녀와 두 채의 집을 가진 48세의 기자였던 1949년 당시 존스는 더 많은 돈을 벌기로 결심하고, 현대적인 개념의 헤지펀드를 개발했다. 두 번째 인물은 프랑스 태생의 하버드 비즈니스 스쿨 교수 조르주 도리오Georges Doriot라는 사람으로, 고향으로 돌아온 군인들이 설립했던 신생 기업들을 위해 개인 투자를 활성화하기 위한 방안으로 1946년에 현대적인 개념의 벤처 캐피털을 시작했다. 세 번째는 볼티모어 식품업자의 아들로 십 대 때 학교를 중퇴한 빅터 포스너Victor Posner라는 인물로 적대적 인수 합병(요즘에는 〈사모펀드private equity〉라는 보다 고상한 이름으로 부른다)이라고 하는 것을 1950년에 처음으로 시도했다.

이 세 사람은 함께 금융을 다른 사람들의 자금을 안전하게 관리하는 대형 기관들이 지배하는 분야에서 위험과 레버리지, 거대한 수익에 집중하는 상징적인 기업가들이 거물로 군림하는 분야로 바꾸는 데 앞장섰다. 이러한 변화가 미친 광범위한 경제적 파급 효과는 여전히 논쟁거리로 남아 있다. 이 세 사람 때문에 금융 자본주의가 지금처럼 불안한 상태가 되었다고 비난하는 사람들도 있을 것이다. 그러나 이들은 슈퍼엘리트의 성장에 대단히 중요한 역할을 했다. 헤지펀드, 벤처 캐피털, 사모펀드 이세 가지는 예전에 자본주의 경제의 기반을 이루는 배관으로서의 금융 산업을 똑똑하고 운 좋은 사람들이 순식간에 엄청난 돈을 벌 수 있는 획기적인 산업으로 바꾸어 버렸다.

그 과정에서 최대 수혜자는 스스로 개척해 나간 사람들이었다. 미래의 승리자들은 그러한 사실을 잘 알고 있었다. 세계적인 규모의 사모펀드 칼라일 그룹Carlyle Group의 공동 설립자인 억만장자 데이비드 루벤스타인David Rubenstein은 2011년 봄, 채용 시즌을 맞이하여 미국 유수의 비즈니스 스쿨들을 방문했을 때 모든 학생들이 기업가를 꿈꾸고 있다는 사실을 발견했다. 그는 내게 이렇게 말했다. 「제가 대학을 졸업할 당시 학생들은 대부분 IBM이나 GE 같은 회사에 들어가기를 원했죠. 하지만 지금 졸업을 앞두고 있는 사람들은 직접 기업을 운영하고 싶어 합니다. 모두가 마크 주커버그를 꿈꾸지, 기업의 CEO를 바라지는 않습니다. 그들은 스스로 기업가가 되어 엄청난 돈을 벌고 싶어 합니다.」[41] 이러한 모습은 요즘 더 일찍 시작되고 있다. 존스와 도리오 두 사람은 모두 오십에 가까운 나이에 처음으로 자신의 비즈니스를 시작했다. 하지만 오늘날 플루토크라트를 꿈꾸는 젊은이들은 서른 번째 생일에 그 목표를 이룰 수 있기를 바란다.

억만장자들의 모임

그러나 기업가적 금융의 성장으로 촉발된 실질적인 거대 혁명은 새로운 금융가들이 대형 기관들의 자리를 위협하며 이들을 변모시킨 방식에 있다.[42] 일반 시민들, 즉 월스트리트나 실리콘밸리 외부에 있는 사람들은 금융 위기 직전인 2007년에 골드먼삭스 CEO인 로이드 블랭크페인이 받았던 6,800만 달러, 그리고 2008년에 시티그룹의 스타 석유 중개업자인 앤드루 홀이 받았던 1억 달러의 보너스를 터무니없이 많은 돈이라고 생각한다. 그러나 월스트리트 내부에서는, 조직에서 큰 성공을 거두고 엄청난 연봉을 챙겨 간 직원들조차 헤지펀드나 벤처 캐피털, 사모펀드를 직접 이끌고 있는 사람들에 비해 스스로를 들러리로 여기고 있다.

헤지펀드 설립자인 억만장자 라지 라자라트남Raj Rajaratnam이 자신의 지인들과 통화하는 내용을 정부 기관이 도청했을 때, 우리는 그러한 사고방식을 살짝 엿볼 수 있었다.[43] 그 녹취록 일부에서 라자라트남과 매킨지의 유명 파트너 아닐 쿠마르Anil Kumar는 두 사람이 모두 알고 있는, 경영 귀족의 상승을 대표적으로 보여 주는 매킨지의 전 CEO 라자트 굽타Rajat Gupta에 대해 이야기를 나누고 있다. 당시 굽타는 세계적인 권위를 자랑하는 골드먼삭스의 이사회 멤버로 활동하고 있는 상태에서, 4대 사모펀드 기업 중 하나인 KKR(콜버그 크래비스 로버츠)로부터 러브콜을 받았다. 하지만 KKR과 골드먼삭스는 동종 업계에서 종종 경쟁을 벌이는 관계였기 때문에, 두 기업의 이사회에서 동시에 활동한다면 〈예상 가능한 이해관계의 충돌〉이 발생할 게 분명했다. 오랜 고민 끝에 굽타의 마음은 결국 KKR 쪽으로 기울었다. 그 결정에 대해 라자라트남은 이렇게 설명했다. 「제가 생각하기에 그는 크래비스[KKR의 세 설립자 중 한 명]에게 끌렸으며, 그가 속한 모임에 들어가기를 원했을 겁니다. 그의 억만장자 모임 말이죠. 골드먼삭스는 백만장자 모임에 불과하죠. 굽타는 아마 그 모임에 들어가면 앞으로 5년이나 10년 동안 힘들이지 않고 1억 달러를 벌 수 있을 것이라 기대했을 겁니다.」

금융 분야 기업가들이 월스트리트의 문화 전반에 미친 영향, 그 결과 글로벌 금융 시장의 문화에 미친 영향을 이해하기 위해서는 억만장자 모임에 주목해야 한다. 존스, 도리오, 포스너 이 세 사람 덕분에, 〈100명의 백만장자〉 모임에 들어가는 것만으로는 성에 차지 않게 되었다. 바로 이러한 생각이 월스트리트 월급쟁이들(혼자서 위험을 모두 떠안으려는 기업가들만이 아니라)의 개인적인 보상을 어떻게 차츰 높였는지 이해하기 위해, 우리는 다음과 같은 사실에 주목해야 한다. 2011년 골드먼삭스 수입 중 42퍼센트는 직원들의 급여가 차지했으며. 이들의 평균 연봉은 36만 7,057달러였다. 이와 같은 엄청난 보상은 골드먼삭스의 중역들에게만 주어진 것이 아니다. 경제 위기 직전에 40억 달러짜리 실수를 저지르고 그로부터 좀처럼 회복하지 못했던 모건스탠리 역시 2010년 직원들에게 전체 매출의 51퍼센트를 급여로 지급했다. 현재 리먼을 소유하고 있는 바클레이즈의 경우는 34퍼센트를, 크레디 스위스는 44퍼센트를 직원들에게 썼다. 이러한 결과를 다른 방식으로 해석하자면, 자본과 인재가 서로 싸우고 있는 월스트리트 상황에서 인재가 점차 승리를 거두고 있다고 볼 수 있다. 월스트리트는 자본주의의 성지다. 하지만 그 대표적인 기업들은 유고슬라비아 노동조합처럼 굴러가고 있다.

마태 효과

가버나움의 마태는 갈릴리의 세리였으며, 그의 아버지 또한 세리였다. 그러나 그는 예수의 제자이자 은행가들의 수호성인이 되었다. 그는 슈퍼스타의 존재를 처음으로 생각한 사람들 중 하나였다. 그가 발견한 것은 다음과 같은 진리였다. 〈있는 자는 받아 더욱 풍족하게 되고, 없는 자는 그 있는 것마저 빼앗기리라.〉 이는 곧 슈퍼스타의 톱니 효과를 말한다.

마셜 효과와 로젠 효과, 그리고 마틴 효과는 슈퍼스타들이 그들이 만들어 낸 가치로부터 더 많은 돈을 벌 수 있는 기반이다. 다시 말해 그들은 더 부유해진 고객들(마셜), 더 많아진 소비자들(로젠), 그리고 금융 후원자들과의 더 좋은 거래 조건(마틴) 덕분에 더 많은 돈을 번다. 그리고 마태가 발견했던 승수 효과는 슈퍼스타를 만들어 내는 이러한 기반을 지속적으로 강화해 나간다. 즉, 슈퍼스타 현상은 스스로 발전한다.

우리는 대중문화 속에서 마태 효과Matthew effect를 쉽게 접한다. 그리고 그 효과는 너무나 강력해서 마치 중력처럼 절대 벗어날 수 없는 것으로 느껴진다. 유명인은 유명하기 때문에 더 유명해지고, 인기는 그 자체로 더 높아진다. 새로운 스타를 배출해 내는 리얼리티 프로그램, 그리고 거기에 출연하기를 갈망하는 많은 사람들의 모습 속에서 우리는 그러한 현상을 확인할 수 있다. (2007년 8월 필라델피아에서는 「아메리칸 아이돌」 진출자 29명을 놓고 2만 명이 경쟁을 벌였다. 하버드 입시보다 훨씬 더 높은 경쟁률이다.)[44]

놀랄 만한 사실이 한 가지 있다. 어떤 일을 해서가 아니라, 단지 그 사람 자체가 힘을 발휘하는 슈퍼스타의 내적 영향력은 단지 겉모습이 화려한 연예계에서만 드러나는 것은 아니라는 점이다. 과학이라고 하는 실증적인 세상에서도 그 영향력을 느낄 수 있다. 사실 〈마태 효과〉라는 용어는 사회학자 로버트 머턴이 권위 있는 상, 특히 노벨상이 과학적 성과에 대한 사회적 인정에 어떤 영향을 미치는지 설명하기 위해서 사용한 말이다. 머턴은 과학계에도 슈퍼스타들이 활동하고 있으며, 그러한 슈퍼스타들의 발견은 다른 사람이 아닌 바로 그가 한 것이기 때문에, 더 중요하고 창조적인 업적으로 인정받는다는 사실을 깨달았다.

머턴은 〈주요〉 대학들에서 연구하고 자주 발표를 하는 과학자들이 동일한 수준의 성과를 보여 주고는 있지만 그보다 인지도가 떨어지는 연구 기관에 있는 과학자들보다 더 높은 인정을 받는다는 사실을 확인했다.[45] 똑같은 발견에 대한 다양한 연구들이 거의 비슷한 시기에 발표된 경우, 일반적으로 유명한 과학자들이 그 발견에 주도적인 기여를 한 것으로 알려진 반면, 덜 유명한 동료 학자들은 〈부차적인 존재〉로밖에 인정받지 못했다. 40년 전에 이미 머턴은 이러한 슈퍼스타 현상이 가속화될 것이라 예측했다. 그 부분적인 이유로는 연구원과 현미경으로 이루어진 〈작은 과학〉에서 〈고가의, 그리고 종종 집중화된 연구 장비들로 구성된 큰 과학〉으로의 변화가 과학계에서 시작되고 있었기 때문이다. 슈퍼스타는 〈큰 과학〉의 도구들을 마음껏 누릴 수 있는 특별한 사람들로, 머턴은 그들이 인지도가 없는 동료 과학자들에 비해 우위를 점하고 있다고 생각했다.

과학계 슈퍼스타들에 관한 머턴의 이야기에서 충격적인 점은 과학자들도 명성이 가져다주는 혜택의 불평등에 대해 이미 잘 알고 있다는 사실이다. 노벨상을 수상했던 한 물리학자는 이렇게 설명했다. 「성과를 평가하는 방식에서 세상은 아주 이상한 곳입니다. 사람들은 [이미] 유명한 사람이 당연히 일을 더 잘할 거라고 생각하는 경향이 있습니다.」 역시 노벨상을 수상한 또 다른 화학자는 이렇게 털어놓았다. 「사람들은 논문에서 제 이름은 쉽게 기억하지만, 다른 학자들의 이름은 그렇지 않습니다.」 또 다른 물리학상 수상자는 다른 사람들의 업적으로 자신이 영광을 누리고 있다는 사실에 우려를 드러내기까지 했다. 「자칫하다가는 제가 다른 사람들의 연구 성과를 가로채는 일이 벌어지고 맙니다. 제가 무슨 말이라도 하면, 사람들은 제 인기 때문에 이렇게 말해 버리곤 합니다. 〈저 사람이 생각해 낸 것이로군.〉 다른 사람들이 이미 발견한 것을 제가 인용한 것에 불과한 데도 말이죠.〉

인기의 자기 충족적 특성을 잘 드러내는 최고의 사례는, 아이러니하게도 우리들 대부분이 20세기의 대표적인 천재 과학자로 꼽는 알베르트 아인슈타인이다. 아인슈타인은 실제로 혁명적인 물리학자였다. 그는 상대성 이론으로 핵 시대를 열었고, 물질 세계를 바라보는 인류의 접근 방식을 완전히 뒤집어 놓았다. 하지만 사람들이 아인슈타인의 이름은 알고 있는 반면, 그와 마찬가지로 양자 역학에 중대한 기여를 했으며 지금도 여전히 쓰이고 있는 원자 구조의 모델을 제시한 닐스 보어나 DNA의 이중 나선 구조를 발견한 제임스 왓슨의 이름은 잘 기억하지 못하는 이유는 무엇일까?

역사가 마셜 미스너Marshall Missner에 따르면, 20세기 최고의 인물 중 한 사람으로 아인슈타인이 영향력을 발휘할 수 있었던 이유는 그의 학술 논문 때문이라기보다는 하임 바이츠만Chaim Weizmann이 주도했던 시오니즘 대표단의 자격으로 1921년 4월에 미국을 방문했던 일 때문이었다. 그가 탔던 배가 미국에 도착하기 전부터 아인슈타인은 이미 유명 인사이자 경외의 대상이었다. 1905년에 처음으로 세상에 나왔던 아인슈타인의 상대성 이론은 1919년 5월에 일어난 일식 동안에 빛의 편향이 관찰되면서 극적으로 증명되었다. 이 사건은 미국인들의 대중적인 상상력을 촉발시켰지만, 반드시 긍정적인 측면만은 아니었다. 사실 1920년대는 세계적으로 대단히 불안한 10년이었다. 소련에서는 볼셰비키가 세력을 얻어 나가고 있었고, 독일은 제1차 세계 대전의 결과에 따른 배상 문제로 위기를 겪고 있었다. 미국 경제의 호황은 계속해서 이어졌지만, 소득 불평등 문제는 점점 더 심각해지고, 포퓰리즘 시위는 사회적 지지를 얻고 있었으며, 혁명 이데올로기는 대서양을 건너 모든 사람들을 위협하고 있었다. 또한 외국인에 대한 혐오감과 반유대인 정서가 곳곳에 만연했다.

이와 같은 분위기에서 미국의 전반적인 여론은 아인슈타인과 그의 상대성 이론에 대해 불길하고 위험한 예감을 느끼고 있었다. 전 세계적으로 오직 〈12명〉만이 상대성 이론을 이해했다는 소문은 널리 퍼져 있었다. 학자들 또한 외국의 어느 작은 집단이 아인슈타인의 이론을 활용하여 공간과 시간을 왜곡하고 〈4차원의 세계〉로 진입해서 〈세계정복〉을 이룰지도 모른다고 걱정하고 있었다. 「뉴욕 타임스」조차 아인슈타인 이론의 〈반민주적인 측면〉을 거론했다. 〈선택된 소수만 이해할 수 있는 개념이 지구에, 또는 우주에 있다는 주장은 독립 선언의 이념에 상처를 입혔다.〉

그리고 바이츠만 대표단이 도착을 했다. 당시 시오니즘은 뉴욕 유대인들 사이에서 인기를 얻어 가고 있었으며, 방문객들을 맞이하기 위해 수천 명의 인파가 선착장으로 몰려들었다. 언론들은 이들 모두를 아인슈타인의 열성적인 팬들이라고 보도했다. 「워싱턴 포스트」는 〈아인슈타인을 환영하기 위해 수천 명이 항구로 몰려들었다〉고 보도했고, 「뉴욕 타임스」는 〈수천 명이 그 과학자와 그의 그룹이 미국 땅에 도착하는 것을 환영하기 위해 네 시간째 기다리고 있다〉는 기사를 실었다. 호기심으로 가득한 기자들은 아인슈타인에게 마구 질문을 퍼부어 댔다. 〈촌스런 미국인들을 무시하는 거만하고 차가운 유럽인〉일 것이라는 애초의 선입견과 달리, 아인슈타인은 〈카메라를 들이대면 미소를 지어 주고, 바보 같은 질문에도 흥미롭고 인상적인 대답을 하는〉 겸손하고 호감이 가는 인물이었다. 「뉴욕 타임스」는 사설을 통해 독립 선언에 대한 위협은 더 이상 없을 것이라며 이렇게 밝혔다. 〈아인슈타인 교수는 알면 알수록 더 좋은 사람이다.〉 기자들은 그를 호의적으로 대했고, 독자들의 생각을 뒤엎는 놀라운 사실들을 반겼다. 과학계의 신화는 바로 그렇게 탄생했다. 그 이후로 아인슈타인은 연구실은 물론, 외부 세상에서도 자신의 높은 인기를 통해 많은 영향력을 행사하게 되었다.

우리는 다른 분야에서도 이와 같은 예측하지 못한 인기의 힘을 확인할 수 있다.[46] 그중 하나로 베스트셀러 소설 시장이 있다. 스탠퍼드 경영대 교수인 앨런 소렌슨Alan Sorensen은 베스트셀러 목록을 선정하는 과정에서 어쩔 수 없이 일어나는 오류로 인해(판매 부수를 기준으로 할 때, 2001년과 2002년에 당연히 「뉴욕 타임스」 베스트셀러 목록에 올랐어야 할 109권의 책들이 떨어졌다) 처음에는 비슷한 수준으로 인기를 누리는 책들도 일단 베스트셀러 목록에서 탈락하면(노벨상을 타지 못했다면 아인슈타인도 1921년 미국 방문 당시 받았던 만큼의 슈퍼스타 대우를 누리지 못했을 것이다), 매출 실적의 부진을 겪게 된다는 사실을 밝혀냈다.

클래식 음악가들의 경우도 마찬가지다. 벨기에의 퀸 엘리자베스 콩쿠르는 피아니스트들에게는 대단히 중요한 대회다. 그 콩쿠르의 11년간의 자료를 살펴보았던 경제학자 빅터 긴스버그Victor Ginsburgh와 얀 반 아우르스Jan van Ours는 최고 세 명의 연주자들만이 전문 음악가로서 성공을 거두었다는 사실을 발견했다. 어떠한 형태로든 음악가로서 활동을 계속하고 있는 사람들은 절반도 되지 않았다. 그렇다면 콩쿠르 수상을 통해 얻은 것은 재능에 대한 보상인가, 아니면 인기일까? 긴스버그와 아우르스가 콩쿠르 우승자들을 대상으로 연구했을 때, 두 사람은 예상하지 못했던 발견을 했다. 그들은 우승을 통해 슈퍼스타로 공식적으로 인정받는 것이 순수하게 재능을 인정받는 것보다 훨씬 더 가치가 높다는 사실을 보여 주는 한 가지 실마리를 포착했다. 1위와 2위, 3위를 차지하는 것은 콩쿠르 참가자들이 연주를 했던 무작위적인 순서와 밀접한 관련이 있는 것으로 드러났다. 시합에 참여하는 무작위적인 순서가 재능과 관련이 있는 것이라고 생각하지 않는 이상, 분명한 결론은 참가자들의 재능과는 상관없이 퀸 엘리자베스 콩쿠르에서 수상을 함으로써 음악계로부터 얻은 인기는 연주자로서의 직업적 성공에 강력한 영향을 미친다는 것이다.

그렇다면 긴 꼬리long tail 이론은 어떨까? 인터넷에 관한 한 가지 전망은 마태 효과를 약화시킬 것으로 내다보았다. 인터넷 세상은 진입 장벽이 아주 낮기 때문에, 우리 모두는 사실상 똑같은 가상의 출발점에서 시작할 수 있다. 2005년 매튜 샐거닉Matthew Salganik과 던컨 와츠Duncan Watts 두 사람은 웹 기반의 1만 2,207명의 참여자들을 대상으로 그 가정을 검증해 보았다.[47] 그들은 참여자들에게 48곡의 노래 목록을 보여 주었다. 그리고 일부 참여자들에게는 조사 그룹을 통해 인기도 순위를 매긴 목록을 보여 주면서, 각각의 곡들이 얼마나 많이 다운로드되었는지를 알려 주었다. 반면 다른 참여자들에게는 그냥 무작위로 나열한 목록만을 보여 주었다. 그리고 통제 그룹에게는 인기 순위를 거꾸로 적은 목록을 보여 주었다. 즉 제일 인기가 없는 곡을 최고 인기곡으로, 그리고 가장 인기 있는 곡을 제일 인기 없는 곡으로 알려 주었다. 실험 결과는 전반적으로 머턴의 이론을 확인시켜 주었다. 그 순위의 진위에 상관없이, 높은 순위에 들어 있던 노래들은 계속해서 더 많은 인기를 얻었다. 이러한 현상은 조작되지 않은 목록의 〈인기 없는〉 곡들에게서 가장 뚜렷하게 드러났다. 하지만 그 효과가 절대적인 것은 아니었다. 목록을 〈거꾸로 조작한〉 경우, 최악의 곡으로 알려 준 최고의 곡들이 조금씩 인기를 얻어 나가는 움직임을 확인할 수 있었다. 여러분이 정말로 재능이 있다면, 슈퍼스타 리그를 비집고 들어갈 수 있겠지만, 그 싸움은 결코 쉽지 않을 것이다.

자본의 반격

1991년 1월 11일, 월트 디즈니 스튜디오의 CEO 제프리 카첸버그Jef-frey Katzenberg는 13인의 고위 임원들에게 〈세상이 변하고 있다: 우리의 비즈니스에 관한 몇 가지 생각들〉이라는 제목으로 메모를 전했다.[48] 별로 특별하지 않은 제목임에도 그 28쪽짜리 자료는 언론으로 바로 흘러 들어 갔다. 아마도 카첸버그 자신이 흘렸을 그 자료는 즉각 할리우드 사람들이 가장 많이 읽은 글이 되었다. 이 메모는 이렇게 시작한다. 〈우리는 거대한 위험 속으로, 그리고 이전에 없던 불확실성의 시대로 들어가고 있다.〉 카첸버그는 무엇을 두려워하고 있었던 것일까? 그건 바로 슈퍼스타들의 성장이다.

1984년 카첸버그가 자신의 사람들과 함께 유서 깊은, 그러나 위기에 봉착한 영화사를 살려 내기 위한 사명을 갖고 들어왔을 때, 디즈니는 〈비용에 가장 민감한 영화사〉였다. 디즈니는 비용을 절감하기 위해 〈인기 높은 스타들을 피하는 전략〉을 주로 활용하고 있었다. 카첸버그는 자랑스럽게 이렇게 썼다. 〈대신 전성기를 넘긴 스타들을 캐스팅하거나 직접 새로운 스타를 발굴했다. 『뉴스위크』와의 인터뷰에서 로빈 윌리엄스는 우리가 베티포드 클리닉* 뒷문 밖에서 인재들을 뽑았다고 이야기했다. 이러한 방식으로 제작했던 첫 영화는 「비버리힐스의 낮과 밤Down and Out in Beverly Hills」으로서 이 작품을 통해 베트 미들러, 리처드 드레이퍼스, 닉 놀테 등 세 배우는 다시 한 번 전성기를 맞이했다.

하지만 그렇게 10년을 이끌어 오면서 디즈니는 그 스타들에게 또다시

---

* 캘리포니아에 있는 마약, 알코올 중독자 치료 시설.

많은 비용을 지불해야 했다. 카첸버그는 특히 마태 효과 때문에 많은 어려움을 겪었다. 즉 배우들의 재능에 대해서만이 아니라, 카첸버그가 〈유명인 프리미엄〉이라고 지적했던 그들의 인기에 대해서도 돈을 지불해야 했다. 〈1984년 우리는 베트에게 재능에 대해서만 지불했다. 그러나 이제는 재능 말고도 그녀의 높은 인기에 대해서도 돈을 줘야 한다. 이것이 바로 유명 스타들과 함께 작품을 찍기 위한 《유명인 프리미엄》이다.〉

카첸버그가 가장 불만스러워했던 것은 20세기 후반에 〈유명인〉들이 얻어 낸 상징적인 수확이었다. 다시 말해 출연료를 받는 것에서 사업 지분을 갖는 것으로의 변화였다. 헤지펀드 매니저들이나 사모펀드 투자자들은 이러한 지분을 〈캐리carry〉라고 부르는 반면, 무비 스타들은 〈참여participation〉라고 부른다. 카첸버그는 이를 〈극단적인 협박extremely threatening〉이라고 불렀다. 그는 이렇게 말했다. 〈엄청난 지분에 말도 안 되는 보수는 스타들에게는 윈윈win-win을, 우리에게는 루즈루즈lose-lose를 의미할 뿐이다. 이로 인해 우리는 실패하면 엄청난 피해를 입고, 성공을 해도 유리한 입지를 확보하지 못한다.〉

카첸버그의 걱정은 배우들에 대한 것만이 아니다. 그는 작가들에게도 〈각본당 2~3백만 달러〉를 줘야만 한다고 불만을 터뜨렸다. 카첸버그는 디즈니가 〈젊은〉 작가들에게는 5~7만 달러를, 그리고 〈검증된〉 작가들에게는 디즈니가 제안한 아이디어로 각본을 쓰는 대가로 25만 달러를 지급하는 게 적절하다고 생각했다. 카첸버그는 슈퍼스타 작가들이 이름을 떨치는 새로운 세상에서 이와 같은 열악한 조건을 제시해서는 장기적으로 바람직한 계약을 맺기 힘들 거라는 점을 인정했다. 〈아마도 많은 사람들이 더 이상 이런 방식으로는 안 될 것이라고 이야기할 것이다. 돈벌이가 되는 각본 시장에서 에이전트들은 자신들의 고객이 장기 계약에

서명하도록 내버려 두지는 않을 것이다. 이 말은 앞으로 더 힘들어질 것이라는 의미다. 물론 완전히 불가능하다는 말은 아니다.〉

여기서 카첸버그가 내놓은 해결책은, 재능은 있지만 크게 주목을 받지는 못한, 또는 최고의 유명인 프리미엄을 누렸지만 점차 인기를 잃어 가는 배우나 작가 들을 직접 찾아나서는 것이다. 카첸버그는 이렇게 썼다. 〈모든 일류 작가들은 한 가지 공통점을 가지고 있다. 그들도 한때는 무명 시절을 겪었고, 일을 할 수 있는 것만으로도 고마워했던 때가 있었다. 저기 밖에 있는 미래의 스타 작가들은 우리가 관심을 가져주기만 해도 고마워할 것이다. 인재를 발굴하기 위해 우리는 더 열심히 돌아다니고 더자세히 들여다보아야 한다. ……그리고 제일 먼저 손을 내밀어야 한다.〉

배우 발굴을 위해 카첸버그는 그의 팀에게 이렇게 말했다. 〈공격적으로…… 코미디 클럽들을 돌아다니며 미래의 스타를 찾고, 그리고 한때 스타였고 재기에 성공할 수 있는 인물들을 클리닉에서 아무도 모르게 찾아내야 한다.〉

카첸버그만 그러는 것이 아니다. 슈퍼스타들의 힘이 점점 더 강해지면서 모든 분야의 경영자들이 유명인 프리미엄을 피하기 위해 안간힘을 쓰고 있다. 영화사 사장들은 클리닉에서 배우들을 비밀리에 캐스팅하는 것은 물론, 이제는 애니메이션 영화에 힘을 쏟고 있다. 일러스트레이터, 기술자, 성우 들은 아직 슈퍼스타 프리미엄을 요구하지 않고 있기 때문이다. 또한 스타 배우를 캐스팅했다가 첫 시즌에서 너무 유명해지는 경우에 대비해 몸값이 낮은 다른 배우로 대체할 수 있는 시리즈 작품들을 시도하고 있다. 「팝 아이돌Pop Idol」처럼 일반인을 스타로 만드는 리얼리티 쇼나 오디션 프로그램들 역시 유명인 프리미엄을 피할 수 있는 한 가지 방법이다. 프로그램을 통해 그 주인공이 인기를 얻는다고 해도, 사전 계약을 통해 요구 조건들을 미리 차단할 수 있다.

스포츠 구단들 역시 스타가 아닌 인재를 발굴해야 하는 똑같은 과제를 짊어지고 있다. 마이클 루이스의 『머니볼*Moneyball*』에서 영웅으로 등장했던 오클랜드 애슬래틱스 야구팀 단장 빌리 빈의 이야기 속에서 우리는 그러한 모습을 확인할 수 있다. 여기서 빈은 예산이 부족한 약체 메이저리그 야구팀의 영웅이다. 하지만 사실 『머니볼』은 팀 전력에 꼭 필요하지만 아직은 저평가된 선수들을 발굴함으로써 스타 선수에게 유명인 프리미엄을 주지 않으려고 하는 자본가, 즉 구단주들에 관한 이야기이다.

영화나 스포츠보다는 그 정도가 덜하지만, 그래도 더 좋은 대우를 받고 있는 슈퍼스타들이 활동하고 있는 금융 분야에서도 경영자들은 유명인 프리미엄을 피할 수 있는 방안을 모색하고 있다. 하버드 경영대학원의 보리스 그로이스버그Boris Groysberg 교수는 2010년에 금융 분야의 『머니볼』이라고 할 수 있는 『스타 따라잡기*Chasing Stars*』라는 책을 출판하면서 월스트리트 인사 담당자들 사이에서 영웅이 되었다. 200명이 넘는 월스트리트 애널리스트들과 인터뷰를 나눈 그로이스버그는 경쟁 기업으로부터 스타 인재들을 빼앗아 오는 노력은 결국 돈 낭비에 지나지 않았다는 결론을 내렸다. 실제로 다른 곳에서 스카우트를 해온 애널리스트들은 원래 있던 곳을 떠나 다른 기업 문화로 들어오면서 예전의 능력을 제대로 발휘하지 못하는 모습을 보였다. 널리 알려진 것처럼 워런 버핏 역시 이 말에 동의한다. 버핏은 고향인 오마하를 떠나 1990년대에 월스트리트에서 벌어지고 있던 자본과 인재의 싸움에 뛰어들었다. 당시 위기를 겪고 있던 투자 은행 살로몬브라더스의 운영을 잠시 맡는 동안(주주들에게 보내는 이듬해 편지에서 버핏은 〈전혀 신나지 않은〉 기간이라고 표현했던),

버핏은 전체 상여금 규모에서 1억 1,000만 달러를 삭감했다.

경영자들이 슈퍼스타들의 몫을 제어하려고 노력하는 데도 불구하고 그들이 계속해서 성장하는 데에는 한 가지 근본적인 이유가 있다. 그것은 기업의 소유권이 널리 퍼져 있고, 시간과 전문성, 그리고 기업의 경영 방식에 관한 구체적인 사안에 집중할 의지의 차원에서 이사회의 역량이 부족한 거대 주식회사들의 시대에서 경영자 또한 하나의 슈퍼스타이기 때문이다. 연예인과 스포츠 선수들이 가장 두드러진 슈퍼스타이기는 하지만, 규모 면에서 놓고 볼 때, 그들은 지난 40년 동안 월급쟁이에서 시작해 백만장자에 이른 기업 경영자들의 집단에 비해 훨씬 작다.

1991년 메모에서 카첸버그가 제시했던 아이디어는 이후 학술 연구를 통해 전반적으로 입증되었다.[49] 그중 가장 놀라운 것은, 1999년 200편에 달하는 영화의 수익성을 조사했던 에이브러햄 라비드Abraham Ravid가 스타들이 박스오피스 실적에 영향을 미치지 않았다는 연구 결과를 발표한 것이었다. 카첸버그에게는 명성에 따른 추가 요금의 경제적 위험성을 발견해야 할 강력한 동기가 있었다. 디즈니 CEO로서 카첸버그는 조직의 수익 구조를 전환해야 했기 때문이다. 그러나 CEO를 포함한 최고 경영진들의 치솟는 연봉에 대한 점검은 대단히 미흡하다. 물론 슈퍼스타들에게도 상사는 있다. 그러나 CEO로서 첫 번째 유명인이 되었던 잭 월치가 2011년 봄 뉴욕 92번가에서 열린 토론회에서 지적했던 것처럼, 경영자들이 정말로 원하는 것은 〈관대한 보상 위원회〉다.

또한 똑똑한 변호사도 필요하다. 〈인재〉에 대해 카첸버그가 가장 불만스러워하는 것은 〈참여〉, 즉 배우들에게 영화 수익의 일정 부분을 보장하는 계약이다. 하지만 정작 카첸버그 본인도 그러한 계약을 통해 연봉과 CEO로서의 특혜 이외에도 영화사 전체 수익에 대한 지분을 보유하고 있는 것으로 드러났다. 카첸버그의 계약 조건은 영화의 수익뿐만 아니라, 디즈니 전체 수익 구조에 큰 영향을 줄 만큼 엄청난 것이었다. 퇴직금 문제를 놓고 카첸버그와 법적인 공방을 벌였을 때 디즈니 주주들은 비로소 그 심각성을 깨닫게 되었다. 계약 조건이 구체적으로 밝혀지지는 않았지만, 할리우드 변호사들은 퇴직금이 적어도 2억 달러에 달할 것으로 추정했다. 그 금액은 카첸버그가 1991년 메모를 쓰도록 만들 정도로 어마어마한 비용을 투자했던 영화 「딕 트레이시」 제작비의 네 배가 넘는다.[50]

제목이 모든 이야기를 하는 경우가 있다. 1986년 3월 『하버드 비즈니스 리뷰』에 실렸던 〈최고 경영자들은 그만한 몸값을 한다Top Executives Are Worth Every Nickel They Get〉라는 제목의 글이 바로 그러한 사례다. 『하버드 비즈니스 리뷰』는 하버드 대학이 소유하고 있으며, 독자층은 대부분 앞서 언급한 최고 경영자와 그들의 야심찬 부하 직원들이다. 이러한 점에서 『하버드 비즈니스 리뷰』 역시 그 후원자들에게 아첨을 해야 하는 언론의 숙명에서 벗어날 수 없다. 그러나 그 글에서는 그다지 냉소적이지 않은 동기를 발견할 수 있다. 그 글을 쓴 케빈 J. 머피Kevin J. Murphy는 20세기 시장 경제의 한 가지 심각한 문제를 해결하기 위해 지난 십 년 동안 연구를 추진했던 소규모 경영학자들의 모임을 이끌던 인물이었다. 그들이 던진 질문은 이러한 것이었다. 자본가 없이 어떻게 자본주의를 운영할 것인가? 다시 말해서 누가 경영자를 관리할 것인가?

사실 이는 새로운 질문이 아니다. 애덤 스미스 역시 『국부론』에서 주식회사 경영자를 〈부잣집 재산관리인〉[51]에 비유하면서 이렇게 경고했다. 〈자신의 돈이 아닌 다른 사람들의 돈을 관리하는 사람에게서 개인적인 협력 관계로 이어진 동업자들이 그들의 기업을 관리하는 수준의 철저함을 기대할 수는 없다. ……태만과 낭비가 사라지지 않는다.〉앨프리드 마셜 또한 백여 년 전 소유자들이 직접 운영했던 미국 기업들과 비교하면서 열정 없는 영국 기업들의 약점에 대해 이렇게 우려를 표했다. 〈드넓고 역동적인 미국의 상황과 비교할 때, 느려 터진 경영 방식에서 벗어나지 못하는 영국의 거대 주식회사들이 왕성하고 독창적인 전략, 즉 그들이 확보하고 있는 자원을 거대한 비즈니스에 투자할 능력과 의지를 가진 부유한 소규모 자본가 집단의 민첩한 결단력과 경쟁하기는 대단히 버거워 보인다.〉

부유한 소규모 자본가 집단은 20세기 미국의 놀라운 경제 발전을 위한 초석을 다졌다. 그러나 경제가 성숙기로 접어들면서, 미국의 비즈니스 경영 방식 또한 의욕적이고, 전략적이고, 결단력 있는 마셜 시대 설립자들의 손을 떠나 재산 관리인들의 새로운 세대로 넘어가기 시작했다. 1931년 가디너 민스Gardiner Means가 발표했던 유명 논문 속에서 우리는 그 변화를 확인할 수 있다.[52] 어릴 적 뉴잉글랜드 농장에서 일을 하다가 제1차 세계 대전이 터지자 용감무쌍한 전투기 조종사로 활약했던 민스는 나중에 경제학을 공부했고, 결국 아이비리그 대학의 교수가 되었다. 1929년 말 민스는 미국의 200대 기업들 중 44퍼센트가 소유주가 아닌 경영자들에 의해 운영되고 있다는 사실을 확인했다. 미국 대기업들의 전체 자본 중 상당 부분이 경영 계급의 손에 맡겨져 있었다. 시가 총액을 기준으로 할 때, 200대 기업들 중 58퍼센트가 경영자들에 의해 운영되고 있는 것으로 나타났다.

민스는 계속해서 힘을 얻어 가고 있는 경영 계급이 자기 선택적이고, 자기 영속적인 집단이라고 생각했다. 이와 비교 가능한 유일한 집단으로 민스는 가톨릭 성직자들을 제시했다. 이듬해 민스는 컬럼비아 대학 기업법 교수인 아돌프 벌Adolf Berle과 함께 책을 집필했고, 거기서 두 사람은 성장하는 경영 엘리트를 〈산업의 왕자들〉[53]로 묘사했다. 벌과 민스 두 사람은 소유주에서 경영자로의 변화를 독립적인 장인에서 공장의 임금 노동자로의 변화에 필적할 만큼 중요한 흐름으로 보았다.

벌과 민스는 이러한 경영 귀족들을 통제하는 방식에 대해 우려의 목소리를 냈다. 수백 명의 소액 투자자들로부터 자본을 끌어들이는 주식회사의 특성 때문에, 이제 경영 계급은 예전에 찾아볼 수 없었던 엄청난 규모와 영향력으로 기업을 지배하고 있다. 그러나 소유주들의 행동을 통제하는 시장의 인센티브는 그들의 재산 관리자에게 반드시 해당되는 것은 아니었다. 실제로 경영자들의 이익은 소유주들의 이익과 〈다르거나 때로는 완전히 상반되는〉[54] 모습을 보였다. 고용된 경영자들은 〈기업을 위해 수익을 창출하기보다는 기업의 이익을 희생해서라도 자신들의 몫을 챙기고자 했다〉.

벌과 민스는 뉴딜 정책을 이끈 인물들이었다.[55] 벌은 연방준비제도이사회 〈고문단〉의 초기 구성원이었으며, 민스는 루스벨트 행정부에서 경제학자로 일하는 동안 철강 시장의 가격 담합을 저지하기 위해 캠페인을 벌였다. 두 사람이 제시했던 정책을 실현하기 위해서는 정부와 사회의 적극적인 개입이 필요했다. 정부 권력을 통해 한계를 넘어선 경영 귀족들을 규제하고, 그리고 경영자들이 조직 전체의 이익을 위해 기업을 운영하는 〈경제적 리더〉가 되도록 촉구하는 사회적 합의를 만들어 내야만 했다.

벌과 민스가 제기했던 문제에 대해 머피는 「몸값을 한다」라는 글을 통해 획기적으로 다른 해결책을 공개적으로 당당하게 내놓았다. 뉴딜 정책

지지자들과 마찬가지로 머피와 그의 동료들은 경영자들에 대한 통제를 20세기 자본주의의 핵심 과제로 보았다. 하지만 머피와 경영대학원 동료 교수들은 경영자들을 사회적 의식으로 무장한 공무원처럼 만드는 방향이 아니라, 그 반대편에서 해결책을 모색했다. 다시 말해 그들이 대체했던 예전의 의욕적인 설립자와 소유자의 모습으로 경영자들을 변모시키는 방안을 찾고자 했다. 이를 위해서 경영자에 대한 인센티브 제도를 그들이 운영하고 있는 기업의 실적과 최대한 밀접하게 연동되도록 만들어야 했다. 물론 기업 전체를 소유하는 정도로 강력한 동기를 줄 수는 없지만, 그래도 가장 근접한 차선책을 제시할 수 있어야만 했다.

사실 「몸값을 한다」는 부분적으로나마 경영자들을 제어할 수 있는 사회적, 정치적 시스템을 구축하기 위한 뉴딜 정책 지지자들의 노력에 대한 해답으로서 나온 결과다. 자신이 운영하는 기업의 이익을 희생하면서까지 사적인 이익을 챙기려는 경영자들의 성향에 대해 벌과 민스가 걱정했던 때로부터 30년이 흘러, 존 케네스 갤브레이스John Kenneth Galbraith는 기업 중역들에 대한 변명은 아니라고 하더라도, 미국 기업들의 정신을 이렇게 묘사했다. 〈경영자들이 막무가내로 자신의 이익을 챙기기에만 급급한 것은 아니다. 올바른 경영자들은 원칙을 지킨다. ……결정권에는 항상 돈을 벌 수 있는 기회가 따라온다. ……모든 사람들이 돈 벌 궁리만 한다면…… 기업은 욕망들이 충돌하는 혼란의 공간으로 전락하고 말 것이다. 그러나 훌륭한 기업들은 그렇게 돌아가지 않는다. 전반적으로 현실적인 규칙들을 통해 기업은 그러한 행동을 제어할 수 있다.〉

『하버드 비즈니스 리뷰』에서 했던 진심 어린 호소의 후속편에서 머피는 공저자인 마이클 젠슨Michael Jensen과 함께 전후 시대에 나타나고 있는 규제의 문화를 정량적으로 확인할 수 있다는 사실을 발견했다. 제

2차 세계 대전 이후 30년 동안 미국 경제는 더욱 빠르게, 그리고 예전보다 더욱 꾸준한 속도로 성장했고, 미국 기업들은 세계적으로 발전해 나아갔다. 그동안 사회적, 경제적으로 인정받은 리더들은 국가의 산업을 이끌어 나갔지만, 그들이 받았던 연봉은 실질적으로 떨어졌다. 꿀을 바른 전후 시대의 〈매드 맨〉의 기억에서, 우리는 그 시절을 기업의 경영자들이 성공을 거둔 시절이라고 생각할 수 있을 것이다. 하지만 사실 그 시대는 경영 귀족들이 운영하는 기업들이 번영을 거듭하고 있을 때조차, 사회의 나머지가 그들을 구속해 나가던 때였다. 1990년 논문에서 머피와 젠슨은 이렇게 결론지었다. 〈표본 기업들의 평균 시장 가치가 두 배로 성장하는 동안, 상위 25퍼센트에 해당하는 CEO들의 연봉과 보너스는 (1986년 화폐 가치로) 1934~1938년 동안 81만 3,000달러에서 1974~1986년 동안 64만 5,000달러로 떨어졌다.〉[56]

사회적 압력이 CEO 연봉 인상을 제한하고 있는 당시의 흐름에 관한 갤브레이스의 설명에 대해 머피와 젠슨도 동의했다. 〈공공 분야와 기업 내부에 작용하고 있는 정치적인 힘이 탁월한 성과에 대한 엄청난 보상을 제한하고 있다.〉

경영 계층의 성장에 대해 민스와 벌이 제시한 해결책은 작동을 했고, 실질적인 성과를 보여 주었다. 의욕이 넘치고 개인적인 이해관계를 가진 부유한 설립자이자 동시에 소유주인 사람들이 더 이상 미국의 기업들을 운영하지 않는다. 그럼에도 이들을 대체한 새로운 월급쟁이 재산 관리인들이 기업의 이익을 가로채는 사태는 벌어지지 않았다. 〈아주 효과적인 규제〉 아래서 그들의 수입은 실제로 떨어졌으며, 그러한 상황에서도 그들은 맡은 바 임무를 잘 수행해 냈다. 1932년에서 1976년 사이 재산 관리자인 경영자가 운영을 맡은 기업의 수는 두 배로 증가했고, S&P 500

기업들의 연간 실질 총매출액은 7.6퍼센트 성장했으며, 미국의 GDP는 다섯 배로 커졌다.[57]

그러나 머피와 젠슨, 그리고 그들과 비슷한 생각을 가진 동료 학자들이 CEO들의 연봉을 다시 한 번 조사했던 1970년대 말과 1980년대에 경제적 전망은 점차 어두워졌다. 인플레이션에도 불구하고 경기가 침체되는 스태그플레이션 현상이 나타나고 있었다. 미국 경제는 성장이 둔화되면서 위험 회피적으로 흘러갔고, 또한 혁신적인 외국 경쟁업체들로부터 위협을 받고 있었다. 이러한 상황은 보다 전반적으로 자유로운 경제 혁명을 자극했고, 그리고 기업의 경영진 내부에서 벌어지고 있는 일에 대해 다시 한 번 생각하도록 만들었다.

1930년대에 벌과 민스가 경고했던 것처럼, 그 문제의 중심에는 〈관리인〉들이 경제 전반을 운영하는 20세기적 상황이 그대로 놓여 있었다. 하지만 이러한 경영 귀족들이 자신들의 주머니만 챙길 것이라는 뉴딜 지지자들의 염려는 기우로 드러났다. 결과는 그 반대였다. 하지만 머피와 젠슨의 경고처럼 바로 그것이 문제였다. 경영자들의 약탈을 사전에 예방하기 위한 사회적 장치는 탁월한 경영 성과에 대한 경제적인 인센티브를 약화시키는 부작용을 낳았다. 뉴딜 지지자들은 살인청부업자 같은 CEO의 모습을 사회적 의식으로 무장한 신중한 자본주의 공무원의 모습으로 바꾸어 놓았다. 그러나 최고 경영자들은 자기 〈몸값을 한다〉는 입장에 선 경영대학원 교수들은 경영자 집단을 열정적인 자본주의 소유주로 바꾸고 싶어 했다.

그 해결책은 〈성과에 따른 보수〉였다. 즉 경영자에 대한 보상이 그들의 업무 성과에, 특히 기업의 경영 실적과 밀접하게 연결되도록 제도를 마련해야 한다는 것이었다.

성과에 따른 보수를 강조하는 학계의 주장은 한편으로 대단히 효과적인 것으로 드러났다.[58] 전후 시대에 꾸준히 하향세를 기록했던 CEO들의 연봉은 다시 급격한 증가세로 돌아섰다. 그 전환은 1990년대에 특히 두드러지게 드러났다. 1990년대 말에는 연간 10퍼센트로 치솟았다. S&P 기업들의 CEO를 대상으로 한 로저 마틴의 연구 조사에 따르면, 그들의 평균 연봉은 1992년 230만 달러에서 2001년 720만 달러로 치솟았다. 이것만으로도 엄청난 금액이었지만 이들이 미국 경제의 전체 소득에서 차지하는 비중은 점점 더 증가해 갔다. 1993년에서 2003년 사이 미국의 개별 상장 기업에서 상위 5명의 연봉자들 모두가 벌어들인 소득의 전체 합계는 3,500억 달러에 이를 정도였다.[59] 2001년에서 2003년 사이에 상장 기업들은 자사의 최고 경영진에게 순익의 10퍼센트가 넘는 돈을 지급했으며, 이는 8년 전 5퍼센트 미만에서 크게 높아진 것이다.

물론 그 시절은 1퍼센트가 사회 전체로부터 떨어져 나간 기간이기도 하다.[60] 그러한 현상은 기업들 내부에서도 똑같이 일어났다. 연봉 상승으로 CEO들은 근로 현장과 책상으로 가득한 사무 공간에서 점점 더 멀어져 갔다. 1970년대 초만 하더라도 CEO들의 평균 연봉은 일반 근로자들의 30배가 넘지 않았다. 그러나 2005년에 이르러 경영자들의 평균 연봉은 근로자들의 110배에 달했다. 그리고 사회 전반의 소득 불균형이 최상위층에서 더욱 두드러지게 나타남에 따라 CEO와 직속 부하 직원들 사이의 격차는 더 크게 벌어졌다. 1980년대 초에 경영자의 보수는 차상위 2명의 관리자들보다 40퍼센트 정도 높은 수준이었지만, 21세기 초에 이르면 두 배 반을 넘어섰다.[61]

이러한 현상은 우연이 아니다. CEO들이 갤브레이스가 묘사했던 전후 시대 월급쟁이의 단계에서 성과에 따라 보상을 받는 새로운 시대의 자유계약 슈퍼스타 단계로 성장하도록 만들었던 경제 체제의 변화에 따른 당연한 결론이었다. 런던 정치경제대학의 두 경제학자가 던진 간단한 질문은 이러한 현상을 더욱 두드러지게 보이도록 만든다. 그 질문은 이러한 것이다. 〈성공적인 기업에서 일을 하는 것이 중요한가?〉 이 질문에 대한 기업 인사팀의 대답은 〈당연하다!〉였다. 그리고 기업의 웹 사이트들은 팀원으로 일을 하고, 기업 전체의 성공을 지지하도록 촉구를 하고 있다. 하지만 브라이언 벨과 존 반 리넨이 영국 상장 기업들의 전체 시장 가치 중 90퍼센트 가까이를 차지하고 있는 표본 기업들의 상황을 들여다보았을 때, 긍정적인 결론을 이끌어 낼 수 없었다. CEO와 중역들만이 성과에 따른 보상을 받고 있었던 것이다. 〈기업 주가가 10퍼센트 성장할 때 CEO의 연봉은 3퍼센트 정도 상승한 반면, 일반 근로자의 연봉은 0.2퍼센트 상승하는 데 그친 것으로 나타났다.〉[62]

기업 내부에서 벌어지고 있는 이러한 현상은 단지 1퍼센트의 전반적인 성장만을 보여 주는 것이 아니라, 그 성장이 가속화되고 있다는 사실도 더불어 보여 주고 있다. 특수한 범주인 금융 분야를 제쳐두고서, 2005년에 경영자들은 상위 1퍼센트 집단에서 31퍼센트를 차지하면서 그중 최대 단일 그룹을 이루고 있었다. 다시 상위 0.1퍼센트 집단으로 올라가면, 2005년도에 그 비중은 42퍼센트에 이른다.

몇십 년 전 죄르지 콘라드와 이반 셀레니는 소위 노동자의 나라들에서도 진정한 승자이자 진정한 최고는 지식 계급, 특히 테크노크라트 집단이라고 하는 정치적으로 불편한 진실을 지적했다. 이들은 또한 시장 경제 내에서도 상류층으로 자리를 잡고 있다. 지금 계급 권력을 향한 도정에 있는 집단은 MBA 출신들이다.

공산주의 치하에서 지식 계급의 성장은 당연하게도 정치적인 결과였다. 그러나 서구 사회에서 나타나는 MBA 집단의 성장을 설명하는 학술적인 주장들은 모두 시장의 힘에 관해서만 이야기한다. CEO들의 연봉 상승은 성과에 따른 보상이라고 하는 혁신적인 시스템의 목표가 아니었다. 그것은 다만 그러한 시스템의 필연적인 결과일 따름이다. 그 시스템의 핵심은 경영 귀족들의 연봉을 실적과 밀접하게 연결함으로써 그들이 더 좋은 성과를 올리도록 자극하기 위한 것이었다. 이러한 차원에서 급증하는 CEO의 연봉, 그리고 그들과 다른 관리자들 사이에서 점점 더 벌어지고 있는 격차는 슈퍼스타 경제학이라고 하는 광범위한 이야기의 한 장에 불과할 따름이다. 경영자의 연봉과 비즈니스 실적을 긴밀하게 연결하면서부터 기업들은 어떤 경영자들이 다른 경영자들에 비해 능력이 뛰어나고, 최고의 가수나 변호사, 요리사와 마찬가지로 그들 역시 엄청난 금전적인 프리미엄을 요구할 수 있다는 사실을 깨닫게 되었다.

슈퍼스타가 되기 위해, 또한 그렇게 대우받기 위해, CEO는 더 이상 회사 사람으로 머물러서는 안 된다. 전후 시대의 경영자들은 한 기업에 평생을 받친 사람들이었다. 그들은 그들이 속해 있는 회사가 빚어 낸 창조물이자 종복이었으며, 그들이 지닌 가치의 상당 부분은 그들을 창조해 낸 고유한 기업 문화에 대한 그들의 지식과 자신들이 했던 고유한 비즈니스에 뿌리를 두고 있었다. 그러나 슈퍼스타 CEO들은 하나의 기업에 구속될 수 없는 존재들이다. 더 이상적으로 보면, 그들은 특정 산업에 매일 필요도 없다. 그들은 〈경영〉 혹은 〈리더십〉에 특화된 기술을 지닌 인재들임이 분명하다. 이들이 MBA 출신일 가능성은 더욱 높아지고 있고(1970년대에는 CEO들 가운데 MBA 출신은 13.8퍼센트에 지나지 않았지만, 1990년대에 그 비중은 28.7퍼센트로 높아졌다), 이들이 한 특정 기업에 계속 충성할 가능성은 갈수록 낮아지고 있다. 비즈니스의 성공을 위해서 이러한 인재들이 반드시 필요하다면, 세상의 모든 기업들은 세계 최고의 경영자와 리더를 확보하기 위해 치열하게 경쟁을 벌여야 할 것이다.

　사실 그러한 일이 벌어지고 있다. CEO의 연봉은 기업 외부에서 데려온 경영자들의 등장과 함께 상승하고 있다.[63] CEO들의 연봉이 1930년대보다 낮았던 1970년대와 1980년대에 내부 출신 경영자들의 비율은 각각 85.1퍼센트와 82.8퍼센트였다. 그러나 1990년대로 접어들면서 CEO의 연봉은 연간 10퍼센트씩 증가하기 시작했고, 외부 출신 경영자들의 비율은 4분의 1을 넘어섰다. 다른 기업의 경영자로 스카우트 된다는 것은 도약을 위한 중요한 발판이 되었다. 학계에서 성과에 따른 보수 시스템을 주장하는 진영의 일원인 케빈 머피의 연구 결과에 따르면, 외부 출신 경영자들이 내부 출신보다 21.6퍼센트 더 많은 것으로 드러났다. 기업을 마음대로 넘나드는 경영자들이 최고 대우를 받는 분야에서 CEO들은 더 많은 돈을 벌어들이고 있다. 그들이 누리고 있는 프리미엄은 13퍼센트에 달한다.

　다른 분야에서 활동하고 있는 슈퍼스타들이 벌어들이는 수입의 원천 중 하나는 규모의 경제다. 가령 슈퍼스타 가수는 수백만 명의 청중들 앞에서 공연을 하고, 디자이너들은 자신의 스타일을 세계 시장에 판매한다. 그리고 CEO들 역시 이러한 규모의 경제를 통해 더 많은 부를 벌어들인다. 세계화와 기술 혁신으로 기업의 규모가 커지면서, 뛰어난 경영자들의 경제적 영향력도 증가하고 있다. 세계 최고 수준의 CEO는 아마 100번째쯤으로 일을 잘 하는 CEO보다 조금 더 능력이 뛰어날 것이다. 하지만 기업의 연매출이 100억 달러라고 한다면, 실적에서 1퍼센트 차이는 1억 달러를 의미한다. 경제학자 사비어 가베Xavier Gabaix와 오귀

스탱 랑디에Augustin Landier가 2008년에 발표한 한 논문에서 밝혔듯이, 〈1980년에서 2003년 사이에 미국 CEO들의 연봉이 여섯 배 높아질 수 있었던 것은 그 기간 동안 대기업들의 시장 가치가 여섯 배 증가했기 때문이다〉.[64]

그러나 슈퍼스타 CEO 모델에는 한 가지 아주 심각한 문제점이 있다. 이는 제일 먼저 벌과 민스가, 그다음에는 성과에 따른 보수를 주장했던 학자들이 해결하고자 씨름했던 문제, 즉 경영 귀족의 발흥이 야기하는 문제로 되돌아간다. 경제학자들은 이 문제를 흔히 〈대리인 문제agency problem〉라고 부르는데, 이 말은 곧 CEO들이 아주 특별한 형태의 슈퍼스타라는 의미다. 다시 말해 CEO들은 자기 자신에게 월급을 주는 기업을 관리하는 슈퍼스타다. 슈퍼스타 운동선수는 구단주로부터 돈을 받고, 슈퍼스타 요리사들은 식사를 하는 손님으로부터 돈을 받고, 그리고 슈퍼스타 헤지펀드 매니저들은 투자자들로부터 돈을 받는다. 하지만 CEO들은 그들 자신이 관리하는 기업으로부터 돈을 받는다. 기업의 이사회가 그들의 보수를 결정하기는 하지만, 특히 미국에서는 CEO가 이사회 의장을 맡고 있는 경우가 많다.

「미국에서는 주주들의 동의 없이도 사실상 마음대로 할 수 있습니다.」[65] 스웨덴 국민연금기금의 최고 경영자이자 미국의 기업 지배 구조에 대해 비판적인 입장을 가지고 있는 마츠 안데르손Mats Andersson은 이 문제를 주제로 워싱턴에서 열린 미국 증권거래위원회 회의에서 연설을 마치고 난 뒤 내게 이렇게 말했다. 「스웨덴에서는 이사회의 구성 때문에 기업의 주요 의사 결정은 모두 주주들의 동의와 승인을 거쳐야만 합니다.」

안데르손은 이렇게 지적했다. 「미국 기업에서는 실질적으로 누가 경영자의 연봉에 대해 책임을 지고 있습니까? 만약 제가 제 자신의 연봉을 결정할 수 있다면, 나는 그러한 시스템을 정말로 사랑할 겁니다.」

이러한 대리인 문제를 놓고 애덤 스미스는 직접적으로 〈태만과 낭비〉를 경고했다. 오늘날 경제학자들은 이에 대해 돈을 조금씩 빼돌리는 것을 의미하는 〈스키밍skimming〉이라는 미묘한 용어로 설명하고 있다. 10년 전 매리앤 버트런드Marianne Bertrand와 센딜 물라이나산Sendhil Mullainathan이라고 하는 두 젊은 경제학자는 CEO들이 성과에 따라 조직으로부터 보상을 받는 슈퍼스타인지, 아니면 자신에게 유리한 방향으로 게임의 법칙을 조작하는 관리인에 불과한지 판단하기 위한 독창적인 방법을 제시했다.[66] 그것은 성과 기반의 CEO 보수가 경영 능력과 마찬가지로 외적인 행운에 따라서도 좌지우지되는지를 조사하는 것이었다. 여기서 두 사람은 외적인 행운으로 유가와 환율 변동을 꼽았다. 연구 결과, 버트런드와 물라이나산은 행운이라는 요소 역시 대단히 중요하다는 사실을 확인할 수 있었다. 〈CEO의 보수는 일반적인 달러만큼 행운의 달러에도 크게 좌우된다.〉 여기서 일반적인 달러란 기업의 전반적인 경영 실적을 의미한다. 두 사람은 석유 기업에서 유가 상승으로 인한 1퍼센트의 매출 증가가 CEO 보수의 2.15퍼센트 상승으로 이어졌다는 사실을 발견했다. 경영자의 입장에서 이보다 더 반가운 소식은, 유가 상승이 CEO 보수 상승과 밀접한 관계가 있는 반면, 유가가 떨어졌을 때 CEO의 연봉이 항상 떨어지는 것은 아니라는 사실이다. 〈운이 좋을 때 CEO들은 항상 보상을 받지만, 운이 나쁠 때 항상 불이익을 받는 것은 아니다.〉

금융 위기와 여기서 촉발된 세계 경제 침체로 인해, 많은 나라에서 국민 여론과 정치권은 어떻게 해도 자기들에게 유리한 결론에 이르는 경영자들 세상에 비판을 쏟아내고 있다. 2012년 보수당이 지배하고 있는 연립 정권이 경영자들의 보수에 관한 규제 법안을 들고 나온 영국의 경우를 보자. 「주식 시장에서 기업들의 실적이 지지부진한 상황에서도 경영자들의 연봉이 연간 13퍼센트나 성장하고 있는 현상을 더 이상 묵과할 수는 없습니다.」[67] 영국의 산업장관 빈스 케이블Vince Cable은 의회에 새로운 법안을 제시하면서 이렇게 말했다. 「그리고 작년처럼 경영자들의 평균 연봉 인상률이 일반 근로자들의 다섯 배나 되었던 상황을 그냥 보고 넘기지는 않을 것입니다.」

CEO의 급여와 일반 노동자의 급여 사이의 차이에 대한 케이블의 지적은 대단히 중요하다. 우리는 급증하는 경영자들에 대한 보상을 스키밍, 즉 그들이 수백만 달러에 이르는 돈을 별다른 노력도 기울이지 않고 얻어 냈다는 사실과 연결 짓기 쉽다. 그러나 우리가 느끼는 불안감은 일정 부분 전혀 다른 성질의 것에서 기인한다. 그것은 최종 결과, 즉 CEO들과 일반 구성원 사이의 격차는 부당한 것이라는 인식이다.

대리인 문제를 잘 대처해 나간다 해도, 이 두 번째 염려는 쉽게 해결되지 않을 것이다. 경영자의 사무실에서 많은 스키밍이 일어나고 있다는 결론을 내렸다고 해서, 버트런드와 물라이나산이 성과에 따른 보수 시스템을 완전히 회의적으로 바라보는 것은 아니다. 성과에 따른 보수 시스템은 실제로 효과를 보고 있다. 다만 그러한 효과는 경영자를 실질적으로 감독할 만큼 이사회의 힘이 강력한 기업에게서만 제한적으로 나타나고 있을 따름이다. 버트런드와 물라이나산의 연구 결과에 따르면, 거대 주주가 존재할 때 이사회는 강력한 통제력을 확보할 수 있다. 〈이사회 멤버로서 대주주는 행운에 따른 연봉 상승을 23~33퍼센트 정도 삭감할 수 있다.〉 매출 증가가 행운에 기인한 것인지, 아니면 힘든 노력에서 나온 것인지를 현실적으로, 그리고 즉각적으로 판단하기가 대단히 어렵다는 사실을 감안할 때, 이는 엄청난 비율이다.

기업 보상위원회와의 중요한 계약 이외에도 CEO들이 자신의 능력에 따라 보수를 받는 유능한 인물, 즉 슈퍼스타의 반열로 올라설 수 있는 데에는 또 다른 요인이 작용하고 있다. 99퍼센트와 1퍼센트 간의 긴장이 고조되는 오늘날에도 사람들은 슈퍼스타를 사랑한다. 「뉴욕 타임스」의 데이비드 카David Carr가 농구선수 제레미 린Jeremy Lin의 인기를 해부했던 것처럼, 야심으로 가득한 미국 사회를 살아가는 사람들 대부분은 언젠가 자신이 슈퍼스타가 될 수 있을 것이라는 기대를 간직하고 있다. 〈린의 이야기는 농구나 인종을 떠나 모든 사람들에게 최고의 영감과 충만감을 심어 주었기 때문에 대중들의 마음을 사로잡을 수 있었다. 대부분의 사람들은 지금은 아니지만, 기회가 주어지면 그들도 얼마든지 슈퍼스타가 될 수 있다고 믿고 있다. 현실에서 우리는 스타를 응원하는 관중에 불과하지만, 기적이 찾아와 언제든 비즈니스나 스포츠 세상에서 최고의 스타가 될 수 있을 것이라고 꿈꾸지 않는 사람이 있을까?〉[68] 이것이 바로 민주주의 시대에 존재하고 있는 슈퍼스타 경제학의 아이러니다. 사람들은 모두 슈퍼스타를 꿈꾸고 있다. 하지만 승자 독식 시장에서 정상의 자리는 오직 소수에게만 허락되어 있다.

PLUTOCRATS

4장

혁명에 대처하는 능력

혁명에 이끌려 가느니 혁명을 이끌어 가는 게 더 낫다.

— 오토 폰 비스마르크

기술 산업에서 우리가 얻은 교훈은 거대한 변화 뒤에 숨기보다 당당하게 맞서는 게 더 낫다는 사실이다.[1]

— 리드 호프먼, 링크드인 공동 설립자이자 회장

위험을 무릅쓰지 않는 자는 샴페인을 맛볼 자격이 없다.

— 러시아 속담

2007년 8월 9일, 프랑스 은행 BNP 파리바는 세 펀드의 환매를 동결시켰다. 그러한 움직임이 은행 간 거래를 전면 중단시킬지도 모른다는 위기감에 사로잡힌 각국 중앙은행들은 유럽중앙은행 총재 장클로드 트리셰Jean-Claude Trichet의 주도하에 세계 금융 시장에 수십억 달러를 쏟아 부었다. 이러한 두 단계의 조치는 결국 세계 신용 위기를 알리는 신호탄으로 드러났다.

그리고 여드레 후 조지 소로스는 롱아일랜드의 동쪽 끝에 위치한 자신의 사우샘프턴 사무실로 영향력 있는 월스트리트 투자자 스무 명을 오찬에 초대했다.[2] 기온은 따뜻했지만 하늘은 잔뜩 흐린 금요일 오후였다. 사람들은 농어와 과일 샐러드, 쿠키를 함께 즐겼지만 분위기는 줄곧 심각하고 딱딱했다. 그 모임은 매년 8월 말 금요일에 잇달아 열리는 두 번의 〈벤치마크 오찬〉 중 하나로, 불확실한 일본 주식 시장에 대한 공통 관심사 덕분에 40년 동안이나 소로스와 친분을 맺고 있는 월스트리트의 베테랑 바이런 위언Byron Wien이 주최한 것이었다.

영향력 있는 단기 헤지펀드 매니저 제임스 채노스James Chanos 역시 초대 손님으로 참석했다. 제임스는 그 오찬에 대해 〈대단히 무게감 있는 투자자들〉의 모임이라고 내게 말했다. 다른 손님들로는 타이거 매니지먼트 헤지펀드의 전설적 설립자인 줄리언 로버트슨, 페인웨버의 CEO를 지냈으며 현재 라이트이어 캐피털의 대표를 맡고 있는 도널드 매론, 그리고 아폴로 사모펀드 그룹의 공동 창립자 레온 블랙이 있었다.

몇 주 뒤 나누어 준 오찬 토론에 대한 자료에서 위언은 그들의 대화가 한 가지 질문에 집중되었다고 지적하고 있다. 그 질문은 이런 것이었다. 〈현재의 상황이 경기 침체로 이어질 것인가?〉 물론 지금 우리는 그 답을 알고 있다. 하지만 리먼브라더스의 파산이 대공황 이후 가장 거대한 금융 위기 속으로 세상을 몰아넣기 불과 일 년여 전에, 월스트리트 거물들이 이 사적인 모임에서 내린 결론은 경제 위기를 걱정할 정도는 아니라는 것이었다. 그 자료에서 위언은 이렇게 말했다. 〈결론적으로 말해서, 점진적 경기 하락과 조정 국면이 나타나겠지만, 경기 침체나 약세 시장으로 들어서지는 않을 것이다.〉

스물한 명의 참여자들 중 이러한 낙관적인 전망에 반대한 사람은 오직 두 사람뿐이었다. 그중 한 사람은 바로 소로스였다. 위언은 당시를 이렇게 회상했다. 「그때 조지는 세상이 막다른 골목으로 들어서고 있다고 했습니다.」 다른 동료들의 주장에 설득당하기는커녕, 소로스는 그들의 낙관주의 때문에 더욱 걱정스러웠다. 몇 년 전부터 계속해서 주장했던 것처럼 글로벌 금융 위기가 결국에는 벌어질 것이라는 확신을 그대로 간직한 채 소로스는 오찬 자리를 떠났다.

그리고 그의 확신은 즉각적이고 실질적인 모습으로 이어졌다. 소로스는 세상에서 가장 성공적인, 그리고 가장 영향력 있는 투자자로 군림해 왔다. 1969년부터 2000년 사이 30년 동안 소로스의 퀀텀 펀드Quantum

Fund는 매년 31퍼센트의 수익을 투자자들에게 돌려주었다.[3] 1969년 소로스가 끌어모았던 1만 달러 투자금의 가치는 2000년에 4,300만 달러로 불어나 있었다. 에드먼드 드 로스차일드 그룹Edmond de Rothschild Group이 소유하고 있는 펀드인 LCH 인베스트먼트가 내놓은 연구 자료에 따르면, 본격적으로 활동하는 동안 소로스는 세계 최고로 성공적인 투자자였으며, 2010년도 총수익에서 워런 버핏이나 월트 디즈니 컴퍼니, 또는 애플보다 더 높은 실적을 올렸다.[4]

그러나 2000년 퀀텀 펀드의 운영을 맡아 왔던 스탠 드러큰밀러Stan Druckenmiller가 자리를 떠나면서 소로스도 펀드 관리의 일선에서 물러났다. 그는 이렇게 회상했다. 그 대신에 〈저의 헤지펀드를 비교적 보수적으로 관리하는 방식으로 전환하면서 여기에 《기부 기금endowment fund》이라는 새로운 이름을 붙였습니다. 그 기본 목표는 제 재단들의 자산을 관리하는 것이었습니다〉.[5]

하지만 2007년 8월 17일 소로스는 경기장으로 다시 돌아가야 한다는 사실을 깨달았다. 「그동안 쌓아온 재산이 완전히 허물어지는 비극을 그냥 바라만 볼 수는 없었습니다.」 2008년 12월 두 시간 동안 대화를 나누는 동안 소로스는 맨해튼 중심가에 위치한 자신의 33층 회의실에서 내게 이렇게 말했다. 「그래서 저는 돌아왔고, 그리고 조직의 취약점을 다시 바로잡기 위한 거시적인 그림을 그렸습니다.」

소로스는 수년간 은퇴자나 다름없는 생활을 해온 바람에 〈특정 기업들과 관련된 세부적인 정보들을 가지고 있지 못했고, 그래서 주식을 선별할 수 있는 입장이 아니었다〉고 토로했다. 게다가 〈최근에 개발된 많은 매크로 프로그램들은 낯설기까지하다〉고 했다. 상황이 급박하다는 것은 알았지만, 소로스는 데일리 트레이딩과는 너무 동떨어져 있어서 보험 대기업인 AIG에 치명타를 가한 악명 높은 파생 상품인 신용부도스와프CDS가 뭔지도 몰랐다. 그럼에도 소로스의 등장은 그 자체만으로도 강력한 영향력을 발휘해서 2007년 퀀텀의 수익률은 32퍼센트를 기록했다. 기관 투자자들의 잡지인 『알파Alpha』에 따르면, 이로 인해 소로스는 77세의 나이로 세상에서 두 번째로 높은 보수를 받은 헤지펀드 매니저가 되었다. 그리고 부의 세계적인 파괴가 제2차 세계 대전 이후 최대 규모로 진행되었던, 또한 헤지펀드 세 곳 중 두 곳이 손실을 기록했던 2008년에도 소로스는 10퍼센트에 가까운 수익률을 냈다. 그리고 세계에서 네 번째로 많은 보수를 받은 헤지펀드 매니저가 되었다. 그리고 제2의 소로스이자 그의 투자 방식에 대한 자칭 숭배자였던 드러큰밀러는 거기서 여덟 번째 자리를 차지했다.

8월의 오후에 소로스와 점심을 함께했던 스무 명의 낙관적인 손님들의 생각은 사실 예외적인 것이 아니었다. 그들의 관점은 미국 최고의 경제학자들이 합의를 보았던 결론을 그대로 반영한 것이었다. 「월스트리트 저널」이 미국의 유명 경제 전문가 52명을 대상으로 2008년도 전망에 대해 조사했을 때, 오직 한 사람만이 GDP가 하락할 것이라고 예상했던 것으로 드러났다.[6] 한때 이름을 날렸던 리먼브라더스의 CEO 딕 펄드가 파산을 맞이하고 한 달 후, 그리고 소로스의 오찬 이후 일 년여의 시간이 흐른 2008년에 열렸던 청문회에서 밝혀졌던 것처럼 〈어느 누구도 이러한 문제의 심각성과 그 파장을 알지 못했고, 또한 담보 기반의 자산 가치의 하락이 어떻게 다른 형태의 자산들에 영향을 미치고, 전체 시스템을 파괴할 수 있을 것인지 전혀 예상하지 못했다〉.[7]

2008년의 충격에 직면한 앨런 그린스펀은 자신이 오판했음을 인정했다. 2008년 10월 23일에 열린 의회 청문회에서 그린스펀은 이렇게 말했다. 「저는 실수를 저질렀습니다. 아주 단단해 보였던, 시장 경쟁과 자유 시장을 떠받치고 있던 기둥들이 무너져 내렸습니다. 예전에도 언급했듯이 이번 일로 저는 심한 충격을 받았습니다.」[8]

물론 지나고 나서 보면 우리 모두는 아인슈타인이다. 지난 과오로부터 얻은 교훈을 가지고 펄드와 그린스펀의 결정과 변명을 조롱하고 비난하는 일은 쉽다. 하지만 2007년과 2008년 초, 이러한 관성적인 태도는, 그것이 설령 탐욕과 무능으로 인한 것이라고 해도, 지극히 일반적인 반응이었다. 뒤돌아보면 분명한 거품도, 막상 그 안에 들어 있을 때에는 절대 터질 것처럼 보이지 않는다. 어느 날 그 거품이 모조리 터져 버릴 것이라고 예측할 만큼 지적으로 솔직하고 노련한 사람들조차도 자신이 예상한 바에 따라 행동하는 것은 대단히 힘들다.

우리가 내다보기 힘든 것은 비단 경제 위기만이 아니다. 산업과 시장은 물론 정치와 사회에서 일어나는 혁명과 같이 보다 폭넓고 중요한 패러다임의 전환 역시 예상하기 힘든 것으로 널리 알려져 있다. 유명한 사례로, CIA는 소련의 붕괴를 예상하지 못했다. 국제통화기금이 무바라크 정권이 이룩한 경제 개혁과 사회 안정을 칭송하는 보고서를 발표한 지 일 년도 되지 않아 이집트 정권은 몰락하고 말았다. 2011년에 주 러시아 미국 대사로 임명되었던 정치학자 마이크 맥폴Mike McFaul은 이렇게 지적했다. 〈우리는 언제나 정권의 안정성을 기본적으로 가정하지만, 독재 정권에 대해서만큼은 매번 틀린다.〉[9]

혁명이 시작되고 나서도, 다시 말해 부채 비율이 과도하게 높은 은행이 가장 취약한 펀드들의 환매를 동결하고, 시위대가 군부에 맞서 값진 승리를 거두고 나서도, 사람들은 세상이 변했다는 사실을 좀처럼 인정하지 않는다. 역사가 리처드 파이프스Richard Pipes가 밝혀냈던 것처럼, 1917년 볼셰비키가 정권을 잡고 난 후에도 페트로그라드의 주식 시장은 동요하지 않았다. 세상이 변했다는 사실을 인정한 후에도, 그러한 판단을 새로운 세상에 행동으로 옮기는 것은 대부분의 사람들에게 대단히 어려운 일이다.

반면 런던 비즈니스 스쿨의 도널드 설Donald Sull 교수의 설명에 따르면, 혁명적인 변화에 대해 기업들 대부분은 예전부터 해왔던 일을 더욱 열심히 하는 방식으로 대응한다. 설 교수는 이러한 접근 방식을 〈활동적 타성active inertia〉[10]이라 정의하면서, 이로 인해 많은 훌륭한 기업들이 무너졌다고 말한다. 〈세상이 변할 때, 활동적 타성에 젖은 기업들은 똑같은 일을 더 많이 한다. 조금 더 빠르게 하거나 일하는 방식에 변화를 조금 주기도 하겠지만 기본적으로는 예전과 똑같은 일을 반복하는 것이다. ……활동적 타성에 빠진 기업들은 바퀴가 구덩이에 빠져 버린 자동차와 같다. 경영자는 계속해서 액셀러레이터를 밟지만 구덩이만 더 깊어질 뿐이다.〉

파괴적 변화에 관한 기업들의 바이블로 꼽히는 『혁신 기업의 딜레마 The Innovator's Dilemma』의 저자이자 하버드 경영대학원 교수인 클레이턴 크리스텐슨Clayton Christensen은 대기업들이 기존 산업에서 획기적인 신기술이나 새로운 시장에 직면했을 때, 대부분 실패를 겪는다는 사실을 발견했다. 그의 주장에 따르면, 기업 관리자들이 멍청하고 게을러서 그런 것이 아니다. 그것은 일반적인 상황에서 효과가 있었던 비즈니스 전략이 혁명적인 전환기에는 종종 재앙으로 이어지기 때문이다. 크리스텐슨은 이렇게 쓰고 있다. 〈실패한 기업들은 우리의 기대만큼 충분히 잘 운영되고 있었다. 하지만 결국 실패로 이어지고 만 문제의 원인은 조직

내에서 의사 결정이 이루어지는 방식에 있었다.〉[11]

소로스처럼 패러다임의 전환을 인식하고 여기에 적응해 나가는 놀랍고도 희귀한 능력은 슈퍼엘리트를 만들어 내는 경제적 힘 가운데 하나다. 그것은 혁명적인 전환기가 순식간에 엄청난 부를 벌어들일 수 있는 일반적인 기회이기 때문이다. 그리고 쌍둥이 도금 시대 덕분에 우리는 지금 급격한 변화들이 많이 일어나고 있는 시대를 살아가고 있다.

이러한 변화의 흐름은 특히 신흥 시장에서 두드러지게 나타나고 있다. 1980년대 후반을 넘어서면서 민주 세력이 독재 정권들을 몰아내고, 국가 주도의 폐쇄적 경제 시스템이 개방적인 체제로 넘어가는 변화가 광범위하게 일어나고 있다. 이러한 흐름은 때로 폭발적으로 일어난다. 1989년의 동유럽과 2011년 북아프리카 지역에서 그랬듯이 말이다. 반면 인도와 중국, 그리고 사하라 남부 지역처럼 점진적으로 진행되기도 한다. 그러나 1980년대 말과 1990년대에 세계적으로 보다 넓은 지역에서 민영화와 규제 완화, 그리고 무역 장벽 완화의 흐름이 이어졌다. 그 결과 기술과 지식을 가진, 그리고 이 둘을 활용하려는 의지를 가진 전 세계 모든 사람들은 경제적으로 엄청난 기회를 잡을 수 있었다.

혁명은 기술 분야에서도 나타났다. 특히 컴퓨터와 인터넷의 발달, 그리고 그 이후로 모바일과 무선 등 신기술의 등장은 기존 비즈니스의 막을 내리고 새로운 비즈니스의 무대를 열어 놓았다. 방직 산업의 기계화로 시작해서, 증기 기관의 발명, 그리고 연소 기관과 전기로 이어졌던 산업 혁명과 같이, 기술 혁명 또한 한 가지 발명으로 끝나지 않고 꼬리에 꼬리를 물고 이어진다. 2012년도에 가장 각광받은 기술은 방대한 양의 정보를 수집하고 분석하는 빅 데이터big data, 그리고 기기들 간의 상호 의사소통 시스템이었다. 기술의 변화를 연구하는 경제학자 브라이언 아서는 이를 〈거대하고, 조용하고, 연결되고, 보이지 않는, 그리고 자율적인〉 제2의 디지털 경제라고 묘사했다.[12]

마지막으로, 이 두 가지 거대한 혁명은 돈과 재화, 아이디어에서 더욱 개방된 시장으로 나아가는 광범위한 세계적인 흐름과 더불어 서로를 강화하고 있으며, 그리고 세상을 더욱 빠르고 다양한 공간으로 만들어 나가고 있다. 트위터와 페이스북은 기술 혁명의 산물이지만, 그것들은 사람들의 조직화를 더욱 용이하게 하는 정치 혁명을 만들어 낸 것으로 드러나고 있다. 개인용 컴퓨터가 세상에 나오지 않았다면, 금융 위기를 촉발한 모기지 상품들은 애초에 불가능했을 것이다. 그리고 수백 년 된 주식 시장의 자리를 컴퓨터가 차지해 버린 알고리즘 트레이딩 역시 불가능했을 것이다. 2010년 5월 6일에 벌어졌던 〈플래시 크래시flash crash〉 사태처럼, 알고리즘 트레이딩에서는 단 몇 줄의 명령문에서 오류가 발생해도 수십억 달러의 시장 가치가 순식간에 사라질 수 있다.

혁명은 전 세계적으로 일어난 새로운 현상이지만, 모든 사람들이 여기에 잘 대처해 나가는 것은 아니다. 혁명에 가장 잘 적응한 사례로 내 머릿속에 가장 먼저 떠오르는 사람들은 〈지역 공립 학교 출신의 하버드 학생들〉이다. 하버드에, 또는 떠오르고 있는 서부 지역의 경쟁자인 스탠퍼드에 들어간 학생들은 똑똑하고 집중력이 높으며 특권층 출신인 경우가 많다. 동시에 이들은 주로 내륙 지역에 있는 공립 학교에서 공부해서 지배적인 패러다임의 취약점을 발견해 내는 아웃사이더로서의 자질까지 갖추고 있다. 그리고 자칫 잘못하면 주류에서 쫓겨날 수 있다는 두려움을 항상 가지고 있는 만큼 시스템에 발을 깊숙이 들여놓고 있지는 않다.

페이스북의 마크 주커버그(뉴욕 주립 공립 학교, 하버드),[13] 블랙스톤의 공동 설립자 스티븐 슈워츠먼(펜실베이니아 공립 학교, 예일대, 하버드 MBA), 골드먼삭스의 CEO 로이드 블랭크페인(브루클린 공립 학교, 하버드)과 같은 인물들이 바로 그러한 사례들이다. 러시아의 경우, 소련이 몰락하기 전 모스크바의 일류 대학에서 학위를 받은 똑똑하고 열정적인 올리가르히들 대부분은 유대인들이었으며, 그들은 소련의 핵심적인 엘리트 집단 출신이 아니었기에 마찬가지로 내부자인 동시에 외부자로서 출발했다. 전쟁과 혁명으로 런던과 뉴욕에서 혼자서 인생을 개척해 나가야만 했던 부다페스트의 성공적인 변호사의 아들로, 세상 물정에 밝고 높은 수준의 교육을 받았던 소로스 또한 여기에 해당한다.

〈플루토노미plutonomy〉라는 용어를 처음으로 만들어 낸 시티그룹 애널리스트들은 여기서 한 걸음 더 나아갔다. 이들은 혁명에 대한 적응력이 일종의 생물학적 특성으로서 유전적으로 발현되는 것이라고 주장했다. 그리고 사회를 혁명에 보다 유연하게 대처할 수 있도록 만드는 한 가지 확실한 방법으로는, 이민이 혁명에 대응하는 하나의 통로라는 생각으로 이민자들에게 문호를 개방하는 것이다. 시티그룹 애널리스트들은 이렇게 썼다. 〈쾌락을 유도하는 두뇌 전달 물질인 도파민은 호기심이나 모험심, 또는 기업가 정신과 밀접한 관련이 있으며, 사람들이 불확실한 상황 속으로 뛰어들도록 용기를 북돋는 기능을 한다. 이민에 도전할 만큼 도파민 수치가 높은 사람은 일반적으로 전체 인구의 2퍼센트 정도에 해당한다. 그렇기 때문에 미국이나 캐나다, 혹은 최근 떠오르고 있는 영국과 같은 이민자들의 나라에 도파민 수치가 높은 사람들이 더 많다.〉[14] 이들은 또한 혁명에 적응하고, 그 과정에서 경제적인 보상을 얻어 내는 능력이 크리스텐슨이나 설과 같은 경영대학원 교수들의 논문을 읽거나, 내부자이자 외부자인 사람들의 성장 환경을 분석함으로써 배울 수 있는 것이 아니라고 주장한다. 대신 그러한 자질은 DNA 속에 깊이 새겨져 있는 것이라고 설명한다.

혁명에 적응함으로써 얻는 경제적 프리미엄은 슈퍼엘리트의 등장을 촉진할 뿐 아니라, 슈퍼엘리트와 나머지 사람들 간의 격차를 넓히는 한 가지 요인으로 작용한다. 공립 학교 출신의 하버드 졸업생들이 기회로 바라보고 있는 혁명은 승자들에게 엄청난 보상을 가져다주고, 중기적인 차원에서 모든 사람들을 위해 세상을 더 살기 좋은 곳으로 만들어 나가고 있다.

하지만 단기적인 차원에서 혁명은 또한 많은 패배자들을 양산한다. 신기술은 기존의 다양한 일자리를 없애 버리고 있다. MIT의 데이비드 오터가 수행한 광범위한 연구에 따르면, 미국 중산층을 중심으로 심각한 공동화 현상이 발생했다. 러시아가 시장 체제로 이동했던 10년 만에 17명의 억만장자들이 탄생했지만, GDP는 40퍼센트나 감소했다. 2008년의 금융 위기 당시 소로스는 많은 돈을 벌었고 헤지펀드 매니저 존 폴슨은 억만장자가 되었지만, 수많은 사람들은 직장과 집을 잃고 퇴직 연금까지 날려 버렸다. 승자들에게 혁명은 기회의 원천이지만, 패자들에게는 재앙일 따름이다.

사모펀드 거물 데이비드 루벤스타인은 모든 측면에서 진정한 플루토크라트다. 2012년 기준으로 『포브스』는 그의 재산을 28억 달러로 추산하고 있다. 그가 공동으로 설립했던 사모펀드 그룹 칼라일은 무려 1,500억 달러에 달하는 자금을 운용하고 있다. 뉴욕 최고의 문화 거리 중심에 자리 잡고 있는 링컨 센터는 그의 이름을 따서 루벤스타인 아트 리움으로 불린다. 전 대통령 조지 H. W. 부시는 칼라일에서 선임 고문으로 활동했으며, 재무장관과 국무장관을 역임한 제임스 베이커는 파트너로 일했다. 또한 전 영국 총리 존 메이저는 칼라일의 유럽 지역 회장을 맡았다.

2007년 어느 오후, 마지막으로 개인이 소장하고 있던『마그나카르타』의 판본이 소더비 경매에 나왔을 때,『마그나카르타』가 단지 영국 입헌군주제의 기초가 된 자료만은 아니라는 생각이 루벤스타인의 머리에 스쳤다. 그것은 또한 미국 민주주의의 근간을 이루고 있는 문서이기도 했던 것이다. 이러한 점에서 그는 그 역사적인 합의의 산물이 미국에도 하나쯤은 있어야겠다고 생각을 했다. 결국 루벤스타인은 그『마그나카르타』를 2,130만 달러에 낙찰받았다. 자부심과 약간의 의구심이 섞인 듯한 들뜬 목소리로 루벤스타인은 내게 가장 짜릿했던 순간은 저녁에 집으로 돌아와 부부 사이에 가장 일상적인 질문인 〈오늘 뭐 했어요?〉라는 말을 아내에게 들었을 때, 〈『마그나카르타』를 샀어〉라고 대답하면서 그 놀라운 물건을 내놓았을 때였다고 말했다.

이 에피소드는 루벤스타인이 엄청난 부에 대단히 익숙한 사람이라는 사실을 짐작케 한다. 그를 처음 만났을 때, 루벤스타인은 내가 러시아 올리가르히의 성장을 오랜 세월 동안 따라다니면서 기록하고 있다는 사실에 많은 관심을 보였다. 그리고 지금의 러시아는 실제로 많은 돈을 벌어들일 수 있는 기회의 공간이자 시간이라고 말했다.

루벤스타인의 말은 옳다. 소련의 경우처럼 기존 체제를 완전히 뒤집어 엎는 것이든, 또는 중앙 계획 경제에서 시장 경제로 전환하는 것이든 간에, 혁명에 대한 적응은 특히 혁명이 실제로 일어나고 있는 장소에서 높은 수익을 창출해 낸다. 가장 주요한 극적인 변화이자 큰돈을 벌 수 있는 최고의 기회는, 자본주의로 전환하는 20년 동안 전 세계 8퍼센트에 해당하는 100명가량의 억만장자들을 배출한 러시아에서 나타났다. 러시아 억만장자들의 부는 러시아가 연간 생산해 내는 가치의 약 20퍼센트를 사들일 수 있는 수준이다.

물론 러시아 정부는 플루토크라트 집단을 탐탁지 않게 여긴다. 크렘린 식 자본주의는 억만장자들을 배출하는 데 탁월한 성과를 보여 주었다. 러시아가 경제 규모 대비 억만장자의 비율에서 세계 최고를 차지하고 있을 정도다. 반면 전반적인 경제 성과는 여기에 미치지 못하고 있다. 러시아의 경제 규모는 6년 동안 40퍼센트 가까이 줄어들었고, 남성들의 기대 수명은 오늘날 대부분의 올리가르히들이 도약을 시작했던 1990년대 동안 아프리카 사하라 남부 지역 수준으로까지 떨어졌다. 지난 10년 동안 경제 성장이 비교적 뚜렷하게 나타나고는 있으나, 중국이나 인도, 브라질에는 못 미치고 있으며, 그나마 천연자원에 대한 의존도가 높다. 2011년을 기준으로 일인당 국민 소득은 1만 2,993달러로, 중국이나 인도와 같은 신흥 시장보다는 훨씬 높지만, 리투아니아, 칠레, 바베이도스, 말레이시아보다는 낮으며, 남성들의 기대 수명은 62세에 불과하다. 게다가 여전히 비즈니스를 하기 힘든 나라로 남아 있다. 이와 관련하여 세계은행은 러시아의 순위를 120위로 매겼고, 이는 니카라과와 예멘, 파키스탄보다도 아래다.

하지만 루벤스타인이 그랬던 것처럼, 혁명에 적응하는 비결을 알고 있는 사람이라면 1990년대 모스크바보다 더 좋은 곳은 세상에 없었을 것이다. 러시아의 거대한 민영화 과정에서 최고의 수혜자는 크렘린 궁의 내부자였다는 것이 일반적인 통념이다. 하지만 꼭 그렇지만은 않다. 물론 예전 공산당 간부들은 시장 경제로의 변화에 상당히 잘 대처했다. 블라디미르 푸틴은 러시아 최대 갑부 중 한 명으로 꼽힌다. 그러나 미국의 경우와 마찬가지로 소련에서도 공립 학교 출신 하버드 졸업생들과 같은 사람들이 플루토크라트 집단의 상당 부분을 차지한 것으로 드러났다. 이들은 시장의 변화를 기회로 이용할 수 있는 핵심 권력과 충분히 가까우면서도, 기존의 체제가 와해되고 있다는 사실을 이해하기에 충분한 거리를 유지하고 있었던 사람들이었다.

석유와 금융, 통신 시장의 거물인 미하일 프리드만Mikhail Fridman은 2012년 기준으로 134억 달러의 자산을 보유한 전형적인 올리가르히다. 그는 소련 시절에 비교적 자유롭고 문화적인, 그리고 정치적 권력의 핵심과 멀리 떨어진 서부 우크라이나의 리비우에서 나고 자랐다. 머리가 명석했던 프리드만은 모스크바의 일류 공과 대학에서 물리학으로 학위를 받았다. 하지만 그는 인맥이 없는 유대인이었기에 진정한 내부자는 될 수 없었다. 처음에 정말로 원했던 대학원 연구직을 포기한 채, 프리드만은 모스크바에서 240킬로미터나 떨어진 지역의 한 공장에서 일하게 되었다.

하지만 지나고 나서 보건대, 그 일은 그에게 축복이나 다름없었다. 이후 프리드만은 열정 넘치는 청년 기업가로서 창문 청소에서 극장 티켓 구매 시스템에 이르기까지 다양한 벤처 사업을 벌였고, 주로 청바지와 캐비어 같은 희귀한 물건들을 뇌물로 바치면서 모스크바에 좀 더 좋은 일자리를 얻을 수 있었다. 그러나 이러한 경험을 통해 그는 소련의 체제 내부에서는 성공하기 힘들 것이라는 결론에 도달했고, 결국 다양한 외부 기회에 집중하기로 했다. 소련이 붕괴되면서 엄청난 비즈니스 기회들이 등장할 무렵, 프리드만은 이미 백만장자로서 탄탄한 기반을 다져놓은 상태였다.

프리드만은 내게 이렇게 말했다. 「어릴 적 꿈이자 정말로 되고 싶었던 것은 물리학 교수였습니다. 미국에 태어났더라면, 아마도 그 꿈을 이루었겠죠. 다만 지금은 소련의 반유대인 정책에 감사드릴 따름입니다.」

신기하게도 다른 많은 올리가르히들의 젊은 시절 역시 그와 비슷하다. 철강 및 석유 시장의 올리가르히인 빅토르 벡셀베르크Viktor Vekselberg 또한 서부 우크라이나 출신의 유대인으로서, 모스크바의 일류 공과 대학에서 수학으로 박사 학위를 받았다. 그러나 그 역시 분명한 아웃사이더였고, 1980년대 말에는 가족의 생계를 위해 컴퓨터 프로그램을 만들어 파는 사업에 도전했다. 벡셀베르크는 내게 이렇게 얘기했다. 「자동차가 정말로 필요했었죠」 그리고 소련이 붕괴될 무렵, 그 역시 마찬가지로 도약을 준비하고 있었다. 푸틴과의 권력 싸움에서 패하기 전에 석유와 제조, 언론 시장의 거물로 군림했던 보리스 베레좁스키Boris Berezovsky는, 페레스트로이카가 시작되면서 그 지지자들에게 좋은 비즈니스 기회들이 주어질 무렵, 이름 없는 수학자이자 관료로 살아가고 있었다. 역시 푸틴과의 권력 싸움에서 패하기 전에 러시아의 최대 언론 재벌이었던 블라디미르 구신스키Vladimir Gusinsky는 유대인 극장의 감독으로서 정부에서 지원받는 소비에트 문화 지식인들의 특권 집단에는 한 번도 들어가지 못했다. 게다가 생계를 꾸리기 위해 청바지나 구리 팔찌, 소니 워크맨 같은 제품들을 암시장에 내다 팔기까지 했다.

1998년 러시아 경제의 절반을 쥐고 흔든 올리가르히로 이름을 날렸던 일곱 사람들 중 여섯 명은 유대인으로서 사회적인 특권은 거의 누리지 못했다. 진정한 인사이더, 그리고 대외무역부 관료의 아들로 어린 시절부터 특권을 누리면서 〈귀공자〉 그룹의 멤버로 활동했던 올리가르히는 블라디미르 포타닌Vladimir Potanin 한 사람뿐이었다. 포타닌은 세계 최대 니켈 생산 기업인 노릴스크 니켈Norilsk Nickel을 비롯하여 자신의 철강 및 금융 왕국을 건설하는 과정에서 가문과 인맥으로부터 많은 도움을 받았다. 포타닌이 공산당 간부로 일했던 유일한 올리가르히였다는 사실은 우연이 아니다.

그러나 그의 귀족적인 환경 때문에 오히려 포타닌은 역사적인 변화의 순간에 등장한 최고의 비즈니스 기회를 놓칠 뻔했다. 1980년대 말과 1990년대 초에 프리드만, 벡셀베르크, 구신스키 같은 인물들이 고르바초프의 후원 아래 소규모 기업들을 운영하면서 경험을 쌓고 있었던 반면, 포타닌은 소비에트의 정치적 사다리를 오르기 위해 애를 쓰고, 외교 분야에서 학위를 따고, 선망의 대상이었던 대외무역부의 간부로 일했다. 포타닌은 세상이 변하고 있다는 사실을 잘 알고 있었다. 그랬기 때문에 그는 서구 여행이 제한적이었던 당시에 특히 돋보였던 브뤼셀 근무 기회를 거절하고 과감하게 자신의 무역 회사를 세웠다.

포타닌은 내게 이렇게 말했다. 「자랑스럽고 흥분된 마음에 그 제안을 수락하기로 했습니다. 그러나 마지막 순간에 러시아의 상황이 급박하게 돌아가고 있다는 사실을 깨달았고, 결국 그 변화의 소용돌이 속으로 뛰어들어야겠다는 결정을 내렸습니다. 모두들 미쳤다고 했죠」

혁명에 적응하기 위해서는 운도 따라야 한다. 적절한 시기에 적절한 장소에 있어야 할 뿐 아니라 한 권의 책, 한 번의 대화를 통해 급변하는 세상 속에서 떠오르는 기회를 일찍 발견해 내야 한다. 반면 잘못된 책이나 영화를 접하는 불운이 닥칠 수도 있다. 그루지아 출신의 생물학자이자 (역시 똑똑한 아웃사이더인) 자신의 과학적인 지식과 인맥을 동원하여 소련의 전설적인 중장비 업체인 우랄마시Uralmash는 물론 소규모 제조 왕국까지 구축했던 카하 벤두키제Kakha Bendukidze에게 바로 그런 불운이 일어났다.

벤두키제는 엄청난 부자였지만 올리가르히 반열에까지 오르지는 못했다. 그 이유는 무엇이었을까? 그는 내게 이렇게 말했다. 「그게 다 〈월스트리트〉 때문입니다(맨해튼의 진짜 월스트리트가 아니라, 영화 제목을 가리킨다). 1992년에 그 영화를 보았는데 도무지 하나도 이해할 수가 없더라고요. 이런 생각이 들더군요. 미국의 일반 영화팬들도 쉽게 알아듣는 금융 상식도 모르면서 은행 비즈니스에 뛰어드는 것은 미친 짓이다.」 그러나 하이퍼인플레이션이 발생하고 이자율이 떨어지면서, 금융 산업은 소련 붕괴 이후 엄청난 비즈니스 기회로 떠올랐다. 더 중요한 사실은, 국가 신용으로 막대한 부를 끌어모으는 과정에서 미래의 올리가르히들은 충분한 자본과 인맥을 확보하게 되었고, 이를 바탕으로 이후 1995년에 떠오른 러시아 천연자원 시장의 주식 담보 대출 특혜를 차지할 수 있었다는 것이다. 고든 게코 때문에 벤두키제는 다시 오지 않을 기회를 날려 버리고 말았다.

소로스는 고생스럽게 혁명에 대해 배웠다. 그는 격변의 2008년을 부다페스트를 점령한 나치의 대학살로부터 유대인 가족들과 함께 도망 다녀야 했던 열네 살 시절의 1944년과 비교한다. 독일군이 쳐들어올 무렵, 소로스와 그의 동료들은 대부분 편안하고 일상적인 삶을 살고 있었다. 그곳의 많은 사람들은 이제 그런 삶이 모두 끝났고, 하루빨리 고향을 떠나야 한다는 사실을 받아들이지 못했다. 하지만 소로스가 사랑했던, 그리고 오스트리아계 헝가리인 장교로 러시아 혁명을 겪었던 그의 아버지 티바다르만큼은 달랐다. 그는 혁명적인 변화에는 반드시 급진적인 행동으로 대응해야 한다는 사실을 아들에게 가르쳐 주었다. 티바다르는 아내와 장모의 만류를 뿌리치고 가족들을 즉각 대피시켰고, 그러한 결단력 덕분에 소로스의 가족 모두는 목숨을 건질 수 있었다. 이제 우아한 정장을 즐겨 입고, 거칠고 빛바랜 머릿결에 보청기를 낀, 그리고 마른 체형에 약간 까무잡잡한 82세의 노인이 된 조지 소로스는, 어릴 적 자신의 〈사고방식을 형성했던〉 혁명적인 변화에 대한 아버지의 가르침으로부터 지금의 위기를 파악하고 헤쳐 나갈 수 있는 지혜를 얻었다고 생각한다.

「살아남기 위해서는 때로 적극적인 도전이 필요합니다. 어린 시절 저는 그렇게 살았고, 그리고 일부는 경험으로, 다른 일부는 공부로 그러한 깨달음을 얻었습니다. ……아버지의 가르침으로부터 예외적인 상황에서 일반적인 법칙을 따르다가는 죽음을 맞이하게 된다는 사실을 배웠습니다. 거기서 살아남기 위해서는 일반적인 법칙들이 통용되지 않는다는 사실을 깨닫는 것이 제일 중요합니다. ……때로는 행동하지 않는 것이 가장 위험한 선택일 수 있습니다.」[15]

소로스의 투자 방식과 철학은 어릴 적 인생 훈련으로부터 완성되었다. 「거품을 바라보는 시각 역시 생생한 인생의 경험으로부터 나온 것입니다. 말하자면 거품과 폭발 전문가인 셈이죠」[16]

그의 아들 조너선 소로스 역시 똑같은 생각을 갖고 있다. 3종 경기 선수이자 하버드 로스쿨을 나온, 그리고 두 아이의 아버지인 조너선은 미국 사회가 안정적으로 번영을 누리고 있던 시절에 자랐다. 그래서 아버지 소로스는 그의 아들이 혁명적인 시대를 이끌어 나가는 리더는 아니라고 생각한다. 한편 조너선은 자신의 아버지에 대해 이렇게 말한다. 「아버지는 경험을 통해 계략을 꿰뚫어 보시죠. 단단한 대리석처럼 보이지만 사실은 표면에 회반죽을 바른 벽면처럼 우리 사회의 제도들은 결국 인간이 만든 것이며, 그렇기 때문에 영원할 수 없다는 사실을 잘 알고 계셨죠」[17]

많은 CEO들 및 정부의 전문가들이 이번 금융 위기는 애초에 예측이 불가능했다는 변명을 잔뜩 늘어놓고 있지만, 거품 낀 주택 가격과 한계를 넘어선 파생 상품들이 미래 자산의 거품을 만들어 내고 있다는 인식은 주식 중개인들 사이에서는 이미 2005년부터 상식적인 이야기였다.

소로스의 최고 투자 관리자로 일했던 키스 앤더슨Keith Anderson은 내게 이렇게 말했다. 「위기가 찾아오지 않을 것이라고 말하는 사람들의 글을 읽을 때마다 저는 두려움을 느꼈습니다.」[18] 사무실을 온통 자녀들의 웃는 사진들로 치장해 놓은 앤더슨은 건장한 체격에 나긋한 목소리, 그리고 친근하면서도 겸손한 인상을 주는 사람이다. 다보스포럼보다는 리틀 야구단에서 뛰는 자녀를 응원하는 아버지의 모습에 더 가까운 앤더슨은 현재 전도유망한 자산 관리 업체의 부사장을 맡고 있다. 「똑똑한 사람들 대부분, 즉 우리 모두는 주택 시장이 거품으로 가득하다는 사실을, 그리고 부채 담보부 증권과 파생 상품들이 시장이 어지럽히고 있다는 사실을 잘 알고 있었습니다.」

하지만 그 거품이 언제 터질 것인지는 아무도 몰랐다. 앤더슨은 이렇게 말했다. 「문제는 많은 사람들이 너무나 오랫동안 상황이 잘못되어 간다고 생각하고 있었다는 사실입니다. 우리 모두 문제라고 생각하고는 있었지만, 여전히 만족을 얻지 못하고 있었기에 멈출 수가 없었습니다.」

앤더슨은 이렇게 설명했다. 「다양한 버전의 시나리오가 있습니다. 일반적으로 언론들은 한결같이 이렇게 말합니다. 〈저런 바보들! 한치 앞을 내다보지 못하다니.〉 많은 사람들이 거품이 터질 날이 언젠가는 올거라고 짐작하고 있었습니다. 그들이 궁금해한 것은 이런 것들이었죠. 이 흐름이 과연 어디까지 이어질까? 무엇이 이 흐름을 막을까? 여기서 이익을 얻으려면 어떻게 해야 할까?」

소로스가 다시 투자 일선에 복귀하기로 결정을 내렸던 2007년 중반에 퀀텀 펀드는 자금 대부분을 외부 투자 매니저들에게 맡겨 두고 있었다. 외부 매니저들과 그보다 수가 적은 내부 매니저들은 〈전적인 재량권〉을 갖고 자금을 운영하고 있었다. 소로스는 이렇게 기억을 떠올렸다. 「그들은 그들 자신만의 접근 방식과 노출*을 기반으로 움직이고 있었고, 일부는 장기적인 차원에서 운용을 하고 있었습니다.」[19]

소로스는 이렇게 말했다. 「그들이 운영하는 계좌에는 간섭하지 않았습니다. 우리가 관리하는 방식이 아니었기 때문이죠」[20] 소로스는 그들의 투자 포지션**에 균형을 맞추기 위해 새로운 계좌를 만들고 직접 운영을 했다. 「기본적으로 거대한 규모의 헤징이 필요했습니다. 이를 통해 [외부 및 내부 매니저들의] 시장 노출을 상쇄한 뒤, 시장 노출을 반대쪽으로 잡았습니다.」[21] 당시 소로스는 새로 유행하는 파생 상품은 물론, 스스로도 인정했듯이 개별 주식들에 대한 정보도 부족한 상태였다.[22] 그래서 그 세계적인 투자자는 다가올 위기로부터 자신을 지키기 위해 S&P 선물 지수와 상장지수 펀드와 같은 도구들을 사용했다. 사실 그것들은 너무나 단순한 기술이라, 미국의 인기 투자 전문가인 짐 크레이머Jim Cramer가 진행하는 프로그램을 본 사람들이라면 아마도 거들떠보려고도 하지 않았을 것이다. 그는 단순함에 승부를 걸었다. 「기본적으로 주식 시장과 돈에 대한 정보가 부족했으니까요」

소로스의 판단이 완전히 옳은 것은 아니었다. 「불확실성과 불안정성이 심각한 상황에서는 절대 크게 내기를 걸어서는 안 됩니다.」 2008년 말에 소로스는 내게 이렇게 말했다. 「제가 했던 한 가지 실수는, 올해 지나치게 판을 크게 벌이고, 너무 넓게 포지션을 잡았다는 것이었습니다.

---

* exposure. 투자의 결과로서 발생하는 위험.
** position. 주식 거래에서 개별 투자자 재산의 현재 형태.

위험을 낮추기 위해 들어갔다가 다시 빠져나와야 했습니다. 좀 더 작은 규모로 기본적인 포지션을 잡고 이를 기반으로 시장의 위협을 덜 받았더라면, 실적은 더 좋았을 겁니다. 훨씬 더 높은 실적이 가능했습니다.」[23]

그것은 변화를 감지하는 소로스의 레이더가 단순한 알고리즘이 아니라, 세상을 해석해 내는 하나의 방식이기 때문이다. 앤더슨은 내게 이런 말을 들려주었다. 「그래서 대규모 투자가 힘든 겁니다. 조지와 같은 사람들은 불안정한 상황을 정확하게 감지해 내지만, 어떤 요인이 변화를 촉발할지는 언제나 의문점으로 남겨져 있습니다.」[24]

20세기 최고의 불평등은 서구 선진 국가들과 그 나머지 국가들 사이의 경제적 격차였다. 그리고 혁명을 촉발한 최대의 사건은 소련 공산주의의 붕괴였다. 그러나 기념비적인 혁명으로 인한 기회들은 러시아를 넘어서도 나타났다. 아시아와 라틴 아메리카 지역은 물론, 바르샤바 공동체에 이르기까지 경제 자유화를 향한 세계적인 흐름은 혁명에 대처하는 비결을 알고 있던 사람들에게 엄청난 기회를 가져다주었다. 소련의 경우에서처럼 그러한 비결은 MBA에서 배울 수 있는 그런 게 아니다. 재능과 용기는 필수적인 요소다. 하지만 그보다 더 중요한 것은 적절한 시기에 적절한 장소에 있는 것이다.

아짐 프렘지Azim Premji는 방갈로르 지역의 앞서 가는 IT 기업인 위프로Wipro의 회장이다. 프렘지가 겪은 첫 번째 변화는 개인적인 사건이었다. 프렘지가 스탠퍼드 대학에서 공학을 공부하고 있었던 1966년에 그의 아버지가 갑자기 세상을 떠났다. 스물한 살의 프렘지는 학업을 중단하고 팔로알토를 떠나 방갈로르로 돌아가서 가족 사업이던 식물성 기름 사업을 물려받았다. 프렘지는 에너지가 넘치고, 재능 있는, 그리고 다방면에 관심사를 가진 사업가로서의 면모를 드러내기 시작했다. 이후 십년 동안 위프로는 식물성 기름 사업을 계속해 나가는 동시에 샴푸와 비누, 유압 실린더는 물론 GE와 제휴를 맺고 전구를 생산하기까지 했다. 가장 큰 변화는 IBM이 인도에서 퇴출을 당했던 1978년에 일어났다. 그때 프렘지는 애초에 열정을 품었던, 그리고 스탠퍼드에서 공부하는 동안 개척자들을 만날 수 있었던 컴퓨터 과학 분야로 다시 되돌아갈 수 있는 기회를 발견했다. 1991년 만모한 싱*이 자유화 정책으로 인도의 문을 세계 시장에 활짝 열어놓았을 때, 프렘지와 위프로는 기회를 잡을 만반의 준비가 되어 있었고, 인도의 아웃소싱 비즈니스 혁명은 바로 그렇게 탄생했다.

어떻게 그 비즈니스를 시작했는지 물어보았을 때, 이제는 백발의 곱슬머리에 위엄 있는 지도자의 모습을 한 프렘지는 내게 이렇게 대답했다. 「대단히 운이 좋았죠. 적절한 시기에, 적절한 나라에서, 적절한 교육을 받았으니까요.」[25]

지금은 자신의 고향인 방갈로르에서 절반의 시간을 보내고 있는 브라운 대학 교수 아슈토시 바시니는 이렇게 설명했다. 「인도는 연간 8퍼센트의 경제 성장률을 기록하고 있습니다. 하지만 더 중요한 것은 경제 전체가 7~8퍼센트로 성장하는 동안, 어떤 분야는 18~20퍼센트로 성장하고 있다는 사실입니다. 8퍼센트는 평균에 불과하죠.」[26]

혁명에 대처하는 비결을 알고 있는 사람들은 그러한 사실을 잘 알고 있을 것이다. 그리고 당연하게도 18~20퍼센트 성장률을 보이고 있는 분야에서 사업을 시작할 것이다. 바시니는 말했다. 「하룻밤 새에 갑부가

---

* Manmohan Singh. 인도의 정치인. 2004년부터 현재까지 인도의 총리로 있으며, 1991~1995년 사이에는 재무부 장관을 지냈다.

될 수 있는 기회인 셈이죠.」

이와 똑같은 이야기를 우리는 중국에서도 들을 수 있다. 라이창싱(賴昌星)은 중국 남동부 해안 지역의 도시이자, 타이완에서 320킬로미터도 떨어지지 않은 샤먼의 외곽에 위치한 작은 마을에서 태어나고 자랐다.

덩샤오핑이 비참한 삶을 살고 있었던 중국의 국민들에게 돈을 버는 것은 좋은 일이라고 강조했던 1980년대 초, 샤먼은 시장 시스템을 가장 먼저 시범적으로 도입했던 도시들 중 하나였다. 라이는 그러한 혁명의 기회를 놓치지 않았다. 자동차 부품업체로 시작한 라이는 1990년대 중반에 우산에서 섬유, 전자 제품에 이르기까지 다양한 분야로 사업을 다각화했고, 결국 억만장자의 반열에 올랐다.

한 언론과의 인터뷰에서 라이는 이렇게 말했다. 「아침에 사업을 시작해서 저녁에 돈을 벌었습니다. 모든 환경이 자유롭게 개방되던 시절이라 많은 사람들이 사업을 시작했습니다. 그렇게 하지 않는 게 바보 소리를 들을 정도였죠.」[27]

적절한 기술과 인맥, 그리고 위험을 감수하려는 충분한 용기를 가진 사람들에게 신흥 시장에서 일어나고 있는 혁명의 파도를 타는 일은 대단히 흥미롭게, 심지어 너무나 쉽게 느껴졌을 것이다.

데이비드 닐먼David Neeleman은 끊임없이 새로운 분야에 도전하는 사업가다. 닐먼은 두 개의 미국 항공사를 세웠고, 그리고 나중에 HP가 인수했던 터치스크린 방식의 항공 예약 시스템을 구축한 인물이다. 자신의 대표 작품인 제트블루JetBlue의 CEO 자리에서 물러난 지 일 년이 되기도 전에 닐먼은 거대한 세 번째 사업에 도전했다. 그건 놀라운 일이 아니었다. 닐먼이 가장 잘하는 일은 새로운 사업을 벌이는 것이기 때문이다. 그리고 그 분야는 당연하게도 닐먼이 가장 잘 알고 있는 항공 비즈니스였다. 하지만 야심 찬 세 번째 도전을 위해 닐먼이 선택한 지역은 미국이 아니라 브라질이었다.

2010년 가을, 닐먼은 내게 이렇게 말했다. 「예전에 언급했듯이 미국은 지금 파산 상태입니다. 반면 우리 기업은 (브라질에서) 경쟁자들과 함께 매년 25퍼센트씩 성장하고 있습니다. GDP 성장률의 세 배죠. 작년 전반기 GDP 성장률은 약 9퍼센트였고, 우리는 지금 27퍼센트로 성장하고 있습니다. 흥미진진한 상황이 전개되고 있는 거죠. 만약 제가 미국에서 시작했더라면, 저가 시장 속에서 다른 항공사들과 치열하게 싸움을 벌이고 있을 테죠. 우리는 지금까지 직항 노선이 없었던 항로를 운항하고 있습니다. 그리고 오랫동안 항공편이 없었던 지역으로 노선을 확장해 나가고 있습니다.」[28]

이것이 바로 신흥 시장의 비밀이다. 불확실성, 그리고 고향을 떠나 도전하는 것을 두려워하지 않는 사람이라면, 새로운 시장에서 사업을 시작하는 것이 선진국 시장에서 시장 점유율 1퍼센트를 놓고 싸우는 것보다 훨씬 더 쉬울 것이다.

2010년 봄, 마흔 살의 인도 사업가 테즈프리트 싱 초프라Tejpreet Singh Chopra는 내게 이렇게 말했다. 「향후 10년은 우리의 삶에서 가장 흥미진진한 시간이 될 것입니다! 인도의 경제는 두 배로 성장할 겁니다! 평생 다시없을 기회입니다! 놀라운 일이 벌어질 겁니다!」[29] 나와 만나기 몇 주 전에 초프라는 경영 귀족에서 신흥 시장의 혁명에 적응해 나가는 기업가로 변신하겠다는 과감한 결정을 내렸다고 했다.

초프라는 안팎으로 적절한 경력을 갖고 있다. 인도 첸나이에서 태어나 그곳에서 학교를 다닌 그는 루카스 디젤 시스템의 영국 및 프랑스 지사에서 경력을 쌓기 시작했다. 그리고 미국의 코넬 대학에서 MBA를 밟고,

GE로 들어가 그다음 십 년 동안 코네티컷 주 스탬퍼드와 홍콩의 사무실에서 근무했다. 그러고 나서 다시 인도로 돌아갔다. 미국에서 일하는 동안 초프라는 동료인 인도인 아내를 만났다. 그녀는 뉴욕 대학에서 법학학위를 받고 나서 월스트리트 로펌인 웨일, 가셜 앤 맨지스Weil, Gotshal and Manges에서 M&A 변호사로 활동했다.

그의 나이 37세가 되던 2007년에 초프라는 인도 사람으로서는 최초로 GE의 인도 지사를 이끌게 되었다. 이를 계기로 초프라는, 200년 전 산업혁명이 그랬던 것처럼 세상을 완전히 바꾸어 놓고 있는 세계화와 기술혁명의 중심으로 올라서게 되었다.

2008년에 인도에서 개발하고 생산했던 이동식 심전계인 맥 400이라고 하는 제품에 대해 생각해 보자. 초프라는 GE 인도 지사를 운영하던 동안에 출시한 이 제품을 자신의 대표적인 성과 중 하나로 꼽고 있다. 맥 400은 GE의 미국 본사에서 출시한 원래 제품보다 더 싸고 기본적인 기능에 충실하며 보다 가벼워진 제품으로, 무게도 원래 7킬로그램보다 훨씬 가벼워진 1.4킬로그램 정도다. 가격도 1만 달러가 아니라 800달러다(시장에서 히트를 쳤을 때의 가격인 1,500달러에 비해 절반 정도다). 또한 개발비도 540만 달러가 아닌, 50만 달러였다. 그리고 맥 400을 개발했던 아홉 명의 연구원들 중 여덟 명은 GE의 방갈로르 연구실에서 근무를 했다.

서구의 기술력과 브랜드를 가지고 신흥 시장을 공략하려는 시도는 이미 낡은 방식이다. 신흥 시장의 값싼 노동력을 가공품이나 전자 제품, 또는 콜센터와 같은 사무직 서비스의 형태로 선진국 시장에 판매하는 것역시 마찬가지다.

맥 400은 그다음 단계의 접근 방식을 보여 주는 사례다. 즉 서구 기업에 고용된 신흥 시장 엔지니어들이 이미 서구 시장에 출시되었던 제품을 신흥 시장에 맞게 새롭게 개발하는 것이다.

GE와 구글, 골드먼삭스와 같이 뛰어난 거대 기업들은 지금 벌어지고 있는 중대한 경제적 변화로부터 수익을 이끌어 내는 방법을 발견해 가고 있다. 그래도 최고의 승리자는 기업들이 아니라 개인들이다. 세계화와 기술 혁명은 시장의 진입 장벽을 크게 낮추었고, 그 수혜자들은 그러한 시장들로 과감하게 진입하는 똑똑하고 운 좋은 사람들이다.

초프라는 GE와 같은 글로벌 대기업에서 근무하는 이점을 잘 알고 있다. 그는 이렇게 설명했다. 「GE의 CEO라고 하면, 세상 모든 사람들이 만나 보고 싶어 하죠.」 그러나 그는 변화를 직접 헤쳐 나가고자 하는 욕망을 끝까지 숨길 수는 없었다.

소형 공장들을 기반으로 미국의 철강 산업에 혁신을 몰고 왔던 뉴코 Nucor의 모델을 따라서, 초프라는 환경 친화적인 에너지 자원을 활용하는 20~40메가와트 소규모 공장들로 이루어진 전력 회사를 인도에 세우기 위해 애쓰고 있다.[30] 그가 세운 바라트 전력을 통해 초프라는 세 개 이상의 혁명적 변화의 물결을 타고 넘어갈 준비를 하고 있다. 그 첫 번째 물결은 대형 공장에서 소형 공장으로의 전환이다. 혁신적인 기술이 유산 경쟁자들legacy competitors에 미치는 영향을 주제로 한 크리스텐슨 교수의 사례 연구 중 하나이기도 한 뉴코는 철강 산업에서 일어나고 있는 이러한 변화를 교과서적으로 보여 주는 사례다. 거대한 통합 철강 공장을 짓는 비용의 10분의 1도 안 되는 비용으로 구축이 가능하고, 그리고 더욱 효과적으로 운영할 수 있는 소규모 공장들을 기반으로 하는 뉴코는 북미의 철강 대기업들보다 한발 앞서 나가고 있다. 전력 생산 방식에서도 초프라는 똑같은 접근 방식을 적용하고 있다. 그가 주목하고 있는 두 번째 변화의 물결은 재생 가능한 에너지 원천으로의 전환이다. 그리고 마지막으로 초프라는 인도 경제의 자유화와 이로 인한 폭발적인 경제 성장의 기회를 최대한 활용하고 싶어 한다. 초프라의 접근 방식에 대한 한 가지 사례로, 제2차 세계 대전 이후에 들어선 인도 서부 구자라트 주의 주도인 간디나가르 지역에 대한 바랏의 2012년 태양열 프로젝트를 꼽을 수 있다. 이 시범 프로젝트에서 태양 전지판을 설치하기 위해 전력 업체들은 건물주들로부터 옥상 공간을 임대했다. 이러한 방식으로 그들은 공간 문제, 그리고 인도에서 새로운 구조물을 세우는 과정에서 발생하는 군사적, 행정적인 문제를 해결하고 있다.

초프라는 이렇게 설명했다. 「단지 아이디어에 불과한 수준에서도 저는 많은 기업가들을 지원했습니다. 그리고 충분히 가능하다고 확신했습니다. 조직에서 일을 할 때, 그리고 은퇴를 할 때, 사람들은 뒤를 돌아봅니다. 하지만 기업가들은 언제나 앞만 보고 달려갑니다. 제가 늘 뒤를 돌아보며 살았더라면, 제 인생은 별로 행복하지 않았을 겁니다.」

신흥 시장들, 혹은 쇄신의 노력을 통해 급속히 성장하고 있는 시장들을 들여다볼 때마다 우리는 이러한 주제를 다룬 비슷한 변주곡들을 듣게 된다.

스티븐 제닝스는 양이 사람보다 많은 뉴질랜드 타라나키 지역에서 자랐다. 1980년대 대처와 레이건이 주도했던 자유 시장 개혁에 뉴질랜드와 호주가 동참했을 당시, 갓 경제학 학위를 받은 제닝스는 어린 나이로 그 흐름에 합류했다. 그는 크레디 스위스 퍼스트 보스턴Credit Suisse First Boston에 입사해서 처음에는 오클랜드에서, 다음으로 런던에서 근무를 했으며, 1992년 러시아 정부가 급진적인 개혁에 착수하면서부터는 모스크바로 건너갔다.

제닝스는 러시아 혁명이 일으키는 물결들을 능수능란하게 탔던 서구인들 중 한 명이었다. 21세기가 시작될 무렵, 제닝스가 설립한 투자 은행 르네상스 캐피털은 동유럽 및 아프리카 지역을 향해 공격적으로 확장해 나가면서 신흥 시장에 처음으로 자리 잡은 세계적인 은행이 되기위해 노력했다. 대부분의 지역이 금융 위기로 깊은 수렁에 빠져 있던 2009년 4월, 제닝스는 고향인 뉴질랜드로 돌아가서 경제학 강의를 시작했다. 그의 강의는 매년 그 나라에서 권위 있는 강의로 손꼽혔다. 당연하게도 그가 선택한 강의 주제는 신흥 시장의 성장이었으며, 그 강의를 통해 제닝스는 자신이 인류 역사에서 가장 중요하고 가장 급격한 경제적 변화로 인식했던 흐름 속으로 뉴질랜드 국민들이 뛰어들도록 격려했다.

제닝스는 뉴질랜드 최고 기업가들의 모임에서 이렇게 말했다. 「그렇습니다. 용기와 열정이 필요합니다. 그러면 역사적으로 특별한 가치 창조의 기회 속으로 완전히 나아갈 수 있습니다. 다른 사람들의 그러한 모습을 CNN에서 지켜보는 것보다 훨씬 더 재미있을 겁니다!」[31]

그러나 제닝스는 급변하는 환경 속에서 성공하기 위해서는 천천히 성장하는 사회 속에서 일하는 사람들과는 차원이 다른 기술과 태도가 필요하다고 강조했다.

제닝스는 이렇게 설명했다. 「연간 성장률이 2~3퍼센트 정도인 경제 속에서 산업의 변화는 비교적 점진적으로 이루어집니다. 이러한 나라에서 나타나는 폭발적인 변화는 일반적으로 1980년대와 90년대의 IT 산업처럼 급속한 기술 발전과 밀접한 관련이 있습니다. 반면 빠른 성장을 보이는 신흥 시장의 경우, 모든 분야들이 IT 산업과 비슷한 양상을 띠게 됩니다. 역동적인 경쟁 상황에서 시장의 성장과 변화는 폭발적으로 일어납니다. 러시아의 유통 시장과 나이지리아 금융 시장의 경우, 매출과 수익을 기준으로 100퍼센트 이상의 성장률은 일반적인 현상입니다. 불과 몇 년 만에 작은 기업들이 수십억 달러의 가치를 지닌 대기업으로 성장합니다. 반면 패자들은 아무런 흔적도 없이 순식간에 사라집니다. 승자들은 당연하게도 이러한 상황에서 비즈니스 방식과 전략에 있어 대단히 조직화되고, 그리고 극단적으로 공격적인 모습을 드러내는 경향이 있습니다.」

이처럼 복잡하고 어지럽고, 그리고 수익이 높은 만큼 위험도 높은 시장은 선진국의 많은 경영 귀족들에게 저주나 다름없다. 제닝스는 이렇게 회상한다. 「크레디 스위스 퍼스트 보스턴CSFB의 엘리트 유럽 은행가들은 모스크바의 임대 사무실에 모여 있는 우리의 작은 그룹을 별명으로 불렀습니다. 그들은 우리를 〈스멜리스smellies〉라고 불렀는데, 당시 동유럽 지역의 위생 상태를 뜻하는 말이었죠.」

〈스멜리스〉는 최후의 승자였다. 「1999년 초에 우리는 러시아 금융 시장에 대해 우아하게 이야기할 수 없었습니다. 당시 러시아 국영 천연가스 기업인 가스프롬의 주식을 5센트에 살 수 있었으니까요. 6개월 전만 해도 10달러에 거래가 되었는데 말이죠.」

모스크바의 스멜리스와 취리히, 프랑크푸르트, 런던의 엘리트 은행가들 사이의 격차는 CSFB에서만 찾아볼 수 있는 것은 아니었다. 제닝스는 CSFB의 사례가 혁명에 적응해 나가는 능력이 가장 두드러진 특성인 신흥 시장의 기업가들과 서구 다국적 기업의 느려 터진 경영 귀족들 사이에 더 폭 넓게 벌어져 있는 차이의 한 사례에 불과하다고 주장했다.

제닝스는 이렇게 설명했다. 「급격하게 성장하는 신흥 시장에서 느리고 주저하는 경영자들은 살아남을 수 없습니다. 과감하게 결정을 내리고, 극단적인 불안정성과 경기 침체를 버텨 낼 수 있는 탄력을 유지하기 위해서는 거시적인 관점에서 바라볼 수 있어야 합니다. 그러나 다국적 기업들에게 그러한 모습을 기대하기는 어렵습니다. ……그들은 노하우와 자본에서 우위를 점하고는 있지만, 혼란스런 외국 시장에서 폭발적으로 성장할 수 있는 기회를 잡지 못하는 무능력과 망설임이 그 경쟁력을 모두 상쇄시켜 버립니다. ……핵심 의사 결정자들 대부분은 그러한 세상과 동떨어진 곳에 살고 있습니다. 그들은 위험은 충분히 인식하지만, 기회는 제대로 파악하지 못하고 있습니다.」[32]

성장하는 신흥 시장에서 성공을 거두고 있는 기업들의 사례로 제닝스는 미탈 철강Mittal Steel을 꼽는다. 설립자 락시미 미탈Lakshmi Mittal의 아들이자 비즈니스 파트너, 그리고 법정 상속인인 아디트야 미탈Aditya Mittal은 제닝스의 설명과 잘 부합하는, 변화에 대한 적응 사례를 보여 주고 있다.

미탈은 내게 이렇게 말했다. 「변화의 흐름이 바로 눈앞에 펼쳐져 있는데도 어떤 이들은 알아차리지 못했습니다. 인수 합병을 추진하는 과정에서 좋은 기회들이 풍부한 유럽 중동부 지역으로의 확장에 초점을 맞추고 있을 때, 저는 이들이, 특히 유럽의 여러 철강 기업들이 언제쯤 정신을 차려서 이러한 기회를 놓고 미국과 경쟁을 벌일 수 있을지 궁금했습니다. 우리는 5년 동안이나 아무런 경쟁자 없이 지냈습니다. 이런 생각이 들더군요. 〈이 사람들에게 대체 무슨 문제가 있는 거지?〉 폴란드와 체코, 루마니아에 있는 철강 기업들을 혼자서 조용히 계속 사들이는 동안 아무도 나타나지 않았습니다.」

미탈에게 위기는 언제나 기회다. 「역사적으로 우리는 위기 속에서 기회를 발견했습니다. ……위기가 산업화로 나아가는 경제의 장기적인 궤도까지 바꾸는 것은 아닙니다. 그렇지 않습니까? 어떤 기업이 단기적으로 좋은 성과를 올리지 못하고 있다면, 가서 사들여야 할 순간입니다. 미래의 잠재력에 대한 분명한 판단이 중요합니다. 중장기 투자에 대한 확신이 있다면, 그리고 주주들을 위해 가치를 만들어 낼 자신이 있다면, 당장 뛰어들어야 합니다. 지금까지 우리는 그렇게 해왔으며, 그리고 적절한 기회가 주어진다면 앞으로도 그렇게 할 것입니다.」

변화에 대한 적응은 플루토크라트로 올라서기 위한 비결이다. 미탈은 내게 〈변화는 위대하다〉고 말했다. 「변화는 환상적입니다. 변화를 읽어 내고 거기에 참여할 때, 가치를 창조할 수 있습니다. 그 변화의 방향이 올바른 것일 수도, 그리고 잘못된 것일 수도 있습니다. 그건 여러분의 판단에 달려 있습니다. 그러나 가치 창조는 변화가 있기에 가능한 것입니다. 아무런 변화 없이 어떻게 새로운 가치를 만들어 낼 수 있겠습니까?」

1944년 부다페스트의 상황을 생각해 보라. 오늘날의 신흥 시장과 같은 특수한 상황에서는 가만히 있는 것이 가장 위험한 선택일 수 있다. 물론 과감하게 움직이지 않아도 살아남을 수는 있다. 하지만 성공하고자 한다면, 과감해져야만 한다.

제닝스는 신흥 시장에서 얻은 이익을 자국 사람들에게 널리 알리는 일을 하고 있다. 그의 강의 제목은 〈인생의 기회〉다. 물론 그에게도 위기는 있었다. 고향에서 의기양양하게 강연하기 6개월 전만 해도 제닝스의 사업은 파산 위기에 몰려 있었다. 그리고 살아남기 위해 결국 회사 지분의 50퍼센트를 러시아 올리가르히 미하일 프로호로프에게 헐값으로 넘겨야만 했다.

1980년대에 절호의 기회를 잡으면서 큰 성공을 거두었던 샤먼의 기업가인 라이창싱은 베이징에서 도망쳐 캐나다에 10년 동안 피신해 있었다.

그리고 결국 2002년에 중국으로 강제 송환을 당했다. 그 유명한 주기적인 반부패 정책의 일환으로 중국 정부는 1999년에 라이창싱을 밀수와 뇌물, 탈세 혐의로 고소했다.

그 사건을 주도했던 주룽지 전 총리는 라이창싱에 대한 선고 후에 이렇게 언급했다. 「라이창싱이 세 번 사형을 당한다 해도 부족할 겁니다.」[33] 대출을 주식으로 전환하는 사유화 과정의 최대 수혜자이자 2003년 당시 러시아 최고의 갑부였던 미하일 호도르콥스키 역시 시베리아 강제수용소 등지에서 10년 가까운 세월을 보내고 있다.

최상류층의 이러한 불안정성은 새로운 플루토크라트 집단의 두드러진 특성이며, 그들이 은행 잔고만큼 안정적이고 동질적인 집단은 아니라는 사실을 말해 주는 근거다. 오늘날 시장에서 최대의 승리자는 변화에 대한 적응 전문가들이다. 그러나 이 말은 헝가리의 한 노련한 사업가의 표현대로, 그들이 〈편집증 환자만이 살아남을 수 있는〉 세상에서 살아가고 있다는 것을 의미한다.

유리 밀너 역시 똑똑하고 열정적인 러시아 사람이지만, 그는 사유화의 기회를 잡지 못했다. 밀너는 앞서 벤두키제와 똑같은 문제가 있었다. 그 그루지아 사업가처럼 밀너 역시 급변하고 있는 자본주의 경제에서 성공을 거둘 만큼 충분한 정보를 가지고 있다는 확신이 없었다. 그래서 와튼 스쿨을 졸업하고 나서(그는 이민자가 아닌 러시아인으로는 최초로 와튼 스쿨에서 MBA를 밟은 인물이었다), 밀너는 고향으로 돌아가는 대신 워싱턴으로 진출하여 세계은행에서 일을 시작했다. 그러나 그로서는 대단히 불운하게도, 5년 전만 해도 최고의 혜택과 인기를 누렸던 세계은행에서 근무하는 동안 러시아에서는 공교롭게 사유화 프로젝트가 진행되고 있었다. 밀너는 당시를 〈잃어버린 시간〉으로 회상한다.[34] 이후 그가 고향으로 돌아왔을 때에는 전리품들의 배분이 완전히 끝난 상태였다. 결국 그는 올리가르히로서의 길을 포기하고 미하일 호도르콥스키 밑에서 일을 했다.

그러나 경험을 통해 밀너는 패러다임의 전환을 이용해 자본을 축적할 수 있음을 깨닫게 되었고, 다음에 올 패러다임의 전환을 찾기 시작했다. 그리고 정치 혁명이 아니라 기술 혁명에서 그 기회를 발견했다. 밀너는 소셜 네트워크의 가능성을 러시아인으로서는 일찍이 알아보았다. 그리고 다른 지역에서 인기를 얻고 있는 방식을 그대로 베껴 오는 전형적인 신흥 시장 공략법을 선택했다. 밀너는 러시아의 핫메일이라 할 수 있는 메일닷루Mail.ru와 러시아의 페이스북인 오드노클라스니키Odnoklassniki를 인수하면서 투자를 시작했다. 그동안 러시아가 세계 무대로 나아가는 길에서 걸림돌이기만 했던 키릴 문자는, 러시아 시장을 정복하려는 실리콘밸리의 시도를 어렵게 만들면서 밀너에게는 오히려 축복으로 드러났다.

그러나 밀너는 러시아 기술 시장에서 성공을 거두는 것으로 만족할 수 없었다. 사유화의 기회를 놓쳤던 경험을 통해 밀너는 와튼 시절에 만났던 미국 사람들보다 더 빠르고, 더 절박하게 움직여야 한다는 사실을 깨달았다. 급격한 변화에 대처하는 방법을 알고 있었던 밀너는 세계에서 가장 큰 변화의 물결이 일고 있었던 곳인 실리콘밸리로 진출하기로 결심했다. 2009년 5월, 밀너는 페이스북 주요 외부 투자자들 중 1순위를 차지했다. 이는 당시 실리콘밸리로서는 말도 안 되는 조건을 받아들임으로써 거둔 엄청난 성공이었다. 그 조건이란 그 5년 된 기업의 가치를 100억 달러 이상으로 평가하면서 1.96퍼센트의 지분을 2억 달러에 사들이고, 이사회 구성원의 지위까지도 포기하는 것이었다. 2012년 페이스북이 최초로 주식 공개를 했을 때, 밀너가 보유하고 있던 주식의 가치는 60억 달러를 넘어섰다. 페이스북의 주식 공개가 발표되었던 그날, 밀너의 한 동료는 어떤 컨퍼런스 자리에서 온라인 게임 업체인 징가Zynga의 설립자에게 접근했다. 그리고 몇 달 뒤 디지털 스카이 테크놀로지스 Digital Sky Technologies는 1억 8천만 달러의 투자금을 끌어모을 수 있었다. 그루폰의 경우는 더 쉬웠다. 그 온라인 쿠폰 기업이 투자자를 물색하고 있을 무렵, 페이스북과 징가로 인기를 얻은 밀너는 이미 주요 투자가로 주목을 받고 있었기 때문이다.

미국에서 일어난 기술 혁명은 기술과 행운, 그리고 그 두 가지를 적극적으로 활용하려는 용기를 가진 사람들에게 엄청난 기회를 가져다주는 급격한 패러다임의 전환이었다. 변화의 규모는 어마어마했다. AT&T의 CEO 랜들 스티븐슨Randall Stephenson은 내게 그 변화가 전기와 내연 기관의 발명 이후로 가장 거대한 경제적 혁명이었다고 말했다.

공산주의에서 자본주의로 이동했던 러시아의 경우처럼, 기술 혁명은 엄청난 부를 벌어들일 수 있는 기회를 제공하는 패러다임의 전환을 몰고 온다. 미국의 뉴스 및 사설 온라인 사이트인 메디에이트Mediaite의 설립자 댄 에이브럼스는 이러한 기회를 일컬어 〈프런티어 모멘트frontier moment〉라고 정의했다. 그는 개척자의 용기와 비전을 가진 사람들만이 미래의 비즈니스 왕국을 건설하기 위한 기반을 다져 나갈 수 있다고 믿는다. 그러한 기회는 우리가 생각하는 것보다 훨씬 더 풍성하면서도 더 까다롭게 다가온다. 기술 혁명은 러시아의 사유화처럼 한 순간의 급격한 변화로 끝나지 않고, 산업 혁명처럼 여러 단계들로 이어진 패러다임의 전환을 가져온다. 그리고 각각의 단계들은 적절한 시간과 적절한 장소에서 혁명적인 변화에 제대로 대처해 나가는 사람들에게 엄청난 경제적 기회를 선사한다.

페이스북의 성공에 편승하여 성공을 일구어 낸 사례로 앱 개발자들을 들 수 있다. 2007년부터 본격적으로 그 모습을 드러내기 시작했던 소셜 네트워크 사이트들은 그들의 파급력을 확장하기 위해 개발자들에게 플랫폼을 개방하는 전략을 채택했다. 그러한 선택은 큰 성과가 있었지만, 2009년 페이스북은 앱들이 바이러스처럼 퍼져 나가는 과정에 개입함으로써 그 개방성을 다소 축소하는 방향으로 선회했다. 그리고 이러한 정책 변화는 페이스북이라고 하는 기회를 일찌감치 잡았던 개발자들에게 엄청난 이익을 가져다주었다.

「걸어 들어가 금을 줍기만 하면 되던 시절이었습니다.」[35] 이는 2007년 가을 학기에 스탠퍼드 대학 수업 시간에 학생들에게 페이스북에 기반을 둔 사업을 펼쳐보라고 독려했던 기술 및 혁신 분야 전문가 B. J. 포그가 「뉴욕 타임스」와의 인터뷰에서 한 말이다. 그리고 실리콘밸리의 투자자인 마이크 메이플스는 같은 기자에게 이렇게 얘기했다. 「페이스북 플랫폼이 서서히 이륙하면서 골드러시의 분위기가 감돌고 있었습니다.」

또 다른 작은 변화의 물결로는 방송과 케이블에서 웹 기반 비디오로의 전환이 있었다. 우리는 이미 인터넷이 출판 및 음악 산업에 미친 영향을 목격했기 때문에, 그러한 변화를 당연한 것으로 생각하기 쉽다. 그러나 이러한 흐름에 올라타기 위해서 중요한 것은 적절한 시기다. 2011년에 유튜브가 웹 기반 비디오 제작사들에게 자신의 플랫폼을 개방하겠다는 과감한 정책을 발표했을 때, 작가이자 VH1 채널에서 편성국장을 지낸 마이클 허시혼Michael Hirschorn은 디지털 TV 혁명이 시작될 것이라고 예측했고, 그 기회를 반드시 잡아야겠다고 결심했다. 허시혼은 한 기자에게 이렇게 말했다. 「이전의 여러 변화들에 뒤처져 있던 동안, 최선을 다해 달려야 한다는 사실을 깨달았습니다.」 그는 사업 파트너로 생각하고 있던 한 사람에게 전화를 걸어 이렇게 강조했다. 「지금 당장 비즈니스를 시작해야 합니다!」[36]

수학이나 통계학에서 박사 학위를 갖고 있는 사람들이 오늘날 변화의 흐름을 타기 위해 주목해야 할 분야는 아마도 〈빅 데이터〉 기술이 될 것이다. 빅 데이터란 우리가 지금 만들어 내고 있는, 그리고 점점 더 발전하는 기술을 통해 저장하고 활용할 수 있는 어마어마한 양의 디지털 데이터를 말한다.

빅 데이터 전문가들이 유행에 밝은 사람들이었다면, 지금쯤 빅 데이터 기술은 최신 스타일로 각광을 받고 있었을 것이다. 2011년 말, 대학생 청중들과 함께한 인터뷰 자리에서 래리 서머스는 지금 주목하고 있는 중요한 세 가지 주제 중 하나로 빅 데이터를 꼽았다(다른 두 가지는 생물학과 신흥 시장의 성장이었다). 매킨지의 연구 기관이자 대학들과 긴밀한 관계를 맺고 있는 매킨지 글로벌 인스티튜트는 2011년에 빅 데이터를 주제로 한 143쪽짜리 보고서[37]를 발표하면서 이를 〈혁신, 경쟁, 생산성을 위한 차세대 프런티어〉라고 강조했다.

오늘날 과연 얼마나 방대한 양의 데이터를 활용할 수 있는지 이해하기 위해, 매킨지가 발표한 두꺼운 자료에서 몇 가지 놀라운 사실들을 살펴보자. 가장 먼저, 세상에 존재하는 모든 녹음된 음악 파일들을 저장할 만한 용량의 디스크 드라이브를 사는 데 600달러도 들지 않는다고 한다. 다음으로 2010년을 기준으로 전 세계 인구가 데스크탑과 노트북과 같은 장비를 가지고 저장하고 있는 데이터 총량은 6엑사바이트exabyte에 달한다고 한다. 여기서 1엑사바이트는 미국 의회 도서관에 저장된 정보량의 4,000배가 넘는다.

매킨지는 이러한 데이터의 혁명적인 위력은 메인프레임 시대, PC 시대, 인터넷과 웹 1.0 시대, 그리고 가장 최근의 모바일과 웹 2.0 시대에 이어 기술 혁신의 다섯 번째 시대로 이어질 것으로 예상하고 있다.

빅 데이터는 어마어마한 소득을 벌어들이는 새로운 슈퍼스타 종족을 배출해 낼 것이다. 매킨지의 예상에 따르면, 2018년 즈음에는 미국 시장만 놓고 보더라도 엄청난 양의 데이터를 다루기 위해 필요한 〈심오한 분석적 능력〉을 가진 전문가들의 공급이 14~19만 명가량 부족할 것이라고 한다. 그 과정에서 빅 데이터의 혁명적인 잠재력을 한발 앞서 이해하고 이용하는 소수의 억만장자들이 탄생할 것이다. 이러한 관점에서 빅 데이터를 바라본다면, 1천억 달러에 달하는 페이스북의 시장 가치를 충분히 이해할 수 있다.

기술 혁명은 미국의 서부 해안을 중심으로 한 전문가들만의 이야기가 아니다. 사람들은 흔히 PC 혁명이 실리콘밸리에서 이루어졌다고 생각한다. 물론 그 기술이 실리콘밸리에서 개발된 것은 맞지만, 그 기술로부터 가장 많은 이익을 얻은 곳은 월스트리트였다. 세계 최대 자산 운용 업체이자 2012년 봄을 기준으로 4조 달러에 달하는 자금을 관리하고 있는 블랙록의 설립자인 억만장자 래리 핑크Larry Fink는 컴퓨터 기술이 금융 산업에 미친 영향에 대해 이렇게 설명한다.

「사람들은 제게 이렇게 묻곤 하죠. 〈83년에 대체 무슨 일이 일어난 거죠? 왜 그해에 똑똑한 사람들이 모기지 증권이란 걸 만들어 낸 거죠?〉」

2010년 파크 애비뉴 인근에서 가졌던 인터뷰에서 핑크는 내게 이렇게 이야기했다. 「그건 바로 컴퓨터를 책상 위로 올려놓았던 기술 혁명 때문이었습니다. ……PC가 등장하면서 개인이 안정성과 위험을 평가하고 엄청난 데이터를 분석하는 일이 가능해졌습니다. ……예전에 찾아볼 수 없는 일이었죠. ……제가 생각하기에 이로 인해 증권 거래의 수익성이 높아지기 시작했습니다. 수익성을 놓고 살펴본다면, 83년 이전에 월스트리트는 그다지 높은 실적을 보여 주지 못했습니다.」[38]

컴퓨터가 증권 중개인들의 책상 위에 올라가면서 월스트리트는 지식 노동자 계층의 상승이 본격적으로 시작되었다는 사실을 깨달았고, 그리고 최고의 인재들을 발굴하기 위해 나섰다. 핑크는 내게 이렇게 설명했다. 「월스트리트가 가장 잘한 일은 그러한 변화를 이해했다는 것입니다. 그래서 어디로 시선을 돌렸습니까? 그들은 일류 대학과 공학 분야에 주목했습니다. 그리고 아주 명석한 금융 분석가들을 찾아냈죠. ……방대한 데이터를 분석하고, 흐름과 원리를 파악해 내는 뛰어난 인재들을 발굴했습니다. 제가 보기에 많은 것들이 이로부터 시작되었습니다.」

〈플루토노미〉에 관한 글을 쓰고 있는 시티그룹 애널리스트들은 이를 〈경영 귀족〉의 승리로 설명하고 있다. 그것은 분명한 사실이다. 그러나 그 정점에서 봤을 때, 플루토노미는 기업가의 승리에 대해 더욱 많은 것을 말해 주고 있다. 2011년 컨설팅 회사 캡제미니와 투자 은행 메릴린치가 발표한 보고서는 전 세계의 초고액 순자산 보유자들 가운데 46퍼센트가 창업자라고 추산했다.

그리고 이러한 개인주의자들은 회사에서 일하는 사람들에 비해 수적으로 열세에 있지만, 그들이 거두어들이고 있는 소득은 훨씬 더 어마어마한 수준이다. 그리고 이들이 벌어들이는 막대한 부는 슈퍼엘리트 집단과 일반적으로 부유한 계층 사이의 격차를 점점 더 벌어지게 만드는 한 가지 요인이다. 컴퓨터 하드웨어에서 시작해서 현재 뉴욕에 기반을 두고 세계경제포럼과 같은 조직을 구축하기 위해 애쓰고 있는 모로코 출신의 프랑스 사업가 리처드 아티아스Richard Attias는 이렇게 설명하고 있다. 「예전에는 큰 것이 작은 것을 잡아먹었습니다. 하지만 지금은 빠른 것이 느린 것을 잡아먹고 있습니다」 런던 비즈니스 스쿨 교수인 설은 큰 것, 다시 말해 기존 대기업들이 효율성의 차원에서 더 빠르게 움직이지는 못할 것이라고 생각한다. 그의 연구 결과가 말해 주고 있듯, 문제는 기업들이 세상이 변하고 있다는 사실을 깨닫지 못하고 있는 것이 아니다. 기업들은 충분히 잘 알고 있다. 하지만 설은 대부분의 기업들이 기존의 행동에 변화를 주는 대신 〈활동적 타성〉으로 이러한 변화에 대응하고 있다는 사실을 발견했다. 기업들은 지금껏 해왔던 방식 그대로 움직이려고 한다. 달라진 점이 있다면, 조금 더 부지런히 움직이고 있을 따름이다. 그들은 기존에 엄청난 혜택을 누렸고 앞으로도 그럴 것이라는 희망을 버리지 못하기 때문에, 지금 눈앞의 이익을 포기하거나 중대한 손실을 피하기 위한 과감한 결정을 좀처럼 내리지 못한다.

활동적 타성으로 설이 종종 드는 사례는 파이어스톤Firestone이다. 설립자 하비 파이어스톤Harvey Firestone은 변화에 효과적으로 대처할 줄 아는 인물이었다. 파이어스톤은 1990년에 오하이오 애크런에서 타이어 생산을 시작했다. 그는 헨리 포드가 자동차 대량 생산 방식에서 보여 준 혁신에서 잠재력을 발견했으며, 1906년에는 포드의 모델 T에 들어가는 타이어 납품 업체로 선정되었다. 그러나 지금으로부터 약 15년 전인 1988년, 파이어스톤은 일본의 경쟁 업체 브리지스톤에 주식의 일부를 받는 조건으로 합병이 되었다. 유서 깊은 수많은 대기업들처럼 파이어스톤 역시 레이디얼 타이어라고 하는 혁신적인 신기술이 미국 시장에 등장하면서 그 뒤안길로 사라지고 말았다. 위기에 직면했을 때, 파이어스톤은 기존의 바이어스 플라이 생산 라인을 그대로 유지한 상태에서 레이디얼 타이어를 생산하고자 했고, 그러한 결정은 재앙으로 이어지고 말았다. 결국 파이어스톤은 수백만 개의 타이어를 리콜했고, 의회 청문회에서 34명의 죽음에 대해 비난받아야 했다.

이에 대해 설 교수는 이렇게 썼다. 〈파이어스톤의 역사적인 성공, 그리고 이후 세계적 경쟁과 기술 혁신에 대해 재앙으로 이어지고 말았던 그들의 대응 방식은 산업 비평가들에게 패러독스를 안겨다 주었다. 대체무슨 이유로 최고의 성과를 자랑하던 기업이 취약한 분야에서 최악의 실적을 기록하면서 쓰러지고 말았던 것일까? 좀 더 자세히 들여다본다면, 역사적인 성공에도 불구하고, 또는 바로 그 성공 때문에 파이어스톤이 실패의 나락으로 떨어지고 말았다는 사실을 이해할 수 있다.〉[39]

파이어스톤은 제2차 세계 대전 이후 안정적인 미국 시장에서 번영을 누렸다. 설은 이렇게 말한다. 〈굳건히 자리 잡은 성공의 원칙은 그 주변 환경이 안정적일 때에만 효과를 발휘한다.〉[40] 그러나 오늘날 많은 산업 및 국가들, 그리고 세계 경제 전체가 겪고 있는 혁명적인 변화의 시기에 〈굳건히 자리 잡은 성공 원칙〉만으로는 충분치 않다. 오히려 변화에 유연하게 대처해 나갈 수 있는 아웃사이더들이 대기업의 허를 찌를 수 있다.

신흥 시장의 관점에서 본다면, 파이어스톤의 운명은 자만하고 있던 오클랜드 엘리트들에 대한 제닝스의 경고에 어울리는 사례였다. 〈전반적으로 우리는 그 어느 때보다 경쟁이 치열하고, 빨리 변화하고, 예측하기 힘들고, 그리고 경제, 정치, 산업 모든 분야에서 오랫동안 세상을 지배했던 기존 질서들이 위협을 받으면서 다른 질서로 재편되어 가는 세상에서 살고 있다. 이러한 세상에서 《성공》과 《실패》의 차이는 극명하다. 이러한 현상은 노동 시장의 특정 기술, 기업 및 산업, 그리고 국가 전체에서 나타나고 있다.〉[41]

활동적 타성에 젖어 있던 파이어스톤의 모습은 2007년과 2008년 시절의 월스트리트를 연상케 한다. 많은, 또는 대다수의 미국 대형 금융 기업 경영자들 역시 그들의 비즈니스가 거품 위에 떠 있다는 사실을 잘 알고 있었다. 하지만 그 기업들 및 산업 전반은 물러설 길을 찾을 수 없었다.

2007년 7월 초, 당시 시티그룹의 CEO였던 척 프린스Chuck Prince는 도쿄 방문 중에 미치요 나카모토라는 기자와 인터뷰를 나누었다. 신용 시장이 아직 경색 국면으로 접어든 것은 아니었으나, 나카모토가 프린스에게 미국 서브프라임 모기지 시장에서 벌어지고 있는 혼란과 일부 사모 펀드들이 겪고 있는 어려움에 대해 물어볼 만큼 상황은 나쁜 조짐을 보이고 있었다. 프린스는 당시 시티그룹이 풍족하게 누리고 있던 값싼, 그리고 세계화로 인해 유입된 엄청난 양의 자금이 결국에는 말라 버릴 것이라는 사실을 잘 알고 있었다. 그는 이렇게 설명했다. 「예전보다 훨씬 더 치명적인 위기가 분명히 찾아올 것입니다. ……그 파괴적인 영향력은 너무나 거대해서 어떤 시점에 이르면 유동성이 회복되기는커녕 반대 방향으로 흘러가 버리고 말 것입니다.」[42]

그로부터 일 년 뒤에 터진 리먼브라더스의 파산으로 하룻밤 새에 벌어진 신용 붕괴의 국면을 떠올려볼 때, 프린스의 지적은 분명 선견지명이었다. 하지만 〈치명적인 위기〉가 반드시 찾아올 것이라고 예측을 하고 있었음에도 불구하고, 프린스는 아직 〈그 시점〉은 아니라고 생각했다. 그리고 지금까지 해오던 방식대로 비즈니스를 운영했다. 그는 이렇게 말했다. 「음악이 멈추는 순간, 유동성과 관련하여 상황은 복잡해질 것입니다. 하지만 음악이 흐르는 동안에는 신나게 춤을 춰야 합니다. 지금 우리는 그렇게 춤을 추고 있습니다」

기업들은 오늘날 상투적인 말이 비즈니스 리더들에게 적절한 이야기가 될 수 있음을 잘 보여 주는 일종의 경고로서 이 표현을 기업 홍보에 이용하고 있다. 프린스의 이 실감나는 표현은 바로 그다음 날 일면을 장식했을 뿐만이 아니라, 금융 위기에 관한 인상적인 문구로도 널리 알려졌다. 발언 후 2년 넘게 흐른 시점에서 이 표현을 구글로 검색해 보았을 때, 약 150만 건의 검색 결과가 나올 정도였다. 2007년 11월 4일은 바로 이 표현을 생생하게 떠올리도록 만들었던 날이다. 그날 프린스는 사임을 했고, 춤에 대한 그 표현은 프린스가 이끄는 시티그룹이 위기를 제대로 예측하지 못한 중대한 과오를 잘 요약해 주었다.

프린스의 해고는 타당했다. 그가 리더로 있는 동안 시티그룹은 서브프라임 시장에 대한 노출 수위를 높였고, 기존 스와프 상품들은 그대로 유지하면서 신규 신용부도스와프를 더욱 확장해 나갔다. 또한 위험천만하게도 재무제표상에 드러나도록 수십억 달러를 은닉해 놓기까지 했다. 물론 음악이 나올 때는 춤을 춰야 한다는 그의 주장은 틀리지 않았다. 하지만 음악이 멈췄을 때, 앉을 자리가 없는 사람이 바로 패배자이다. 그러나 오늘날 자본주의 세상에서는 아무리 노련한 춤꾼이라도 매번 앉을 자리를 확보할 수는 없다.

피터 와인버그Peter Weinberg는 월스트리트 귀족 출신이다. 그의 친할아버지는 골드먼삭스에서 영향력이 높은 초창기 파트너였고, 그의 어머니는 코닝Corning을 설립한 대표적인 와스프* 가문인 휴튼 가문 출신이었다. 와인버그는 거품이 터지기 몇 년 전에 사업을 시작했는데, 그 스스로 인정하듯이 그것은 그가 좋은 환경에서 나고 자랐기에 가능한 일이었다. 와인버그는 2006년에 월스트리트의 전설적인 협상 전문가 조 페렐라Joe Perella와 함께 팀을 이루어 전문 자문회사를 설립했으며, 이후 2년 동안 투자금을 끌어모으고 조직을 구축하는 데 힘을 쏟았다. 하지만 독립해서 자신의 사업을 벌이기 전에 골드먼삭스의 런던 지사 대표를 지내기도 한 노련한 투자 은행가 와인버그는, 그가 자문을 제공하고 있던 CEO들이 점점 더 신나는 음악 소리에 귀를 틀어막도록 만드는 것이 불가능하다는 사실을 깨닫게 되었다.

「비즈니스에 몸담았던 지난 30년 동안 아마 여섯 번의 위기를 맞이했을 겁니다. 그게 바로 자본주의의 주기적인 흐름이죠」 2009년 6월 와인버그는 뉴욕 5번가 GM 건물에 있는 현대적인 분위기의 회의실에서 내게 이렇게 말했다. 「거품 시장에서 그 흐름을 거스르기란 여간 어려운 일이 아닙니다. 정말 어려워요. 그렇게 할 수 있는 사람들은 거의 없죠. ……한 월스트리트 대기업의 CEO가 자리에서 일어나 이렇게 외친다고 해봅시다. 〈여러분께 드릴 말씀이 있습니다. 우리는 앞으로 레버리지 수준을 30대 1에서 15대 1로 낮출 계획입니다. 그리고 지금 시장에서 나타나고 있는 다양한 기회들로부터 한발 물러서 있도록 하겠습니다.〉 그러면 그 CEO는 아마도 자리를 보전하지 못할 것입니다. ……대형 금융 기업의 경영자들이 독자적인 노선을 걷는 것은 대단히 힘든 일입니다.」[43]

이는 엔터테인먼트, 미디어, 기술 산업에서 더욱 친숙한 이야기다. 가

---

* WASP. 앵글로색슨계 미국 신교도White Anglo-Saxon Protestant의 줄임말로 흔히 미국 주류 지배 계급을 뜻한다.

령 음반 산업을 보자. 오랜 역사를 자랑하기는 하지만 인터넷의 등장으로 크게 위축된 워너뮤직은 현재 렌 블라바트니크가 소유하고 있다. 러시아의 경제적 지각 변동을 경험한 노련한 사업가 블라바트니크는 밀너와 마찬가지로 서구의 획기적인 기술 변화 속에서 자신의 능력을 펼치고자 했다. 그러나 기술 분야는 그 변화의 주기가 너무나 짧아서 경험 많은 혁신가들조차 쉽게 위험에 노출되곤 한다.

마이크로소프트는 이미 그러한 일을 겪었다. 지금 사람들이 자못 궁금해하는 것은 과연 구글도 이런 일을 겪을 것인가 하는 점이다. 설 교수가 언급했던 기업의 경영자들처럼(이들은 위협이 다가오고 있음을 알았지만, 이들이 이러한 상황에 대처한 방식은 예전에 하던 일을 더욱 열심히 하는 것이었다), 구글의 경영자들도 현재 어떤 일이 벌어지고 있는지 잘 알고 있다. 구글의 초창기 멤버 10인 중 한 사람이자 첫 번째 기술 부사장을 지낸 어스 횔즐Urs Hölzle은 2010년에 임직원들을 대상으로 〈어스 퀘이크Urs Quake〉라는 제목으로 메모를 보냈다. 거기서 횔즐은 구글이 소셜 네트워킹 시장에서 페이스북에 뒤처져 있고, 즉시 따라잡아야 한다고 경고했다.

구글 관리자들은 횔즐의 외침에 귀를 기울였으며, 앨버트 비어슈타트가 1878년에 그린 작품을 본딴 〈에메랄드 바다〉 프로젝트를 시작했다. 〈에메랄드 바다〉라고 하는 그림은 거대한 파도에 난파된 배를 묘사하고 있다. 이 프로젝트에 참여한 구글 직원들은 이 그림을 사무실 엘리베이터 정면에 붙여 두었다. 여기서 파도는 소셜 네트워킹 혁신이고, 구글은 배다. 그 파도를 타넘지 못하면 그렇게 난파되고 말 것이다. 반란을 일으키며 기업을 세웠던 사람들이 아직도 30대로 남아 있는 구글에게도 급격한 변화에 대응한다는 것은 여전히 힘든 과제다.

그래도 구글의 가능성을 기대할 수 있는 한 가지 근거는, 신흥 시장의 경우에서처럼 실리콘밸리의 비즈니스 리더들이 변화에 적응함으로써 첫 번째 부를 창출했다는 사실이다. 그들에게 변화는 아직 현재 진행형이다. 사실 혁신에 대한 적응은 실리콘밸리 문화의 핵심이며, 성공적인 기업가들은 그러한 혁신의 문화를 계속해서 발전시켜 나가고 있다.

스탠퍼드 디자인 스쿨의 캐럴라인 오코너Caroline O'Connor와 페리 클리반Perry Klebahn은 이를 일컬어 〈전환〉 능력이라 부른다.[44] 그루폰Groupon은 원래 집단적인 정치 운동을 위한 공간으로서 시작했다. 그리고 페이팔PayPal 역시 휴대 전화를 이용한 자금 거래 서비스로 시작했다가, 나중에 이베이 결제 시스템으로 전환했다. 또한 트위터는 애초의 팟캐스팅 아이템으로 실패를 겪은 뒤 새롭게 도전하여 성공을 거두었다. 오코너와 클리반은 이들 기업을 성공적인 전환 사례로 소개하고 있다.

두 사람이 인용한 또 다른 사례로 워커익스프레스WorkerExpress가 있다. 워커익스프레스는 조 멜린Joe Mellin과 파블로 푸엔테스Pablo Fuentes가 설립한 회사로, 주택 소유자들이 문자 메시지를 통해 시간대별로 공사 인부들과 일정을 예약할 수 있도록 하는 서비스를 실시했다. 하지만 별 성과를 얻지 못하자 멜린과 푸엔테스는 워커익스프레스를 세우기 전에 실시했던 조사 작업을 다시 들여다보았고, 공사 현장에서 일용직을 구하는 대형 하청업체들에 집중하기로 결론지었다. 그들의 전환 시도는 적중했고, 2008년 이후 건설 시장의 불황 속에서도 인터넷 기반으로 성공적인 비즈니스를 구축해 나가고 있다.

기술 분야에서 자주 인용되는 전환 사례들 중 하나로 사진 호스팅 및 공유 사이트인 플리커Flickr의 이야기를 꼽을 수 있다. 플리커의 시작은 2002년으로 거슬러 올라가는데, 설립자인 카테리나 페이크Caterina Fake와 스튜어트 버터필드Stewart Butterfield는 그에 앞서 〈게임 네버엔딩〉이라고 하는 멀티플레이 방식의 온라인 게임 사이트를 시작했었다.[45] 페이크와 버터필드는 기술 분야에서 두 가지 변화, 즉 소셜 미디어의 성장과 게임 시장의 확대에 주목하고 있었으며, 이 두 가지 변화의 요소를 통합하는 비즈니스에 도전하기로 결심했다. 그러나 〈게임 네버엔딩〉이 실패로 끝나면서, 새로운 비즈니스를 위해 두 사람이 설립했던 밴쿠버 기업, 루디콥Ludicorp은 자금 압박에 시달리게 된다. 그런데 여기서 두 사람은 그 게임의 다양한 기능 중 하나인 사진 공유 프로그램만큼은 사용자들의 인기를 얻었다는 사실을 발견했다. 사실 그 사진 공유 프로그램은 8주 만에 개발한 것이었다. 이에 페이크와 버터필드는 사진 공유 기술을 기반으로 한 독립된 사이트를 구축하기로 했다. 그리고 그 결과는 성공이었다. 2004년 2월에 그들은 플리커 사이트를 본격적으로 시작했다. 그로부터 13개월이 지난 2005년 3월, 알려진 바에 따르면 야후는 플리커를 3,500만 달러에 인수했다. 2012년 초 플리커의 발표에 의하면, 그 사용자들이 올린 이미지는 무려 70억 장에 달한다. 지구에 살고 있는 모든 사람이 평균 한 장씩 올린 꼴이다.

이러한 전환은, 지금 잘못된 길로 들어섰으며, 그래서 방향을 전환해야 한다는 인식으로부터 시작된다. 그리고 이러한 인식은 변화에 적응해 나가는 소로스의 탁월한 능력의 핵심이기도 하다.

1988년에서 1991년 사이 뉴욕 중심가에 위치한 소로스의 퀀텀 펀드 건물에서 사무실을 임대해 있었던 채노스는 이렇게 동의했다. 「몇 년 전에 소로스가 보여 주었던, 제가 어려워하면서도 우러러보는 한 가지 능력은 장기적인 차원에서 단기적인 차원으로 전환하는 기술입니다. 즉, 확실한 증거를 기반으로 즉각적으로 전환을 감행하는 능력이죠. 감정적인 차원에서 정말로 힘든 일이죠.」[46]

소로스는 내게 이렇게 말했다. 「기본적으로 오류를 발견하는 데 집중하는 개념적인 접근 방식을 기반으로 제 자신의 판단에 대해서도 극단적으로 비판적인 입장에 서 있습니다. 모든 것들을 언제나 재차 확인하고, 잘못된 방향으로 나아가고 있는 것은 아닌지 점검합니다. ……얼마든지 실수를 저지를 수 있다는 사실을 잘 알고 있기 때문에 보다 적극적으로 실수를 바로잡아 나가려고 하는 겁니다.」[47]

이에 대해 소로스의 아들 조너선은 내게 이렇게 말했다. 「자신의 이론에서 올바른 점이 아니라 잘못된 점을 제일 먼저 발견해야 한다는 생각은 스스로의 판단에 대한 적극적인 비판주의라 하겠습니다.」[48]

제닝스가 보다 과감하고 민첩한 신흥 시장 승리자들에게 결국 잡아먹히고 말 것이라고 예측했던 서구의 전통적인 기업들의 입장에서 전환은 너무나 어려운 과제다. 제닝스는 이렇게 설명했다. 「오늘날 급격한 변화를 겪고 있는 시장의 근간을 이루는 기업 및 기관들은 서구의 수준을 따라잡고 있으며, 결국에는 시장을 주도해 나갈 것입니다. 그렇게 된다면 그들의 비즈니스 모델과 시스템이 역수출되어 돌아올 것입니다.」[49]

급격한 변화에 적응해 나가는 과정에서 얻을 수 있는 프리미엄 덕분에 미국 경제 전반에서 거대한 승리자들이 이미 그 모습을 드러내고 있다. 회계 및 컨설팅 전문 기업인 딜로이트Deloitte는 2010년 연구 보고서를 통해 미국 대기업들이 지배력을 잃어 가는 속도를 의미하는 소위 〈몰락률topple rate〉 지수를 보여 주었다. 1965년과 2009년 사이에 몰락률 지수는 두 배 이상 증가했다. 이 말은 기업 조직 내에서 최상층을 차지하는 사람들의 삶 역시 예전에 비해 훨씬 더 불안정해졌다는 의미다. 그 보고서는 이렇게 설명한다. 〈승자들의 집단은 아주 빠른, 그리고 점점 더 급박해지는 속도로 격동의 시기를 겪고 있다. 그들이 예전에 누렸던 혜택

들은 모두 옛말이 되어 가고 있다.⟩⁵⁰

    기술 혁신을 둘러싼 비즈니스 경쟁의 승리자들 대부분은 자신이 다른 사람들보다 더 똑똑하고, 더 부지런하고, 더 결단력이 강하다고 자부하는 경향이 있다. 토니 셰이는 다소 부드러운 느낌으로 이러한 생각을 내게 드러냈다. 「미국 어느 곳이든 백 달러만 있으면, 일 년 안에 백만장자가 될 자신이 있습니다. 얼마든지 가능합니다. 제가 그런 사람입니다.」

    그의 자신감에는 일리가 있다. 하지만 급격한 변화의 순간에서 승리를 쟁취하기 위해서는 적절한 능력과 올바른 태도는 물론, 적절한 시점에 적절한 사회적 지위를 차지하고 있는 행운 또한 맞아떨어져야 한다.

    시기의 문제는 실리콘밸리의 골드러시에서도 중요하다. 플립Flip이라고 하는 비디오카메라를 만들어 낸 조너선 캐플런Jonathan Kaplan의 경우를 생각해 보자. 캐플런은 과학자도 엔지니어도 아니다. 그러나 1990년에 대학을 졸업하고 나서 캐플런은 사업가가 되기로 결심했다. 그리고 기술 분야로 방향을 잡고, 꿈을 이루기 위한 장소로 샌프란시스코를 선택했다. 그러나 십 년 동안 이렇다 할 기반을 마련하지 못했다. 주로 도전했던 소프트웨어 벤처 사업들은 그럭저럭 괜찮았지만, 거대한 성공으로는 이어지지 못했다. 그러던 2005년에 한 친구로부터 최근 놀라운 기술 발전으로 캠코더를 일반 카메라처럼 작고 사용하기 쉽게 만들 수 있다는 이야기를 듣게 된다. 바로 그 번득이는 아이디어로부터 탄생한 것이 플립 카메라다. 이 제품으로 캐플런은 큰 성공을 거두었고, 2009년에 5억 9천만 달러를 받고 시스코에 회사를 팔아넘겼다.

    시스코로의 매각은 처음 그 제품을 개발했던 것만큼이나 시기가 적절했던 것으로 드러났다. 그로부터 2년 후에 비디오 기술이 한층 더 진보하면서 스마트폰이 캠코더의 자리를 차지해 버렸기 때문이다. 결국 시스코는 막대한 손실을 감수하면서 플립 비즈니스를 접어야 했다.

백만장자가 된 캐플런은 그보다 두 달 앞서 시스코를 떠났다. 하지만 그렇다고 해서 변화를 헤쳐 나가는 처음의 열정까지 버린 것은 아니라고 그는 말했다.

캐플런은 「뉴욕 타임스」와의 인터뷰에서 이렇게 밝혔다. 「많은 젊은 사업가들이 플립을 대단한 성공이라 여기고 있으며 앞으로도 그럴 겁니다. 정말로 놀라운 제품이었음에도 불구하고 플립은 생명을 다하고 말았습니다. 기업은 때로 여러분이나 저 같은 사람이 이해하지 못하는 판단을 내려야만 합니다.」[51]

세계적인 성공을 거둔 여성 중역인 셰릴 샌드버그Sheryl Sandberg의 이야기는 적절한 시기에 적절한 장소에 있는 것이 얼마나 중요한 것인지를 보여 주는 또 다른 사례다. 셰릴은 래리 서머스의 수제자로 꼽힐 정도로 똑똑한 최고의 리더다. 그녀가 막대한 부를 거머쥘 수 있었던 비결은 어디로 가야 할지 정확하게 판단을 내리는 탁월한 능력에 있다. 그녀의 결정은 획기적이면서도 완벽하게 맞아떨어졌다. 그것도 두 번씩이나.

그 첫 번째는 2001년이었다. 샌드버그는 한동안 미국 재무부에서 래리 서머스의 참모로 경력을 쌓았다. MBA와 매킨지, 그리고 세계은행으로 이어진 경력과 더불어 재무부에서의 경험을 통해 그녀는 높은 명성을 얻었다. 그 후 샌드버그는 미국 경제 전반에서, 특히 월스트리트에서 폭넓은 선택권을 누릴 수 있었다. 하지만 그녀가 최종적으로 선택한 곳은 구글이었다. 2008년만 해도 워싱턴에서 활동하던 경제학자나 정치인들이 그 이름을 제대로 들어보지도 못했던 기업으로 들어가겠다는 직관적이고 획기적인 결정을 내렸던 것이다. 이후 구글이 한창 성공 가도를 달리고 있을 때, 샌드버그는 다시 한 번 마크 주커버그라는 새로운 젊은이로부터 제안을 받았다. 주커버그는 그녀에게 페이스북을 진정한 기업으로 탈바꿈시켜 줄 리더가 되어 달라고 부탁했다. 당시 실리콘밸리에서 최고의 인기를 누리고 있었던 샌드버그는 보다 안전하고, 더 많은 특권을 누릴 수 있는 기업을 선택할 수 있었다. 그러나 결국 페이스북과 손을 잡았고, 2012년 주식 공개를 기회로 세상에서 가장 부유한 자수성가 여성 중 한 명이 되었다.

좀 더 신중하게 생각한다면, 그녀를 유능한 경영 귀족으로 분류하는 게 맞다. 샌드버그는 탁월한 관리자다. 그러나 정작 그녀 자신은 개발자도, 설립자도 아니다. 그럼에도 불구하고 적절한 시점에 적절한 곳으로 이동하는 탁월한 본능을 바탕으로 급격한 변화를 헤쳐 나가는 뛰어난 인물이다. 2006년 주주들에게 보내는 서한에서 워런 버핏은 자신의 〈똑똑한 친구〉의 말을 인용해 이렇게 말했다. 〈훌륭한 비즈니스맨으로서 명성을 얻고자 한다면, 먼저 훌륭한 기업에 들어가야 한다.〉[52]

노벨상을 수상한 과학자들을 대상으로 한 연구에서 로버트 머턴은 적절한 연구 주제를 선택하는 재능이 연구 그 자체만큼 중요하다는 사실을 확인했다. 1968년에 머턴은 이렇게 썼다. 〈그들은 문제를 해결하는 방법뿐만이 아니라, 문제를 발견해 내는 방법을 대단히 중요하게 생각한다. 연구에서 가장 중요한 것은 근본적으로 중요한 문제를 끄집어내는 안목과 분별력이라는 사실에 대한 강한 확신을 드러내고 있다.〉[53] 한 노벨상 수상자에 대한 머턴의 이야기는 똑똑한 친구에 대한 버핏의 인용을 떠올리게 만든다. 〈중요하지 않은 실험 역시 힘들다. 때로는 중요한

실험보다 더 힘들다.〉

『애틀랜틱』지에 실렸던 한 기사에서 그램 우드Graeme Wood가 〈운 좋은 직장인 클럽〉이라고 부른 사람들의 이야기 속에서도 적절한 연구 주제를 선택하는 능력의 중요성과 비슷한 개념을 확인할 수 있다.[54] 운 좋은 직장인 클럽의 구성원들은 급속도로 성장하고 있는 기업에 초창기 멤버로 자리를 잡은 사람들이다. 이들은 급격한 변화를 스스로 헤쳐 나가는 능력을 지닌 사업가는 아니다. 다만 패러다임의 전환을 주도하는 기업가들의 러브콜을 가장 먼저 받을 정도로 운이 좋고, 그리고 재빠르게 움직일 줄 아는 인재들이다.

마이크로소프트, 구글, 그루폰과 같은 기업의 소수 초창기 멤버들인 이 클럽의 회원들은 자신들이 다니고 있는 기업이 기업 공개를 한 뒤 슈퍼엘리트로 우뚝 섰다. 캘리포니아 심리학자 스티븐 골드바트Stephen Goldbart와 조앤 디퓨리아Joan DiFuria는 인터넷 붐이 시작되던 1997년에 운 좋은 직장인 클럽의 멤버가 되기를 갈망하는 사람들의 심리를 걱정스런 눈길로 바라보면서, 그러한 부정적인 현상에 〈졸부 증후군sudden wealth syndrome〉[55]이라는 이름을 붙였다. 그리고 이로 인해 고통을 겪고 있는 사람들을 치료하기 위한 기관을 설립했다.

혁명과도 같은 급격한 변화에 대응함으로써 막대한 부를 창출하기 위한 한 가지 원칙이 있다면, 그것은 한 가지 원칙만으로는 충분하지 않다는 것이다. 조너선 캐플런이 가장 잘했던 일은 적절한 시기에 비즈니스에서 손을 뗐다는 것이다. 하지만 시기와 장소가 달라질 경우, 일찍 털고 떠난 사람이 백만장자로 남는 반면, 계속 남아 있던 사람은 억만장자가 될 수도 있다.

1993년에 빅토르 벡셀베르크가 이전 소련의 상황에서는 엄청난 금액인 10만 달러를 벌었을 때, 그의 한 비즈니스 파트너는 이제 그만 판돈을 거두어들이고 테이블을 떠나라고 조언했다. 「한 친구가 있었죠. 그를 비난하고 싶지는 않아요. 그건 그 친구의 개인적인 선택이었으니까요. 그는 이렇게 말했죠. 〈바우처? 민영화? 나는 그딴 거 필요 없어.〉」[56] 그 친구가 자신의 지분(벡셀베르크가 기억하기에 그 금액은 10만 달러 정도였다)을 챙겨 손을 털고 나간 사이, 그의 옛 파트너들은 억만장자로 성장해 나갔다. 자본주의 시장으로 넘어가던 초창기 시절에 벡셀베르크는 그 친구와 항상 붙어 다니며 함께 일했지만, 지금은 연락조차 하지 않는다고 했다. 벡셀베르크는 이렇게 말했다. 「더 이상 아무런 공통점이 없더군요.」

미국의 주요 대통령 중 한 사람인 루스벨트는 당선이 되기 6주 전인 1932년 9월 23일에 샌프란시스코 커먼웰스 클럽에서 연설을 했다. 아직까지도 탁월한 웅변의 대표적인 사례로 손꼽히고 있는 그 연설은 1999년 미국 정치학자들에 의해 20세기 최고의 명연설 중 하나로 선정되기까지 했다.[57] 이 연설에서 루스벨트는 향후 뉴딜 정책 실현을 위한 이론적인 근거를 제시했다. 80년 전에 있었던 이 연설에서 한 가지 놀라운 점은 강도 귀족들을 바라보는 루스벨트의 시각이다. 여기서 루스벨트는 미국의 갑부들을 비즈니스 거물이자 미국의 산업화 시대를 이끌고 있는, 그리고 혁명적인 변화를 슬기롭게 헤쳐나간 천재로 묘사했다.

19세기 중반에 새로운 힘이 등장하면서 사람들은 또 다른 꿈을 꾸기 시작했습니다. 증기 기관과 기계를 개발하고, 근대적인 산업 공장의 개척자들을 탄생시킨 그 힘을 우리는 산업 혁명이라 부릅니다. 그리고 그 꿈은 모든 이의 삶의 질을 높이고, 하층민들도 사치를 누리고, 증기 기관과 그 뒤를 이은 전기의 발명으로 거리의 장벽을 허물고, 모든 사람들이 힘겨운 육체노동에서 벗어날 수 있도록 만드는 그러한 효율적인 기계에 대한 것이었습니다.[58]

그 꿈을 실현하기 위해 루스벨트는 강도 귀족들의 힘을 필요로 했다. 그는 이렇게 설명했다. 「그 꿈을 이루기 위해 강한 의지와 높은 야망을 가진 사람들의 힘이 필요합니다. 그 어떤 다른 힘으로도 금융과 기술, 그리고 새로운 발전에 관한 문제들을 해결할 수 없기 때문입니다.」

그러나 루스벨트는 〈강한 의지와 높은 야망을 가진〉 능력 있는 사람들의 이해관계가 사회 전체의 이해관계와 충돌할 수도 있다는 사실을 잘 알고 있었다.

기계 시대의 장점은 아주 분명합니다. 미국은 과감하고 적극적으로 그 단맛과 함께 쓴맛까지 모두 받아들였습니다. 그건 올바른 선택이었다고 생각합니다. 그 어떤 대가도 완성된 산업화 사회가 가져다줄 장점을 모두 상쇄시킬 만큼 크지는 않았습니다. 거시적인 관점에서 볼 때 마지막 반세기의 역사는, 그들이 활용했던 접근 방식이 철저하게 감시받지 않았던, 그리고 그 접근 방식과 상관없이 오로지 성과에 따라 명성을 얻었던 금융 거물들의 역사였습니다. 태평양을 향해 철로를 놓았던 금융가들은 항상 무자비하고, 흥청망청 돈을 쏟아부으면서 종종 부패 사건에 휘말렸습니다. 그래도 어쨌든 그들은 철도를 건설했고, 오늘날 우리는 그 혜택을 누리고 있습니다. 당시 미국 철도 시스템에 투자했던 사람들은 비용의 세 배가 넘는 수익을 올린 것으로 추산되고 있습니다. 그럼에도 불구하고 미국 사회 전체가 그로부터 이익을 얻었습니다.

오늘날 양극화된 상황에서 볼 때 놀라운 점은, 루스벨트가 미국에 산업 혁명을 일으키기 위해 비즈니스 거물들에게 과제를 부여하면서도 동시에 그들의 이익이 국가 전체의 이익과는 달랐다고 주장했다는 사실이다. 지금 우리는 성공적인 자본주의 시대를 살아가고 있다. 또는 적어도 2008년 금융 위기 이전까지는 그렇게 살아왔다. 투자자 피치 존슨이 모스크바 MBA 학생들에게 했던 말처럼 비즈니스 거물들은 〈우리 시대의 영웅〉이다.

하지만 현실은 좀 더 복잡하다. 혁명의 물결을 슬기롭게 헤쳐 나가는 비즈니스 영웅들은 오직 자신의 성공을 위한 열정으로 움직인다. 루스벨트가 연설에서 철도 사례를 언급했던 것처럼, 그들의 열정은 일반적으로 나머지 다른 사람들에게도 긍정적인 가치를 나누어준다. 하지만 그렇다고 해도 그들의 북극성은 사회가 아니라 자신의 이익이다. 급격한 변화에 효과적으로 대응하는 그들의 탁월한 능력이 국가의 장기적인 성장을 위해 꼭 필요한 사업에 집중적으로 발현되는 것만은 아니다.

오늘날 러시아에서는 〈현대화〉라는 말이 유행하고 있다. 지난 십 년 동안 시장 경제로 진입하면서 비교적 높은 경제 성장을 이룩했지만, 그래도 러시아 지도자들은 21세기식 자본주의가 아니라 20세기식 자본주의를 구축하고 있는 것은 아닌지 걱정하고 있다. 그들은 이렇게 묻는다. 러시아의 실리콘밸리, 또는 러시아의 방갈로르는 어디에 있는가?

이러한 질문에 러시아 사람들은 초조해한다. 그들은 적어도 과학과 기술 분야에서만큼은 자신의 국가에 대해 대단한 자부심을 가지고 있기 때문이다. 그 자부심이 터무니없는 것은 아니다. 언제나 과학 기술 인력의 부족에 시달리는 미국과 달리, 러시아는 공학과 수학, 물리학에서 세계 최고 수준의 인재들을 자랑하고 있다. 그리고 그러한 국가 자원을 사회 전체를 위해 효율적으로 활용해 왔다. 어쨌든 소련은 미국보다 한발 앞서 우주로 진출했고, 더욱 거대한 핵 무기고를 구축했다.

이러한 이유로 날카로운 평론가들은 공산주의 체제가 해체되면, 자유의 몸이 된 러시아 과학자들이 새로운 혁신의 물결을 주도하게 될 것이며, 러시아는 적어도 새로운 아웃소싱 센터로 각광을 받으면서 인도와 경쟁을 벌이게 될 것이라고 내다보았다. 하지만 전반적인 차원에서 그런 일은 일어나지 않았다. 세르게이 벨루소프Serguei Beloussov의 사례에서 그 이유를 찾아보자. 소련이 무너졌을 때, 내부자이자 외부자인 벨루소프는 기회를 잡을 만반의 준비가 되어 있었다. 상트페테르부르크의 학자 가문 출신인 벨루소프는 물리학과 수학 분야에서 러시아 최고 권위를 자랑하는 모스크바 물리기술대MIPT에 진학했다. 그리고 대다수의 올리가르히들과 마찬가지로 그 역시 대학 시절부터 벤처 사업에 도전했다. 대학 유도부의 운영비를 마련하기 위해 전국 투어를 벌인 적도 있었다.

벨루소프의 비즈니스 성적은 꽤 좋았다. 현재 그는 소프트웨어 회사 두 곳을 운영하면서 전 세계에 천 명의 직원을 두고 있다. 그가 개발한 대표적인 소프트웨어로는 맥 컴퓨터에서 윈도 운영 체제를 가동하도록 해주는 패럴렐스Parallels가 있다. 그러나 벨루소프는 진정한 올리가르히는 아니다. 그것은 혁명에 대처하는 과정에서 그들만큼 민첩하지 못했기 때문이다.

패럴렐스 광고가 들어간 붉은 긴소매 티셔츠에 청바지 차림의 벨루소프는 내게 이렇게 말했다. 「러시아는 국가의 모든 자산을 소유하고 있었고, 이후 민영화 프로젝트에 뛰어들었던 사람들은 모두 어마어마한 부를 거머쥐었죠.」[59]

벨루소프는 기술 관련 비즈니스가 최근에 들어서야 비로소 합리적인 선택으로 인정받게 되었다고 생각했다. 「비즈니스는 돈을, 그리고 돈이 몰려 있는 곳을 향합니다. 10년 전만 해도 러시아는 전통적인 산업에서 대단히 취약했습니다. 많은 기술 전문가들로부터 이런 말을 들었습니다. 〈편의점 사업을 해보고 싶어요〉 또는 〈집을 지어 보고 싶어요〉. 그리고 5년 전에는 많은 사업가들이 정부와 관련된 일을 하고 싶어 했죠」

벨루소프는 직접 컴퓨터를 제작하고, 그리고 그 소프트웨어를 개발하는 사업에 집중하고자 했던 자신의 결정에 대해 애초부터 어떠한 환상도 가지고 있지 않았다. 저녁 9시 인파로 북적이는 모스크바의 한 스타벅스 매장에서 에스프레소 한 잔을 마시면서 그는 내게 이렇게 말했다. 「전 나이도 많지 않고 아는 것도 별로 없습니다」 그는 당시 22살이었다. 「처음으로 번 돈을 민영화에 투자했더라면 훨씬 더 많은 돈을 벌었을 테죠」

벨루소프의 경우를 또 다른 민첩한 기술 전문가인 빅토르 벡셀베르크의 사례와 비교해 보자. 오늘날 124억 달러로 평가되는 자산을 보유하고 있는 철강 및 석유 산업의 거물 벡셀베르크는 1980년대 후반 소련에서 컴퓨터 프로그램 시장의 가능성을 발견했다.

고르바초프가 이끄는 소련이 호의적인 태도로 자본주의를 향해 첫 발을 내딛었던 1988년에 벡셀베르크는 컴퓨터 소프트웨어를 개발하고 유통하는 사업으로 자신의 첫 자본을 마련할 수 있었다. 불과 3개월 만에 그는 〈아파트와 자동차, 그리고 주말 농장을 살 만한〉 충분한 돈을 벌어들였다.[60]

이후 벡셀베르크는 다섯 명의 비즈니스 파트너들과 함께 서부 시베리아 폐기장에서 구리 전선을 수거하는 보다 복잡한 사업을 구상했다(서부 시베리아는 석유 시추 사업으로 많은 노력을 들였기 때문에 그들에게 대단히 친숙한 지역이었다). 그들은 거기서 뽑아 낸 구리를 외국으로 수출하고 그 돈으로 IBM 컴퓨터를 수입해서 자체적으로 소프트웨어를 깔아 러시아 기업들에게 판매했다. 이는 대단히 수지가 맞는 사업이었다. 벡셀베르크는 파트너들과 함께 1달러 투자에 100달러의 수익을 얻었다. 그리고 일 년 만에 100만 달러를 벌었다. 그는 이렇게 회상했다. 「지금은 그리 대단한 금액이 아니지만 당시만 해도 엄청나게 큰돈이었죠」

실리콘밸리에서 이런 일이 일어났다면, 벡셀베르크와 그의 파트너들은 지금쯤 유명 소프트웨어 기업가가 되어 있을 것이다. 또는 이것이 인도에 관한 이야기라면, 그들은 기술 아웃소싱 비즈니스로 진출했을 것이다. 그들이 중국인이었다면, 그 100만 달러를 가지고 공장을 지었을 것이다. 그러나 그곳은 러시아였다. 당시 노련한 사업가로 떠오르고 있던 벡셀베르크는 거대한 기회를 보았고 주저없이 그리로 뛰어들었다. 그것은 바로 민영화였다. 「사람들은 민영화 바우처*를 가지고 무엇을 해야 할지 몰랐죠. 우리는 그러한 바우처들을 사들였고, 그것을 가지고 민영화 경쟁에 참여했습니다. 그렇게 첫 번째 부동산을 사들였고, 알루미늄 공장으로부터 시작해서 계속해서 탄탄한 비즈니스를 구축해 나갔습니다」

벨루소프는 뒤를 돌아보지 않는 성격이다. 하지만 그의 파트너들은 다르다. 「민영화 경쟁에 뛰어들지 않았던 것을 아직도 크게 후회하고 있습니다. 하지만 우리 머리로 이해하는 것은 사실 불가능했죠」

최근 벡셀베르크는 정부로부터 러시아의 실리콘밸리 단지를 구축하는 사업권을 얻어 냈다. 하지만 벨루소프는 유가가 지속적으로 떨어지지 않으면, 그 사업은 현실성이 없다고 지적했다. 러시아 기술 전문가들은

---

* privatization voucher. 사유화될 국유 자본을 매입할 수 있는 증서로 러시아 정부는 이를 모든 국민들에게 한 장씩 나누어 주었다.

대부분 급격한 변화에 대처하는 능력의 중요성을 잘 이해하고 있다. 벨루소프는 말한다. 「지나치게 높은 유가는 혁신적인 경제에 독이 됩니다. 유가가 계속 떨어지지 않으면(최고치를 배럴당 100달러 정도로 예상하고 있다고 내게 말했다), 기술 전문가들은 모두 은행이나 국영 천연가스 기업인 가스프롬에서 일하려고 할 겁니다.」

유럽 재건을 위한 전후 원조 계획의 수립자인 조지 마셜George C. Marshall을 기리기 위해 1953년에 설립된 마셜 장학금은 영국에서 유학하고 있는 미국 대학원생들에게 수여하는 명예로운 상이다. 〈탁월한 능력〉을 발휘한 학생에게 주는 그 영광의 상을 받기 위해 가장 중요한 자질은 뛰어난 지성이다. 1990년 봄 마셜 장학생으로 선발된 미국인 가운데는 캘리포니아 토박이로 바로 그해 스탠퍼드 대학을 졸업한 리드 호프먼이 있었다. 그는 전형적인 마셜 장학생이었다. 호프먼은 아주 힘든 전공인 상징 체계와 인지 과학을 복수 전공으로 이수했다. 그리고 매년 〈특별한 기여〉로 인정받은 한두 명의 학생에게 수여하는 로이드 딩켈스필 상도 받았다. 그러한 자부심으로 옥스퍼드에 도착한 호프먼은 그곳의 유명한 철학과에서 공부를 할 수 있다는 사실에 흥분을 감추지 못했다. 그리고 연구에 몰두하기 시작했다. 그는 이렇게 말했다. 「스탠퍼드를 졸업할 때 저의 꿈은 교수나 사회 참여 지식인이 되는 것이었습니다. 그건 단지 칸트에 대해 논의를 하는 것과는 다릅니다. 가령 사회를 들여다보며 이런 질문을 던지는 일이지요. 〈우리는 누구인가?〉 그리고 〈한 사람의 개인으로서, 그리고 하나의 사회로서 우리는 어떠한 존재가 되어야 하는가?〉」[61]

그러나 그로부터 20년이 흐른 지금 실리콘밸리의 성공한 기업가이자 투자자로 자리 잡은 호프먼은 옥스퍼드 유학이 가장 위험한 선택이었다고 내게 말했다. 그건 흔히 말하는 소외의 위험이었다. 또는 호프먼의 표현을 빌리자면 〈지금 위험을 떠안고 있다는 사실 자체를 모르고 있는 위험〉이었다.

그러나 2년간 마셜 장학금을 받고 옥스퍼드로 유학을 떠나기로 한 결정은 당시로서는 전혀 위험한 선택이 아니었다. 오히려 그 반대였다. 호프먼은 이렇게 말했다. 「교수가 되기 위해 경력을 쌓는 일에만 집중했습니다. 옥스퍼드로 유학을 떠나고, 마셜 장학금을 받았다는 사실만으로도 주변의 인정을 받을 수 있었죠」[62]

하지만 여기에 문제가 있었다. 지적인 열정을 따라 옥스퍼드에서 학자로서 경력을 쌓아 가던 동안, 훈련 중에 있는 뛰어난 슈퍼스타들이 으레 그러하듯이 호프먼 또한 세상이 변하고 있으며, 옛날 법칙들이 더 이상 통하지 않게 되었다는 사실을 깨달았다. 그는 이렇게 말했다. 「옥스퍼드에서 유학을 한다는 것은 실리콘밸리로부터 멀리 떨어져 있어야 한다는 엄청난 위험을 감수한다는 의미이기도 했죠. 당시 온라인 혁명이 태동하고 있었습니다. 변화가 일어나는 시점에, 그리고 기회가 넘쳐흐르는 네트워크 속에 있다는 사실은 대단히 중요합니다.」

그래도 호프먼은 운이 좋았다. 스탠퍼드에서 인지 과학을 전공했고, 그리고 그의 새어머니가 실리콘밸리의 벤처 투자자로 활약했기 때문에, 옥스퍼드의 학자로서 꿈을 키워 가는 동안에도 8,000킬로미터 넘게 떨어진 곳에서 혁명이 일어나고 있다는 사실을 알아챌 수 있었다. 그러한 깨달음은 그에게 엄청난 충격을 주었으며, 호프먼은 아직까지도 당시 혁명이 벌어지고 있던 실리콘밸리로 돌아가는 대신 옥스퍼드에 남아서 학위를 마치기로 한 것이 과연 올바른 선택이었던지 궁금해하고 있다.

「어떤 면에서는 올바른 선택이었고, 다른 면에서는 잘못된 선택이었을 겁니다.」

하지만 학위를 받고 나서, 호프먼은 더 이상 미룰 수 없다는 결정을 내렸다. 마셜 장학생이라는 후광을 업은 호프먼은 자신의 뛰어난 분석 능력으로 경영 귀족 집단 속으로 들어가 슈퍼스타로 떠오를 모든 조건을 갖추고 있었다. 하지만 호프먼은 그것으로 만족하지 않았다. 그는 자신이 목격하고 있었던 혁명의 일부가 되기를 원했다. 그리고 이를 위해서는 블루칩 기업을 첫 직장으로 삼기보다는 실리콘밸리로 돌아가 즉각 비즈니스를 시작해야 한다는 결론을 내렸다.

호프먼은 내게 이렇게 말했다. 「많은 친구들이 걸어갔던 방향에서 한참 멀어져 버렸습니다. 아시다시피 그들은 지금 매킨지와 같은 기업에서 파트너로 일하고 있죠.」

그러나 그의 표현대로 〈경력 에스컬레이터〉에서 내려섰다고 해서 게으르다고 말할 수는 없다. 미국의 서부 해안 지역으로 돌아왔을 때, 호프먼은 보다 체계적인 세상인 스탠퍼드와 옥스퍼드에서 전 과목 A학점을 따냈던 뜨거운 열정 그대로 이제는 혁명의 물결을 따라잡기 시작했다. 그는 조부모님들이 사는 고향으로 돌아가 지인들에게 연락을 취했다. 그리고 새어머니에게는 오랜 지인들에게 전화를 드려 달라고 부탁했다. 새어머니의 도움은 컸다. 호프먼의 새어머니는 벤처 자본가였고, 월스트리트의 골드먼삭스에 해당하는 실리콘밸리의 벤처 캐피털 업체인 〈클라이너, 퍼킨스, 코필드 앤 바이어스KPCB〉의 파트너들 중 한 명인 브룩 바이어스와도 함께 일했던 적이 있었다.

혁신이 일어나고 있으며 자칫하다가는 기회를 놓치고 말 것이라는 호프먼의 생각은 고향으로 돌아오면서 확신으로 바뀌었다. 호프먼은 당시를 이렇게 회상한다. 「변화가 시작되던 몇 년 전에 돌아왔다면 더 좋았 겠죠. 다른 사람들은 이미 자리를 잡고 있었어요. 상황은 달라져 있었죠. 저는 한참이나 뒤처져 있었습니다.」 호프먼은 이렇게 다짐했다고 한다. 〈서둘러 달려 나가야 한다. 급박함이야말로 나의 원동력이다.〉

다행히도 혁명은 아직 끝나지 않았다. 1997년 즈음에 호프먼은 기술 분야에서 4년간 쌓아 온 경험을 바탕으로 온라인 만남 사이트인 소셜넷 Socialnet.com을 곧바로 시작했다. 그러나 소셜넷은 그리 강한 인상을 남 기지 못하고 4년 만에 문을 닫았다. 그러나 호프먼이 벤처 기업의 세상 으로 뛰어들었을 때, 피터 시엘Peter Thiel과 맥스 레브친Max Levchin으로 부터 당시 새롭게 설립한 페이팔PayPal이라고 하는 회사의 창립 이사회 멤버로 들어와 줄 것을 제안받았다. 2000년 1월에 호프먼은 페이팔로 들어갔고, 그리고 2년 후 이베이가 그 회사를 인수하면서 그는 백만장자 의 반열에 올라섰다.

혁신은 여전히 진행 중이었고, 호프먼 역시 달리기를 멈추지 않았다. 그는 이렇게 회상한다. 「2002년에 이베이와 페이팔 사이의 계약이 성사 되고 나서 여행을 다녀오기로 했습니다. 머리를 식히면서 향후 계획을 세우기 위해 2주일 동안 호주로 떠났죠. 그리고 여행을 하면서 여러 가 지 상황을 정리해 보다가, 가능한 빨리 실리콘밸리로 돌아가서 인터넷 회사를 차려야겠다는 생각이 갑자기 들더군요. 놓쳐서는 안 될 기회가 보였어요. 무엇보다 시장 상황이 성숙해 있었습니다. 인터넷 기술을 바 탕으로 한 혁신적인 비즈니스 기회들이 여전히 많이 남아 있었죠. 그러 나 당시 많은 경쟁 업체들 및 투자자들은 닷컴 몰락의 아픈 기억 때문에 겁을 먹고 섣불리 뛰어들지 못하고 있었습니다. 저는 계속해서 그렇게 바라보고 있을 수만은 없었습니다. 페이팔의 성공으로 한층 강화된 인맥이 있었고, 새로운 비즈니스를 시작하는 데 필요한 자원을 더 빨리 끌어모을 수 있었습니다.」[63]

그렇게 해서 탄생한 것이 바로 링크드인LinkedIn이다. 2011년 주식 공개를 계기로 링크드인의 설립자이자 회장인 호프먼은 다시 억만장자의 반열로 올랐다. 다시 한 번 학자의 입장에서 호프먼은 자신의 성공을 가능케 한 경제적인 요인들에 대해 분석을 해보았다. 그는 급격한 변화에 행동으로 맞서는 경영자인 동시에 이론적인 전문가다. 2012년에 출간된 책을 통해 호프먼은 세계화와 기술 혁명의 장기적인 잠재력은 〈실질적으로 저평가되어 있다〉고 지적했다. 그리고 이로 인해 한때 진보의 상징이었으나 이제는 절망의 상징이 되어 버린 디트로이트로부터 아직까지 벗어나지 못하고 있다고 주장했다. 〈예전에 이름을 날렸던 기업들이 과거 어느 때보다 더욱 자주, 그리고 더욱 빨리 무너져 내리고 있다. ……디트로이트를 궁지에 몰아넣었던 경쟁과 변화의 요인이 지역적으로, 그리고 세계적으로 나타나고 있다. 그리고 모든 기업과 산업, 도시들을 위협하고 있다.〉[64]

호프먼은 자신이 솜씨 좋게 타넘어 온 혁명의 물결이 승자는 물론 패자들과 더불어 사회적인 양극화를 더욱 악화시켰다는 사실을 잘 이해하고 있었다. 그는 이렇게 쓰고 있다. 〈새로운 성공 법칙을 알고 있고, 글로벌 경제의 신기술을 보유하고 있는 사람들, 그리고 기존의 사고방식에서 벗어나지 못하고 평범한 기술에 아직 의존하고 있는 사람들 사이의 격차가 점점 더 크게 벌어지고 있다.〉 승자와 패자가 확연하게 갈린 불안정한 세상의 모습을 거시적인 차원에서 바라보면서도 호프먼은 우리 모두가 승리자가 될 수 있다는 희망을 놓지 않고 있다. 그의 책『어떻게 나를 최고로 만드는가The Start-up of You』는 자신과 같은 억만장자 혁신가들의 전략을 따라가야 한다는 주장을 전제로 하고 있는 비즈니스 자기 계발서다. 글을 시작하면서 호프먼은 독자들을 격려한다. 〈여러분은 타고난 기업가다.〉[65] 하지만 곧바로 덧붙이고 있듯이, 그렇다고 해서 우리 모두가 사업을 해야 한다는 뜻은 아니다. 다만 자신의 경력을 일종의 벤처 사업으로 바라보면서, 변화에 민첩하게 대처하는 대가들처럼 관리해 나가야 한다고 강조하고 있다.

하지만 겸손하게도 호프먼은 스스로를 우리 모두가 주목해야 할 전국적인 슈퍼스타라고 생각하지는 않는다. 다만 자신의 조언에 따라 모든 사람들이 스스로 기회를 발견하기를 바랄 뿐이다. 44세의 나이에 억만장자 반열에 들어선, 그리고 벤처 기업 두 곳을 모두 성공으로 이끈(다른 하나는 실패로 끝나긴 했지만) 호프먼은 272쪽짜리 책에서 〈미래를 헤쳐 나갈 수 있는 다양한 태도와 기술〉[66]에 대해 충분히 설명했다고 생각하고 있다. 모든 사람들이 급격한 변화에 대처하는 비결을 알고 있다면, 다시 말해 〈신생 기업을 운영하기 위한〉 방법을 알고 있다면 우리 사회는 더욱 풍족해질 것이라고 그는 설명하고 있다. 〈여기서 제시하고 있는 가치들을 사람들이 실천에 옮긴다면, 더 많은 문제들을 더 빨리 해결할 수 있을 것이다.〉

호프먼은 영리하고, 매력적이고, 열정적인 사람이다. 그가 링크드인을 설립했던 것은 단지 우연이 아니었다. 그는 실리콘밸리에서 인간관계의 부정적인 측면들을 해결하는 기술을 갖고 있는 대단히 사교적이고 멋진 억만장자로 통하고 있다. 그는 더 좋은 세상을 기대한다. 또한 우리가 지금 살아가고 있는 변화의 시대에 드리워진 어두운 그림자도 잘 알고 있다. 지금 대단히 높은 자리에 앉아 있음에도 한 가지 놀라운 점은, 올바른 태도와 기술을 갖추고 있는 사람이라면 누구나 오늘날 혁신의 시대에서 성공을 쟁취할 수 있다고 확신하고 있다는 사실이다.

틀린 말은 아니다. 그러나 혁신의 시대를 헤쳐 나가는 베테랑이자 그 수혜자로서의 플루토크라트들은 중산층과 빈곤층에게 그 시대는 절호의 기회뿐만 아니라 고통스런 혼란도 가져다준다는 사실을 종종 간과해 버리고 만다.

텍사스에 살고 있는 AT&T의 CEO 랜들 스티븐슨이 모바일 혁신과 그 비즈니스 잠재력을 주제로 연설하기 위해 뉴욕 어퍼이스트사이드의 우아한 타운하우스에서 열린 외교협회 모임에 참석했을 때, 협회의 한 사람으로부터 그러한 두 가지 측면의 차이를 드러내는 질문을 받았다.

그 질문을 던진 사람은 가구 생산 및 유통 업체인 에단 앨런Ethan Allen의 CEO 파루크 캐스와리Farooq Kathwari였다. 캐스와리는 과감하게 위험을 무릅쓰는 도파민이 넘치는 사람이다. 그는 주머니에 달랑 37달러만 넣은 채로 인도의 카슈미르에서 뉴욕으로 건너왔다. 그리고 고향에 있는 할아버지의 도움으로 들여온 물건들을 판매하기 시작했다.

캐스와리는 스티븐슨에게 이렇게 물었다. 「지난 10년 동안 기술 분야에서 일어난 발전으로 이제 50퍼센트의 인력만으로도 동일한 수준으로 사업을 운영할 수 있게 되었습니다. 그런데 고용의 측면에서 한번 생각해 봅시다. 기술 발전에 대한 당신의 주장에 대해서는 동의합니다. 그렇다면 앞으로 5년간 기술 발전은 고용 시장 전반에 어떤 영향을 미치게 될까요?」[67]

이에 대해 스티븐슨은 걱정할 필요가 없다고 대답했다. 「기술 발전으로 여러분이 운영하고 있는 기업들이 더 적은 인원으로 더 많을 일을 할 수 있다고 해서, 그것이 꼭 고용 감축으로 이어질 것이라고는 생각하지 않습니다. 다만 고용 시장의 재배치가 일어날 것입니다. 높아진 생산성 덕분에 여러분의 회사에서 일하고 있는 직원들의 생활 수준이 실제로 더 나아질 것으로 기대하고 있습니다」

그러나 안타깝게도 적어도 단기적인 차원에서는 그러한 긍정적인 시나리오가 현실로 나타나지 않고 있다. 기술 혁신 덕택에 에단 앨런과 AT&T의 생산성은 크게 높아졌으며, 변화에 유연하게 대처하는 경영자들은 막대한 부를 끌어모으고 있다. (스티븐슨의 2010년 연봉은 2,730만 달러였다.) 하지만 그 성공은 두 기업에서 일했던 근로자들의 희생을 기반으로 한 것이었다. AT&T의 고용 규모는 금융 위기 이전보다 5만 명이나 더 줄어들었다.

캐스와리는 미국에서 제품 생산을 계속 해나가기 위해 애써 왔다. 실제로 에단 앨런의 제품들 중 70퍼센트는 북미 지역에서 생산되고 있다. 하지만 캐스와리는 경쟁력을 유지하기 위해(그는 내게 〈경쟁 기업들 대부분은 생산 시설을 해외로 이전했다〉고 말했다) 기술력으로 방향을 돌렸다. 그리고 이에 따라 북미 지역에 있던 스무 곳의 공장들은 일곱 군데로 줄었고, 고용 규모 또한 지난 8년 동안 절반 가까이 축소되었다.

캐스와리는 내게 이렇게 말했다. 「직원들은 심각한 위기를 맞이했습니다. 우린 그들을 해고해야만 했으니까요. 개별 기업의 입장에서는 잘한 일이죠. 기업의 관점에서 기술은 생존의 열쇠입니다. 하지만 장기적인 차원으로 본다면, 국가 경제가 튼튼할 때 기업도 성공을 유지할 수 있습니다. 비즈니스 리더들은 바로 이 점에 주목해야 합니다」

새로운 일자리를 구할 수 있다고 하더라도, 해고는 개인에게 가혹한 형벌이다. 1982년 경기 침체를 분석했던 세 명의 경제학자들은 미국 근로자들이 해고를 당하고 나서 새로운 직장으로 들어가는 경우, 연봉이 평균 30퍼센트 정도 삭감되었다는 사실을 발견했다.[68] 그리고 나서 20년

이 흐른 뒤에도 그들의 수입은 경기 침체 때 운 좋게 일자리를 보전했던 동료들에 비해 20퍼센트 더 낮은 것으로 드러났다. 이러한 변화의 대가는 신흥 시장에서 더 두드러지게 나타난다. 러시아 올리가르히들이 억만장자로 성장했던 1990년대의 10년 동안, 전체 러시아 사람들의 평균 수입과 건강, 출산율은 급격하게 악화되었다. 인도 경제가 성장할 무렵, 시골 지역에서는 자살이 유행처럼 번지고 있었다. 이와 똑같은 이야기를 우리는 중국의 해안 지역을 따라 일어났던 경제 르네상스에서 소외되어 있었던 본토 내륙에서도 들을 수 있다.

오늘날 우리의 민주주의적 정서는 경제적인 요인들이 모든 사람들에게 똑같은 영향을 미치고, 글을 읽거나 덧셈을 하는 것과 마찬가지로 모든 이들에게 똑같은 도움을 주는 일련의 〈경영 기술〉이 존재할 것이라고 생각하는 경향이 있다. 하지만 현실은 그렇게 만만하지 않다. 경제적인 변화, 즉 우리가 겪고 있는 혁신의 물결들은 대단히 불공평한 형태로 영향을 미치고 있다. 노벨상 수상자 마이클 스펜스의 표현대로, 〈여러분의 교육은 투자 포트폴리오처럼 마음대로 조합할 수 있는 게 아니다〉.[69] 소로스는 아마도 손실을 줄이고 투자 형태를 변형함으로써 급격한 변화에 대응해 나갈 것이다. 하지만 자신의 기술이 평범한 것이 되어 버린 45세의 직장인이 새로운 직업을 발견하기란 그리 쉬운 일이 아니다.

우리는 두 도시 이야기가 아니라 두 경제 이야기 속에서 살아가고 있다. 호프먼은 예전의 시장 시스템 속 승리자들의 일과 삶이 허물어지고 있다는 중요한 주장을 했다. 〈지난 60여 년 동안 교육 수준이 높은 직장인들의 근로 조건은 마치 에스컬레이터처럼 상승했다. 가령 IBM이나 GE, 또는 골드먼삭스에 입사한 대졸 신입사원들은 에스컬레이터의 맨 아래 칸에 발을 들여 놓은 것이다. ……기본적인 능력이 있고, 성실하고, 그리고 약간의 행운이 따른 사람들은 강력한 바람을 등에 지고 점점 더 높은 단계로 올라간다. 이러한 모습은 대부분의 경우에서 충분히 기대할 수 있는 것이었다.〉[70] 그러나 이제는 정체되어 버린 승진의 에스컬레이터에 갇힌 중상류층의 기대와 실망에 대한 호프먼의 언급은 타당하다. 반면 캐스와리가 걱정하고 있는 통신 업체나 가구 공장 근로자들의 경우는 어떠한가? 거대한 변화의 물결이 다가오고 있다는 사실을 알고 있다고 하더라도, 그들에게는 과연 잠시 몸을 맡길 아버지의 넓은 집이 있는가? 그리고 변화를 헤쳐 나가는 과정에서 벤처 자본가로 활동하고 있는 새어머니로부터 도움을 받을 수 있는가?

뛰어난 학자이자 모든 사람들이 훌륭한 자수성가 경영자가 될 수 있다고 강조하는 호프먼조차도 사실은 그렇지 않다는 데 공감한다. 자신의 책에서 호프먼은 다소 어두운 분위기로 〈명심하라. 여러분이 위험을 발견해 내지 못하면, 위험이 여러분을 찾아낼 것이다〉라고 경고 메시지를 보내고 있다.[71] 〈옛날에는 IBM, HP, GM처럼 오래 되고 탄탄한, 그리고 수십만 명을 고용하고 있는 그런 기업들을 안정된 직장으로 꼽았다. ……직원 개인의 기술과 경험, 인맥 등 모든 것이 들어 있는, 그리고 하루 종일 시간을 바쳐야 하는 HP와 같은 직장에 뼈를 묻겠다는 생각이 과연 어떠한 것이었는지 한번 상상해 보라. 결국 거품은 터졌고, 그들은 해고를 당했다.〉[72]

PLUTOCRATS

5장

지대 추구

그들은 모든 걸 훔쳐 가고 있으며, 이를 막을 방법은 없다. 그러니 그들이 훔치고 모든 재산을 차지하도록 내버려 두라. 그들은 그 재산을 소유할 뿐만이 아니라, 잘 관리해 줄 것이다.[1]

— 아나톨리 추바이스, 러시아 민영화 프로젝트를 계획했던 인물,
전 반체제 인사인 러시아 정치인 세르게이 코발리예프와의 대화록에서

맛을 보면 더 먹고 싶어진다.[2]

— 러시아 속담, 추바이스에 대한 화답으로 코발리예프가 인용한 말

라구람 라잔Raghuram Rajan은 자유 시장 경제학의 본산인 시카고 대학 교수다. 또한 글로벌 자본주의에 대해 적대감을 드러내지 않는 또 하나의 기관인 국제통화기금에서 수석 경제학자를 지냈다. 큰 키에 마른 몸매를 한 49세의 라잔은 눌러서 채우는 단추가 달린 셔츠와 바지를 즐겨입고, 금융가들처럼 깔끔한 헤어스타일을 하고 있다. 교수들 특유의 트위드 재질의 산만한 옷차림과는 거리가 멀다. 2008년 라잔은 그의 고향인 인도로 돌아가 그 나라에서 가장 권위 있는 비즈니스 기관인 봄베이 상공회의소에서 연설을 했다. 1836년에 설립된 봄베이 상공회의소는 인도에서 처음으로 철도 건설을 주도하였으며, 그 회원들의 재산을 모두 합하면 인도의 연간 총생산의 약 3분의 1에 해당한다. 그러나 라잔이 그 연단에 선 이유는, 그들에게 희망을 주기 위해서가 아니라, 성장하고 있는 인도의 자본주의자들에게 경고의 메시지를 전달하기 위해서였다.*

라잔은 인도가 〈갑부들을 위한 불평등한 사회〉가 될 위험에 처해 있으

* 2013년 8월 6일 인도 정부는 1991년 이후 맞이한 최악의 라구람 라잔을 인도 중앙은행 총재로 임명했다.

며 〈불행히도 우리가 생각하는 것보다 훨씬 빠른 속도로〉 그러한 사회에 진입할 가능성이 크다고 지적했다.[3] 라잔은 그 증거로 인도의 MIT이자 많은 소프트웨어 기업가들의 모교이기도 한 인도 공과대학을 나온 그의 오랜 친구 자얀트 신하Jayant Sinha가 작성한 엑셀 파일을 제시했다. 이 자료에서 신하는 세계적으로 다양한 나라들을 대상으로 GDP 1조 달러당 10억 달러 이상의 재산을 보유한 억만장자들의 비율을 측정해 보았다. 그 결과, 비율이 가장 높은 나라는 1조 3,000억 달러의 GDP에 87명의 억만장자들이 살고 있는 러시아가 차지했다. 그리고 1조 1,000억 달러의 GDP에 55명의 억만장자를 거느린 인도가 그 뒤를 이었다.

라잔은 청중들에게 자신이 억만장자들을 싫어하는 것은 아니라고 일러두었다. 「기업가들이 합법적으로 돈을 벌고 있다면, 그건 분명히 환영해야 할 일입니다.」 그러나 인도의 억만장자들 대부분이 소프트웨어 분야의 개척자나 혁신적인 제조 분야의 리더들이 아니라는 점에서, 라잔은 인도의 GDP 대 억만장자의 비율이 〈걱정스러운〉 수준이라고 주장했다. 「너무 많은 사람들이 정부와의 인맥을 기반으로 지나치게 많은 돈을 벌어들이고 있습니다. ……토지, 천연자원, 그리고 정부 계약이나 사업권이 인도 억만장자들의 부의 지배적인 원천을 차지하고 있으며, 이러한 원천들 모두 정부로부터 비롯된 것입니다.」

그 자리에 참석한 거물들에게 라잔은 이렇게 경고했다. 「러시아를 올리가르히들의 나라라고 한다면, 인도는 언제까지 그러한 나라가 아니라고 말할 수 있을까요?」

몇몇 전문가들은 금융 위기로 인해 미국 역시 그러한 사회로 넘어갈 위험이 있다고 경고해 왔다. 국제통화기금의 또 다른 전 수석 경제학자 사이먼 존슨Simon Johnson은 강대국의 은행들이 국가의 자원, 특히 수조

원에 달하는 구제 금융을 통해 성공을 유지하고 있다는 점에서 이들을 신흥 시장의 올리가르히에 비유했다. 존슨은 금융가들이 〈총성 없는 쿠데타〉[4]를 벌였다고 표현했다.

라잔과 존슨의 주장에는 한 가지 공통점이 있다. 그것은 갑부들의 시대에서 우리 모두는 엘리트들이 시장에서 부가 가치를 창출하고 이를 통해 파이 전체를 키우는 방식이 아니라, 정치적인 힘을 발휘하여 기존의 파이에서 그들의 몫을 늘리는 방식으로 부를 얻고 있는 것은 아닌지 항상 면밀히 감시해야 한다는 점이다. 갑부들과 나머지 사람들과의 격차가 점점 더 벌어지면서, 재할당reallocation을 통한 부의 획득, 즉 경제학자들이 말하는 〈지대 추구rent-seeking〉가 뜨거운 정치적 화두로 떠올랐다. 한편에서는 출시하는 제품마다 뜨거운 인기를 끌어모았던 스티브 잡스, 그리고 끔찍한 제품들을 너무 자주 내놓았던 빌 게이츠가 수십억 달러를 벌어들였다. 그리고 다른 한편에서는 수조 달러의 세금으로 구제 금융을 받았던 은행가들과 대부분의 수익에 15퍼센트의 세금만 냈던 사모펀드 매니저들은 수백만 달러의 보수를 받았으며, 다국적 기업 CEO 들은 그들의 부유한 기업이 미국 정부에 낸 세금보다 훨씬 더 많은 돈을 고국으로 가지고 돌아갔다. 그러나 이 그 두 가지는 엄연히 다른 것이다.

그래서 오늘날 지대 추구는 좌파들이 선호하는 주제다. 하지만 공식적인 연구의 차원에서 지대 추구는 우파 경제학자들이 활발하게 논의했던 주제이기도 하다. 어쨌든 지대 추구는 우파가 어떻게든 줄이고자 노력했던 정부 통제와 부의 분배의 산물이기 때문이다. 그리고 21세기 들어 미국 사회의 불평등이 심각해지면서, 일부 우파들은 다시 주요한 경제적 폐해가 지대 추구 때문이라는 입장을 취하고 있다. 2011년 가을, 모범생 외모의 위스콘신 주 하원의원 폴 라이언Paul Ryan은 헤리티지 재단에서 〈미국인의 이상〉에 관해 연설하면서, 개인에 대한 세금을 높일 것이 아니라 〈지금 부자들이 수령하고 있는 정부 지출을 줄여야 한다〉고 주장했다.[5] 라이언은 계속해서 〈미국 사회의 불평등의 주요 원인은 힘 있는 사람들을 부유하게 만드는 기업 지원 정책과 힘없는 사람들의 기대를 외면하는 허울뿐인 공약〉에 있다고 밝혔다. 그는 미국 사회를 위협하고 있는 계층 간의 주요한 갈등이 〈관료 집단과 그들과 유착하여 다른 사람들 위에 군림하고, 법률을 바꾸며 사회 최고위층으로서의 지위를 지키는 데 혈안이 되어 있는 파벌 자본가들〉 때문이라고 지적했다.

또 다른 아이러니한 사실이 있다. 그것은 최근 몇십 년 동안 일어난 가장 극단적인 형태의 몇몇 지대 추구 사례들은 시장에 대한 정부의 통제력을 약화시키기 위한 자유주의 개혁이 낳은 뜻밖의 결과로서 나타났다는 점이다. 이러한 사례들은 기존의 중앙 집중적 경제에서 발생한 과도기적 사유화로부터 영미권 경제의 금융 분야에서 나타난 규제 철폐에 이르기까지 다양한 국면에서 발견할 수 있다.

지대 추구는 또한 강력한 집단들이 영향력을 발휘하여 자신에게 유리한 방향으로 시장의 법칙을 바꾸는 보다 전형적인 형태로 드러나고 있다. 지대 추구는 정부를 좌지우지할 수 있는 상황에서 가장 쉽게 일어난다. 바로 이러한 차원에서 니카라과의 독재자 소모사 일가와 인도 하이데라바드 지역의 마지막 세습 왕자인 미르 오스만 알리 칸은 20세기 최고 부자 목록에 그들의 이름을 올릴 수 있었다. 마지막으로 엄청난 사업 성공으로 독점의 지위에 오르는 순간, 혁신가들 역시 지대 추구자로 변하기도 한다. 19세기 후반 철도 산업의 거물들, 그리고 20세기 말의 마이크로소프트가 여기에 해당한다. 그리고 21세기의 몇몇 기업가들 역시 여기에 속할 것이다.

세기의 세일

우크라이나의 수도 키예프를 방문하기에 가장 좋은 때는 10월이다. 중심 도로인 크리시차티크 거리를 따라 늘어선 마로니에 잎들은 그때쯤 이면 진녹색에서 밝은 노란색으로 변해 가고 있을 것이며, 평균 최고 온도는 17도 정도로 딱 상쾌한 정도다. 게다가 11월이면 유럽 중부 지역을 뒤덮는 구름들이 몰려오기 전이라 하늘도 화창하다.

하지만 2005년 10월 24일에 세간의 관심은 범접하기 힘든 페체르스키 지역에 있는 우크라이나 국가자산기금의 다소 섬뜩한 소련 시절 건물 내 한 평범한 사무실로 집중되었다. 그 가을날, 저 멀리 인도와 룩셈부르크에서 온 기업가들 및 세계적인 언론들, 150여 명의 시위자, 우크라이나 국영 방송, 그리고 중계 카메라들이 드라마에서나 나올 법한 특별한 행사를 위해 국가자산기금 건물로 몰려들었다. 그 행사란 다름 아닌 우크라이나 최대 철강 기업인 크리보리즈스탈Kryvorizhstal의 경매였다.

경매가는 20억 달러로 시작했다. 이번 경매에는 유럽에 기반을 둔 인도 재벌 기업인 미탈 소유의 미탈 철강, 우크라이나 동부 지역의 올리가르히들과 함께 사업을 벌이고 있는 룩셈부르크의 아르셀로Arcelor, 그리고 드니프로페트로브스크를 기반으로 러시아와 우크라이나의 컨소시엄을 통해 탄생한 LLC 스마트 그룹이 3파전을 벌이면서 입찰 가격이 계속해서 치솟았고, 처음 경매가의 두 배를 훌쩍 뛰어넘어 버렸다.

경매가 시작되고 40분이 흘렀을 무렵 평범한 비즈니스 정장 차림의 경매인이 입찰자들, 그리고 생중계로 지켜보고 있는 시청자들에게 이렇게 전했다. 「지금 크리보리즈스탈의 지분을 경매로 진행하고 있음을 다시 한 번 알려드립니다. 참가 번호 3번[미탈 철강]이 242억 흐리브나[48억 달러]를 써 냈습니다. 3번! 참가 번호 3번에 낙찰되었습니다.」[6]

얼마 전 우크라이나 총리 자리에서 물러난, 옅은 갈색 머리를 작은 왕관처럼 땋아 올리고 청중들에게 항상 그녀만의 특별한 이미지를 보여 주는 율리아 티모셴코Yulia Tymoshenko는 가문의 2세대 철강 사업가이자 강력한 리더인 락시미 미탈Lakshmi Mittal에게 첫 번째로 축하의 메시지를 전했다. 그녀는 들뜬 목소리로 이렇게 말했다. 「마치 축구 시합을 보는 것 같더군요!」[7]

그로부터 몇 달 뒤 총리직으로 복귀를 하고 나서 다시 만난 자리에서 티모셴코는 내게 이렇게 말했다. 「올리가르히들은 절 싫어합니다. 저를 이해하지 못하죠. ······매수하거나 협박을 할 수 없기 때문이죠」[8] 그건 맞기도 하고 틀리기도 한 말이었다. 2011년 우크라이나 동부 지역의 올리가르히 세력을 등에 업고 대통령으로 당선된 빅토르 야누코비치Viktor Yanukovych가 티모셴코를 투옥시켜 버렸던 것이다. 그 사건은 호도르콥스키의 경우를 연상시키는 정치적 박해였다. 그래도 티모셴코는 두려워하지 않았고, 재판을 받는 과정에서 그리고 옥중 성명서를 통해서 저항 의지를 드러냈다.

크리보리즈스탈 경매는 우크라이나 사람들에게 정치적으로 아주 극적인 장면으로 보였을 것이다. 티모셴코가 이끌었던 오렌지 민주화 혁명 세력이 선거에서 압승을 거둘 수 있었던 부분적인 이유는, 그로부터 10개월 전 당시 대통령 사위가 포함된 컨소시엄에 8억 달러의 헐값으로 넘겨주었던 2004년 민영화 사업에 대한 부정적인 여론 때문이었다. 이러한 점에서 이보다 여섯 배 더 높은 가격에 매각했던 2005년도 재민영화 사업은 오렌지 혁명 정권이 내세웠던 주요 공약에 대한 실천이자, 중요한 사회적 문제에 대한 해결책이었다.

하지만 사실 크리보리즈스탈 경매는 보다 큰 그림 속에서 핵심적인 부분을 차지하고 있다. 소련이 무너졌던 1991년 이래로 민간으로 넘어간 국유 자산들 중 최고가를 기록한 것이 바로 크리보리즈스탈이었다. 그 경매는 실로 놀라운 사건이었다. 소련 공산주의 붕괴 후 이십 년 동안, 연방에서 분리된 국가들은 1,000억 배럴에 달하는 원유를 관리하는 석유 기업들, 세계 니켈 생산의 25퍼센트를 차지하고 있는 광산, 대형 다이아몬드 업체, 거대 알루미늄 산업을 민간에게 팔아 넘겼다. 그러나 매각 금액을 기준으로 전 소련의 천연자원과 산업 유산들 중에서 가장 빛나는 보석이 바로 우크라이나 남부 지역의 음침하면서 별 특색 없는 도시에 자리를 잡고 있었던 스탈린 시대의 철강 공장이었던 것이다.

그러나 그건 물론 말도 안 되는 소리다. 크리보리즈스탈의 경매가 우크라이나 철강 공장을 인도 거물에게 수십억 달러를 받고 성공적으로 매각한 것이라고 이야기할 수 없는 이유는, 이 사건이 옛 소련의 나머지 재산들을 대대적으로 불하했던 방식을 극적으로 보여 주었기 때문이다. 크리보리즈스탈의 매각은 아마도 국가 재산이 민간으로 넘어간 단일 사례 중에서는 역사상 최대 규모일 것이다. 21세기 억만장자들의 등장과 관련해서 볼 때, 소련 연방이 실시했던 〈세기의 세일sale of the century〉은 실리콘밸리의 기술 혁명이나 월스트리트와 런던에서 번영했던 금융 산업보다 훨씬 더 강력한 동인으로 작용했다. 한번 생각해 보자. 2012년 『포브스』 부자 목록에 오른 1,226명의 억만장자들 중 111명이 옛 소련의 올리가르히들이었으며, 90명이 기술 전문가, 그리고 77명은 금융가들이었다. 경제 규모를 기준으로 한 억만장자들의 비율, 그리고 억만장자들과 다른 사람들 사이의 격차를 보여 주는 데이터는 이보다 더 충격적이다. 러시아 억만장자들의 총재산은 대략 그 국가의 연간 국내 총생산의 5분의 1에 해당한다. 억만장자 424명의 총재산이 국내 총생산의 10퍼센트를 살짝 웃도는 수준인 미국과 억만장자 20명의 총재산이 국내 총생산의 4퍼센트에 불과한 한국과 비교해 보라.[9] 2012년 『포브스』는 억만장자들이 살고 있는 세계 〈최고의 도시〉로 모스크바를 꼽았다. 모스크바는 78명의 억만장자를 자랑하고 있으며, 뉴욕에는 58명이, 그리고 런던에는 모스크바의 절반에 불과한 39명이 살고 있다. 게다가 러시아 올리가르히들은 지금도 급속도로 성장하고 있으며, 경제사학자들은 불평등의 수위가 차르 시절보다 더 심각하다고 지적하고 있다.[10]

전 소련 자산의 헐값 매각은 국가 재산의 대부분을 급격하게 넘겨 버렸기 때문에, 민영화로 넘긴 전리품의 가치가 너무나 어마어마했기 때문에, 그리고 그 이전 과정이 너무나 신속하게 이루어졌기 때문에 특히 더 많은 주목을 받았다. 하지만 보다 거시적인 차원에서 보면 러시아의 민영화는 세계적인 흐름의 일부에 지나지 않았다. 이 말에 동의할 수 없다면, 자유주의 경제가 거두었던 엄청난 무혈의 승리, 그리고 20세기 마지막 20년 동안 전 세계에 미쳤던 실질적인 영향력에 대해 생각해 보자. 전 소련과 중국 정부는 거대한 국유 자산을 개인들의 손으로 넘겨주었다. 그리고 인도와 멕시코, 브라질과 같은 혼합 경제 시스템의 개발도상국들 또한 국영 기업과 천연자원을 민간에게 팔아넘겼다. 영국 주도의 서구 자본주의 국가들 역시 기존의 천연자원 독점 기업들을 매각했고, 그리고 오랫동안 정부가 효율적으로 운영해 왔던 많은 서비스 사업들을 민간 분야로 분사해 버렸다.

자유주의 경제의 목표는 세상에서 정부를 몰아내는 것이다. 하지만 그러한 자유주의 경제 사상이 승리를 거두는 과정에서 드러난 한 가지 아이러니는 인류의 경제 역사에서 최대의 지대 추구 기회를 가져다준 것은 바로 정부였다는 사실이다. 어쨌든 민영화를 최종적으로 책임지고 있는 주체는 정부이기 때문이다. 이러한 관점에서 볼 때, 거대한 전리품들을 순식간에 분할하는 과정에서 정부에 실질적인 영향력을 행사하는 것은 오늘날 세계적인 슈퍼엘리트 반열에 올라설 수 있는 가장 확실한 방법 중 하나라고 할 수 있다.

역사상 최고의 부자는 누구일까?

브란코 밀라노비치의 계산법에 따른다면, 역사상 최고의 부자는 소련이 붕괴되고 나서 세계를 휩쓸었던 자유화의 거센 물결을 타고 어마어마한 부를 쌓았던 러시아 올리가르히들이 아니다.[11]

시간을 초월하여 부의 수준을 비교하는 작업은 쉽지 않다. 오늘날 다양한 지역에 걸쳐 부의 수준을 비교하기 위해 사용하고 있는 환율이나 좀 더 섬세한 기준인 구매력 지수와 같은 도구들은 실제로 소비하는 제품이 말과 개인용 제트기, 또는 개인 필경사와 아이패드처럼 차원이 완전히 다른 경우에는 사실상 무용지물이다. 이러한 문제를 해결하기 위해 밀라노비치는 애덤 스미스로 시선을 다시 돌렸다. 스미스가 제시했던 부의 평가 기준은 하나의 국가 안에서 살 수 있는 노동력의 규모였다. 〈한 사람이 가질 수 있는 노동력의 양을 기준으로 부자, 혹은 가난한 사람으로 분류해야 맞다.〉[12] 오늘날 억만장자들을 대상으로 할 때, 이 계산법은 특히 가난한 국가에 살고 있는 부자들에게 유리하다. 그들은 상대적으로 임금이 낮은 노동력을 더 많이 살 수 있다. 고대 로마나 이집트에서는 아무리 돈이 많았다고 해도 오늘날 중산층들이 일상적으로 누리고 있는 휴대 전화나 비행기와 같은 서비스를 상상조차 할 수 없었음에도 불구하고, 그 시대의 부자들은 이 계산법에서 대단히 유리하다. 밀라노비치 계산법에 따르면, 과거 시대의 부자들과 나머지 사람들 사이의 격차는 더욱더 크게 벌어진다. 많은 부자들이 합법적으로 노예나 소작농들을 소유하고, 이들을 함부로 때리거나 죽이고, 심지어 스스로 군대를 조직하여 상대적으로 약한 국가 권력에 맞설 수 있었던 시대가 있었다.

오늘날 스파르타쿠스 노예 반란을 주제로 한 비디오 게임에서 악당 캐릭터로 등장하는, 그리고 스파르타쿠스의 반란을 진압했던 마르쿠스 크라수스는 당시 로마의 최고 부자로 이름을 날렸다. 부를 의미하는 〈디베스Dives〉라는 별명으로도 불렸던 크라수스는 베스타의 처녀 사제와 동침을 했다는 중대한 범죄 혐의로 고발을 당했을 때에도, 자신이 원했던 것은 처녀의 순결이 아니라 오로지 돈이었다고 변명했으며, 당시 로마인들은 그 주장이 그의 성격과 어울린다고 인정을 했다. 플루타르크는 크라수스의 재산을 1억 7천만 세스테르티우스로 추산했고, 플리니우스는 이보다 좀 더 높은 2억 세스테르티우스로 예상했다. 플리니우스가 계산한 금액은 로마 제국이 소유하고 있던 전체 재산과 맞먹는 수준이었다. 이를 밀라노비치의 계산법에 따라 환산하면, 로마인 3만 2,000명의 연평균 수입에 해당한다.

이는 엄청난 수준이다. 하지만 1세대 플루토크라트들, 즉 도금 시대의 강도 귀족들은 이보다 훨씬 많은 부를 손쉽게 벌어들였다. 앤드루 카네기의 재산은 US스틸을 사들였던 1901년에 그 절정을 이루었다. 그가 사들인 지분은 2억 2,500만 달러에 달하는 것으로, 이는 미국인 4만 8,000명의 연평균 수입과 맞먹는다. 록펠러의 경우는 더 심하다. 절정에 달했던 1937년 그의 재산은 14억 달러로 미국인 11만 6,000명의 연평균 수입에 해당한다.

하지만 2012년 『포브스』 세계 최고의 부자 리스트에서 1등을 차지한 멕시코의 거물 카를로스 슬림은 크라수스와 카네기, 록펠러의 차원을 훌쩍 뛰어넘고 있다. 『포브스』는 2012년에 슬림의 재산을 690억 달러로 추산했는데, 이는 멕시코인 40만 명의 연평균 수입을 넘어서는 금액이다. 멕시코 경제에서 슬림이 차지하고 있는 엄청난 비중을 우리는 또 다른 측면에서 이해할 수 있다. 슬림의 총재산은 멕시코의 연간 국내 총생산의 6퍼센트에 해당한다. 21세기 미국 최고 갑부인 빌 게이츠의 경우, 미국 연간 국내 총생산의 0.5퍼센트에도 미치지 못한다. 나중에 여러분이 멕시코에 여행을 가서 전화를 하고, 담배를 피우고, 은행에 가고, 비행기 여행을 하고, 자전거를 타게 된다면, 슬림에게 몇 페소를 헌납한 셈이 된다. 이처럼 슬림의 존재가 멕시코 전체를 지배하고 있다 보니, 수도에 위치한 한 레스토랑은 메뉴판에다 이렇게 적어 두기까지 했다. 〈이곳은 슬림이 소유하지 않은 멕시코의 유일한 레스토랑입니다.〉[13]

러시아 올리가르히들과 마찬가지로 슬림 역시 세계를 휩쓸었던 경제 자유화의 물결, 특히 과거에 국가가 지배하고 있었던 1990년대의 신흥 시장 경제 덕분에 백만장자에서 억만장자로 도약할 수 있었다. 슬림의 경우, 통신 사업의 민영화가 그 핵심이었다. 다음으로 밀라노비치는 인류 역사상 두 번째 부자로 석유 재벌인 미하일 호도르콥스키를 꼽고 있다. 호도르콥스키가 체포되기 전인 2003년을 기준으로, 밀라노비치는 당시 그의 재산으로 러시아 사람 25만 명의 노동력을 살 수 있었던 것으로 추산하고 있다.

멕시코의 매각 프로젝트를 이끈 인물은 하버드 출신의 테크노크라트 카를로스 살리나스Carlos Salinas였다. 비효율적인 국영 기업들의 지배 구조가 경제 성장을 가로막고 있었던 정체된 멕시코 경제를 개혁하고자 했던 살리나스는, 러시아의 국영 자산을 매각하는 데 선봉에 섰던 자유주의자들과 마찬가지로 시장 개혁을 반드시 필요한 과제로 보았다. 그리고 1980년대부터 친분을 유지해 왔던 슬림에 대해 강한 신뢰를 갖고 있었다. 1980년대는 멕시코에게 힘든 시절이었다. 특히 1982년 멕시코 은행들의 국유화 사업, 그리고 유가 폭락으로 자본들이 대거 빠져나가면서 경제 성장률이 둔화되었다. 그러나 가문의 유통 사업과 자신의 탁월한 경영 능력을 기반으로 성장했던 슬림은 상황을 냉정하게 바라보았고, 기업들을 헐값에 사들이면서 담배 및 보험 분야로 비즈니스를 확장해 나갔다. 살리나스는 슬림의 국가에 대한 관심, 위기 속에서 기회를 발견해 내는 탁월한 능력, 그리고 뜨거운 기업가적인 열정을 높이 평가했다. 손님들로 항상 북적이는 저렴한 지역 레스토랑 체인의 이름을 본떠서 사람들은 이 둘을 〈카를로스 앤 찰리스〉라는 별명으로 불렀다.

슬림은 자신의 친구인 살리나스의 개혁 프로젝트를 열렬히 지원했다.[14] 공적, 사적인 연설 자리에서 그는 항상 살리나스를 지지했고, 그를 돕기 위해 정치인들과 언론을 대상으로 적극적인 로비를 벌였다. 그리고 멕시코의 독점 통신 기업인 텔멕스Telmex의 매각 작업이 시작되었을 때, 슬림은 즉각 뛰어들었다. 소련 붕괴 후 이루어진 민영화 작업과는 달리, 텔멕스는 정상 가격으로 매각이 진행되었고, 여기서 슬림은 17억 6천만 달러에 20퍼센트가 넘는 지분을 사들였다. 당시로서는 합리적인 거래로 알려졌다. (그럼에도 불구하고 한때 슬림의 가까운 친구였던 로베르토 에르난데스는 경매가 조작되었다는 의혹을 제기했다. 슬림과 살리나스는 줄곧 이를 부인했다.)

국영 기업의 독점은 멕시코 국민들에게 끔찍한 일이었다고 주장한 텔멕스 민영화 추진 세력의 주장은 옳았다. 텔멕스가 매각되기 전에 멕시코 사람들은 전화선을 신청하고 나서 보통 일 년 정도를 기다려야 했으며, 전화를 사용하는 멕시코 가구의 비율도 4분의 1에 불과했다. 그러나 텔멕스의 매각은 또한 지대 추구자들에겐 꿈과 같은 것이었다. 그렇게 말할 수 있는 부분적인 이유는, 텔멕스를 매력적인 경매 물품으로 보이게 하고 단기적인 차원에서 민영화 사업을 정치적 성과로 보이도록 만들려는 목적으로 멕시코 정부는 낙찰자에게 정부의 전화 사업 독점권을 6년간으로 연장하면서 국내 휴대 전화 사업 독점권을 보장해 주겠다고 제안했기 때문이다.

이러한 엄청난 혜택은 허술한 규제 환경에서 더 큰 위력을 발휘했다. 당시 매각 작업은 정보통신부가 아닌 재무부에서 추진되었으며, 통신 사업의 규제를 담당하는 정부 기관은 민영화가 이루어지고 3년이 지나고 나서야 설립되었다. 게다가 그러한 규제마저 제대로 시행되지 않았다. 당시 관리 부처의 연간 예산은 슬림이 통신 사업으로 며칠 만에 벌어들일 수 있는 규모에 불과했다. 멕시코와 미국의 정치학자들인 이사벨 게레로Isabel Guerrero, 루이스펠리페 로페스칼바Luis-Felipe López-Calva, 마이클 월턴Michael Walton의 연구에 따르면, 정부 규제 기관이 텔멕스에 불리한 판결을 내렸을 때, 텔멕스는 멕시코 법원의 중지 명령인 암파로스amparos를 실질적으로 활용함으로써 정부 명령을 무효화하고, 불리한 판결을 연기하도록 했다.[15] 살리나스의 제도혁명당PRI이 수십 년 만에 처음으로 대선 야당 후보인 비센테 폭스에게 패한 뒤에도, 슬림과 멕시코 정부의 우호적인 관계는 그대로 지속되었다. 폭스는 텔멕스 출신인 페드로 세리솔라를 정보통신 및 교통부 장관으로 임명하기까지 했다.

덕분에 슬림의 통신 왕국은 높은 수익을 유지하며 시장을 계속해서 지배해 나갔다. 텔멕스의 시장 점유율은 일반 전화 시장에서는 80퍼센트 정도, 그리고 휴대 전화에서는 70퍼센트에 육박하고 있다. 그러나 독점에 가까운 시장 지배는 혁신을 위한 투자 소홀로 이어졌다. 멕시코의 투자 수준은 OECD 국가들 중 거의 최하위를 기록하고 있다. 인도의 통신 기업들은 2001년에 5건, 2005년에 13건의 특허를 신청한 반면, 멕시코의 통신 기업들은 1991년에서 2005년 사이 단 한 건의 특허도 신청하지 않았다. 또 다른 부작용은 지나치게 높은 요금이다. 멕시코 기업들은 휴대 전화 및 일반 전화 서비스로 OECD 국가들 중 가장 높은 비용을 지불하고 있다. 개인들의 경우는 두 번째를 기록하고 있다. 이로 인해 2007년을 기준으로 일반 전화 보급률은 50퍼센트 정도, 휴대 전화는 60퍼센트 정도에 불과하다. 1990년에 비한다면 상당한 성장이지만, 당시 1인당 GDP 수준이 비슷한 터키와 같은 나라의 전화 보급률이 75퍼센트였던 것을 감안한다면 저조한 상황이었다.

멕시코의 자유화 흐름으로부터 막대한 이익을 얻은 사람은 비단 슬림뿐만이 아니었다. 살리나스가 개혁 정책을 시작한 직후인 1991년에 『포브스』 억만장자 목록에는 멕시코 사람이 2명뿐이었다. 그러나 살리나스의 임기가 끝난 1994년에는 그 수가 24명으로 크게 늘어났다. 슬림과 마찬가지로 또 다른 멕시코 억만장자들은 국영 기업의 초기 민영화 사업에 참여한 것은 물론, 그들의 영향력을 발휘하여 경제 게임의 규칙을 계속해서 바꾸어 나가는 방식으로 엄청난 부를 축적했다. 통신 사업과 관련된 법적 판결들이 텔멕스에 유리한 방향으로 내려졌기 때문에 성공을 거두었다고 슬림을 평가했던 정치학자들은, 멕시코 플루토크라트들의 법적 승률이 다른 경우들에 비해 세 배나 더 높았으며, 특히 정부 규제 기관들과의 법정 분쟁에서는 평균적으로 네 번 중 세 번을 이겼다는 사실을 지적하고 있다.

자유화의 거대한 물결이 국가 경제에 미친 영향이 그다지 크지 않았기 때문에, 멕시코와 전 소련의 민영화 억만장자들의 성장은 더욱 두드러져 보인다. 멕시코는 1990년대에 연평균 3.5퍼센트의 경제 성장률을 기록했지만, 21세기 첫 10년 동안에는 2퍼센트를 밑돌고 있다. 공산주의 붕괴 직후 급격하게 추락했던 러시아 경제는 2000년 이후로 연평균 4퍼센트의 성장률을 기록하고 있다. 상당한 성과이기는 하나, 중국을 포함한 신흥 시장의 호랑이들에 비해서는 초라한 수준이다. 중국은 지난 10년간 9퍼센트대의 성장률을 보여 주었으며, 인도는 7퍼센트, 그리고 브라질은 평균적으로 3퍼센트가 넘는 경제 성장률을 자랑하고 있다.

하지만 봄베이 상공회의소에서 라잔이 청중들에게 경고했던 것처럼, 화려한 경제 성장과 민주적인 정치 시스템을 이룩한 인도에서조차 지대 추구는 슈퍼엘리트 반열에 올라설 수 있는 가장 확실한 방법으로 드러나고 있다.

지대 추구와 정부 허가제의 종말

처음부터 이런 결과를 예상했던 것은 아니었다. 2004년 총리의 자리에 오른 또 다른 이상주의자 테크노크라트 맘모한 싱은 재무부 장관으로 있던 1991년에 인도의 글로벌 시장 혁명을 일으켰다. 싱의 근본 목표는 인도의 시장에서 국영 기업과 일반 대기업들을 지켜 주고 있는 보호

막을 완전히 제거하는 것이었다. 그 오랜 보호 시스템은 정부 관료들과 정부 허가제에 접근할 수 있는 기업들에게는 더 없이 좋은 제도였으나, 그 밖에 다른 모든 경제 주체들에게는 힘든 장애물이었다. 독립으로부터 1991년에 이르는 동안 인도의 GDP 성장률은 자조적인 의미로 소위 〈힌두 성장률〉이라고 말하는 평균 3퍼센트 정도에 불과했다. 그리고 빈곤으로부터 출발했던 인도 소비자들의 구매력은 비싸고 품질 낮은 국내 제품들로 인해 하락하고 있었다.

〈제3의 길〉을 향한 이념적 이상향으로 인도인들의 마음 한구석을 차지하고 있던 소련 공산주의처럼, 인도의 정부 허가제 시스템은 지대 추구의 디스토피아였다. (당시의 모든 인도 경제학자들과 더불어, 싱 역시 경제학도였던 1970년대에 경제 개발 5개년 계획을 추진하는 방법을 연구하고 있었다.) 개혁을 통해 싱이 이루고자 한 것은 구조적인 부패를 척결하고, 품질 좋고 값싼 제품과 서비스를 제공함으로써 돈을 벌 수 있는 경제 시스템을 구축하는 것이었다.

싱의 노력은 다양한 측면에서 눈부신 성공을 일구어 냈다. 지난 20년 동안 인도 경제는 평균 7퍼센트로 성장했고, 1991년에서 2011년 사이에 연평균 일인당 소득은 거의 네 배로 커졌다. 하지만 개혁을 향해 나아가는 길에 인도 사람들은 한 가지 놀라운 사실을 발견하게 되었다. 그것은 정부 허가제를 폐지한다고 해서 지대 추구가 완전히 사라지는 것은 아니라는 점이었다. 실제로 권력과의 유착은 예전보다 오늘날 더 큰 위력을 발휘하는 것으로 드러나고 있다.

자유화가 진행 중인 다른 신흥 시장들처럼 인도의 개혁 역시 억만장자들을 양산해 내는 대단히 효과적인 기회로 드러났다. 싱의 개혁 작업이 시작되기 전인 1991년만 하더라도 인도에서 10억 달러 이상을 보유한 부자는 단 한 명에 불과했다. 하지만 2012년 그 수는 48명으로 늘었다. 2012년 기준으로 인도 최고의 부자는 223억 달러의 재산을 가진 무케시 암바니Mukesh Ambani였다. 그의 재산은 슬림이 가진 재산의 3분의 1 수준이며, 인도의 땅덩어리가 워낙 넓기 때문에 그가 국가 경제에 미치는 영향은 한정되어 있다. 인도의 플루토크라트, 즉 억만장자 48명의 재산을 다 합치면 2012년 기준으로 인도 GDP의 14퍼센트를 넘는데, 이는 미국의 억만장자 424명의 총재산과 엇비슷한 수준이다.

2010년 세무조사팀이 델리를 무대로 활동하고 있는 매력적인 로비스트 니라 라디아Niira Radia에 관한 140여 건의 녹취록이 담긴 테이프를 언론에 흘렸을 때, 인도 자본주의에서 나타나고 있는 지대 추구의 문제가 전국적인 화제로 떠올랐다. 수백 시간에 달하는 녹취록 대화에서 라디아와 기업가들, 그리고 기자 및 정치인들은 인도의 장관들을 ATM으로, 그리고 여당을 〈우리 매장〉이라고 불렀다. 라디아는 황금알 비즈니스인 휴대 전화 사업권이 분배된 과정에 대해 직설적으로 이야기했다. 그녀는 한 경쟁 사업가에게 이렇게 말했다. 「그들은 라자[통신부 장관 안디무투 라자]를 찾아가서 뇌물을 바치고 주파수 사용권을 허가받았죠」[16]

2011년 타흐리르 광장에서 주코티 공원에 이르기까지 전 세계를 휩쓸었던 저항 운동의 인도 버전에서 우리는 그 영향을 확인할 수 있다. 인도의 노련한 사회운동가 안나 하자레는 인도 대륙의 99퍼센트를 집결시켰고, 부패 척결을 위한 단식 투쟁을 통해 한동안 잠잠했던 인도의 도시 중산층을 하나로 뭉치게 했으며, 이러한 노력은 실질적인 영향력을 발휘할 수 있는 부패 척결 조사 기관의 설립으로 이어졌다.

하자레의 측근으로는 키란 베디Kiran Bedi 박사가 있다. 베디는 자신의 힘으로 국가적인 전설이 된 인물이다. 그녀는 인도 최초의 여성 경찰관이었다. 1972년에 그녀가 경찰에 지원했을 때 담당 관리자들은 다른 직업을 알아보라고 조언했지만, 그녀는 결국 수사국장의 자리에까지 올랐다. 화재가 난 건물에 갇힌 주민들 17명을 구조하기 위해 팀원들을 이끌고 현장으로 출동하다가 길거리 분수에 뛰어들어 몸을 흠뻑 적신 적도 있다. 게다가 베디는 인디라 간디의 자동차를 불법 주차를 했다는 이유로 견인했던 사건으로도 유명하다. 이를 통해 그녀는 어느 누구도 법의 예외가 될 수 없다는 믿음을 보여 주었다. 2011년 뭄바이에서 베디 박사를 만났을 때, 그녀는 안경을 끼고, 검고 활기찬 다소 남성적인 헤어스타일을 한 61세 할머니의 모습이었다. 160센티미터라고 주장하지만 작은 체구의 베디는 시위 현장에서 한 학생이 자신을 번쩍 들어 올린 일도 있었다고 했다. 그날 베디는 자신의 활기찬 스타일과 잘 어울리는 진한 녹색 카미즈 차림을 하고 있었다.

베디는 내게 이렇게 말했다. 「인도에는 부정부패가 만연합니다. 눈부신 성장을 하고 있는 것은 사실이지만, 동시에 부패 사건이 끊이지 않는다는 점에서 인도는 추락을 하고 있는 겁니다.」[17]

베디는 계속했다. 「그것은 권력을 가지고 있는 사람들과 돈을 가지고 있는 사람들 사이에 형성된 불법적인 유착 관계 때문이죠. 부자들은 계속해서 사들이면서 점점 더 부유해집니다. 그들은 광산 채굴권이나 주요 제반 시설 사용권과 같이 엄청난 자본이 필요하고, 독점적인 성격이 강한 계약들을 따낼 충분한 힘을 갖고 있습니다. ……젊고 새로운 진입자들이 들어오지 못하도록 경쟁의 장을 기울여 버렸기 때문에 경제와 부의 분배에서 심각한 불균형이 나타나고 있는 것입니다.」

인도의 괄목할 만한 경제 성장과 더불어 부정부패 또한 증가하고 있다는 사실에 걱정하고 있는 사람들에는 단지 사회운동가들만 있는 것이 아니다.

인도 정부가 일부 지분을 보유하고 있는 금융 기관인 인프라개발금융 공사IDFC의 최고 경영자이자 봄베이 상공회의소에 라잔을 초대해 연설하게 했던 관료인 라지브 랄Rajiv Lall은 내게 이렇게 말했다. 「부정부패는 일종의 풍토병입니다. 인도에 부패가 만연하다는 것은 누구나 알고 있는 사실입니다. 그리고 특히 오늘날과 같은 거대한 변화의 시기에 부패는 새로운 국면으로 접어들고 있습니다.」[18]

전 기업가이자 지금은 인도 계획위원회에서 힘을 발휘하고 있는 아룬 마이라Arun Maira는 내게 이렇게 말했다. 「지니 계수[소득 분배의 불평등도를 나타내는 수치]는 경제 성장의 시기에 높아지기 마련입니다. 시장의 개방성이 한층 더 진전되고 사업을 할 기회가 늘어나는 등 더욱 많은 기회가 주어질 때, 자본을 갖고 있고, 적절한 교육을 받고, 권력층과 가까운 사람들은 새로운 기회에 더 쉽게 접근할 수 있으며, 가장 먼저 그들의 재산을 늘려 나갈 것입니다. 그래서 그들은 교육과 자본, 권력과의 관계가 부족한 사람들보다 훨씬 빠른 속도로 부를 축적할 수 있는 혜택을 누릴 수 있죠.」[19]

마이라의 지적대로 1퍼센트들의 강력한 무기는 〈권력층과의 관계〉다. 이러한 관계를 남용할 때, 검은 비즈니스가 나타난다. 하지만 이미 승리를 거머쥔 사람들이 실질적으로 게임을 이끌어 나갈 수 있는 데에는 보다 미묘한 이유가 숨어 있다.

인도의 첨단 IT 기업인 인포시스Infosys의 공동 회장 크리스 고팔라크리슈난Kris Gopalakrishnan은 이렇게 언급했다. 「권력층과 정부에 인맥이 닿아 있는 사람들이 실제로 더 좋은 계약을 따내는 경향이 있습니다. 그들이 바로 정책을 결정하는 과정에서 중요한 정보를 제공하기 때문에,

이러한 경향은 깊이 뿌리를 내리고 있습니다. 정책 결정자들은 모든 사람들의 의견을 물어보지는 않습니다. 다만 도움을 줄 수 있는 주요 인물들의 생각만 참조하죠.」[20]

기회와 부패가 공존하는 사회에서 기업을 운영한다는 것이 어떠한 것인지 이해하기 위해 나는 젊고 전도유망한 한 뭄바이 사업가와 이야기를 나누어 보았다. 30대 중반인 라즈에게 나는 실명을 거론하지 않겠다는 약속을 하고, 대신 솔직한 대답을 요구했다(이름만 가명이고 나머지는 모두 사실이다). 비즈니스 스쿨을 졸업하고 계속 미국에 머물렀다면, 라즈 역시 미국 사회의 1퍼센트에 속해 있을 것이다. 아직 억만장자는 아니지만, 그래도 그는 자신이 태어난 인도에서 0.1퍼센트에 속해 있다.

듀크 대학 MBA를 졸업하고 나서 라즈는 뉴욕에 있는 대형 컨설팅 기업에 취직했다. 그는 아직까지도 플랫아이언 지역에 원룸 아파트를 팔지 않고 있는데, 물론 투자 목적도 있기는 하지만 중요한 것은 자신이 사랑하는 뉴욕과 인연의 끈을 놓지 않기 위해서이다. 2년 전 그가 몸담고 있던 회사가 인도로 진출하면서, 라즈는 자신의 고향인 뭄바이로 돌아가게 되었다. 현재로서는 계속해서 인도에서 일을 할 계획을 갖고 있다. 라즈는 인도의 경제가 정체 일로를 걷고 있는 서구 경제권에서는 상상하기 힘든 7퍼센트대의 성장률로 향후 10년 동안 발전해 나갈 것으로 믿는다. 그리고 이러한 믿음을 바탕으로 현재의 직장, 그리고 여섯 살과 6개월 된 두 딸의 아버지로서의 의무에 더하여(미국 출신 아내는 다국적 기업에서 계약직으로 일하고 있다), 라즈는 플라스틱 사출 부품을 생산하는 자신만의 비즈니스를 시작했다.

그는 내게 이렇게 말했다. 「지금 인도로 이사를 간다면, 당신도 억만장자가 될 수 있습니다. 다만 적당한 정부 관료를 만나는 행운과 감옥에 갈 위험을 기꺼이 감수하는 용기만 있으면 됩니다」

컨설팅 회사 직원으로서, 그리고 주말 사업가로서 라즈는 성공을 거두고 있다. 오늘날 〈인도 기업들이 세계로 진출하고 있기 때문에〉 컨설팅 비즈니스는 성수기를 맞이하고 있다. 가령 라즈가 〈중간 단계의 선수〉라고 부르는, 5억 달러 정도의 재산을 가지고 있는 한 고객은 최근 멕시코와 유럽 시장에서 활동하고 있는 기업과의 합병을 고려 중이라고 했다. 그는 이렇게 설명했다. 「이번 세계화의 흐름은 그 정도 규모의 인도 기업들에게 대단히 생소한 경험이 될 것입니다. 그리고 향후 5년 동안 그 흐름은 더욱 거세질 것입니다」

라즈의 플라스틱 사업은 초반에 어려움을 겪다가 지금은 연간 100퍼센트로 성장해 나가고 있다. 라즈는 그 이유를 이렇게 설명한다. 「정부 계약을 따내기 위해 누구한테 뇌물을 주어야 하는지 이해하는 데 꽤 오랜 시간이 걸렸거든요」 나는 그에게 뇌물을 주는 게 마음에 걸리지는 않는지 물어보았다. 특별히 그렇지는 않다고 하면서 라즈는 다만 공직에 있는 주요 의사 결정자들을 더 쉽고, 더 빨리 찾아내서 관계를 맺을 수 있기를 바랄 뿐이라고 했다.

붉은 올리가르히들

2012년 3월 5일, 전국인민대표대회의 당원 3천 명이 열흘에 걸쳐 열리는 연례 행사에 참석하기 위해 베이징으로 몰려들었다. 전국인민대표대회는 중국의 최고 국가 기관으로서, 25명으로 구성된 공산당 중앙위원회와 그 상무위원회가 실질적인 권력을 장악하고 있다. 어떤 측면에서 전국인민대표대회는 형식적인 정치적 행사다. 다시 말해 과거 소련이 〈선거〉에서 99퍼센트의 찬성률을 보여 주었던 것과 마찬가지로, 중국의 전국인민대표대회 역시 독재 정치 체제하에서 인민 대표의 존재를 과시하는 허울 좋은 형식적인 입법 기관으로 기능하고 있다.

하지만 그게 전부는 아니다. 전국인민대표대회의 3월 대회는 매년 중국인민정치협상회의와 함께 열린다. 이 두 대회를 일컬어 양회(兩會)라고 하는데, 양회는 중국의 가장 중요한 정치적 행사에 해당한다. 중국은 이 양회를 통해 어느 세력이 공산당 내부에서 정치적 우위를 점하고 있는지 만천하에 공개한다. 2012년 대회에서는 막강한 충칭 시 당서기이자 강력한 정치 관료였던 보시라이(薄熙來)의 강등을 공개적으로 선언했다. 이는 보시라이가 이끌면서 점차 두각을 드러냈던 국가주의 세력이 쇠퇴하고 있다는 사실과 향후 경제 정책이 어느 쪽으로 흘러갈 것인지를 보여 주는 신호탄이었다. 양회는 새로운 정치적 시도가 신중하게 그 방향을 제시하고, 중국의 권력 핵심부에서 일어나고 있는 당파 싸움이 많은 청중들 앞에서 교묘하게 모습을 드러내는 자리인 셈이다.

이보다 더 중요한 사실은, 마오쩌둥이 권력을 잡으면서 세습적 차별을 폐지했던 중국에서 전국인민대표대회는 오늘날 중국 귀족들의 목록을 가장 정확하게 보여 주는 행사라는 것이다. 어떤 인물들이 앞으로 중국을 이끌어 갈지 궁금하다면, 전국인민대표대회의 인명 목록을 들여다 보면 된다. 바로 이러한 점에서 중국 부자들에 관한 최고의 정보 원천인 『후룬 보고서』에서 2012년 대회 전날에 내놓은 자료가 그토록 충격적이었던 것이다.

『후룬 보고서』에 따르면, 2011년을 기준으로 전국인민대표대회에서 가장 부유한 70명의 총재산이 미국의 세 권력 기관인 대통령과 내각, 상원과 하원, 그리고 연방대법원에 몸담고 있는 모든 사람들의 총재산보다 더 많은 것으로 나타났다.[21] 2011년 전국인민대표대회의 상위 70명의 총재산은 지난해보다 115억 달러가 증가한 898억 달러였다. 그 70명이 2011년도에 벌어들인 115억 달러는 미국 내 권력 기관에 속한 660명의 소득 합계인 75억 달러보다 50퍼센트 이상 많은 금액이다. 전국인민대표대회의 상위 구성원들과 그에 상응하는 미국 구성원들을 비교한 자료는 실로 충격적이었다. 전국인민대표대회의 상위 2퍼센트에 해당하는 60명이 소유한 재산은 2011년을 기준으로 평균 14억 4천만 달러였다. 반면 미 의회 상위 2퍼센트인 11명의 평균 재산은 3억 2,300만 달러였다. 추정 재산이 100억 달러에 달하는 중국 음료업계의 거물이자 2011년 기준으로 중국 최고 부자 5인 중 한 사람인 종칭허우(宗慶後) 역시 전국인민대표대회의 일원이다. 그 외에 또 다른 비즈니스 거물로는 중국의 주요 자동차 부품 생산업체인 완상 그룹의 회장인 루관치우(魯冠球), 그리고 부동산 개발업자인 왕젠린(王健林)이 있다.

당시 미국 여론이 정치와 자본의 결탁에 대해 막연한 우려를 품고 있던 터라 『후룬 보고서』의 발표는 더욱더 충격적이었다. 그것은 억만장자 정치인들을 양산해 내는 데 중국에 비해 미국이 인색하다는 사실을 드러낸 것이기 때문이었다. 보다 거시적인 관점에서 『후룬 보고서』는 또한 1980년대 후반에 시작된 시장 개혁 이후로 중국은 13억 명의 인구 중에서 3억 명을 가난에서 구제하기는 했지만, 동시에 지대 추구를 위한 세계 최고의 경제권으로 전락하고 말았다는 사실도 상기시켜 주었다. 『후룬 보고서』의 발행인인 루퍼트 후게베르프Rupert Hoogewerf는 이에 대해 이렇게 언급했다. 〈모든 중국 기업들을 떠받치고 있는 근간이 있다.〉[22]

사람들은 대부분 중국의 성장을 단지 붉은 올리가르히들의 성장이라고 여기지는 않는다. 그 부분적인 이유는 지대 추구 친화적인 여느 시장들과는 달리, 중국은 탁월한 경제 성과를 분명하게 보여 주고 있기 때문이다. 지금 중국이 겪고 있는 지대 추구의 문제와 지속적인 고성장이 항상 함께 손잡고 가는 것은 아니다. 또한 공산 시절의 국유 재산을 순식간에 민간으로 팔아넘긴 바르샤바 동맹국과들과는 달리, 중국의 시장 개혁은 보다 차분한 걸음으로 진행되어 왔으며, 지대 추구 역시 최고 권력이 추진했던 신속한 민영화 프로젝트보다 더욱 다양하고 애매한 형태로 이루어졌다.

마지막으로, 중국 억만장자들은 세상에서 가장 소심한 부자들이기도 하다.[23] 떠오르고 있는 중국의 부르주아 계층은 물론 과시적 소비를 좋아한다. 금을 향한 그들의 사랑은 너무나 유명해서 중국에서는 ATM으로도 금을 살 수 있다. 서구의 인기 있는 명품 브랜드들은 중국 시장에서도 강한 성장세를 이어 가고 있으며, 특히 오래된 와인과 예술 작품 등의 고급 사치 시장은 중국의 거대한 수요로부터 활력을 얻고 있다. 유럽예술재단European Fine Art Foundation이 발표한 2011년 연구 결과를 보면, 당시 중국은 세계 예술품 시장의 3분의 1 정도를 차지하면서 처음으로 미국을 앞질렀다. 하지만 최상층에 속한 중국 억만장자들은 유명세가 위험을 자초할 수 있다는 사실을 그 누구보다 잘 알고 있다. 러시아 올리가르히들은 영국 정치인들을 초대하여 지중해에서 함께 요트를 타고, 파티를 즐기고, 뉴욕과 런던에 연고지를 둔 스포츠 팀을 사들인다. 그리고 인도 갑부들은 누구의 집이 더 큰지, 누가 더 유명한 서구 스타들과 친분이 있는지를 놓고 치열한 경쟁을 벌인다. 또한 남미의 갑부들은 맨해튼에 펜트하우스를 장만하고, 미국 언론 기업들의 주식을 사들인다. 중국 정부가 서구의 정치 경제에 대해 점점 더 유연한 태도를 취하는 것과는 반대로, 세계에서 세 번째로 많은 95명의 억만장자 중국인 갑부들의 모습에는 변함이 없다. 그 이유는 아직까지 공산주의 독재를 유지하고 있는 중국 정부가 그들의 플루토크라트들에 대해서 극단적으로 상반된 태도를 보이고 있기 때문이다. 중국 공산당은 공식적으로 〈조화로운 성장〉을 선전하고 있다.[24] 원자바오(溫家寶) 총리는 양회가 있기 하루 전날에 이렇게 강조했다. 「우리는 사회적 부라고 하는 케이크를 가능한 크게 만들어야 할 뿐 아니라, 그 케이크를 공평하게 분배하여 모든 사람들이 개혁과 개방의 열매를 맛볼 수 있게 해야 합니다.」〈네 다리도 좋지만, 두 다리는 더 좋다〉*라는 말은 오늘날 중국 핵심 권력층에 일어나고 있는 정치적으로 위험한 모순을 나타내고 있다. 다루기 힘든 네 다리를 통제하기 위해 오늘날 중국 정부는 그들의 플루토크라트들을 가끔씩 감옥에 집어넣는다. 그래서 사람들은 중국에서 누가 제일 부자인지 그 이름을 선뜻 대지 못하는 것이다.

　그러나 레이더망에 걸리지 않을 만큼 자제력이 높은 사람들에게 중국은 지대 추구자들의 천국이다. 지난 몇십 년 동안 중국은 세 가지 형태의 지대 추구 기회를 제공했고, 많은 백만장자들이 거기로 몰려들었다. 하지만 중국은 러시아의 자본주의 전환 방식과 비교당하는 것을 대단히 꺼려 한다. 러시아의 세기의 세일을 주제로 한 내 책이 중국에 번역되어 나왔을 때, 중국 기자들이 내게 던진 첫 번째 질문은 이런 것이었다. 「어떻게 중국의 방식을 실패한 러시아 사례와 비교를 한 거죠?」 그러나 중

---

* 조지 오웰의 『동물 농장』에 나오는 문구. 동물들은 〈네 다리는 좋고 두 다리는 나쁘다Four legs good, two legs bad〉라는 구호를 내세워 혁명을 일으키지만 혁명 이후 실권을 잡은 돼지들은 다른 농장의 인간들과 거래하면서 〈네 다리도 좋지만 두 다리는 더 좋다four legs good, two legs better〉로 구호를 바꿔 다른 동물들의 세뇌와 억압의 도구로 이용한다.

국의 많은 플루토크라트들 역시 좀 더 느리고 모호한 형태로 국유 재산을 민간의 손으로 넘기는 똑같은 과정에서 특혜를 입은 사람들이다. 중국과 러시아에서는 자유화 시대를 거치는 동안 플루토크라트들이 부정하게 구축한 그들의 첫 번째 자본을 〈원죄〉라고 부른다.[25]

둘째, 중국에도 강도 귀족이라 부를 만한 플루토크라트들이 있다. 정부 관료들과의 인맥을 넓혀 나가면서 이를 바탕으로 가난한 농촌 경제로부터 산업화된 도시 경제로 나아가는 급속한 경제 발전의 시기에 막대한 부를 거머쥔 억만장자 지대 추구자들이 바로 그들이다. 미국은 강도 귀족들을 그리 높게 평가하지 않지만, 그래도 이들은 최소한 사유화를 계기로 플루토크라트가 된 사람들보다는 낫다. 물론 두 유형 모두 사적인 인맥을 통해 거대한 부의 이전 과정에서 엄청난 부당 이득을 챙겼으며, 공정하고 효율적인 정부가 있었더라면 공공재의 형태로 보존할 수 있었던 엄청난 가치를 손에 넣었다. 그러나 두 유형 모두 수혜자이면서, 동시에 전체로서 국가의 경제적 전망을 바꾸어 놓은 경제적 혁명의 원동력으로서도 종종 활약했다. 이로 인해 지난 30년간 중국의 일인당 평균 소득은 200달러에서 5,400달러로 뛰었고, 전체 인구의 50퍼센트는 평균 소득이 내륙의 농촌 지역보다 세 배 이상 높은 도시를 기반으로 살고 있다.[26] 19세기 미국에서, 그리고 지난 30년 동안 중국에서 일어난 거대한 변화의 시기에 활동했던 지대 추구 수혜자들은 그 혜택을 광범위하게 나누어 주었던 변화의 일부분이었다.

셋째, 가장 중요한 것으로, 중국에서 나타나고 있는 지대 추구의 문제가 급박하고 혼란스러운 경제적 변화의 결과물인 것만은 아니라는 사실이다. 정부와의 인맥을 통해 돈을 벌려는 시도는 인민 공화국에서 일시적, 일회적으로 일어나는 문제, 혹은 법을 어기는 〈부패〉 사례가 아니다.

중국과 같은 국가 자본주의 체제에서 권력층과의 인맥을 기반으로 부를 벌어들이려는 시도는 법률을 어기거나 회피하는 것이 아니다. 다만 그 시스템이 실제로 돌아가는 방식이다.

〈이러한 체제를 움직이는 것은 시장 경제, 혹은 수요와 공급의 법칙이 아니라, 정치적 엘리트 집단을 이루고 있는 혁명 가문들 간의 특정 이해관계를 중심으로 형성된, 미묘하게 균형을 이루는 사회적 메커니즘이다.〉[27] 칼 월터Carl Walter와 프레이저 하위Fraser Howie는 중국의 경제를 주제로 한, 그리고 수상 경력에 빛나는 『레드 캐피탈리즘Red Capitalism』이라는 책에서 〈중국이라는 나라는 가족이 운영하는 기업이다〉라고 설명한다.

〈고삐 풀린 서구식 자본주의가 법적, 윤리적 통제가 허술한 사회와 문화 속에서 엘리트 가문들에게 미치는 영향을 제대로 이해하지 못하면, 오늘날 중국의 현실을 똑바로 바라볼 수 없다. 탐욕은 시스템 내부에서 국가가 통제하고 있는 경제의 보호막을 떠받치는 원동력이며, 돈은 그 언어다.〉

러시아의 경우와는 달리, 붉은 올리가르히들은 국가 소유의 천연자원을 단번에 민간으로 팔아넘기는 과정에서 부를 축적하지는 않았다.[28] 중국에서는 민영화 작업이 대규모로 이루어지지 않았고, 러시아처럼 석유와 철광의 매장량이 풍부한 것도 아니었다. 그 대신 중국의 지대 추구는 국가가 관리하는 두 가지 핵심적인 경제적 가치인 토지와 자본에 접근할 수 있는 특권을 기반으로 번성해 나갔다. 중국에서 가장 부유한 여성이자 2012년 전국인민대표대회 구성원인 우야쥔(吳亞軍)을 포함하여 중국에서 떠오르고 있는 플루토크라트들은 부동산을 통해 막대한 부를 축적했다. 중국 정부는 여전히 토지 사용권을 철저하게 통제하고 있기 때문에, 부동산 사업이야말로 정부와의 각별한 인맥이 반드시 필요한 분야다. 그리고 다른 거의 모든 비즈니스를 위해서는 신용이 필요하다. 민간 기업 육성 사업에서 큰 성공을 거두었음에도, 중국에서 이루어지는 대출의 90퍼센트 이상은 여전히 국영 은행들의 차지다. 그러므로 사업 자금을 빌리자면 정부 관료들과의 인맥이 중요하다. 국영 기업의 사장이자 동시에 정부의 고위 관료인 인물들은 자연스럽게 그러한 인맥을 확보하게 된다. 실제로 수십 년 동안 중국 금융 시장에서 일을 한 경험이 있는 월터와 하위는 이렇게 설명한다. 〈페트로차이나 회장이 대출을 부탁하면, 중국 최고 은행장은 뭐라고 대답할까? 아마도 이럴 것이다. 《대단히 감사합니다. 얼마나 많이, 얼마나 오래 빌려 드리면 될까요?》〉[29]

중국 정부는 떠오르는 플루토크라트 집단으로 그 후손들을 소위 〈소공자〉라고 부르는 권력층 가문들을 지목하고 있다. 『후룬 보고서』에 따르면, 2011년 중국에 10억 달러 이상의 부자는 271명이 살고 있으며, 부자 순위 1,000위 안에 들기 위해서는 최소한 3억 1천만 달러가 필요하다.[30] 소공자들은 중국 지도층의 자녀들로, 마오쩌둥의 혁명을 이끌었던 정치인들의 손자들인 경우가 많다. 그들은 중국 공산당 내부에서 핵심적인 정치 파벌을 이루고 있으며, 그들 중 많은 사람들이 플루토크라트다. 리펑(李鵬)은 1987년부터 1998년까지 총리를 지냈다. 오늘날 그의 가문은 공공 시설 분야에서 거물로 자리를 잡고 있다. 〈중국의 파워 퀸〉이라는 별명을 가진 리펑의 딸 리샤오린(李小琳)은 중국국제전력의 회장이자 CEO이며, 그의 아들 리샤오펑(李小鵬)은 중국 최대 독립 전력 회사인 화능국제전력의 경영자를 거쳐 2008년 정계에 입문했다. 그리고 1998년에서 2003년까지 총리를 맡았던 주룽지(朱鎔基)의 아들 주윈라이(朱雲來)는 주요 사모펀드 업체인 KKR과 TPG의 지분을 갖고 있는 중국의 투자은행 CICC에서 중역으로 활동하고 있다. 지대 추구가 만연한 사회에서는 정부가 플루토크라트를 만든다. 그렇다면 그 첫 번째 순서는 최고 지도자들의 자녀가 아니고 누구겠는가?

부와 관련하여 중국의 또 다른 정치적 특성은 정부가 올리가르히들의 힘을 빼앗아 버릴 수 있다는 점이다.[31] 부자들의 추락은 종종 극적인 형태로 일어나곤 한다. 오늘날 중국의 부자 목록은 곧 미래의 죄수 목록이기도 하다. 2002년 상하이 지역에서 부동산 사업으로 성공을 거둬 당시 자산이 3억 2천만 달러에 이른 저우정이(周正毅)는 중국에서 11번째 부자였지만, 2003년에 부패 혐의로 철창신세를 지게 되었다. 궈메이 전기의 설립자 황광위(黃光裕) 역시 2008년『포브스』선정 두 번째 부자였지만, 2010년에 부패 혐의로 수감되었다. 그 목록은 계속해서 이어진다. 그러나 여기서 중요한 점은 청렴한 중국 플루토크라트들이 부당하게 옥살이를 하고 있다는 사실이 아니다. 지대 추구 사회에서 활동하고 있는 모든 사업가들과 마찬가지로, 이들 역시 원죄로부터 자유롭지 못하다. 설령 도둑질은 아니라고 해도, 법망을 피하고 뇌물을 상납해야만 돈을 벌 수 있는 사회에서 부자들은 다들 약점을 지니고 있다. 『이코노미스트』가 2003년에 지적했듯이 저우정이 사건 역시 예외가 아니었다. 〈마음만 먹으면 중국 당국은 그 나라의 모든 부자들을 탈법(적어도 위법은 아닌)을 근거로 고소할 수 있을 것이다. 하지만 중국의 법률 문화는《원숭이를 겁주기 위해 닭을 죽인다》라는 말을 원칙으로 삼고 있다. 저우정이는…… 그들에게 눈에 띄는 닭이었던 셈이다.〉[32]

2012년 3월 전국인민대표대회의 극적인 결말은 중국 정부가 이제 가장 덩치 큰 원숭이를 주시하고 있다는 사실을 드러냈다. 양쯔 강이 흐르는 인구 3,400만의 거대 도시인 충칭 시의 카리스마 넘치는 당 서기였던 보시라이는 심각해지는 중국 사회의 불평등을 우려하는 엘리트 중 한 사람이었다. 전국인민대표대회가 열리기 전날, 보시라이는 베이징에서 가진 기자회견에서 중국의 지니 계수가 0.46을 넘어섰다고 지적하면서 (미국은 0.45다) 이렇게 경고했다 「소수만이 잘 살고 있다면, 우리는 지금 자본주의로 미끄러져 내려가고 있는 것입니다. 실패하고 있다는 말입니다. 새로운 자본주의 계급이 등장하고 있다면, 우리는 지금 아주 잘못된 길로 들어선 것입니다.」[33] 하지만 동시에 보시라이는 혁명 원로 〈불멸의 8인〉 중 한 사람인 보이보(薄一波)를 아버지로 둔 소공자 출신으로, 권력과 부를 동시에 가진 문중의 대표였다.[34] 그리고 보시라이의 아들 보과과 (薄瓜瓜)는 빨간색 페라리를 몰고 미국 대사 존 헌츠맨의 딸과 데이트를 즐긴 것으로 유명하다. (하지만 보과과는 페라리를 몰았다는 사실을 부인했으며, 헌츠맨의 딸은 자동차 브랜드가 기억나지 않는다고 했다.)[35] 보과과는 연간 등록금이 5만 달러에 달하는 영국의 명문 사립 해로 스쿨을 졸업하고, 실크로드볼이라고 하는 행사를 벌이기도 한 옥스퍼드 대학에 다녔고 곧이어 하버드 케네디 스쿨에 들어갔다.[36] 또한 보시라이의 아내인 변호사 구카이라이(谷開來)는 높은 수익을 올리고 있는 국제법률사무소인 카이라이와 호루스 투자자문이라는 자문 회사를 운영하고 있다. 보시라이의 몰락 이후에도 집안의 재산은 1억 3,600만 달러인 것으로 밝혀졌고, 그 금액은 지금도 계속해서 늘어나고 있다.[37]

2012년 3월 초만 하더라도 보시라이는 중국의 떠오르는 지도자들 중 한 사람이었다.[38] 그는 중국을 지배하는 9인으로 구성된 중앙정치국 상무위원회의 유력한 후보자였다. 그러나 천안문 사태 이후로 중국에서 벌어진 가장 극적인 정치 투쟁에서 보시라이는 소공자에서 천민으로 전락하고 말았다. 당 서기에서 쫓겨나면서 그는 〈중대한 원칙을 위반한 혐의〉로 조사를 받았다. 게다가 아내는 살인 혐의까지 받았다. 보시라이의 몰락은 어떤 측면에서 중국 자본주의의 음모와 부패에 관한 이야기다. 그의 아내와 사업 파트너로 일하던 영국인 사업가가 호텔에서 의문의 주검으로 발견되고, 그리고 그 수사를 방해하고자 했던 정황이 포착되면서 보시라이 가문에 대한 본격적인 공격이 시작되었다. 하지만 또다른 측면에서 보자면, 이 사건은 보시라이로 대표되는 붉은 올리가르히 집단과 투명하고 경쟁적인 시스템을 구축하기 위해 싸우고 있는 개혁자 집단 사이의 권력 투쟁으로 볼 수도 있다. 현재 예일 대학에서 교편을 잡고 있는 모건스탠리 아시아의 전 회장 스티븐 로치Stephen Roach는 내게 이렇게 말했다. 「무게중심이 다시 한 번 개혁자들 쪽으로 넘어가고 있습니다. ……[보시라이의 몰락은] 그동안 뚜렷하게 드러났던 몇몇 충돌을 제외하고, 중국 정부가 지난 32년 동안 추진했던 개혁, 민영화, 시장 체제로의 개혁을 보여 주는 분명한 증거입니다.」[39]

로치 교수의 지적은 타당하다. 보시라이는 지대 추구의 기회로 가득한 중국 시스템에서 가장 두드러진 국가 자본주의 옹호자였다. 사실 그의 몰락은 중국 경제를 공정하고 개방적인 시스템으로 바꾸어 나가려는 거시적인 변화의 일부다. 더욱 주목할 만한 사실은, 원자바오 총리가 붉은 올리가르히들의 주요한 부의 원천이라 할 수 있는 국영 은행들에 가한 과감한 공격이다. 원자바오는 국영 라디오 방송을 통해 기업가들에게 이렇게 강조했다. 「솔직히 말해 봅시다. 우리 은행들은 너무 쉽게 돈을 벌고 있습니다. 그 이유는 무엇일까요? 소수의 대형 은행들이 독점을 이루고 있기 때문입니다. ……독점을 철폐하기 위해서는 민간 자본이 금융 부문으로 흘러들어 오도록 허용해야 합니다.」[40]

하지만 다른 신흥 경제 및 서구 사회들처럼 중국의 치열한 권력 투쟁을 부패한 지대 추구자들과 고결한 시장 개혁자들 사이의 싸움으로만 바라본다면, 우리는 전체 시나리오를 이해할 수 없을 것이다. 가장 성공적인 소공자들 중 일부는 중국에서 최고의 영향력을 행사하고 있는 시장 개혁자들의 자녀이기도 하다. 그리고 실질적인 가치 창조를 기반으로 부를 창출한 건전한 기업가들조차 중국 시장에서 살아남고 성공하기 위해서는 정부의 조력자들을 필요로 한다. 19세기 프랑스 사회주의자 프루동의 사상을 다르게 설명해 본다면, 권력과 돈이 긴밀하게 얽혀 있는 중국과 같은 나라에서 〈돈을 벌기 위해서는 어느 정도의 지대 추구는 반드시 필요하다〉고 말할 수 있을 것이다.

월스트리트와 시티 오브 런던의 지대 추구

2007년 1월 22일, 뉴욕 시장 마이클 블룸버그와 뉴욕 주 상원의원 찰스 슈머Charles Schumer는 세계적인 컨설팅 업체인 매킨지에 의뢰했던 연구 결과를 발표했다. 〈뉴욕과 미국이 세계 금융 시장에서 주도권을 유지하는 방법Sustaining New York's and the US' Global Financial Services Leadership〉이라는 제목의 이 보고서는 경제 위기가 임박했음을 경고하면서 이를 막을 수 있는 구체적인 방법들을 제시했다.

그 보고서가 나오고 7개월이 지나기도 전에 프랑스 은행 BNP 파리바가 세 펀드의 환매를 동결하면서 대공황 이후 최대의 금융 위기가 정말로 시작되었다. 지금 돌아보건대 그 동결 조치는 2008년 신용 붕괴를 알리는 신호탄이었다.

그러나 여기서 내가 말하고 싶은 것은, 월스트리트의 거품이 곧 터질 것이라는 두 카산드라의 예언을 사람들이 무시했다는 이야기가 아니다. 블룸버그와 슈머가 발표한 보고서는 사실 다른 형태의 위험에 초점을 맞추고 있었다. 그 위험이란 세계 경제의 중심으로서 뉴욕이 차지하고 있는 위상이 런던이나 홍콩, 두바이로 넘어가 버릴 가능성을 의미하는 것이었다. 2006년 11월 1일자 「월스트리트 저널」 논평 기사를 통해 슈머와 블룸버그는 그 전체 보고서가 나올 것임을 암시하면서 정말로 그런 일이 벌어진다면 〈미국과 뉴욕에 대단히 절망적인 일이 될 것이다〉라고 경고했다.[41]

슈머와 블룸버그는 이러한 위험을 예방하기 위한 신속한 대책 마련을 촉구했다. 가장 먼저 집중해야 할 문제로 그들은 월스트리트에 대한 과도한 규제를 꼽았다. 그 논평에서 두 사람은 이렇게 쓰고 있다. 〈미국의 규제 기관들이 월스트리트 내에서 최고로 힘센 경찰이 되려고 경쟁을 벌이는 동안, 영국 규제 기관들은 보다 협력적이고 해결책을 모색하려는 모습을 보이고 있다.〉 두 달 후 공개했던 매킨지의 전체 보고서는 이러한 위험에 대해 상세하게 기술하고 있다. 〈규제와 관련된 매력도와 반응성 기준으로 뉴욕과 런던을 비교했을 때, 두 지역의 CEO 및 중역들은 통계적으로 유효한 차이로 뉴욕이 런던에 비해 보다 열악한 규제적 환경에 처해 있다고 답했다.〉[42]

지나치게 엄격한 미국의 금융 규제 정책이 매력적인 파생 상품 비즈니스를 모두 해외로 내몰고 있다고 매킨지는 경고했다. 〈보다 폭넓은 거래 흐름을 유도하고, 금융 서비스 시장에서 주도권을 잡는 데 큰 도움을 주는 지속적인 혁신을 자극하는, 그리고 규제 기관들이 감독하기 힘들다고 말하는 장외 시장에서 유럽, 특히 런던은 미국과 뉴욕을 앞서나가고 있다.〉 매킨지는 보고서에서 계속 이렇게 경고하고 있다. 〈한 경영자의 말을 빌리자면, 미국은 지리적 조건이 아니라 비즈니스 환경으로 인해 파생 상품 시장에서 《소외될 위험이 있다》. 특히 보다 유연하고 협조적인 런던의 규제 환경은, 새로운 파생 상품과 그 시스템을 만들어 내는 과정에서 미국에 비해 기업들이 더욱 편안하게 활동할 수 있도록 도와주고 있다.〉

그 보고서는 또한 미래의 위험을 알리는 신호이기도 했다. 매킨지는 지나치게 열정적인 미국 규제 기관들이 자국 은행들을 대상으로 자기 자본 요건을 강화하는 중대한 실수를 저지르려 하고 있으며, 이는 아무짝에도 쓸모가 없을뿐더러, 오히려 치열한 글로벌 경쟁 환경에서 미국의 경제적 리더십을 더욱 약화시킬 것이라고 경고했다. 그 보고서는 이렇게 지적했다. 〈미국의 금융 규제 기관들은 타국 은행들에 비해 자국 은행들에게 더욱 엄격한 자기 자본 요건을 요구하는 쪽으로 넘어가고 있으며, 이는 결국 경쟁력 악화로 이어지고 말 것이다.〉 매킨지의 관점에서 더욱 강화된 새로운 기준은 아무런 쓸모가 없는 것이었다. 매킨지는 보고서에서 경제적 환경을 고려하는 구체적인 방안을 제시했다. 〈이러한 접근 방식은 경기 순환의 결과로 인해 발생하는 자기 자본 요건의 변화를 전혀 반영하지 못한다. 예를 들어 강세 시장의 경우, 위험에 기반을 둔 규정인 자기 자본 요건을 실제로 낮추어야 한다.〉

지금 되돌아볼 때, 블룸버그와 슈머, 그리고 매킨지 보고서는 교만의 변주곡이었다. 허술한 규제로 인해 세 세대 동안 최악의 금융 위기가 발발하기 불과 1년 전, 미국 규제 기관들의 엄격한 통제에 대한 전반적인 우려의 목소리는 분명히 어리석은 것이었다. 하지만 당시 그러한 비판은 그럴듯해 보였다. 그들은 미국의 규제 기관들이 금융 도구인 파생 상품을 지나치게 엄격하게 관리하기 때문에 위기가 발생할 것이라고 경고했다. 그리고 당시 금융 시장의 상황에서 자기 자본 요건의 강화가 필요한 것으로 밝혀졌을 때에도, 그들은 새로운 자기 자본 요건이 거추장스러운 짐이 될 것이라고 걱정했다. 다큐멘터리 감독이자 베스트셀러 작가인 마이클 무어Michael Moore가 미국의 금융 및 정치 분야 엘리트들의 근시안적 탐욕을 주제로 풍자적인 작품을 쓰고자 했다면, 이보다 더 좋은 소재를 발견하지 못했을 것이다.

보고서의 주장들이 완전히 틀렸다는 사실을 이제는 알고 있기 때문에, 우리는 매킨지 보고서의 저자, 블룸버그와 슈머, 그리고 그 지지자들을 쉽게 비난할 수 있다.[43] 그러나 정말로 충격적인 것은, 금융 및 정치적인 미국 백인 엘리트들 내부에서 그 보고서의 주장을 중심으로 한 합의가 당파를 초월하고 대서양을 건너서 이루어졌다는 사실이다. 블룸버그는 중립적인 입장이었고, 슈머는 민주당 소속이었다. 뉴욕 주 검찰총장을 거쳐 주지사에 오른, 그리고 왕년에 월스트리트의 보안관 노릇까지 했던 엘리엇 스피처Eliot Spitzer는 그 보고서를 발표하는 기자회견장에서 블룸버그와 슈머와 함께했으며, 전반적으로 그들의 주장을 지지했다. 그 보고서의 발표에 앞서 블룸버그와 슈머가 「월스트리트 저널」에 논평을 쓰기 이틀 전, 컬럼비아대 경영대학원 학장이자 전 부시 행정부의 고문, 그리고 향후 롬니의 고문으로 지목된 글렌 허버드Glenn Hubbard, 그리고 활동적인 민주당 후원자이자 골드먼삭스의 전 사장인 존 손턴John Thornton은 엄청난 예산이 필요한 규제 정책, 그리고 그러한 정책으로 인해 향후 미국의 자본 시장이 외국 경쟁자들에게 자리를 뺏기게 될 위험을 주제로 연구를 진행하고 있다고 발표했다.[44]

재무장관과 골드먼삭스의 CEO를 지낸 공화당의 행크 폴슨Hank Paulson은 블룸버그와 슈머의 논평을 〈핵심을 꼬집었다〉고 칭찬했던 〈미국 자본 시장의 경쟁력The Competitiveness of U.S. Capital Markets〉이라는 제목의 연설을 뉴욕 이코노미 클럽에서 하기 위해, 그 쌍둥이 논평이 나오고 몇 주 후에 뉴욕으로 떠났다. 폴슨은 미국이 과잉 규제의 위험에 처해 있다고 경고하기 위해, 재무장관으로서 민주당 출신 전임자이자 전 골드먼 삭스 회장인 로버트 루빈의 말을 긍정적인 의미로 이렇게 인용했다. 〈최근 연설에서 전 재무장관 로버트 루빈은 규제에 대해 이렇게 언급했습니다.《우리 사회는 최적 균형을 찾기 위해 리스크 개선에 대한 비용과 이익을 기준으로 판단을 내리는 것이 아니라, 무조건 위험을 제거하거나 최소화하려는 방향으로만 나아가고 있습니다.》〉[45]

미국이 보여 준 마지막 아이러니 사례를 살펴보자.[46] 슈머와 블룸버그 논평이 나오고 몇 주 후, 금융 시장의 한 거물은 〈과잉 규제〉에 반대하는 그들의 투쟁을 지지하기 위해 편집자에게 편지를 썼다. 그 사람은 다름 아닌 뉴욕 증권거래소의 CEO 존 테인이었다. 그리고 2년 후, 당시 메릴린치 CEO였던 테인은 부실 규제가 촉발한 엄청난 규모의 금융 위기로 100년의 역사를 자랑하는 그 기업을 뱅크오브아메리카에 헐값에 팔아야만 했다.

엘리트들의 합의는 대서양을 건너서도 그 위력을 발휘했다. 매킨지 보고서가 뉴욕에서 나오고 며칠 뒤, 영국 최고 규제 기관인 영국 재정청의 청장과 잉글랜드 은행의 부행장을 지낸 런던 정치경제대학 학장 하워드 데이비스Howard Davis는 눈 내린 다보스 언덕에서 블룸버그가 〈이번 주에 눈독수리들 사이에 고양이를 놓아두었다〉고 말했다. 하워드는 미국 금융 시장이 〈런던에 비해서 시장 점유율을 계속 잃어 가고 있다〉는 뉴욕 시장의 진단이 전적으로 옳다고 주장했다. 그 영국 동료는 또한 미국이 글로벌 경기장을 평평하게 만들기 위해 지나친 부담을 주는 미국적 규제 방식을 나머지 세상에도 똑같이 부과하려 들 것이라고 걱정하고 있었다. 〈아시다시피 미국인들은 대단히 관용적인 사람들이다. 그들은 자신의 규제 정책까지도 나머지 세상에 기꺼이 공짜로 수출할 것이다.〉

하워드의 관점에서 볼 때, 2007년 다보스포럼에 참여한 사람들이 우려하는 바는 조지 W. 부시 공화당 행정부가 나머지 세계의 금융 시장에 미국의 쓸데없이 엄격한 규제를 받아들이라고 압력을 넣을 궁리를 하고 있다는 것이었다. 그래도 하워드는 영국의 노동당 내각, 그리고 널리 알려진 총명한 경제 듀오인 고든 브라운Gordon Brown 총리와 하버드와 옥스퍼드를 나온 재무장관 에드워드 볼스Edward Balls가 미국에 비해 훨씬 〈가벼운〉 그들의 우월한 규제 정책을 고수할 것이라는 기대를 갖고 있었다. 하워드가 썼던 칼럼의 제목은 〈볼스는 미국의 규제 흐름으로부터 우리를 지켜야 한다Balls Must Save Us from U.S. Regulatory Creep〉였다. 하워드는 다보스포럼에 대해 이렇게 언급했다. 〈고든 브라운은 회의장 복도를 거닐면서 자신이 런던의 금융 시장을 국민건강보험처럼 튼튼하게 지키고 있다는 사실을 사람들에게 적극적으로 알리고자 했다. 이와 관련하여 브라운은 많은 이야기 거리를 가지고 있었다.〉[47](그런데 하워드에 대해 말하자면, 자신이 그 칼럼을 썼다는 사실에 대해 미래에 느꼈을 당혹감은 글로벌 플루토크라트들의 세계관을 수용함으로써 겪어야 했던 그의 개인적인 다른 위험 사례들에 비한다면 그리 대단한 것은 아니었다. 2011년 3월 3일, 하워드는 리비아 독재자 무아마르 카다피의 아들 사이프로부터 150만 파운드의 기부를 받고, 리비아 공무원들에게 220만 파운드짜리 교육 프로그램을 제공하기로 합의한 것에 대한 책임을 지고 런던 정치경제대학의 학장에서 물러났다.[48] 게다가 하워드는 리비아의 국부 펀드와 관련하여 고문으로 일한 경험도 있다.)

앞뒤가 맞질 않고, 획일적이고, 초당파적인 이러한 뻔뻔한 주장들이 국제적인 합의를 이끌어 내는 데 성공했다는 사실을 이해한 사람이라면, 그들이 저지른 실수의 중심에 인식론적 오류가 자리 잡고 있다는 사실도 이해할 수 있을 것이다. 2006년에서부터 2007년까지 미국 금융 시장의 규제를 주제로 한 모든 논의들이 전제로 깔고 있었던 것은, 규제를 받는 은행들에게 직접 물어보는 방식으로 규제의 효율성을 확인할 수 있다는 믿음이었다. 매킨지는 그들의 조사 방법론을 다음과 같이 설명했다. 〈이 문제를 새로운 시선으로 바라보기 위해 매킨지 연구팀은 금융 서비스 분야의 CEO 및 중역들 50여 명을 대상으로 개인적인 인터뷰를 나누어 보았다. 또한 설문 조사를 통해 또 다른 주요 금융업체들의 CEO 30여 명의 의견, 그리고 별도의 온라인 조사를 통해 글로벌 금융 기업의 중역들 275명의 의견을 취합해 보았다.〉 다른 견해들을 수용하기 위한 시도도 보인다. 〈다른 집단들의 관점과 더불어 이들의 견해를 객관적으로 살펴보기 위해, 연구팀은 주요 투자자, 노동계, 그리고 소비자 그룹을 대표하는 다양한 사람들과도 인터뷰를 나누어 보았다.〉 하지만 집중적인 초점은 은행가들에게 맞추어져 있었고, 다른 인터뷰들은 시늉에 불과했다. 게다가 학생들에게 취침 시간의 만족도에 대해 물어보거나, 직장인들에게 연봉에 대한 만족도를 물어보는 것처럼 매킨지의 설문 내용은 전반적으로 그 결과를 충분히 예측할 수 있는 수준이었다.

여기서 아이러니한 사실은, 금융 분야의 리더들이 미국을 위해 무엇이 최선인지 몰랐을 뿐만 아니라 그들 자신을 위해서도 무엇이 최선인지 알지 못했다는 것이다. 메릴린치를 뱅크오브아메리카에 매각한 다음 날인 2008년 9월 16일, 나는 존 테인과 인터뷰를 나눌 수 있었다. 그 매각 거래 자체에 대해서 월스트리트는 전반적으로 긍정적인 반응을 보였다. 그보다 몇 주 앞서 리먼브라더스의 리처드 펄드Richard S. Fuld가 매각

협상자를 아예 찾을 수 없었던 경우와 비교했을 때 특히 더 그랬다. 그러나 그날 테인은 전혀 기쁜 표정이 아니었다. 우리 두 사람은 조만간 지탄의 대상이 되었던 120만 달러짜리 리모델링 장식으로 가득한 월스트리트 사무실에서 만났다. 나는 태평스럽게도 100만 달러를 들여 꾸민 사무실 공간의 화려함을 알아보지 못했지만, 항상 깔끔한 옷차림에 활력 넘치는 테인의 모습이 그날따라 유난히 피곤하고 힘들어 보인다는 사실은 금방 알아차릴 수 있었다. 그는 매각에 성공했지만 펄드는 그렇지 못했던 이유에 대해 묻자, 테인은 내게 이렇게 대답했다. 「펄드가 왜 그렇게 할 수 없었는지 저는 충분히 이해합니다.」[49]

「너무나 힘든 일이었습니다. 저는 여기 8개월 동안 있었습니다. …… 가슴 아픈 일이죠. 그가 차마 그렇게 할 수 없었던 이유를 저는 이해합니다. 자신의 회사를 판다는 것은 감정적인 차원에서 대단히 힘든 일입니다. 너무나 고통스럽죠.」

이기적인, 그리고 궁극적으로 자기 파괴적인 월스트리트와 시티 오브 런던의 집단적인 사고는 세계적으로 국가들의 정책에 많은 영향을 미쳤다. 하지만 모든 곳에서 그랬던 것은 아니다. 예외적인 곳으로 캐나다를 꼽을 수 있다. 캐나다의 규제 기관들은 자국 은행들에게 더 높은 수준의 자기 자본 요건을 요구했고, 런던과 뉴욕의 규제 기관들에 비해 레버리지 관리에 더욱 엄격했다. 그 결과, 캐나다 정부는 금융 시장에 구제 금융을 쏟아 부을 필요가 없었고, 경제 침체와 재정 적자의 정도도 미국에 비해 훨씬 양호했다. 캐나다 중앙은행은 지금까지도 세상을 금융 시장이 몰락했던 〈위기 경제〉와 캐나다를 포함한 그 밖의 다른 경제로 구분하고 있다.

캐나다 정부는 금융 시스템 전반에 대한 정부의 역할, 그리고 정부와 은행들 사이의 관계에 대해 근본적으로 다른 입장을 취하고 있었기 때문에 그들의 접근 방식은 완전히 달랐다. 캐나다의 차별화된 접근 방식의 근간을 마련한 사람은 1990년대에 재무장관을 지낸 폴 마틴Paul Martin이다. 마틴은 서민 계층을 대변하는 투사가 아니라 자수성가한 백만장자다. 그러나 금융 시장과 관련된 우선순위에 대해 그는 내게 이렇게 말했다. 「언젠가 금융 위기가 찾아올 것이라는 사실을 잘 알고 있었습니다. 사실 역사를 공부한 사람이라면 누구나 그 정도는 짐작하고 있었을 겁니다. 다만 위기가 발발하더라도 캐나다에서는 벌어지지 않고, 그리고 전 세계적으로 확산되더라도 캐나다 은행들만큼은 그 여파를 심각하게 겪지 않도록 철저하게 대비하고자 했습니다.」

캐나다의 TD 은행에서 수석 경제학자로도 활동했던 돈 드러먼드Don Drummond는 1990년대에 재무부 고위 관료로 일하고 있었다. 드러먼드는 내게 이렇게 말했다. 「금융 시장에 대한 캐나다 정부의 입장은 이런 식이었죠. 〈우리는 규제 기관이다. 규제 기관의 임무는 그들이 성장하도록 도와주는 것이 아니라 무엇을 해야 할지 일러 주는 것이다.〉 정부는 그들의 역할이 〈안 돼〉라고 말하는 것임을 항상 잊지 않고 있었습니다.」[50] 이러한 확신이 있었기에 마틴과 그의 부서는 세계 자본에 가장 매력적인 천국을 조성하기 위한 국제적인 경쟁으로부터 단호하게 한 발 물러서 있을 수 있었다. 그리고 다른 나라들이 자기 자본 요건을 계속 완화해 나갈 때, 캐나다는 반대로 그 기준을 강화해 나갈 수 있었다.

마틴은 이렇게 회상한다. 「치열하게 경쟁을 벌이는 과정에서 뉴욕과 런던의 규제 환경은 점점 더 가벼워졌습니다. 규제 기관들과 이야기를 나누는 동안 우리는 아직 그러한 접근 방식을 받아들일 준비가 되어 있지 않다는 사실에 동의했습니다. 유동성에 대단히 민감한 분야에서 무턱 대고 규제를 완화하는 것은 안 될 말이었죠」

캐나다 베이스트리트*에서 일하고 있는 한 금융가는 다소 냉소적으로 이런 표현까지 썼다. 「캐나다 규제 기관들은 남근을 선망하지는 않았거든요」

이제 돌이켜보건대 그것은 대단히 현명한 판단이었다. 그러나 당시 많은 사람들은 캐나다를 절름발이 경제로 보았다. 당시 캐나다가 맞서야 했던 세계적인 파도가 얼마나 강력한 것이었는지 잘 보여 주는 사례를 한 가지 살펴보자. 당시 글로벌 경제의 엄중한 수호자를 자처했던 국제통화기금은 금융 위기를 촉발했던 미국의 금융 혁신 중 하나인 모기지 시장에서 금융 증권화를 제대로 추진하지 않고 있다고 캐나다 정부를 비난했다. 심지어 공산주의 국가인 중국조차 캐나다 정부가 지나치게 소극적인 자본주의를 고수하고 있다고 비난했다. 2007년 캐나다 재무부 장관이었던 짐 플래허티Jim Flaherty는 베이징 방문에서 내게 이렇게 말했다. 「캐나다 은행들이 지나치게 소심하다고 아우성들이었죠」

똑똑한 캐나다 젊은이들은 이러한 비판에 공감했다. 한 신문의 칼럼니스트는 보수적인 캐나다 왕립 은행과 세계 최고로 과감했던 에든버러 경쟁자인 스코틀랜드 왕립 은행을 비교한 〈두 왕립 은행 이야기〉를 종종 기사로 썼다. (2008년에 영국 정부는 스코틀랜드 왕립 은행을 국영화하는 과정에서 손실을 보전하기 위해 수억 달러를 퍼부었다. 반면 2012년 시가 총액이 740억 달러에 달하는 캐나다 로열은행은 세계 20대 은행으로 꼽힌다.) 1990년대에 토론토에 있다가 이후에 아시아로, 그리고 지금은 런던에 있는 한 캐나다 금융

* Bay Street. 캐나다 최대의 증권거래소가 있는 토론토 시의 금융 중심지.

회사 임원은 당시 자신이 했던 말을 겸연쩍어하며 떠올렸다. 「자, 이제 게임을 시작합시다! 세상은 변하고 있어요」

규제 완화를 향한 뉴욕과 런던의 치열한 경쟁, 그리고 그 경쟁속에서 플루토크라트들의 치열하면서도 삐뚤어진 공모는 2008년 금융 위기를 촉발한 중요한 원인이다. 그리고 이는 또한 슈퍼엘리트의 성장이라고 하는 또 다른 이야기 속의 주요한 소재이기도 하다. 1퍼센트, 특히 0.1퍼센트 집단의 성장은 금융 시장의 성장과 밀접한 관련이 있다. 규제 완화, 더 높아진 복잡성, 보다 커진 위험을 기반으로 금융 산업은 서구 선진 경제에서, 특히 미국과 영국에서 더욱 큰 비중을 차지하게 되었으며, 이에 따라 금융가들의 소득은 거의 대부분의 다른 산업들을 앞지르게 되었다.

규제, 또는 규제 철폐와의 연관성은 또한 금융 시장의 성장을 지대 추구에 관한 이야기의 일부로 볼 수 있는 이유이기도 하다. 2008년 은행 및 은행가들에 대한 정부의 구제 금융은 우파와 좌파의 모두 정치가들의 분노를 자아냈다. 그 누구도 누리지 못했던 구제 금융이라고 하는 막대한 혜택이 오로지 슈퍼엘리트들에게만 주어졌다. 하지만 정부와 슈퍼엘리트들 사이의 연결 고리는 1조 달러에 달하는 해결책을 선사하는 선에서 끝나지 않았다. 카를로스 슬림의 텔맥스, 그리고 주식 담보 대출 방식의 러시아 민영화 수혜자들과 마찬가지로, 월스트리트와 시티 오브 런던, 그리고 프랑크푸르트의 은행가들은 규제 기관들과 입법자들의 협조로 막대한 이익까지 거머쥐었던 것이다.

성(性)이 인생의 중대한 선택에 미치는 영향을 주제로 한 하버드 연구에서 골딘과 카츠 두 사람은 성별에 따른 선택과 이에 따른 결과를 추적해 보았다. 그 결과, 놀랍게도 성별의 차이는 그 결과에 아무런 영향을 미치지 않은 것으로 드러났다. 여기서 중요한 요인은 금융가들과 그 밖에 다른 사람들과의 차이였다.

두 사람은 이렇게 결론지었다. 〈다양한 분야들 중 금융이 최고의 소득을 기록했으며, 그 분야에서 일하고 있는 사람들이 누리는 소득 프리미엄은 놀랍게도 다른 직업군들을 기준으로…… 195퍼센트에 달했다.〉[51] 다시 말해, 하버드를 졸업한 금융가는 다른 직업을 선택한 동문들에 비해 두 배 가까운 수입을 벌어들이고 있었던 것이다.

금융 분야의 이러한 프리미엄은 하버드 졸업생들이 직업을 선택하는 과정에서 중대한 차이를 만들어 내고 있다. 1970년에 남자 졸업생들 중 금융과 경영 분야로 진출한 사람은 22퍼센트에 불과했다. 그러나 20년 후인 1990년에 그 수치는 38퍼센트로 증가했고, 이는 법률과 의학 분야를 합친 것보다 높은 비율이었다. 여자 졸업생들은 더욱 급격한 변화를 보여 주었다. 1970년에 여성 졸업생들 중 금융 및 경영 분야로 진출한 비율은 12퍼센트에 불과했다. 그러나 20년 후에 그 비율은 23퍼센트로 두 배 가까이 높아졌다.

이러한 자료는 중대한 문화적 변화를 보여 준다. 몇 년 전에 나는 연방준비제도이사회의 전설적인 의장인 폴 볼커의 오랜 친구와 인터뷰를 하게 되었다. 볼커와 그의 친구는 모두 하버드에서 경제학을 전공했다. 학자인 그 친구에게 왜 두 사람 모두 월스트리트로 가지 않았느냐고 물었을 때, 그는 이렇게 대답했다. 「월스트리트는 3순위였습니다. 우리가 하버드를 다녔던 시절에 가장 인기 있는 분야는 학계였고, 그다음이 정부였습니다. 성적이 제일 안 좋은 학생들이 금융 쪽으로 갔었죠. 이제는 완전히 바뀌어 버렸지만요」

이러한 자료들, 그리고 그 자료들이 보여 주고 있는 문화적인 변화와 관련하여 가장 놀라운 사실은 전반적으로 슈퍼엘리트들의 성장이 곧 금융의 성장을 의미한다는 점이다.

0.1퍼센트 집단에 대한 광범위한 연구들 역시 똑같은 이야기를 들려주고 있다. 피라미드의 맨 꼭대기에 자리를 잡고 있는 사람들에 대한 폭넓은 연구들 중 하나는 2005년 전체 플루토크라트 집단에서 금융 분야가 18퍼센트를 차지하고 있다는 사실을 보여 주었다.[52] 앞서 하버드 연구와 마찬가지로, 그 결과는 1979년의 11퍼센트에서 크게 높아진 수치다. 최상층에서 금융보다 더 큰 비중을 차지하고 있는 집단은 CEO밖에 없는 것으로 드러났다. 게다가 0.1퍼센트들의 소득 수준이 전반적으로 성장하고 있는 와중에서도 금융가들의 소득은 가장 빠른 성장세를 보여 주고 있다.

경제 전반에서 금융 분야의 우세가 뚜렷했던 영국에서도 그 자료는 똑같은 그림을 보여 주었다.[53] 최근 한 연구에 따르면, 상위 10퍼센트 내에서 금융가들이 소득 증가분 중 60퍼센트를 차지했다. 다시 말해 상위 계층의 소득 증가분 중 거의 3분의 2가 금융 중심지인 시티 오브 런던에서 나왔다는 뜻이다. 미국과 마찬가지로 영국의 전체 소득 역시 피라미드의 맨 꼭대기에 몰려 있다. 1퍼센트에 해당하는 금융가들 사이에서 상위 5퍼센트, 즉 전체 근로자들의 0.05퍼센트가 상류층 전체 임금의 23퍼센트를 차지하고 있다. 금융 분야에서 최상층의 지배는 다른 분야에서 0.05퍼센트 집단의 지배보다 훨씬 강력하게 나타나고 있다.

글로벌 슈퍼엘리트 집단 내에서 금융가들이 중요한 위치를 차지해 나가고 있다는 사실은 금융 분야의 규제 완화가 플루토크라트들의 성장에 얼마나 큰 기여를 했는지를 잘 보여 주고 있다. 이와 관련하여 가장 신빙

성 있는 설명으로 경제학자 토마 필리퐁과 아리엘 레셰프가 2011년도에 발표한 역사적인 연구를 꼽을 수 있다.

두 사람의 연구는 세계적으로 유명한 금융가들, 그리고 그들의 지적 추종자인 경제학자들이 참석하는 권위 있는 연례 학술 행사인 스위스 바젤 중앙은행장 회의에서 간략하게 소개되었고, 나는 그때 처음으로 그 논문을 접하게 되었다. 금융 위기가 절정에 이른 뒤 6개월 후에 열린 2009년 바젤 회의는 그 어느 때보다 당면 과제에 더욱 집중하는 분위기로 이어졌다. 공공 기관으로 옮겨 가기 전에 월스트리트에서 일을 했던 G7의 한 중앙은행장은 회의를 마치고 집으로 돌아가는 길에, 〈여기에 모든 내용이 담겨 있습니다〉라는 짧은 글과 함께 필리퐁과 레셰프의 논문에 실린 그림 1에 대한 링크를 내게 이메일로 보내 주었다.

U자 모양의 그 그래프는 20세기에 걸쳐 금융 분야에서 일어난 임금과 기술의 변화를 요약하고 있었다. 두 경제학자들은 자신들의 발견에 대해 이렇게 설명했다.

1909년에서 1933년 사이에 금융 분야는 높은 교육 수준과 높은 임금을 기반으로 하고 있었다. 숙련된 근로자들의 비율은 민간 분야에 비해 17퍼센트나 더 높았다. 그리고 그 임금 수준은 다른 민간 분야에 비해 평균 50퍼센트나 더 높았다. 그러나 1930년대에 지각 변동이 일어난다. 인력과 자본, 임금의 차원에서 금융 산업이 기존의 독보적인 지위를 점차 잃어가기 시작한 것이다. 하락 추세는 1950년까지 계속해서 이어지다가, 그 이후로 1980년까지 완만하게 떨어지는 모습을 보였다. 그리고 마침내 금융 분야의 임금 수준이 다른 분야와 거의 비슷해지는 국면에 이른다. 하지만 1980년부터 다시 한 번 극적인 변화가 시작된다. 기술과 임금의 차원에서 금융 산업은 다시 한 번 과거의 영광을 되찾는다. 상대적인 임금과 기술 수준이 1930년대 시절로 돌아간 것이다.[54]

20세기의 전반부에 금융가들은 슈퍼엘리트의 기반을 이루고 있었다. 하지만 금융가들의 소득 성장세는 대공황이 발발하면서 한풀 꺾였고, 그러한 추세는 제2차 세계 대전에서 1970년 사이에 금융이 공익 사업처럼 안정적이면서 다소 지루한 비즈니스의 형태를 띠면서 계속 이어졌다. 하지만 1980년대로 접어들면서 금융 산업이 보다 복잡한 비즈니스로 변모하면서 임금이 상승하기 시작하면서, 결국 1933년 수준으로까지 높아졌다. 필리퐁과 레셰프가 처음으로 함께 밝혀낸 그 자료에서 특히 흥미로운 점은, 그 흐름이 미국의 소득 불평등의 정도가 상승했다가 하락하고, 그리고 다시 상승한 추세와 그 모양이 대단히 흡사하다는 사실이다. 필리퐁과 레셰프는 지난 40년간 상위 10퍼센트와 나머지 사람들 간의 격차가 벌어지는 과정에서 금융 산업의 성장이 그 원인의 26퍼센트를 차지한다는 사실을 보여 주었다. 그 부분적인 이유는 금융 산업이 높은 교육을 받은 미국 인재들을 끌어당기는 강력한 자석으로 기능했기 때문이다. 물론 기술 수준과 경력이 동일하다고 하더라도 다른 분야보다 월스트리트에서 일을 할 때 더 많은 소득을 올릴 수 있다는 사실은, 이미 골딘과 카츠 또한 지적한 바 있으며, 이미 20년 전 하버드 졸업생들 역시 이를 직관적으로 이해하고 있었다. 필리퐁과 레셰프는 이와 같은 현상을 〈금융 임금 프리미엄finance wage premium〉이라는 용어로 설명하면서, 그 프리미엄의 정도를 30~40퍼센트 정도로 추정했다.

다음으로 주목해야 할 중요한 퍼즐 조각은, 금융가들의 움직임이 왜 이러한 U자 곡선을 따랐느냐 하는 것이다. 1970년 하버드 졸업생들이 금융보다 법률과 의학을 더 선호했던 반면, 1990년 졸업생들이 월스트리트로 몰려들었던 이유는 무엇일까? 오늘날 경제학자들은 세계화와 기술 혁신, 그리고 수학적으로 복잡한 신용 파생 상품의 개발과 관련된 금융 분야의 혁신 등 다양한 변화의 요인을 그 원인으로 지목하고 있다. 물론 이와 같은 다양한 요인들이 부분적인 영향을 미친 것은 사실이지만, 사실 경제학자들은 규제 완화를 가장 설득력이 높은 단일 요소로 꼽고 있다. 그들은 금융 분야에서 일어난 규제 완화가 금융 종사자들의 소득 증가에 4분의 1, 그리고 교육 수준 상승에 40퍼센트 정도 기여한 것으로 추산하고 있다. 볼커와 그의 우수한 동료들은 당시 교수나 공무원을 원했다. 반면 오늘날 하버드 출신의 많은 뛰어난 경제학도들은 월스트리트를 꿈꾸고 있다.

사랑하는 민영화 덕분에 초기 자본을 마련할 수 있었던 신흥 시장 올리가르히들은 아마도 지대 추구의 대표적인 수혜자들일 것이다. 반면 워싱턴과 런던으로 상징되는 서구의 정부들은 금융 규제 완화를 통해 세계적인 슈퍼엘리트들의 성장에 엄청난 기여를 했다. 개발도상국 경제에서 일어난 국유 재산의 매각 사업과 마찬가지로, 플루토크라트 집단의 성장에 기여한 규제 완화의 역할은 지대 추구에 관한 기존 생각들을 완전히 뒤집어 놓았다. 규제 완화는 시장에서 정부를 끌어내림으로써 시장 내부의 힘들이 주도권을 잡도록 시스템을 바꾸는 것을 목표로 했던 전 세계적인 자유화 운동의 일부였다. 하지만 아이러니하게도 그 과정에서 오히려 정부는 승자와 패자를 결정하는 권한, 다시 말해 금융 기업 경영자들에게 특혜를 몰아주는 막대한 권한을 갖게 되었다.

모니터 그룹Monitor Group의 경영 컨설턴트 크리스토퍼 마이어Christopher Meyer는 최근 신흥 시장 기업들, 그리고 그 기업들이 향후 세계 경제를 어떻게 재편해 나갈 것인지를 주제로 책을 썼다. 그 이야기 속에서도 지대 추구는 중요한 부분을 차지하고 있다. 그러나 어느 나라의 기업가들이 세계 최고의 지대 추구자들인지 물었을 때, 그의 대답은 나를 놀라게 했다. 「미국의 금융 규제 기관들이 가장 끌어들이기 쉽습니다. 그들은 대단히 혁신적이죠. 그들은 동기 부여가 되어 있고, 보상을 받는 만큼 일을 잘 처리해 줍니다. 그들이 사악해서 그런 것은 절대 아닙니다. 다만 흔히 말하는 런어웨이 효과 때문이라고 생각합니다. 사람들은 보상이 있을 때 더욱 열심히 하고자 합니다. 그리고 인센티브 제도 대부분이 돈과 관련된 것이기 때문에, 경제적인 이익을 보상으로 받죠. 말 그대로 우리는 주는 만큼 받습니다. 그래서 월스트리트는 세상을 자신들에게 유리하게 만들기 위해 그 엄청난 일을 벌였던 겁니다.」[55]

누가 부를 얻을 것인지 결정할 수 있는 권한이 정부에게 있다는 사실은, 플루토크라트들이 스스로 정부를 선택하고, 정부의 결정에 영향력을 행사하기 위해 엄청나게 많은 시간과 돈을 투자하고 있다는 점에서 확인할 수 있다. 이러한 사실에 대한 대응책은 예나 지금이나 거의 변함이 없다. 그러나 국제통화기금의 경제학자인 데니즈 이건Deniz Igan, 프라치 미슈라Prachi Mishra, 티어리 트레슬Thierry Tressel이 월스트리트가 워싱턴에 어느 정도 영향을 미치고 있는지에 대해 조사를 시작했을 때, 객관적인 학술 용어를 기반으로 한 그들의 결론은 티파티나 월가 점령 시위만큼 선동적이었다. 그들은 2000년에서 2006년 사이에 금융과 부동산 분야에서 규제를 강화하는 법안이 통과된 비율이 놀랍게도 5퍼센트에 불과하다는 사실을 밝혀냈다. 반면 규제를 완화하는 법안의 통과 비율은 그 세 배에 달했다.[56]

한 러시아 올리가르히는 내게 1990년대 사유화 기간 동안 뜻밖에도 그 나라의 최고위 테크노크라트들 중 많은 이들에게 뇌물을 바칠 필요가 없었다는 이야기를 들려주었다. 그리고 몇 년 뒤 콘스탄틴 카갈롭스키Konstantin Kagalovsky는 흐뭇한 표정으로 과거를 회상하면서 이렇게 말했다. 「물론 제 마음대로 법률을 바꿀 수 있었고, 이를 위해 많은 신경을 썼죠」[57] 이러한 모습은 21세기 첫 10년 동안 워싱턴에서도 그대로 나타났다. 이건과 미슈라는 어쩌면 당연하게도 이념 차원에서 전반적으로 규제 완화에 긍정적인 보수 정치인들이 규제 완화 법안을 더욱 강력하게 지지한다는 사실을 확인했다.

그러나 직접적인 개입 역시 핵심적인 역할을 했다. 이건과 미슈라는 1999년에서 2006년 사이 금융 및 부동산 기업들이 워싱턴에 대한 로비에 22억 달러를 썼으며, 가장 활발했던 2005년에서 2006년 사이에만 7억 2천만 달러를 썼다는 사실을 확인했다. 슈퍼엘리트 집단 전체에서 금융과 부동산 분야의 비중이 높아짐에 따라, 로비 규모 역시 전반적으로 다른 분야보다 더 빨리 커졌으며, 2006년에는 워싱턴에 대한 전체 로비 규모에서 15퍼센트 이상을 차지했다. 월스트리트의 대정부 담당자들에게 다행스런 소식은 그들의 돈이 힘을 발휘했다는 사실이다. 〈감독을 받고 있는 금융 기업들의 로비 지출은 관련된 주요 법안에 대한 정치인들의 투표와 밀접한 관련이 있었다.〉

이건과 미슈라의 연구에서 특히 주목할 점은, 2008년 경제 위기 이전에 월스트리트와 워싱턴 사이에 있었던 밀착 관계, 그리고 그로 인한 수조 달러의 구제 금융 사이의 연관성을 파헤친 부분이다. 구제 금융은 우파와 좌파 모두의 분노를 자극했고, 세라 페일린은 「월스트리트 저널」에 기고한 기명 논평에서 워싱턴이 월스트리트를 점령한 것이라는 표현까지 썼다.[58] 하지만 워싱턴의 점령은 당파를 초월하여 오랫동안 꾸준히 이어져 내려왔던 금융 산업의 규제 완화 흐름과 더불어 2008년에 이르기까지 30년 동안 꾸준히 진행되어 왔던 것이다.

다니 카우프만Dani Kaufmann은 칠레 출신이다. 피노체트가 쿠데타로 정권을 잡은 1973년 당시 히브리 대학에서 공부를 하고 있었던 카우프만은 고향으로 돌아가지 않고 하버드로 진학하여 경제학 박사 학위까지 받았다. 졸업 후 그는 세계은행으로 들어가서 아프리카 지역에 관해, 그리고 소련 붕괴 이후 바르샤바 협정 국가들에서 일어나고 있는 자본주의로의 전환에 관해 연구했다. 세계은행의 워싱턴 본부로 돌아갈 무렵 카우프만은 부패와 올바른 정치라고 하는 상반된 두 주제에 대한 연구를 인생의 목표로 삼았다. 그 주제는 아프리카와 전 소련에 대한 연구를 통해, 그리고 자신의 라틴 아메리카 뿌리로부터 본능적으로 잘 이해하고 있었던 개념이기도 했다.

그러나 전 세계적으로 일어나고 있는 지대 추구의 문제, 그것이 경제 발전을 저해하고 있는 방식, 그리고 지대 추구를 막을 수 있는 방안에 대해 깊이 연구를 진행하던 동안, 카우프만은 놀랄 만한 사실을 발견하게 된다. 그것은 경찰과 같은 강압적인 권력 기관이나 교육과 같은 일반적인 공공 서비스 기관의 관료들이 요구하는 뇌물로부터 국가 재산을 스위스 개인 계좌로 빼돌리는 독재자에 이르기까지 개발 기구와 NGO들이 맞서 싸우고 있는 노골적인 형태의 부패는 전체 이야기의 일부에 불과할 뿐이라는 사실이었다.

카우프만의 계산에 따르면, 세계적으로 매년 약 1조 달러가 노골적인 형태의 뇌물로 오가고 있다. 하지만 그가 정의한 〈합법적 부패legal corruption〉는 노골적 부패보다 단위가 하나 더 높은 규모로 이루어지고 있다. 〈가령 통신 대기업이 독점권을 보장받기 위해 정치인들을 매수하거나 투자 은행들이 감독 기관과 정부 당국에 영향력을 행사하는 것에 비한다면, 소규모 사업 허가권을 따내기 위해 관료들에게 뇌물을 바치는 사회적 비용은 새 발의 피에 불과하다.〉

이러한 생각을 바탕으로 카우프만은 부패의 전체 규모를 계산하는 작업에 착수했다. 104개국을 대상으로 뇌물과 같은 노골적인 부패, 그리고 선거 지원과 로비와 같은 합법적인 부패의 규모를 측정해 보기 위해, 카우프만은 세계경제포럼이 선정한 글로벌 비즈니스 리더들에게 직접 물어보는 방법을 택했다. 그리고 그 설문 조사 결과, 카우프만은 특히 미국의 사례와 관련하여 자신의 직감이 옳았음을 확신하게 되었다. 예상대로 노골적 부패 지수에서 미국은 양호한 편에 속했다. 미국의 순위는 캐나다 바로 아래인 25위로, 이탈리아와 스페인, 한국과 같은 나라들에 비해 깨끗한 수준이었다. 그러나 합법적 부패 지수를 기준으로 할 때, 글로벌 비즈니스 리더들은 미국을 중간 정도인 53위에 올려놓았다. 안타깝게도 53위는 74위인 러시아와 70위인 인도에 비해 그다지 높은 순위가 아니다.

그리고 카우프만의 합법적 부패 지수는 상류층의 소득 성장이 두드러지는 미국과 영국, 그리고 러시아, 인도, 중국과 같이 급속도로 성장하고 있는 신흥 경제권에서 상대적으로 높게 나타났다. 이러한 결과는 비교 가능한 수준의 GDP를 기록하고 있지만 소득 불평등 수준은 낮은 국가들과 비교할 때, 더욱 대조적이다. 가령 미국과 영국 대 노르웨이와 네덜란드, 그리고 러시아 대 에스토니아를 비교해 보면, 합법적 부패 지수가 1퍼센트와 나머지 사이의 소득 격차와 비례하고 있다는 사실을 확인할 수 있다.

〈합법적 부패〉가 국가 운영의 바람직한 형태라고 공개적으로 인정하는 나라는 없다. 그렇다고 해서 각국 정부들이 이를 완전하게 부정하지 못하는 한 가지 이유는, 합법적 부패의 길을 열어 놓은 다양한 개혁 작업들의 원래 목표는 경제 시스템을 보다 투명하고, 공정하고, 효율적으로 만드는 것이었기 때문이다. 이런 식의 설명을 우리는 특혜로 끝난 민영화 프로젝트, 그리고 금융 및 통신 등의 분야에서 벌어진 규제 완화 사례들에도 그대로 적용할 수 있다. 물론 자유화의 흐름이 반드시 합법적 부패로 이어지는 것은 아니다. 그러나 자유화의 흐름이 종종 엄청난 새로운 경제적 기회를 가져다준다는 점에서, 특히 관리 감독이 허술한 지역에서 합법적 부패의 문제가 더 쉽게 나타날 수 있다.

가령 텔멕스의 민영화나 러시아의 주식 담보 대출 프로젝트와 같이 외부에서 볼 때 노골적인 부패 사례들도 때로는 아주 정직하고 좋은 의도를 가진 시장 개혁자들의 작품인 경우가 있다. 놀랍게도 러시아의 초기 개혁 작업, 그리고 금융 규제 완화가 바로 그랬다.

그러나 전리품 분배가 본격적으로 시작될 때, 합법적 부패는 더욱 치졸하고 복잡한 양상으로 드러나게 된다. 정직한 기술 관료들과 그들이 추진한 개혁 작업으로 엄청난 부를 거머쥐게 된 기업가들 사이에서 발생하게 되는 거대한 경제적 격차는 지극히 청렴한 공무원들의 의지와 마음까지도 허물어뜨릴 수 있다. 그리고 자신들이 주도했던 프로젝트의 수혜자들이 경제적인 이득뿐 아니라 정치적인 권력까지 거머쥐게 되었다는 사실을 깨닫는 순간, 그 격차는 참기 힘든 분노로 이어진다. 바로 이러한 이유로 많은 러시아 개혁가들이 결국 타락하고, 그들 스스로 올리가르히가 되기 위해 발악을 하는 안타까운 역사가 벌어지고 말았던 것이다. 그리고 그러한 유혹에 넘어가지 않았던 관료들은 자신의 판단을 후회했다. 개혁 프로젝트를 추진하기 위해 사적인 위험까지 감수했던 한 소련 정치인의, 서구에서 교육을 받았던 아내는 남편이 사무실을 떠날 때 내게 이렇게 말했다. 「남편을 만나고 싶어 안달난 사람들에게 한 시간에 10만 달러를 내놓으라고 요구할 수도 있었죠. 정말로 그렇게라도 할 걸 그랬어요」 그랬다면 그 돈을 몽땅 자신의 자선 단체에 기부했을 것이라고 그녀는 재빨리 덧붙였다.

합법적 부패가 큰 비중을 차지하는 서구 국가들의 경우, 거대한 경제적 격차는 규제하는 사람과 규제받는 사람들 사이에서 일종의 회전문으로 작동하고 있다. 미국 증권거래위원회가 내놓은 한 연구 결과에 따르면,[59] 2006년에서 2010년 사이에 219명의 전 증권거래위원회 직원들은 그들의 새로운 고객들이 그들의 전 직장인 증권거래위원회와 맺은 거래에 관한 800건에 달하는 폭로 문건을 제출했던 것으로 드러났다. 그리고 그중 절반 가까이는 기업들과 직접 접촉을 했던 집행 부서 직원들이 작성해 놓은 것이었다.

사냥터지기가 밀렵꾼으로 입장을 바꿀 때, 얻을 수 있는 혜택은 쉽게 납득이 간다. 1980년을 기준으로 규제 기관 수장들의 소득 수준은 그들이 감독하는 기업 경영자들 연봉의 10분의 1에 불과했으며, 2005년에는 그나마 조금 올라서 6분의 1 정도였다.[60] 이러한 상황에서 회전문마저 잠겨 있다면, 사냥터지기의 가치는 더욱 미미했을 것이다. 소득 격차가 크게 벌어져 있는 상황에서, 퇴직 후 높은 연봉이 보장된 민간 분야로 옮겨 갈 기회마저 막혀 있다면, 2012년도 하버드 졸업생들 중 얼마나 많은 사람들이 공직의 길을 선택할까? 경제적 상황이 계속해서 복잡해지고 있는 상황에서 뛰어난 인재들이 민간 분야로만 빠져 버린다면, 정부 기관들이 민간 기업들을 따라잡을 가능성이 과연 있을까?

마지막으로 세계화 시대는 지대 추구에 관한, 그리고 지대 추구가 슈퍼엘리트의 등장에 영향을 미친 방식에 관한 이야기에서 또 하나의 변수로 작용했다. 다른 모든 것들과 마찬가지로 이제 지대 추구 역시 세계화되고 있다. 사실 지대 추구는 어제 오늘의 이야기가 아니다. 다국적 기업들은 해외 계약을 따내기 위해 오랫동안 뇌물에 의존했다. 그리고 동인도회사가 영국 왕실로부터 얻어 낸 인도 무역 독점권이나 허드슨 베이 컴퍼니의 캐나다 모피 무역 허가권과 같이 역사적으로 엄청난 부를 가져다준 몇몇 지대 추구 사례들은 해외 시장에서의 사업권과 밀접한 관련이 있다.

그러나 오늘날 전 세계적으로 지대 추구의 영향력은 훨씬 더 광범위해졌다. 한 국가에서 지대 추구를 통해 축적한 부는 수천 마일을 넘어서까지 강력한 영향력을 행사한다. 최근 신흥 시장들, 특히 러시아의 올리가르히들은 영국의 축구 클럽들과 신문사들을 사들이고 있다. 2008년에서 2011년 사이에 「뉴욕 타임스」의 두 번째 주주는 다름 아닌 카를로스 슬림이었다.

오랜 옛날처럼 독재자로서 막대한 부를 끌어모은 지대 추구 플루토크라트들 역시 글로벌 플루토크라트들로부터 뜨거운 칭송을 받고 있다. 사이프 카다피의 경우가 바로 그렇다. 불과 2년 전에 벌어진 유혈 사태로 자기 아버지의 40년 독재가 무너지는 장면을 목격했던 사이프는 파크 애비뉴에 있는 자신의 거대한 저택에서 사모펀드 거물들의 아부를 들으며 토요일 점심을 즐겼고, 다보스와 미국 외교협회 포럼에 참석하여 연설을 하기까지 했다. 런던 정치경제대학은 카다피 가문에서 150만 파운드의 기부를 받고 사이프에게 학위를 수여하기도 했다. 그리고 적극적으로 세계화를 추진하고 있는 유명 컨설팅 기업인 모니터 그룹은 연간 3백만 달러의 수임료를 받고 독재 정권에게 자문 서비스를 제공했다.

합법적 부패 역시 세계화 추세에 있다. 특히 2008년 이전에 기업들, 그중에서도 금융 기업들이 다른 나라로 떠날지도 모른다는 두려움은 규제 완화를 주장하는 강력한 근거였다. 예를 들어 가벼운 규제 환경을 기반으로 하고 있는 세계 금융의 중심지들, 특히 런던이 세계적인 금융 시장으로 독보적인 위치를 차지하고 있었던 뉴욕의 위상을 위협하고 있다는 우려를 주제로 한 2007년도 매킨지, 블룸버그, 슈머의 보고서가 그랬다. 그 보고서의 핵심은 미국이 영국적인 〈가벼운 규제〉로 정책을 전환해야 한다고 촉구하는 것이었다.

지대 추구로 축적한 부가 한 나라에서 다른 나라로 넘어가면서, 지대 추구로 성장한 플루토크라트들이 서로 거래를 시작하고 있다. 또한 경제적 법칙들이 세계화되면서, 라잔 교수가 봄베이 상공회의소에서 던졌던 질문 역시 수정이 불가피할 듯싶다. 라잔은 인도 청중들에게 지대 추구로 성장한 인도의 올리가르히들이 정치판을 장악할 위험에 대해 물었다. 하지만 그에 맞먹는, 또는 그보다 더 심각할 수도 있는 위험은 세계적인 지대 추구로 등장한 글로벌 올리가르히 체제의 부상이다.

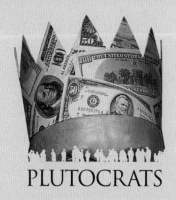

PLUTOCRATS

6장
플루토크라트와 우리들 나머지

자신의 수입에 가장 크게 실망하는 사람은 월스트리트 주식 중개인들이다.[1]
— 앨런 그린스펀, 1974년 포드 대통령의 경제자문위원회 의장으로 임명된 직후
인플레이션의 영향에 대해 설명을 하면서

그는 왜 그토록 부자들이 싫은지 잘 알고 있다. 그것은 그들의 자기 연민 때문이다. 사람들이 스포츠와 날씨로 대화를 시작하는 것처럼, 부자들은 대개 자기 비하로 이야기를 시작한다.[2]
— 로버트 해리스, 『피어 인덱스 The Fear Index』에서

자신보다 못한 사람들의 비참함에 무관심하고, 자신보다 나은 사람들의 불행과 고통에 유감과 분노를 느끼는, 인간의 본성에 대해 무지한 사람들은 아래에 있는 사람들보다 높은 데 있는 사람들이 겪는 고통이 더욱 극심하고, 죽음의 슬픔이 더욱 클 것이라고 상상하는 경향이 있다.[3]
— 애덤 스미스, 『도덕 감정론』

행복을 배달합니다

　콜센터 직원으로서 최고의 직장은 자포스Zappos다.[4] 설립자 토니 셰이가 자신의 자서전이자 베스트셀러 자기계발서인 『딜리버링 해피니스 *Delivering Happiness*』에서 말했던 것처럼, 그 온라인 유통 기업은 전화로 물건을 사고파는 과정이 거래 쌍방에게 감정적으로 즐거운 경험을 가져다준다는 다소 기이한 신념을 기반으로 비즈니스를 구축했다. 그러한 신념을 실현하기 위한 그들의 노력이 널리 알려지면서, 자포스는 현재 자신들의 노하우를 전수해 주는 서비스를 또 하나의 비즈니스로 운영하고 있다. 5천 달러와 이틀 동안의 시간을 투자하면, 누구든 자포스의 기업 문화를 자신의 사무실로 그대로 옮겨 올 수 있다.

　물론 그보다 값싼 방법도 있다. 그것은 자포스가 무료로 제공하는 기업 투어를 떠나 보는 것이다. 누구든 소위 〈자포스 패밀리〉 특유의 유쾌함을 지닌 직원이 손수 운전하는 무료 셔틀버스를 타고 자포스로 들어갔다가 나올 수 있다. 휴가를 보내고 있던 2010년 8월의 어느 무더운

날, 라스베이거스 대로변에 위치한 호텔 밖을 나서서 자포스 셔틀버스에 오르자, 버지니아에서 온 세 명의 가족이 나보다 먼저 자리를 잡고 있었다. 그들은 그랜드캐니언에서 하이킹을 하다가 어제 자포스 투어를 신청했다고 했다. 거기서 그들은 자포스의 열정적인 직원을 만났고, 그의 추천으로 방문을 하게 된 것이었다.

네바다 주 라스베이거스 인근 헨더슨 시에 자리 잡고 있는 자포스의 본사는 얼핏 사막과 고속도로로 둘러싸인 상업 지구에 들어선 별 특징 없는 낮은 건물로 보인다. 하지만 건물 안으로 들어서는 순간, 온갖 난리법석과 마주하게 된다. 가장 먼저 팝콘 기계와 훌라후프, 맘대로 꺼내 볼 수 있는 책 선반, 길게 늘어선 화려한 색상의 매직펜들과 〈이름표를 꾸미세요〉라는 설명과 함께 놓인 배지가 눈에 들어온다. 자기계발 세미나 인상을 주는 선반에는 짐 콜린스와 클레이턴 크리스텐슨의 책들이 가득하다. 언뜻 보면 정신없는 대학 기숙사 같기도 하고, 구글이나 페이스북 같은 실리콘밸리 기업들의 호화로운 건물에 대한 저렴한 버전으로 보이기도 한다. 자포스에도 무료 식당과 직원들의 일상적인 일들을 대신 처리해 주는 컨시어지 데스크가 있지만, 실리콘밸리처럼 사치스러운 수준은 아니다.

인도가 따로 없는 거리를 차로 달려 5분 거리에 위치한 스테이크하우스에서 점심을 함께했을 때, 셰이는 내게 이 지역에 〈콜센터 노동력〉이 풍부하고, 연중무휴 24시간 일을 하는 업무 문화가 일반적으로 자리를 잡고 있기 때문에 샌프란시스코를 떠나 라스베이거스로 이사를 왔다고 설명해 주었다. 다시 말해 그는 고객 서비스 비즈니스를 위한 저기술, 저임금 인력을 찾아 이곳으로 온 것이다. 자포스는 유통 비즈니스 세계에서 〈지루한 업무 환경, 항상 똑같은 일자리, 전형적인 미국 기업의 모습으로부터 완전히 탈피)[5]하겠다는 약속을 정말로 실천에 옮기고 있다.

우리를 안내하던 투어 가이드는 자포스를 소개하기 위해서는 200가지를 공부해야 한다고 자랑을 늘어놓으면서, 2년 6개월 전 자포스에 입사하기 이전에 〈지금과는 완전히 다른, 말하자면 일종의 노동 착취형 공장에서 일을 했던〉 이야기를 들려주었다. 그리고 1년 6개월 전에는 자신의 아내도 이곳으로 왔다고 했다. 「저는 매일 행복했는데, 아내는 그렇지 않더라고요. 그래서 아내도 이곳으로 데리고 왔죠」

자포스의 매력 중 한 가지는 튀는 행동을 하도록 직원들을 적극적으로 격려한다는 것이다(핵심 가치 3번: 신나고 이상한 일을 벌이기). 방문객들이 인사부를 지나갈 때, 그 직원들은 타이밍에 맞춰 음악을 틀고 역기를 마구 흔들어 댄다. 업무 중에도 금발의 복고 스타일 가발과 모피 목도리를 아무렇지 않게 걸치고 있고, 형형색색의 풍선과 기다란 리본 장식, 용 모양의 가정용 장식들로 자칫 딱딱해질 수 있는, 늘어선 책상들과 창문 없는 사무실 분위기에 활력을 불어넣고 있다.

자포스의 일상은 〈와우WOW〉의 순간들로 가득하다(핵심 가치 1번: 서비스를 통해 와우의 순간을 창조하라). 와우의 순간은 직원들이 자포스에서 일을 하고 있다는 사실에 자부심을 느끼도록 만드는 것으로 시작된다. 자포스에 이틀 동안 머무는 동안, 〈자포스는 하버드에 들어가기보다 더 힘들다〉라는 말을 종종 들었다. 누구든지 마음대로 쓸 수 있는 〈와우!〉 담벼락에는 이런 글이 보였다. 〈사람들이 내 자리로 구경을 올 때가 바로 나만의 와우의 순간이다.〉 왕좌와 왕관이 마련되어 있는 〈로열티 룸〉도 있는데, 그 방을 만든 이유는 〈스스로 왕이 되어 보면 자신과 다른 사람에게 더 관대해지기〉 때문이라고 한다.

자포스는 가족 구성원들에게 〈일반적인 서비스 수준을 넘어서서 감성적인 에너지를 전달하고, 친근한 이야기를 통해 온갖 에피소드를 함께 공유함으로써〉 와우의 순간을 창조하라고 강조한다. 자포스 직원들 모두 와우의 순간에 관한 개인적인 경험들을 갖고 있다. 투어 가이드는 딸이 자동차 사고를 당한 고객을 위해 꽃을 보내 준 적이 있다고 했다. 이처럼 작고 사소한 친절은 받는 사람은 물론 베푼 사람에게도 특별한 기억으로 남을 것 같다.

금발과 푸른 눈에 치아 교정기를 낀 마흔 살의 두 아이 엄마인 미셸 이본은 내게 이렇게 말했다. 「이상하게 들리겠지만 전화 받는 일이 너무 즐거워요. 여기서는 얼마든지 제가 마음먹은 대로 고객들에게 신경을 써 줄 수가 있거든요. 다양한 놀라운 일들을 통해 사람들에게 좋은 느낌을 전해 줄 수 있어요. 누군가에게 도움이 되는 거죠」

장시간의 기분 좋은 대화가 때로는 큰 위안이 된다. 고객들과 마라톤 통화를 할 수 있다는 사실에 대해 자포스 직원들은 자부심을 느낀다. 가능한 통화를 짧게 마치는 것이 능력인 일반적인 콜센터 업무와는 반대로, 자포스 직원들에게서는 다분히 인간적인 모습을 느낄 수 있다. 이본의 최장 통화 기록은 6시간으로, 최고 기록인 7시간 30분에 살짝 못 미친다. 그것은 신발 한 켤레를 반품하려는 고객의 전화였는데, 오랜 통화를 나누는 동안 이본은 결국 그 고객에게 수영복도 팔고, 그리고 인간적인 유대감도 선물할 수 있었다. 「50세의 여성 고객이었는데, 당시 그녀가 만나고 있던 남성과 제 별자리가 우연하게도 같더라고요. 저는 패션이나 여행, 또는 심리학에 관심이 많거든요」

이본이 내게 들려준 와우의 순간은 조디 피콜트의 소설에나 나올 법한 이야기였다. 자폐증에 걸린 소녀의 어머니로부터 전화가 왔는데, 딸아이에게 사준 신발이 사이즈가 맞지 않다고 했다. 그런데 문제는 자폐

증에 걸린 딸이 한사코 그 신발을 내놓으려고 하지 않아서 반품을 할 수가 없다는 것이었다. 이에 인정 많은 이본은 반품이나 추가 비용 없이 꼭 맞는 사이즈의 신발을 무료로 보내 주었다. 그러자 어머니인 코트니로부터 감사의 이메일이 왔고, 그녀는 그 편지를 내게 자랑스럽게 보여 주었다. 〈제 상황을 잘 이해해 주고 친절한 서비스까지 베풀어 주셔서 너무나 고맙고 감사합니다. ……이런 직원들이 일하는 곳이라면, 앞으로 계속해서 물건을 사도록 하겠습니다. ……그리고 새로 보내 주신 신발은 《꼭》 맞네요!! 미셸과 자포스에게 감사를 드립니다!〉

자포스 경영진들은 조직의 수직 구조를 수평으로 바꾸어 나가야 한다고 말한다. 자포스 웹사이트에 들어가 보면 경영진 삼인방을 〈우리의 원숭이들〉로 소개해 놓고 있다(그중 세 번째인 프레드 모슬러는 아무런 직급도 없다). 제일 바쁜 휴가 기간에는 모든 직원들이 서로 협력하여 전화를 받고, 복장 규정 또한 따로 정해져 있지 않다. 내가 자포스를 방문하던 날, 셰이를 포함한 고위 관리자들이 커다란 물통 주변에서 포즈를 취하고 있었다. 그들은 기부를 위한 모금 행사를 홍보하기 위해 주차장에 커다란 물통을 갖다 놓고, 그 속으로 기꺼이 몸을 날리는 쇼를 거행하고 있었다. 자포스에는 중역실도 없다. 임원들 역시 일반 직원들과 마찬가지로 사무실 책상에서 일을 한다. 셰이, 그리고 당시 CFO였던 앨프리드 린은 정글을 주제로 해서 그들의 사무 공간을 기다란 리본 장식과 동물 인형들로 꾸며 놓고 있었다.

자포스는 특히 임금 노예로 일하고 있는 직장인들에게는 선망의 대상이다. 워싱턴에서 법률 관련 일을 하고 있으며, 법률 컨퍼런스에 참석차 라스베이거스에 왔던 버지니아 출신의 그렉이라는 사람은 내게 이렇게 말했다. 「와서 잘 보고 갑니다. CFO가 일반 책상에서 일하고 있는 모습이 참 보기 좋네요.」

그러자 그의 아내 조앤은 약간 놀리는 말투로 이렇게 말했다. 「그러게 말이에요. 마치 당신 회사처럼요.」

셰이와 자포스의 경영진은 소외감을 느낄 가능성이 가장 높은 서비스 업무를 인간적인 업무로 바꾸어 나가는 기적을 창조하고 있다. 여러분도 자포스에서 물건을 산다면, 그들이 창조해 놓은 업무 환경에서 신선한 자극을 받은 행복한 직원들로부터 기쁨을 선사받을 수 있을 것이다. 나 역시 좀처럼 발견하기 힘든 운동화를 기적적으로 구했던 와우의 경험을 자포스와 함께 나눈 적이 있다.

그러나 자포스를 깊이 들여다보면 또 다른 이야기를 발견할 수 있다. 그것은 비록 경영진들이 일반 직원들과 똑같은 사무실에서 똑같은 책상을 쓰고, 똑같은 카페테리아에서 똑같은 밥을 먹는다고 해도, 1퍼센트와 99퍼센트의 인생과 그 미래가 절대 똑같지는 않다는 사실에 관한 것이다.

자포스 가족들, 즉 99퍼센트는 하버드보다 더 들어가기 힘든 직장에서 일을 하고 있다는 자부심으로 충만하다. 그러나 이본이 커뮤니티 칼리지를 나온 반면, 자포스의 유능한 설립자들은 하버드 출신이다. 셰이는 린을 학부 시절 캠퍼스의 퀸시하우스에서 처음으로 만났는데, 거기서 린이 피자를 엄청나게 먹어 대는 모습을 보고 깜짝 놀랐다고 했다. 두 사람의 사전엔 게으름이란 없다. 그리고 모두 대만 출신의 엄격한 어머니 밑에서 자랐다.

린의 부모님들은 나중에 크레디 스위스에 들어가 파생 상품 관리를 맡게 된 그의 형과 자신을 앉혀 놓고 미국에서의 삶이 〈처음에는 많이 힘들 것〉이라고 했다고 한다. 린은 형과 함께 뉴욕 최고 영재학교인 스타이브센트 고등학교에 진학을 했고, 거기서 두 사람은 지금은 후원자로 활동하고 있는 수학 클럽에서 열심히 활동했다. 린은 하버드에 진학하여 응용 수학을 전공했고, 스탠퍼드로 가서는 박사를 밟았다. 나중에 셰이가 자신의 첫 번째 사업인 링크익스체인지LinkExchange를 함께하자고 제안했을 때, 린은 연구를 중단했다.

셰이는 스스로를 엄격한 교육에 저항한 반항아로 설명하기를 좋아한다. 자서전에서 그는 바이올린 연습을 열심히 하는 척 엄마를 안심시키기 위해 연주 테이프를 틀어놓고 놀았다고 은근히 자랑한다. 그래도 셰이는 하버드에서 컴퓨터 프로그래밍을 전공한 공학도이자 사회생활을 오라클에서 시작한 인물이다. 하지만 대학을 졸업하고 일 년이 되기 전에, 그는 기회를 발견하기 위해 스스로 회사를 세우고 인터넷 혁명 속으로 뛰어들기로 결심했다.

그리고 마흔이 되기도 전에 셰이와 린은 억만장자가 되었다. 2009년 아마존이 자포스를 12억 달러에 지분을 인수하면서 두 사람의 인생에 무한한 가능성이 펼쳐졌다. 내가 헨더슨 시에 머무르는 동안 린은 전설적인 실리콘밸리 벤처 자본가인 마이클 모리츠로부터 웨스트코스트 지역으로 돌아가서 비즈니스를 함께하자는 제안을 받고 이를 받아들였다. 반면 셰이는 자서전 홍보차 미국 전역으로 버스 투어를 떠날 계획을 세우고 있었다.

이본의 근무는 아침 6시에 시작된다. 조금의 지각도 해고 사유가 될 수 있다. 그리고 토요일과 일요일에도 일을 한다. 그래도 그녀는 불평하지 않는다. 「그건 괜찮아요. 이곳에 들어올 때, 회사가 원하는 시간에 맞춰 일을 하기로 했었거든요.」 네바다 주의 실업률은 15퍼센트에 달하고 있으며, 게다가 그녀의 남편이 일하고 있는 부동산 시장에서는 지난 2년 동안 집값이 3분의 1이나 떨어졌다. 자포스가 제공하는 또 다른 혜택으로는 공짜 점심이 있다. 시간당 임금이 11.50달러부터 시작하는 콜센터 업무를 맡고 있는, 그리고 많은 자녀를 둔 직원들은 공짜 점심 덕분에 식비를 아낄 수 있어서 좋다고 내게 말했다.

자포스 사람들은 모두들 청바지를 입고 똑같은 책상에서 일을 하지만, 상하 간의 격차는 뚜렷하다. 평등한 업무 환경과 극단적인 경제적, 사회적 불평등이 공존하고 있다는 패러독스는 슈퍼엘리트와 나머지 사람들 사이의 관계에서 종종 간과되곤 한다.

오늘날 〈일하는 부자〉로서의 플루토크라트들 대부분은 출발점에서부터 엄청난 특권을 누린 것은 아니었다. 그리고 그들 중 많은 사람들이 귀족과 평민 사이의 문화적 경계를 교묘하게 숨기고 있는 업무 환경에서 일을 하고 있다. 오늘날 실리콘밸리, 월스트리트 주식거래소, 블룸버그와 같은 기업에서 전용 사무실을 요구하는 것은 무례한 행동이다. 그런 억만장자들은 티셔츠 차림에 운전도 직접 하지만, 그들이 살아가는 세상은 콜센터 직원들의 세상과 극명하게 다르다. 아래 세상은 플루토크라트들이 우리들 나머지를 이해하기 위한 탐험의 공간일 뿐이다.

청바지 차림의 억만장자

피츠버그는 미국의 도금 시대를 이끈 주요 도시들 중 하나다. 피츠버그에서 산업 혁명의 열기가 한창일 때, 앤드루 카네기는 〈백만장자의 궁전과 노동자의 초라한 집〉[6]이 보여 주는 극명한 차이에 충격을 받았다. 인류는 이제 역사상 처음으로 놀라운 물질적 환경 속에서 살게 되었으며, 이로 인해 〈상호 무지〉와 〈상호 불신〉으로 가득한 〈엄격한 카스트〉 세상이 도래할 것이라고 믿었다.

10억 달러가 들어갔다고 하는, 뭄바이에 위치한 암바니 가문의 27층 짜리 건물은 세계적으로 유명한 슬럼가인 다라비 지역에서 불과 11킬로미터 거리에 있다. 이 두 가지 세상이 드러내고 있는 대조는 카네기가 피츠버그의 골든트라이앵글에서 느꼈던 것보다 훨씬 더 뚜렷하다. 마찬가지로 워싱턴 호수가 내려다보이는 6만 6천 평방피트의 대지 위에 초현대적인 컴퓨터 시스템을 갖추고 또한 서재에 『위대한 개츠비』의 글귀를 비명으로 새겨 놓은 일명 제나두 2.0으로 불리는 빌 게이츠의 저택과 2012년 실업률이 미국 평균을 웃돌았던 워싱턴 주의 가난한 사람들의 집들 역시 그러한 대조를 보여 주고 있다.

그렇다고 하더라도 오늘날 플루토크라트들 사이에서, 특히 그중에서 가장 유명한 집단인 미국 서부 해안 지역의 테크노크라트들 사이에서 바람직한 태도는 어마어마한 재산에 대해 개인적으로는 별로 대수롭게 생각하지 않는다고 말하는 것이다. 2010년 4월에 MIT 학생들이 세계 최고의 갑부가 되는 것이 어떤 느낌인지에 대해 물어보았을 때, 빌 게이트는 그렇게 대단한 일은 아니라고 대답했다. 게이츠는 이렇게 말했다. 「추가 투자에 대한 한계 수익은 떨어지기 마련입니다. 저는 가격을 떠나서 맥도날드보다 더 나은 햄버거를 본 적이 없습니다.」[7] 전용 비행기와 같은 특혜에 대해서는 인정하면서도 게이츠는 이렇게 언급했다. 「몇백만 달러를 제외하고 나서 나머지는 모두 사회에 돌려주어야 하는 것들이죠」

에릭 슈미트가 구글의 CEO였을 때 마운틴뷰 사무실을 방문했다면, 아마도 세 명이 간신히 들어갈 수 있는 좁은 방에서 일하고 있는 그를 발견했을 것이다. 화이트보드에 적힌 방정식들은 아마 옆방에 있는 엔지니어가 휘갈겨 쓴 수식일 것이다. 슈미트는 자신이 사무실을 비웠을 때, 엔지니어들이 언제든지 들어와 화이트보드를 사용할 수 있도록 했다. 실리콘밸리에서 전용 비행기를 타는 것은 괜찮지만, 운전수를 고용하는 것은 사람들의 눈총을 받을 수 있다. 이에 대해 슈미트는 내게 이렇게 설명했다. 「다른 문화에서는 롤스로이스에 올라타 부자 행세를 하며 멋진 시간을 즐기는 것이 아무런 문제가 아니지만, IT 분야에서는 매일 같이 업무적으로 운전사를 대동하는 것도 사회적으로 바람직한 모습이 아닙니다. 정확한 이유는 모르겠지만, 여기에 있다 보면 어느 누구도 그렇게 하지 않는다는 사실을 바로 알게 됩니다.」[8]

이러한 평등주의 분위기는 극단적인 소득 양극화를 드러내고 있는 실리콘밸리의 현실과는 완전한 모순을 이룬다. 슈미트는 이렇게 설명했다. 「많은 기술 기업들이 저임금 근로자들을 직접 채용하지 않는 방식으로 이 문제를 해결하고 있습니다. 즉, 파견 근로 계약을 맺는 것이죠. 기업은 직접 고용하지 않은 근로자들을 얼마든지 차별 대우할 수 있습니다. 화장실 청소부는 우리들과 같은 부류가 아닙니다. 기분 나쁘게 들리겠지만, 그게 현실이죠」

사모펀드 베인 캐피털Bain Capital의 CEO로 있는 동안 현재 그가 보유한 2억 달러의 자산을 벌었던 미트 롬니는 붉은색 비닐 시트에 휀더가 찌그러진 쉐보레 카프리스 스테이션 웨건을 몰고 다녔다. 그리고 카를로스 슬림의 조금은 지저분해 보이는 캐주얼 복장은 그의 트레이드마크이기도 하다. 슬림은 또한 기자들에게 자신이 태어난 멕시코를 떠나 그 어디에도 집을 갖고 있지 않다고 종종 이야기한다. 하지만 아무리 평범한 옷을 입고 다녀도 슬림은 우리와는 다른 억만장자의 세상에서 살고 있다. 10년도 더 전에 나는 당시 러시아 최대 갑부인 (역시 캐주얼 스타일을 즐겨 입고, 평범한 집에서 살고 있는) 미하일 호도르콥스키에게 나머지 다른 사람들에 대해 어떻게 생각하는지 물어본 적이 있었다. 그는 이렇게 대답했다. 「올리가르히가 되지 못한 사람들에게는 어떤 문제가 있는 겁니다. 모든 사람들은 똑같은 지점에서 출발합니다. 누구라도 노력만 한다면 올리가르히가 될 수 있습니다.」[9](그러나 2004년에 정권에 자신의 기업을 빼앗기고, 사기와 횡령 혐의로 감옥살이를 하는 동안 그의 진화론적 입장은 크게 위축되었다. 옥중 서신에서 그는 이렇게 털어놓았다. 〈나는 비즈니스를 그저 게임이라고만 생각했지 사회적인 책임에 대해서는 진지하게 고민하지 않았다.〉[10])

우리는 에인 랜드Ayn Rand의 소설 속에서도 이러한 세계관을 찾아볼 수 있다. 그러나 호도르콥스키는 내게 자신의 확고한 생각은 소설이 아니라 실제 경험에서 나온 것이라고 말했다. 1988년 러시아 경제 위기 시절에 올리가르히가 아닌 그의 부하 직원들이 실수를 저지르면서 손실이 몇 억 달러에 이르렀던 적이 있었다. 그때를 회상하면서 호도르콥스키는 자신의 잘못이라고 했다. 그들은 올리가르히가 아니었고, 그렇기 때문에 뭔가 문제가 있는 사람들이었다. 그러므로 중요한 결정을 그들에게 맡기지 말았어야 했다고 그는 말했다.

테니스 스타 일리 나스타세가 비외른 보리에 대해 〈테니스를 칠 때, 그의 움직임은 뭔가 남달랐다〉라고 했던 말이 기억나는가? 호도르콥스키의 이야기에서 느낄 수 있는 극단적인 자신감은 아마도 부분적으로는 시기와 장소에 상관없이 돈을 벌 수 있는 자신의 탁월한 능력에 대한 확신으로부터 나온 것일 것이다.

강도 귀족들 역시 똑같은 생각을 가지고 있었다. 카네기는 이렇게 썼다. 〈법률과 환경에 상관없이 언제나 엄청난 돈을 벌어들이는 사람들을 보면, 조직을 구축하고 기업을 경영하는 대단히 희귀한 능력이 존재한다는 사실을 확인할 수 있다. 사업 파트너를 선정하는 과정에서 경험 많은 사람들은 그 자질을 가장 먼저 생각하는 반면, 그가 가지고 있는 자본에 대해서는 별로 고려하지 않는다. 특별한 재능이 없는 사람들의 손에서 자본은 금방 날아가 버리고 말기 때문이다.〉[11]

만약 여러분이 그러한 재능을 갖고 있다면, 그 재능을 소유하고 있는 또 다른 사람들에게 특별한 애정을 가지고 있을 것이다. 호도르콥스키 역시 동료 올리가르히들만을 믿었다. 스티븐 슈워츠먼은 그들이 훌륭한 대통령을 만들 수 있다고 믿었다. 블룸버그 TV에 출연을 했을 때, 파크 애비뉴 740번지 아파트 3층에서 미트 롬니의 대선 출마를 위한 자금을 모으기로 결정을 내린 이유에 대한 질문에 대답하면서 슈워츠먼은 공동 투자를 통해 〈결국 돈을 스물네 배로 불렸다〉[12]고 했다. 그리고 이렇게 덧붙였다. 「금융에서는 이렇게 친구를 만듭니다.」

그러나 동료 플루토크라트들 사이에서 얻은 높은 평판은 나머지 다른 사람들로부터는 공감은커녕 경멸에까지 이르기도 한다. 자신의 능력으로 이룩한 성취는 슈퍼엘리트들에게 자신감을 가져다주며, 이러한 자신 감들이 특히 생각이 비슷한 동료들끼리 폐쇄적인 형태로 뭉쳤을 때, 다른 사람들이 겪는 고통에 대한 무시와 무관심으로 이어진다.

2011년 12월에 구글 회장 에릭 슈미트는 언론과의 인터뷰에서 그들 세상에 살고 있는 어느 누구도 월가의 점령 시위에 대해 심각하게 생각하지 않고 있으며, 99퍼센트들의 불만에 대해서도 진지하게 고민해 본 적이 없다고 털어놓았다. 「우리는 거품 속에 살고 있습니다. 여기서 말하는 거품이란 기술 산업이나 가치의 거품이 아닙니다. 우리가 살고 있는 작은 세상을 말하는 것이죠. ……기업은 계속해서 직원들을 채용하고, 젊은이들은 열심히 일을 해서 돈을 벌고, 주택 가격이 계속해서 유지가 되는 그런 세상 말입니다.」[13] 그러나 슈미트의 이러한 언급에서 놀라운 사실은, 구글의 마운틴뷰가 위치한 산타클라라 카운티 지역의 실업률이 미국 평균을 웃도는 8.6퍼센트였다는 점이다. 그리고 가장 치열했고, 많은 논쟁을 불러일으켰던 월가 시위는 슈미트의 사무실에서 차로 불과 45분 거리에 있는 오클랜드에서 있었다.

샌프란시스코를 중심으로 활동하고 있는 경제 기자인 맷 로소프는 미국의 두 번째 도금 시대의 서부 지역 중심인 실리콘밸리에서도 슈미트의 관점은 1퍼센트의 특수한 경험을 반영하고 있다고 주장한다. 로소프는 〈비즈니스 인사이더〉라는 블로그를 통해 이런 글을 남겼다. 〈최근에 중간 규모의 금융 산업 지구에서 일하고 있는 한 IT 기술자와 이야기를 나눈 적이 있다. 더 적은 비용으로 더 높은 성과를 올리라는 압박과 함께 매년 예산이 삭감되고 있는 상황에 그는 불만을 드러냈다. 마흔의 나이를 넘긴 그는 20대가 운영을 하고, 그리고 그보다 더 나이 어린 벤처 자본가가 투자하고 있는 주목받는 신생 기업에 들어갈 기대는 이미 접었다. 그래서 에릭 슈미트, 그리고 그와 함께 이야기를 나누고 있는 사람들은 아마도 월가 시위에 대해 심각하게 논의하지 않는 것일지도 모른다. 하지만 그건 실리콘밸리가 아니라 그가 돌아다니고 있는 세상의 생각일 뿐이다.〉[14]

플루토크라트의 거품은, 물론 그러한 면도 없잖아 있지만, 비단 슈퍼 엘리트 집단이 만들어 낸 세상만은 아니다. 나머지 다른 사람들 또한 그들을 그렇게 대하는 것이다.

한 금융가는 내게 세계 5대 헤지펀드 매너저들 중 한 사람인 자신의 친구에 대해 이런 이야기를 들려주었다. 「적어도 아첨꾼들에 둘러싸여 있을 때만큼은 그도 좋은 사람이죠」 국제통화기금 총재를 지낸 도미니크 스트로스칸이 호텔 여종업원을 성폭행한 혐의로 체포되고 나서 며칠후, 나는 한 미국 기술업체 중역의 차를 얻어 타게 되었다. 그는 국제통화기금 총재의 심리를 충분히 이해할 수 있다고 했다. 그는 내게 이르길, 슈퍼엘리트의 자리에 올랐을 때 세상이 자신의 모든 욕구를 충족시켜주는 방향으로 돌아가기 때문에 문제가 발생하는 것이라고 했다. 그리고 이러한 생각은 자신의 권리에 대한 위험한 착각으로 이어질 수 있다고 지적했다. 한 가지 사례로, 최근 휴가 때 포시즌 호텔에서 겪었던 이야기를 들려주었다. 포시즌의 서비스는 참으로 대단했다. 수영장 옆 테이블에서 멜론을 먹다가 숟가락을 떨어뜨렸을 때, 웨이터가 세 가지 숟가락을 들고 달려왔다고 했다. 실리콘밸리의 또 다른 중역은 이제 다시는 평범한 삶으로 돌아갈 수는 없을 것이라고 털어놓았다. 조금이라도 기다려야 하거나 불편한 상황이 벌어져도 참지 못하고 쉽게 화를 낸다고 했다. 「매일 24시간 서비스를 누릴 수 있을 때, 자신의 욕구를 위해 세상이 존재한다는 착각에 빠지게 됩니다. 그러면 균형을 잃어버리게 되죠. 스트로스칸 역시 아마 그랬을 겁니다」 이 말은 특권이 무의식에도 영향을 미친다는 뜻이다. 사실 조금 전에도 그는 내게 의도하지 않게 실제 사례를 보여 주었다. 공항에서 회의장까지 그를 모셔다 줄 차가 어디선가 대기하고 있다는 소식을 받았지만 그 차는 좀처럼 보이지 않았다 (나도 그 차를 얻어 타기로 했다). 그러자 그는 버럭 짜증을 냈고, 보통 때에는 마운틴뷰에 있는 조수를 항상 대기시켜 놓는데, 이번에는 그러지 않아서 일정이 꼬여 버리고 말았다고 자책했다(히드로 공항의 새벽이었다).

최근에 나온 다양한 연구들은 특권의 천박한 측면에 대한 내 지인의 지적에 중요한 의미가 담겨 있다는 사실을 보여 주고 있다. UC 버클리 대학의 심리학자인 폴 피프Paul Piff와 다른 네 명의 연구원들은 재산 수준이 사람들을 대하는 방식에 어떤 영향을 미치는지에 대해 7가지 방식을 통해 실험해 보았다. 연구원들은 이렇게 물었다. 〈사회적 지위가 높은 사람들은 실제로 그렇게 행동을 하는가?〉[15] 하지만 사람들의 대답은 완전히 부정적이었다. 〈상류층 사람들은 서민들보다 더욱 비도덕적으로 행동한다.〉 상류층 사람들의 무례한 행동에 대한 연구원들의 설명은 앞서 실리콘밸리 중역이 히드로 공항에서 내게 했던 이야기를 그대로 확인시켜 주었다. 〈충분한 재산을 가지고 있고, 다른 사람들의 도움 없이도 얼마든지 살아갈 수 있는 사람들은 타인의 행복보다 자신의 이익을 우선시하고, 자신의 욕망을 더욱 긍정적이고 사회적으로 도움이 되는 것으로 바라보는 경향이 있으며, 이러한 경향은 다시 비도덕적인 행동을 자극하는 식으로 돌아가는 것이라고 결론지었다.〉 연구원들은 샌프란시스코의 한 사거리에서 실험을 했다. 이 실험에서 그들은 값싼 구형 자동차를 모는 운전자들보다 고가의 신형 자동차를 모는 사람들이 두 배나 더 많이 다른 차량과 보행자들의 진행을 가로막는다는 사실을 발견했다. 또 다른 실험에서는, 현실에서 소득이 더 높은 사람들일수록 가상의 입사 지원자들이 낮은 연봉을 수락하도록 만들기 위해 속임수를 더 많이 쓰는 것으로 나타났다. 그리고 이를 통해 경영자들에게 더 많은 보너스를 안겨 주고자 했다. 그리고 자신이 부자라고 상상하는 것만으로도 행동 방식에 영향을 주는 것으로 나타났다. 한 실험에서 연구원들은 피실험자들에게 스스로 아주 부자, 또는 아주 가난한 사람이라고 상상하도록 했다. 그러고는 근처 실험실에 있는 아이들에게 나누어 줄 항아리에서 사탕을 꺼내 가도 좋다는 말을 했다. 그 결과, 부자라고 생각했던 사람들이 사탕을 더 많이 집어간 것으로 나타났다.

미국 중산층의 연봉은 너무 높다

세계화로 인해 미국 중산층이 겪고 있는 고통을 걱정하는 서구 플루토크라트들의 생각에 주목해 보자. 2011년 어느 우중충한 가을날 뉴욕에서 열린 만찬 석상에서 영국 그리니티에서 활동하고 있는 한 헤지펀드 매니저는 이렇게 지적했다. 「세상에서 가장 많은 월급을 받고 있는 사람들은 미국의 저기술 근로자들입니다.」 그는 그러한 근로 조건으로 인해 나타날 수밖에 없는 실업률 상승과 임금 삭감에 대해 심각한 우려를 드러냈다. (헤지펀드 매니저가 그런 걱정을 한다는 사실이 믿어지지 않는다면, 그가 스칸디나비아 지역에서 자랐다는 사실을 참조하자.) 그리고 기업들이 이 문제를 반드시 고려해야 한다고 말했다.

미국을 기반으로 하고 있는 한 세계적인 투자 기업의 CEO는 내게 오늘날 경제 상황에서 누가 승자이고 누가 패자인지를 놓고 투자위원회에서 종종 논의를 벌인다고 했다. 그의 동료 임원 중 한 사람은 미국 중산층의 공동화 현상이 그렇게 심각한 문제는 아니라며 이렇게 말했다. 「글로벌 경제의 변화로 중국과 인도의 네 사람이 가난으로부터 벗어나 중산층으로 올라서고, 미국의 한 사람이 중산층에서 그 아래로 떨어졌다면, 상황이 그다지 나쁜 것은 아닙니다.」

미국의 한 기술 업체에서 일하고 있는 대만 출신의 30대 CFO에게서도 나는 그 비슷한 이야기를 들을 수 있었다. 공립 학교에서 하버드로 진학한 그 남성은 아주 점잖고 겸손한 사람이었지만, 그래도 미국 중산층의 불만에 대해 완전히 동의하지는 않았다. 그는 내게 이렇게 말했다. 「미국 사람들은 세계의 나머지 사람들보다 더 높은 연봉을 원합니다. 하지만 열 배의 연봉을 요구하려면, 열 배의 가치를 만들어 내야 합니다.

가혹하게 들리겠지만, 미국 중산층은 이제 연봉 감축안을 받아들여야 합니다.」

미국 중산층이 겪고 있는 고통에 공감하는 플루토크라트들조차 이러한 주장을 지지해야 한다고 느끼고 있다. 뉴욕의 언론인들이 특히 즐겨 찾는 미카엘즈 레스토랑에서 한 사모펀드 투자자와 함께 점심을 하면서 소득 불평등을 주제로 이야기를 나누었던 적이 있다. 화제가 다른 방향으로 넘어갔을 때, 그는 내게 인도의 아웃소싱 기업을 인수하기 위해 최근에 맺었던 계약에 관한 이야기를 들려주었다. 그 계약의 목적은 기업의 연구개발 업무를 아웃소싱으로 맡기기 위한 것이었다. 이를 통해 그들은 업무 성과를 높이고, 동기 부여를 강화하고, 그리고 비용을 줄이는 데 성공했다. 그는 내게 이렇게 설명했다. 「똑같은 업무를 처리하기 위해 지금까지 우리는 코네티컷 대학 졸업생들에게 12만 달러의 연봉을 지불해야 했습니다. 그러나 이제는 6만 달러만 줘도 인도의 박사 출신들이 우리 기업을 위해 기꺼이 일을 하려고 합니다.」

그러나 많은 미국 중산층에게서는 이러한 말을 들을 수가 없다. 그럼에도 불구하고 놀라운 사실은 신흥 시장에서 활동하고 있는 플루토크라트들에게서 똑같은 이야기를 들을 수 있다는 것이다.

「알다시피 역사적인 차원에서 가지지 못한 사람들은 가지고자 하는 열망이 더 강하기 때문에, 경제 활동은 국경을 넘어가는 경향을 보입니다. 이민을 간 사람들은 더 적은 보수로도 더 많은 일을 하려고 듭니다. 그것은 삶의 한 단면입니다.」[16] 자동차 부품을 생산하는 인도 최대의 수출업체인 바라트 포지Bharat Forge의 회장 칼야니B. N. Kalyani는 내게 이렇게 말했다. 「지금까지 황금시대는 당신네들의 것이었죠. 하지만 이제 우리 차례가 될 것입니다.」

인포시스의 공동 회장을 맡고 있는 크리스 고팔라크리슈난은 내게 선진국과 개발도상국 경제가 〈중간 어느 지점에서 만나면서〉[17] 서구 중산층의 일인당 소비 규모가 크게 위축될 것이라고 직설적으로 말했다.

골프 캐디 때문에 금융 위기가 터졌다

월스트리트의 한 대형 투자 은행 CEO에게 이번 금융 위기에 대해 어느 정도 죄책감을 느끼지 않느냐고 물어보았을 때, 그는 내게 절대 그렇게 생각하지 않는다고 했다. 대신 분수에 맞지 않게 차를 세 대씩이나 몰고 다니고, 함부로 집을 샀던 자신의 사촌을 금융 위기의 주범으로 몰았다. 미국 최고 헤지펀드 매니저들 중 한 사람 역시 이와 비슷한 말을 했다. 그가 지목한 범인은 그의 인척들과 서브프라임 모기지였다. 그리고 뉴욕과 팜비치를 오가며 일을 하고 있는 한 사모펀드 갑부는 자신이 즐겨 찾는 애리조나 골프장 캐디를 그 범인으로 지목했다. 그 캐디는 거품이 절정일 무렵 투자 목적으로 콘도를 세 채나 샀다고 했다.

이처럼 금융 위기의 책임을 남들 탓으로 돌리는 플루토크라트들은 스스로를 오바마 시절의 최고 피해자라고 생각하고 있다. 지금 이 순간 여러분은 아마도 미국 엘리트들, 특히 금융 분야 엘리트들은 오바마 정부에 대해 감사함을 넘어서 엄청난 애정을 간직하고 있을 것이라 생각할 것이다. 어쨌든 7천억 달러 규모의 부실 자산 구제 프로그램, 그리고 수조 달러에 이르는 연방준비제도이사회의 무이자에 가까운 대출(소로스가 내게 〈숨겨진 선물〉이라고 말했던 정책)이 있었기에 경제 전체가 어려움을 겪고 있는 와중에서도 월스트리트는 금융 위기 이전으로 돌아갈 수 있었다.

하지만 어이없어 하는 정부 경제학자의 설명에 따르면, 미국의 거대 금융 기업들은 그들의 대통령을 〈혐오〉하고 있으며, 전반적인 차원에서 대통령이 그들과 그들이 마땅히 누려야 할 행복의 반대편에 서 있는 것으로 믿고 있다. 2010년 여름 시즌에 투자자들에게 보낸, 자주 언급이 되는 한 뉴스레터에서 헤지펀드 매니저이자 2008년 오바마를 위해 모금에 앞장섰던 댄 로엡Dan Loeb은 이렇게 화를 냈다. 「미국 정치인들이 우리에게 다시 번영의 시절로 돌아가기 위해 규제와 재분배에 대한 그들의 정책을 받아들이라고 요구하는 한, 우리는 절대 지금의 경제적인 난관을 극복하지 못할 것입니다.」[18] 오바마를 지지했던 또 다른 두 명의 월스트리트 사람들(대통령 비서실장을 지낸 람 이매뉴얼의 단축키에 자신의 전화번호가 저장되어 있다고 주장하는) 역시 최근 내게 오바마가 〈반기업적 성향〉을 드러내고 있다고 지적했다. 그중 한 사람은 심지어 오바마가 〈사회주의자〉라고 걱정하기까지 했다.

이러한 비난은 때로 대단히 노골적인 형태를 띤다. 예를 들어 2010년 여름에 블랙스톤의 슈워츠먼은 사모펀드 수익에 대한 세율을 일반적인 소득과 같은 수준으로 높이는 오바마 행정부의 법안에 대해 〈마치 1939년 히틀러가 폴란드를 침공했을 때와 같은〉[19] 상황이라고 언급해서 큰 논란이 일었다.

물론 그 비유가 지나쳤다고 하더라도(이후 그는 그 표현에 대해 사과했다), 슈워츠먼은 어쨌든 공화당원이고, 그렇기 때문에 그가 오바마 행정부에 대해 반감을 갖는 것은 그리 이상한 일이 아니다. 정말로 놀라운 점은, 오바마를 지지했던 금융 분야의 많은 인사들 또한 대통령과 민주당으로부터 등을 돌리고 있다는 사실이다. 열성적인 민주당원이자 클린턴 행정부에서도 일을 했던 한 사모펀드 매니저는 세제 개혁에 관여했던 민주당의 한 주요 의원에게 퍼부었던 독설을 내게 자랑스럽게 들려주었다. 「당신네들이 아무리 법률을 바꾼다고 해도, 정부는 내게서 단 한 푼의 세금도 더 걷어 가지 못할 겁니다. 모두 나의 재단에 집어넣어서 공익을 위해서 쓸 겁니다. 밑 빠진 독에 물 붓기로 내 돈을 낭비하지는 않을 겁니다」

사모펀드 수익에 대한 세율 인상으로 큰 타격을 입은 금융가들 사이에서 이러한 반감은 대단히 보편적인 정서다. 마서스 비니어드 섬에 있는 보트 창고에서 한 사모펀드 공동 설립자를 만났을 때, 그는 세율 인상이 미국에 대한 투자를 〈죽이고〉 자금을 해외로 내쫓는 짓이라고 경고했다. 그리고 자신과 같은 사모펀드 전문가들은 위험을 감수하면서 투자를 하는 것이기 때문에 일반적인 수입과 똑같이 세금을 부과하는 것은 전반적인 차원에서 형평성에 어긋나는 처사라고 지적했다. 마지막으로 그는 세율을 올린다고 해도 자신은 크게 손해 보지 않을 것이라고 덧붙였다. 자신은 이제 은퇴를 앞두고 있으며, 이미 충분히 많은 돈을 벌어 놓았다는 것이었다. 그러나 젊은 파트너들에게는 분명 〈불공평〉한 일이 될 것이라고 했다. 그들의 일 년 소득은 약 50만 달러 정도인데, 10년, 20년 후에 후한 배당금과 적은 세금에 대한 기대가 무너진다면, 현재의 소득을 적절한 수준이라고 인정하지 않을 것이다. 그 백발의 할아버지는 2008년에 오바마를 찍었지만, 2011년에는 존 헌츠먼Jon Huntsman을 지지했다. 많은 동료들과 마찬가지로 그는 펜실베이니아에서 철강 노동자로 일한 아버지를 둔 평범한 집안 출신이다.

이기심이 이데올로기에도 막강한 영향력을 행사할 수 있다는 사실을 잘 드러내고 있다는 점에서 헤지펀드 수익을 둘러싼 싸움은 대단히 흥미롭다. 현재의 시스템을 맹렬히 옹호하고자 하는 사람들에게 공감할 여지가 전혀 없는 것은 아니지만(어쨌든, 아무리 부유한 사람이라 할지라도 단번에 세금을 20퍼센트포인트 올리는 것을 받아들이기란 쉽지 않은 일이다), 지적으로 그들의 입장은 도저히 받아들이기 힘든 것이다. 그렇게 볼 만한 증거의 단편은 마이클 블룸버그가 2011년 워싱턴에서 했던 연설에서 찾을 수 있다. 물론 블룸버그는 그 자신이 플루토크라트이기도 하고 미국에서 가장 유명한 금융 기업가 중 한 명이기도 하다. 디트로이트 정치인들이 자동차 산업을 지지하고, 그리고 대초원이 풍부한 지역의 정치인들이 농업을 지지했던 것처럼, 블룸버그는 뉴욕 시장으로 있던 당시 고향을 사랑하는 마음으로 월스트리트 기업들을 지지했다.

그래도 블룸버그는 헤지펀드 수익에 대한 세율에 대해 이렇게 언급했다. 「형평성에 맞게, 헤지펀드 수익에 일반 소득 세율을 적용하는 것처럼 시대에 뒤떨어진 금융 산업의 조세 허점들을 보완해야 합니다. 저의 유권자들 상당수가 피해를 보겠지만, 그래도 저는 이렇게밖에 말할 수 없습니다. 오늘 오후엔 전화가 좀 많이 걸려 오겠군요.」[20]

골트의 협곡

헤지펀드와 관련된 조세 정책은 특정 집단에 대단히 민감한 사안이다. 월가 점령 시위는 광범위한 차원에서 1퍼센트를 비판하고 있으며, 이에 대해 일부 플루토크라트들은 총체적인 자기방어에 안간힘을 쓰고 있다.

2011년 10월 11일, 월가를 점령한 시위자들은 뉴욕의 최고 부촌인 어퍼이스트사이드 주택가로 행진을 했다. 거기에는 서브프라임 모기지에 역으로 투자를 해서 수십억 달러를 벌었던 헤지펀드 매니저 존 폴슨의 저택도 있었다. 폴슨 앤 컴퍼니는 이렇게 언급했다. 〈상위 1퍼센트의 뉴요커들이 전체 소득세의 40퍼센트 이상을 부담하고 있으며, 뉴욕 주와 뉴욕 시에 살고 있는 모든 사람들에게 많은 혜택을 나누어 주고 있다. ……폴슨 앤 컴퍼니와 그 직원들은 최근 몇 년 동안 뉴욕 시와 뉴욕 주에 수억 달러에 이르는 세금을 냈고, 회사 설립 이후로 뉴욕 시에 100여 개의 고임금 일자리까지 제공했다.〉[21] 이 말에 대한 대답으로 월가 시위자들은 가짜 세금 환급 수표를 만들어 폴슨의 집 앞에 놓아두었다.

최고 연봉을 자랑하는 월스트리트 CEO이자, 2010년에 2,300만 달러를 벌어들인 제이미 다이먼Jamie Dimon은 조금도 죄책감을 느끼지 않는다고 말하는 또 한 명의 1퍼센트 지지자다. 2011년 12월 뉴욕에서 열린 투자 컨퍼런스에서 금융가들에게 집중된 대중들의 비난 여론에 대해 질문을 받았을 때, 다이먼은 이렇게 대답했다. 「성공한 사람처럼 행동하는 것도 나쁘고, 부자인 것도 나쁘다. 저는 이런 말들을 도무지 이해할 수 없습니다. 물론 개중에는 썩은 사과도 섞여 있겠지만, 우리 사회는 그 전체를 싸잡아 비난하고 있습니다.」[22]

코네티컷 주에 기반을 둔 증권 중개업체의 CEO이자, 2010년 그 주의 상원의원 선출을 위한 공화당 예비 선거에 출마했다가 탈락했던 피터 시프Peter Schiff는 비디오카메라를 들고, 〈내가 그 1퍼센트다〉라고 쓴 팻말을 든 채 월가 시위가 시작되었던 주코티 공원를 걸어 다니면서 사람들에게 자신의 뜻을 직접적으로 전했다.

그해 12월에 나는 GE의 CEO 제프리 이멜트와 가졌던 공개 인터뷰에서도 비슷한 말을 들을 수 있었다. 질의응답 시간에 중간 자리에 앉아 있던 한 백발의 신사가 일어서서 〈질문 대신에 한 가지 주장〉을 하고 싶다고 하면서, 이멜트가 자신의 말에 공감을 하겠지만 〈현재의 위치 때문에 그렇게 말할 수는 없을 것〉이라고 했다. 그는 이렇게 경고했다. 「솔직히 말하자면, 현재의 대통령이 부자와 기업, 에너지, 그리고 전용 제트기에 대해 끝까지 반대한다면, 비즈니스 공동체의 후원은 절대 얻지 못할 것입니다. ……그러한 표현은 대단히 위험하죠. ……문제는 미국인 가운데 40퍼센트, 50퍼센트가 지금의 대통령을 지지하는 실업 급여 대상자라는 사실입니다.」[23]

그 백발 신사는 자수성가한 69세의 억만장자 레온 쿠퍼맨이었다. 사우스브롱크스에서 배관공의 아들로 태어난 쿠퍼맨은 컬럼비아대 경영대학원을 졸업하고 골드먼삭스에 몸담았다가 헤지펀드를 설립했다. 앞서 이멜트에게 자신의 주장을 전달하고 난 몇 주 후에 그는 오바마 대통령에게 보내는 공개서한을 통해서 자신의 뜻을 피력했다. 그 서한의 내용은 곧장 월스트리트의 화제로 떠올랐다. 거기서 쿠퍼맨은 1퍼센트들이 부당한 오해를 받고 있다고 불만을 털어놓았다. 〈흔히들 생각하는 것처럼 자본가는 사회악이 아닙니다.〉 그리고 부자들이 〈하나같이 똑같고, 이기적이고, 국가 권력으로 통제해야 하는 타락한 무리들〉은 아니라고 주장했다. 쿠퍼맨은 오히려 대통령과 그 지지자들이 그들 부자들의 도움을 필요로 한다는 사실을 상기시켰다. 〈하나의 집단으로서 우리는 수백만 명의 납세자들을 채용하고 있으며, 그들에게 월급을 주고, 건강보험을 제공하고, 그리고 새로운 비즈니스를 시작하고, 새로운 시장을 개척하고, 신제품을 개발하고, 크리스마스에 매장 선반을 가득 채워 넣고, 상업과 진보가 (그리고 과세의 기반이 되는 소득을 창출함으로써 정부가) 계속해서 앞으로 나아갈 수 있도록 만들고 있습니다.〉[24]

2012년 2월, 와이오밍 뮤추얼 펀드 투자자이자 공화당 예비 선거 후보 릭 샌토럼을 지지하는 주요 슈퍼팩* 후원자로서 미국 사회의 유명인사가 된 포스터 프리스Foster Friess 역시 내게 똑같은 이야기를 들려주었다.

미국의 경제적인 문제와 관련하여 부자들에게 더 많은 책임을 지우는 것이 공정한 처사인지에 대해 물었을 때, 프리스는 내게 이렇게 말했다. 「사람들은 부자들이 어떻게 자발적으로 돈을 내놓고 있는지 잘 모르고 있습니다. 저의 동료인 타깃Target CEO가 바로 그러한 경우입니다. 그는 자기 돈 약 2억 달러를 들여 피닉스에 음악 박물관을 지었습니다. 또 다른 친구는 네브래스카와 사우스다코타 등지에 있는 의료 기관들에 4억 달러를 기부했습니다. 에이즈 치료를 위해 빌 게이츠가 7억 5천만 달러를 내놓은 것도 널리 알려진 사실이죠」[25]

프리스가 한 이야기의 핵심은 정부가 국민의 세금으로 지출을 하는 것보다 부자들이 직접 자선 사업을 결정하고 자발적으로 후원할 때 공익사업이 보다 효과적으로 이루어질 수 있다는 것이다.

프리스는 내게 이렇게 말했다. 「최대한 세금을 줄여야 합니다. 그래야 정부가 아니라 여러분 스스로 어떻게 돈을 써야 할지 결정할 수 있기 때문이죠. 여러분이 어떤 공익 단체나 미술관, 혹은 교향악단을 운영하고 있고 여기에 지원을 하고자 한다면, 여러분 스스로 선택권을 가지고 있는 편이 더 낫다는 말입니다. 그러나 현실은 정부가 국민들의 지갑에서 세금을 걷고, 이를 가지고 후원을 하는 방향으로 나아가고 있습니다.」

프리스는 계속해서 설명했다. 「문제는 선택입니다. 정부가 세금을 거둬서 여러분을 위해 쓰는 게 좋을까요, 아니면 여러분 스스로 자신을 위해 쓰는 게 좋을까요?」

거대한 부를 쌓는 데 우호적인 오늘날과 같은 세상에서는 반드시 세금

---

* super PAC. 미국의 억만장자들로 이루어진 민간 정치 자금 단체.

을 많이 거둬야 한다는 생각에 대해 프리스는 도무지 말이 안 되는 소리라고 말한다. 「스티브 잡스가 우리를 위해 했던 일을 생각한다면, 그리고 빌 게이츠가 우리 사회를 위해 했던 공헌을 떠올린다면, 정부는 오히려 상을 내려야 합니다. 게이츠와 잡스가 이룩한 성취에 대해 어떻게 세금을 매긴단 말입니까? 웃기는 소리죠」

프리스는 전체 99퍼센트의 패러다임을 받아들이지 않는다. 그의 생각에 따르면, 미국 소득 분배상 하위 계층에 있는 미국인들은 무임승차를 하고 있다. 그는 내게 이렇게 말했다. 「〈세금을 내지 않는 절반의 미국인들이, 마땅히 부담해야 할 세금을 내지 않고 있는 나머지 반쪽의 짐을 부당하게 지도록 내버려두지는 않을 것입니다〉라고 말했던 오바마 대통령의 생각이 놀라울 따름입니다. 약 46퍼센트의 미국인들이 소득세를 한 푼도 내지 않고 있습니다」

프리스는 우리 사회가 1퍼센트에 크게 의존하고 있으며, 그만큼 그들을 존경해야 한다고 믿고 있다. 그는 내게 이렇게 말했다. 「99퍼센트보다 상위 1퍼센트가 세상을 좋은 곳으로 만드는 데 더 많은 기여를 하고 있습니다. 가난한 사람들이 빌 게이츠와 같은 훌륭한 일을 한 경우를 저는 본 적이 없습니다. 가난한 사람들이 많은 일자리를 제공한 것도 본 적이 없습니다. 그러므로 저는 가치를 만들어 내고 있는 1퍼센트들을 우리 사회가 마땅히 존중하고 떠받들어야 한다고 생각합니다」

프리스가 지극히 보수적인 사람이기는 하지만, 그래도 부자들이 받고 있는 억압에 대한 그의 견해는 플루토크라트들 사이에서 대단히 보편적인 생각이다. 2012년 봄에 「시카고 트리뷴」지에서 했던 보기 드문 인터뷰에서 시카고의 억만장자인 헤지펀드 매니저 켄 그리핀은 미국의 플루토크라트들은 정치적인 목소리는 제대로 내지 못하면서, 과중한 정치적 의무를 지고 있다고 털어 놓았다.

2012년 선거 기간 동안 공화당 정치 단체들에게 100만 달러 이상의 후원을 했던 그리핀은 이렇게 지적했다. 「[엄청난 부자들은] 자신들이 실질적으로 충분한 영향력을 발휘하지 못하고 있다고 생각하고 있습니다.」[26] 그리핀의 가문은 오래전부터 데이비드 코흐와 찰스 코흐가 지지하는 보수 단체에 약 150만 달러를 후원했다. 「우리 사회가 주는 혜택을 그 어느 때보다 많이 누리고 있는 사람들은 지구상에서 최고의 나라를 구축할 수 있도록 해준 그 시스템을 지켜야 할 책임이 있습니다.」

그리핀은 또한 로비가 불가피한 일이 되어 버린 현실에 불만을 터뜨렸다. 「최근 정부가 금융 시장에 지나치게 간섭하는 바람에 정치적인 문제로 고민하느라 너무 많은 시간을 허비하고 있습니다.」 그리핀은 정부가 그렇게 규제 일변도 정책을 펼치다 보면 부자들이 자기 의견을 자유롭게 개진하는 데 제약이 생긴다고 우려했다. 「계급 투쟁이 전례 없이 일종의 정치적 도구로 활용되고 있습니다. 정부가 계급 투쟁을 정략적으로 활용하려는 생각을 가지고 있다고 보기 때문에, 제 돈으로, 그리고 무엇보다 제 목소리를 내서 개인적인 소신을 펼칠 때마다 언론이 따가운 눈총을 보내는 현상에 저는 우려를 금할 수 없습니다. 정부는 날로 커져만 가는데, 궁극적으로 정부가 통제하고 있는 기관들에 의존해야만 하는 상황에서 어떻게 제 신념을 강력하게 드러낼 수 있겠습니까? 나는 지금 금융 분야에서 살고 있고, 오늘날 미국의 모든 은행들은 전례 없이 강력한 정부의 통제 아래에 있다는 사실을 잊어서는 안 됩니다.」

오늘날 일하는 부자들이 대개 그러하듯이, 마흔 번째 생일을 맞이하기 전에 억만장자의 반열에 올라선 그리핀은 스스로를 자수성가한 사람이라 생각하고 있다. 「직원 두 명과 원룸 사무실에서 사업을 시작했죠. 제가 가진 것이라고는 [하버드] 대학 졸업장과 모든 사람들에게 평등한 기회를 허락하는 미국이라는 나라뿐이었죠」 다른 모든 헤지펀드들처럼 그리핀 역시 정부의 구제 금융을 한 푼도 받지 않고 살아남았다는 사실에 자긍심을 가지고 있다. 그래서 그는 스스로를 금융 산업 전체를 살려주었던 구제 금융의 수혜자라고 생각하지 않는다.

2011년 11월의 어느 날, 상품 분석가이자 외환 및 채권 중개인으로 활동하고 있는 데니스 가트맨Dennis Gartman은 자신의 일일 투자 노트를 통해 1퍼센트를 열렬히 옹호하는 글을 발표했다.

우리는 소득 불균형을 찬양한다. 그리고 하위 20퍼센트와 상위 20퍼센트 사이의 격차가 점점 더 벌어지고 있는 미국의 현실에 박수를 보낸다. 그것은 미국이 위대한 나라로 나아가고 있다는 증거이기 때문이다. 거대한 부를 창출할 절호의 기회가 왔다. ……사업을 벌이고, 합법적으로 백만장자가 되고, 그 어느 나라들과도 차별화된 미국을 만들어 나갈 수 있는 그러한 기회가 왔다. 미국 사회에서 점차 벌어지고 있는 부자와 빈자들의 격차를 부정적으로 바라보고 있냐고? 당연히 그렇지 않다. 우리는 이를 환영한다. 예전에는 가난했지만 이제 큰 부자가 되었기 때문이다. 우리는 강한 의지와 집념, 그리고 경험을 통해 이를 일구어 냈다. 이민자들은 남들보다 더 많은 돈을 벌어들이는 상류층으로 올라서기 위해, 그리고 가난에서 영원히 벗어나기 위해 미국으로 왔다. 소득 불평등? 말도 안 되는 소리다. 신은 소득 불평등과 성공한 이들에게 은총을 내린다. 그리고 자신의 실패를 성공한 사람들 탓으로 돌리는 월가 점령 시위 무리들을 벌한다. 소득 불평등? 흥! 더 많은 돈을 벌어들이고, 더 많은 직원들을 고용하고, 그리고 우리가 선택한 재단에 더 많은 돈을 기부하는 것을 방해하고 금지하는 법률을 만

들어 내는 정부를 미워할 뿐이다.[27]

이러한 분노는 이기심의 산물이다. 세금 인상안과 함께 2010년 여름에 법률로 승인한 금융 개혁안을 기반으로 오바마 행정부는 미국 금융 시장에 대한 규제를 강화해 나갔다. 이에 대한 금융 산업 중역들의 분노는 단지 그들의 욕망이 좌절되어서가 아니라, 플루토크라트들의 자부심에 대한 모욕, 즉 그들을 영웅이 아니라 악당으로 취급하는 분위기에 대한 불신감 때문이었다. 결국 그들이 창조한 금융적, 기술적 혁신이 미국 경제의 청사진을 보여 주고 있지 않은가? 골드먼삭스의 CEO 로이드 블랭크페인이 꼬집어 말한 것처럼 그들은 결국 〈하느님의 일〉을 수행하는 사람이 아니던가?

미국 플루토크라트들은 지금 존 골트의 순간을 경험하고 있다. 자유주의자들(그리고 고등학교 시절에 공부를 열심히 했던 사람들)은 골트가 에인 랜드의 1957년 소설 『아틀라스 *Atlas Shrugged*』에 등장하는 플루토크라트 주인공이라는 사실을 기억하고 있을 것이다. 골트와 그의 자본가 동료들은 아첨하고, 시기하고, 그러나 재능은 없는 하류층 사람들의 시달림에 지쳐 로키 산맥에 있는 〈골트의 협곡〉이라는 피난처로 숨어든다. 거기서 그들이 화려한 은둔자의 삶을 살아가는 동안, 천재와 일꾼들이 모두 사라져 버린 나머지 세상은 점차 몰락해 간다.

물론 이는 허구이며 경제학만큼이나 헛바람만 잔뜩 불어넣는 이야기에 지나지 않는다. 그러나 골트의 협곡은 실제로 현실 속에서 나타나고 있다. 세금 및 유산 상속 전문 변호사들로 꾸려진 시카고 로펌의 설립자이자 대표인 제임스 더간은 〈부가 이 나라에서 빠져나가고 있다〉[28]고 믿고 있다. 더간은 스스로 이 나라를 떠난 몇몇 부자들을 일종의 〈양심적 병역 기피자〉라고 주장한다. 「단지 자신의 주장을 펼치기 위해 해외로 떠나는 사람들이 있습니다. 미국의 현재 상황에 대한 그들의 불만에 부자들에 대한 사회적 불신이 더해지면서 많은 부유층 시민들 사이에 반란을 꿈꾸는 공감대가 형성되고 있습니다. 그들은 비록 미국을 사랑하기는 하지만 현재의 변화에 많은 불만을 갖고 있으며, 이에 대해 자기 자신과 자신의 재산, 혹은 그 두 가지 모두를 문제의 근원지에서 빼내 멀리 옮겨 버리는 방식으로 대응하고 있습니다.」

2011년 12월 8일에 오바마 대통령이 캔자스 주 오사와토미에서 소득 불평등을 주제로 연설을 하고 난 이틀 뒤, 경제학자이자 투자 자문가인 에드워드 야데니는 자신의 유명한 블로그를 통해 1퍼센트들이 우주로 이민을 떠나는 판타지를 그렸다. 〈유럽 경제가 무너지고, 오바마 대통령이 향후 11개월 동안 국정이 아니라 선거 운동에 에너지를 몽땅 써버린다면 우리는 탈출 계획을 세워야만 할 것이다. 마침 어제 NASA는 케플러 우주망원경을 통해 새로운 행성인 케플러-22b를 발견했다고 발표했다. 지구와 가장 비슷한 별이라고 한다. ……금융 원칙, 작은 정부, 낮은 세금을 선호하는 우리와 같은 사람들은 이제 그 별로 이주해서 새로운 인생을 시작하는 방법을 적극 고려해 봐야 할 것이다.〉[29]

다른 한편에서 또 다른 일부 플루토크라트들은 지구상에서 골트의 협곡을 건설하려고 노력 중이다.[30] 시스테딩연구소Seasteading Institute는 모든 국가들의 법적 구속에서 자유로운 공동 해역에 인공 섬을 만드는 프로젝트를 추진 중이다. 부자들이 99퍼센트의 속박에서 벗어나 성공을 향해 마음껏 달려갈 수 있도록 만들어 줄 이 오아시스 프로젝트는 밀턴 프리드먼 손자의 머릿속에서 나온 아이디어다. 그리고 실리콘밸리의 억만장자이자 자유주의자인 피터 시엘로부터 실제로 일부 지원을 받고 있다.

물론 모든 플루토크라트들이 시스테드Seastead로 탈출하고 싶어 하는 것은 아니다. 폴 마틴Paul Martin과 에르네스토 세디요Ernesto Zedillo는 명망 있는 글로벌 엘리트들이다. 백만장자 기업인으로 활동했던 마틴은 캐나다 국무총리와 재무부 장관을 역임했으며, 특히 정부 예산에 대한 강력한 통제를 주장한 인물로 알려져 있다. 경제학 박사 세디요는 멕시코의 대통령을 지냈으며, 예일 대학의 세계화연구소를 이끌면서 동시에 P&G나 알코아Alcoa와 같은 세계적인 기업의 이사회 멤버로도 활동하고 있다. 내가 캐나다 워털루에서 폭넓은 주제로 열린 공개 토론회에서 이 두 사람과 인터뷰를 나누어 보았을 때, 그들은 주코티 공원에서 시위를 벌이고 있는 젊은이들 같았다.

마틴은 이렇게 말했다. 「불안을 느끼지 않는다는 사람이 있다면 한번 이야기를 나누어 보고 싶군요. 정말로 중요한 사실은 월가 점령 시위가 캐나다, 미국, 그리고 전 세계 중산층들의 감성을 건드렸다는 것입니다. 그리고 그게 엄청나게 강력한 힘으로 작용하고 있다고 생각합니다.」[31]

세디요는 월가 점령 시위가 이제 시야를 넓혀 나가야 한다고 말한다. 「경제학자로서 그 문제는 비단 월스트리트에 국한된 것은 아니라고 생각합니다. G20 점령으로 확대해 나가야 합니다.」

마틴과 세디요 두 사람은 아마도 월스트리트에서 열리는 기업가들의 저녁 만찬이나 어퍼이스트사이드에서 열리는 금융가들의 파티에서도 큰 환영을 받을 것이다. 그러나 놀라운 점은 월가 점령 시위에 대한 그들의 관점이 미국의 비즈니스 엘리트들, 특히 금융가들의 기존 입장들과는 크게 다르다는 사실이다.

마틴 역시 그러한 차이를 모르는 바 아니다. 그는 우회적으로 시작을 했다. 「대부분의 사람들이 전반적으로 그들[시위자들]을 신뢰하고 있다고 생각합니다.」 하지만 재빨리 이렇게 덧붙였다. 「미국 금융가들을 탓하고 싶지는 않습니다. 다만 내가 놀랐던 것은 한 금융가의 이러한 반응이었습니다. 〈알다시피 그들은 국가의 복지 정책으로 먹고사는 사람들입니다. 그렇기 때문에 복지를 줄여야 합니다.〉 그 말은 내게 충격적이었습니다. 자신이 무슨 말을 하고 있는지 왜 모르는 것일까? 나는 자신들의 입장을 제대로 변호하지 못하는 몇몇 사람들의 무능이 월가 점령 시위에 오히려 힘을 보태 주고 있다고 생각합니다.」

어떤 플루토크라트들은 그들 집단과 나머지 사람들 사이의 정보 격차로 인해 발생하게 될 정치적 결과에 대해 염려하고 있다. 핌코의 CEO 모하메드 엘에리언은 전형적인 슈퍼엘리트다. 이집트 시골 출신의 아버지를 둔 엘에리언은 부자와 빈자 사이의 갈등이 폭력적인 사태를 초래했던 국가들을 연구했다. 그는 내게 이렇게 말했다. 「성공한 사람들이 소득 격차의 파국적 결말이 자신과는 무관하다고 생각하는 것은 근시안적인 사고방식입니다. 당신이 세계 경제에서 어느 편에 속하는지 모르겠지만, 우리가 그 문제를 해결해야만 한다고 생각하는 사람들이 있습니다. 일부 불평등한 사회에서는 재산 몰수가 정책적 방안으로 나오기도 합니다.」[32]

엘에리언이 그렇게 얘기한 것은 2010년 6월경이었다. 그리고 월가 점령 시위가 일어난 후인 2011년 가을에 그는 한 걸음 더 나아갔다. 그는 내게 보낸 이메일에서 이렇게 썼다. 〈어떠한 나라도 장기적으로 지속되는 소득과 부의 과도한 불평등을 버텨 낼 수 없습니다. 결국은 사회의 조직이 갈가리 찢겨 나가고 말죠. 간단한 비유를 들어봅시다. 마을 전체가 가난으로 찌들어 가는 상황에서 한 집만이 계속해서 더 부유해진다고 해봅시다. 이러한 상황에서 그 부잣집의 행복을 마을 전체의 행복과 별개의 것으로 생각할 수는 없을 겁니다.〉[33]

엘에리언은 동료 플루토크라트들이 다른 사람들의 고통에 관심을 보이지 않는다고 걱정하고 있다. 〈일부 엘리트들은 너무나도 동떨어진 세상에서 살아가고 있습니다〉.

영원한 강자는 없다

마크 카니Mark Carney는 사람들이 생각하는 과격한 인물의 모습과는 거리가 멀다.[34] 8년 동안 오타와에서 살고 있는 깔끔한 외모의 이 47세 남성은 아내를 끔찍이 위하는 남편이자 네 딸의 자상한 아빠다. 캐나다 수도인 오타와가 아주 화려한 도시가 아니기도 하거니와, 가장 특별한 저녁 외출이 아이들의 학예 발표회일 정도로 카니는 가족과 함께 집에 머무르기를 좋아하는 가장으로 유명하다. 하버드 시절 하키 선수로도 뛰었지만(어쨌든 그는 캐나다 사람이다!) 골키퍼 후보로 벤치를 지키는 정도였다. 사실 얼음판보다는 도서관에서 더 많은 시간을 보내면서 경제학으로 학위를 땄다. 이후 옥스퍼드로 진학해서 박사 학위를 받았으며, 동창들은 그를 고등학교 교장과 선생님을 부모로 둔 모범생으로 기억하고 있다. 학생들이 꺼리는 강의에서도 그는 언제나 맨 앞자리를 지켰다고 한다. 이후 골드먼삭스에 입사했고, 런던과 뉴욕, 그리고 토론토 지사에서 13년간 근무했다. 나중에 고향으로 돌아와서는 캐나다 중앙은행에서 유능하지만 특출하지 않은 공무원으로 일을 했고, 2004년에 재무부로 들어갔다. 카니는 현재 캐나다 중앙은행 총재로서 글로벌 시장의 유동성에 대한 평가 방법이나 경기 순환에 역행하는 규제 방안의 중요성과 같은 학술적인 문제들을 연구하는 데 많은 시간을 투자하고 있다.

그러나 2011년 가을, 카니는 국가의 규제 권력을 둘러싸고 플루토크라트와 나머지 사람들 사이에 벌어진 중요하고도 치열한 싸움에서 중심인물로 부각되었다. 그 대결은 9월의 어느 금요일 오후, 워싱턴에서 벌어졌다. 때는 세계 중앙은행장들 및 재무장관들이 매년 봄, 가을에 모이는 국제통화기금과 세계은행의 회의가 열리던 주말이었다. 브레턴우즈 체제가 시작된 이후로 이 모임은 정기적으로 열렸고, 이후 이 모임을 계기로 민간 분야의 다양한 비밀회의들이 계속해서 생겨났다.

2011년에는 민간 부문에서 열린 회의 중 하나로 금융가들의 연합인 금융서비스포럼Financial Services Forum이 주최한 모임이 있었다. 당시 그 회의의 의장을 맡았던 골드먼삭스 CEO 로이드 블랭크페인은 30명 정도의 금융가들이 모인 자리에서 연설을 할 사람으로 카니를 초대했다. 그는 금융 위기에 직면하여 탁월한 능력을 발휘했을 뿐 아니라(캐나다는 G7 국가 중 자국 은행들에게 구제 금융을 제공하지 않았던 유일한 국가다), 세계 금융계의 수장이 될 가능성이 아주 높은 국제 규제 기관 수장들의 협의체인 금융안정위원회Financial Stability Board의 차기 회장으로 예정되어 있었기 때문에, 그들은 이 캐나다 사람의 이야기를 직접 듣고 싶어 했다. 당시 금융안정위원회의 주요 임무는 국제적인 은행 자본에 대한 새로운 규정들을 재정비하고 이를 실행에 옮기는 것이었다. 바젤 III라는 명칭으로도 잘 알려진 그 규제 방안들은 미국과 유럽 지역 은행들의 자금 부족이 2008년 금융 위기의 주원인이었다는 점에서 특히 더 중요한 것이었다.

이와 같은 금융가들의 모임은 대체로 딱딱한 분위기로 진행된다. 그리고 상대적으로 규모가 큰 이와 같은 국제 행사에 참여하는 참석자들은 서로에 대해 잘 모르기 때문에 보통 예의에 어긋나는 행동을 하지 않기 위해 더욱 조심하는 편이다. 그러나 이 특별한 대화의 장은 금세 후끈 달아올랐다.

JP모건 체이스의 CEO 제이미 다이먼은 카니에게 이번 바젤 III는 〈완전한 난센스〉라고 말했다. 그는 그 방안이 국제적인 이해관계와 정면으로 충돌하고 있다고 지적했다. 「반미국적인 방안이라고 말하는 것은 제가 미국인이기 때문이죠. 하지만 저는 이것이 또한 반유럽적인 방안이라고도 생각합니다.」[35]

한 참석자는 다이먼의 주장을 약간 다르게 기억했다.[36] 그가 기억하기로 다이먼은 카니의 견해가 〈반미국적〉이라고 지적했다. 사실 다이먼은 몇 주 전에 어느 신문과 인터뷰를 한 자리에서도 〈반미국적〉이라는 표현을 쓴 바 있었는데, 그는 회의 참석자들에게 당시 많은 사람들이 자신의 견해에 공감을 드러냈다며 〈앞으로도 계속 이러한 표현을 쓸 생각〉이라고 말했다고 한다. JP모건을 포함한 다국적 기업들이[37] 갈수록 전 세계적 우려의 대상으로 떠오르고 있는 시점에(이들 다국적 기업들은 북미 지역 밖에서 수익의 4분의 1을 창출하고 있으며, 돈이 될 만한 곳이라면 어디든 갈 준비가 되어 있다), 한 은행의 수장이 자신을 궁지에 몰린 국가적 투사로 묘사하는 상황은 분명 주목할 만한 일이었다.

처음에 카니는 차분하게 대응했다. 「말씀을 잘 듣고 있습니다. 제가 당신과는 입장이 다르다고 해도 별로 놀라시지는 않겠죠. 이 규제 방안들은 금융 위기에 대처하기 위한 합리적인 방안입니다.」

하지만 다이먼의 열변은 식을 줄을 몰랐고, 다급해진 동료 은행가들은 그를 진정시키기 위해 애를 썼다. 그리고 역시 카니와 생각이 달랐던 스코샤 은행 CEO이자 또 한 명의 캐나다 사람인 릭 워Rick Waugh가 갈수록 뜨거워지는 두 사람을 중재하기 위해 나섰다.

하지만 다이먼은 멈추지 않았고, 이내 카니는 폭발하고 말았다. 화난 표정을 감추지 못한 채 그 캐나다 중앙은행 총재는 갑자기 자리를 박차고 나가 버렸다.

블랭크페인, 그리고 당시 도이체 방크 CEO였던 요제프 아커만을 포함한 다른 은행가들의 표정도 불편하기는 마찬가지였다. 그들에게는 라이먼이 한 주장의 내용이 아니라 말투가 문제였기는 하지만 말이다. 아커만은 분위기를 바꾸고자 카니가 바쁜 일정 때문에 먼저 떠났다고 말했다. (아커만의 말은 거짓으로 드러났다. 카니는 늦기는 했지만 기자 회견장에 모습을 드러냈다.)

회의가 끝나고 난 뒤 블랭크페인은 상황을 수습하기 위해 카니에게 이메일을 보냈다[38](다시 상기해 두자면 카니는 골드먼삭스 출신이다). 끝까지 생각을 굽히지 않았던 다이먼도 자신의 어조와 방식이 적절하지 못했다는 생각에 사과를 위해 토요일에 카니에게 전화를 걸었다. 하지만 통화는 이루어지지 않았다.[39] 다이먼은 카니가 오타와의 집으로 돌아간 월요일에 다시 전화를 걸었다. JP모건의 한 중역의 말에 따르면, 두 사람은 전화로 이야기를 나누었고 다이먼은 카니에게 사과했다. 그 임원의 말은 이랬다. 「다이먼은 자기 때문에 회의가 엉망이 되었고, 그러한 주장을 하기에 적절한 장소도, 적절한 방식도 아니었다고 생각하고 있습니다.」 다이먼은 카니에게 당신을 존경하고 좋아한다고 말했다.

하지만 싸움은 그 전까지 계속 이어졌다. 다이먼이 사과를 하기 하루 전날인 일요일에 카니는 국제적인 금융 로비 단체인 국제금융연합회IIF의 연례 모임에 첫 번째 연설자로 나섰다. 캐나다에서 카니의 논쟁 라이

벌이었던 워는 청중들에게 공손하게 그를 소개했다. 「카니는 저의 상관이며, 저는 그 사실이 대단히 자랑스럽습니다.」[40]

그러나 워의 공손함도 다이먼의 호전성도 카니가 자신의 주장을 굽히게 하지는 못했다. 「한 걸음 물러서 있는 것이 어떤 도움이 될지 이해하기 쉽지 않습니다. 요즘 일부 기관들이 압력을 받고 있다고 느낀다면, 그것은 너무 촉박한 시간에 너무 많은 일을 해야 하기 때문이 아니라, 너무 오랜 시간 동안 너무 일을 하지 않았기 때문입니다.」 카니는 다음과 같이 말했다.[41]

「모두가 보이스카우트 행세를 하면서 다른 친구들을 청소년 범죄로 고소하고 있습니다. 하지만 보이스카우트 훈장을 받을 것인지, 아니면 방과 후에 교실에 남아 있어야 하는 벌을 받을 것인지는 스스로 선택할 수 있는 게 아니라, 동료들의 공평한 평가와 상호 감시에 의해 결정되는 것입니다.」

다이먼과 카니는 엄청난 돈을 놓고 싸우고 있다. 바젤 III를 준수하자면 어쩔 수 없이 JP모건의 사업 비용은 증가하고 수익은 떨어질 것이다. 하지만 JP모건의 더 심각한 문제는 사실 대차대조표상에 드러나 있지 않다. 주말에 벌어졌던 열띤 논쟁은 플루토크라트와 정부의 관계에 대한 중요한 진실을 드러내고 있다. 그 진실은 헤지펀드, 또는 막대한 재산과 관련하여 플루토크라트들에게 부과되는 세금을 둘러싼 주요 인사들 간의 싸움보다 더 중요하다.

그 이유는 이렇다. 가장 열성적인 우익 인사들도 국가에게 세금을 걷을 권리가 있다는 점에는 모두 동의한다. 다만 문제는 누구에게, 그리고 얼마나 많은 양을 부과해야 하는가이다. 카니와 다이먼이 벌인 논쟁은 보다 거대하고 골치 아픈 주제에 관한 것이다. 그것은 결국 이러한 질문이다. 국가의 이익과 대기업의 이익은 일치하는가? 만약 그렇지 않다면, 누가 판결을 내려야 할까? 그리고 두 이익이 충돌하는 경우, 국가는 공공의 이익을 위해 특정 기업을 제어할 수 있는 권리와 능력을 가지는가?

이를 둘러싼 논쟁의 역사는 꽤 길다. 제너럴 모터스의 CEO 찰리 윌슨이 〈제너럴 모터스에 좋은 것은 미국에도 좋다〉고 단언했던 사실을 기억하는가? 그가 그 말을 내뱉은 순간부터 이를 둘러싸고 수많은 논란이 있어 왔다. 그 발언을 둘러싼 논쟁은 비즈니스가 존재하는 곳이라면 어디에나 있을 정도다. 가령 멕시코 전문가들은 카를로스 슬림이 워낙 막강한 경제적 영향력을 확보하고 있기 때문에, 펠리페 칼데론 정권이 멕시코 기업들을 보다 적극적으로 규제하고자 하더라도 그럴 능력이 부족할 것으로 보고 있다. 1990년대 후반에 러시아 올리가르히들은 자신들이 크렘린을 조종하고 있다고 자부했다. 이러한 상황은 전제적인 국가 권력이 다시 한 번 필요하다는 블라디미르 푸틴의 주장에 대중적인 힘을 실어 주었다. 반면 중국의 플루토크라트들은 그들 자신이 국가이기 때문에 권력과 맞서 싸우려 하지 않는다. 그러나 누구라도 그러한 사실을 망각할 때, 즉각적인 처단을 당하게 된다. 실제로 2003년에서 2011년까지 14명이 넘는 중국 억만장자 기업인들이 처형을 당했다.[42]

서구 국가들, 특히 미국의 슈퍼엘리트들은 기업에게 좋은 것이 경제 전반에도 좋은 것이며, 그러한 믿음이 타당한 것인지 가장 잘 확인할 수 있는 곳은 비즈니스라는 확신을 가지고 성장했다. 뉴욕의 판사이자 증권거래위원회에 감독을 더욱 강화하라고 압력을 가했던 전 연방 검사인 제드 레이코프Jed Rakoff는 한 인터뷰에서 이렇게 말했다. 「물론 1990년대에 자유 기업과 자본주의와 같은 이념들이 찬양을 받았습니다. 어느 정도 정치적인 측면도 있었죠. 어쨌든 우리는 철의 장막을 둘러싼 싸움에서 승리했고, 그 이유 중 하나는 우리의 경제 시스템이 더 우월했기 때문입니다. 하지만 그러한 자신감은 자본주의에 대한 지나친 찬양으로 이어지고 말았습니다. 물론 제가 사회주의에 찬성한다는 말은 아닙니다. 절대 그렇지 않습니다. 하지만 개인적인 관점에서 어느 정도의 규제는 반드시 필요하다고 생각합니다.」[43]

지나친 찬양은 월스트리트의 주요 인사들에게까지 전염되었다. 연방준비제도이사회 부의장과 중앙은행장을 지냈던, 그리고 앨런 그린스펀이 〈연방준비제도이사회 시절 첫 번째 스승〉이라고까지 칭송했던 도널드 콘Donald Kohn은 기업의 이익과 공공의 이익에 관한 방정식이 지나치게 멀리 나아갔다고 생각한다. 그린스펀과 마찬가지로 콘은 은행가들이 자신의 이익을 지키는 데 대단히 능숙하다는 생각, 다시 말해 시장이 스스로를 제어하는 능력을 확보하고 있다는 지배적인 이론은 틀렸다는 사실을 깨달았다. 2011년 5월 영국 의회 청문회에서 콘은 이렇게 인정했다. 「저는 시장의 참여자들이 스스로를 감시하는 능력을 과대평가했습니다.」[44]

인지 포획

연방준비제도이사회가 그들이 규제하는 금융가들을 지나치게 신뢰하는 현상을 놓고 윌럼 뷰이터Willem Buiter는 〈인지 포획cognitive state capture〉이라는 표현을 썼다. 카니처럼 뷰이터도 결코 이글거리는 눈매를 가진 불같은 성격의 소유자가 아니다. 전직 경제학자이자 잉글랜드 은행의 금융통화위원회에서 일을 했던 뷰이터는 그 자신이 글로벌 슈퍼엘리트의 반열에 이름을 올린 인물이기도 하다. 네덜란드에서 태어나고, 영국과 미국의 여권을 소지하고 있는 그는 2010년부터 시티그룹의 수석 경제학자로 일하고 있다. 그러나 2008년 8월 잭슨홀에서 열린 연방준비 제도 연간 경제 컨퍼런스에서 선보였던 한 논문에서 뷰이터는 이렇게 주장했다. 〈연방준비제도이사회는 월스트리트의 주장에 귀를 기울이고, 그들이 하는 말을 그대로 믿는다. 또는 적어도 월스트리트의 말을 믿고 있는 것처럼 행동한다. 월스트리트 사람들은 자신들이 어떤 고통을 겪고 있는지, 그리고 그 고통이 경제 전반에 어떤 영향을 미치는지, 그리고 이에 대해 연방준비제도가 무엇을 해야 하는지에 대해 이야기를 하고 있다.〉[45]

뷰이터는 금융 위기 과정에서 〈월스트리트는 엄청난 고통을 겪었으며, 많은 경우에서 그럴 만했다〉고 기꺼이 인정을 한다. 그러면서도 이렇게 묻는다. 〈월스트리트는 그들이 원하는 것을 어떻게 얻고 있는가?〉 그리고 그 대답으로 내놓은 것이 바로 인지 포획이라는 개념이다.

뷰이터는 이렇게 설명한다. 〈특정 이익 단체들은 의회나 행정부, 또는 연방준비제도이사회와 같은 주요 규제 기관에 뇌물을 갖다 바치는 방식으로 원하는 바를 얻어 내지 않는다. 대신 공공 이익의 편에서 규제하고 감독해야 할 대상인 기득권 집단의 목표와 이해관계, 인식을 마치 잉크가 물에 퍼지듯 내면화하고 있는, 그리고 연방준비제도와 같은 관련 정부 기관을 이끌고 있는 사람들을 통해서 이루어 낸다. 그리스펀 시절의 연방준비제도가 금융 산업의 안정과 번영, 그리고 수익을 하나의 목표로 삼았다는 사실은 의심할 여지가 없다.〉

당시 연방준비제도이사회에 있었던 관료들은 세월이 흐른 뒤 유감의 뜻을 비쳤다. 콘은 영국 의회 청문회에서 이렇게 말했다. 「안타깝게도 지난 몇 년 동안 경제에 대해 소중한 교훈들을 배울 수 있었습니다.」 그러고는 이렇게 덧붙였다. 「금융 위기와 그 여파로 인해 미국과 전 세계 수많은 사람들이 받았던 고통에 대해 진심으로 안타까운 마음을 가지고 있습니다.」

하지만 월스트리트는 보다 강력한 정부의 필요성에 대해 여전히 회의적이다. 그리고 특히 다이먼이 그러한 시각을 열성적으로 드러내고 있는 것은, 아마도 그가 그 문제에 대해 가장 할 말이 많은 은행가이기 때문일 것이다. 어쨌든 다이먼은 자기 감시에 능한 몇 안 되는 CEO 중 하나다. 거래를 성사시키는 다이먼의 천재적인 능력의 산물이라고 할 수 있는 JP모건은 그가 회장으로 있는 동안에 월스트리트 기업들의 대차대조표를 완전히 망가뜨렸던 여러 가기 위험한 상품들로부터 용케 거리를 유지할 수 있었다. 다이먼이 이끌었던 JP모건은 2008년 3월 (헐값에) 베어스턴스 Bear Stearns를 인수함으로써 당시 뉴욕 연방준비은행 총재였던 티모시 가이트너를 도와줄 만큼 충분한 영향력을 확보할 수 있었다. 그리고 이 거래를 성사시키기 위해 다이먼은 많은 스타들을 초청했던 자신의 52번째 생일 파티장에서 서둘러 빠져나오기까지 했다.[46] 다이먼은 처음부터 재무부의 요청으로 부실 자산 구제 금융을 받아들였던 것이라고 주장했다. 당시 재무부는 구제 금융 프로그램이 전반적인 차원에서 이루어지지 않으면, 월스트리트에서 특히 취약한 기업들이 더욱 심각한 곤란에 빠지게 될 것이라고 걱정했다. 2009년에 「뉴욕 타임스」는 다이먼을 오바마가 좋아하는 은행가로 꼽았으며, 당시 대통령 비서실장이었던 람 이매뉴얼은 JP모건 이사회에서 연설을 하기로 약속까지 했었다.[47] (하지만 그 사실이 언론에 보도되고, 월스트리트 특정 기업과의 밀월 관계 때문에 구설수에 오르내리는 것을 백악관이 부담스러워하면서, 이매뉴얼은 마음을 고쳐먹었다.)

이러한 일련의 사건들로 다이먼의 콧대는 더 높아졌고(그 또한 하버드 대 경영대학원을 졸업하면서 퀸즈에서 월스트리트로 올라섰던 많은 자수성가형 플루토크라트들 중 한 명이다), 정부가 부담을 가중시키는 규제 법안들과 함께 물러나 준다면 기업들이 경제를 더 잘 이끌어 나갈 수 있다는 그의 생각은 더욱 확고해졌다.

카니와 열띤 논쟁을 벌이기 몇 달 전, 다이먼은 자신의 감독 기관인 연방준비제도이사회의 의장 벤 버냉키Ben Bernanke에게 자본 요건을 강화하는 방안의 위험성에 대해 경고함으로써 애틀랜타에서 열린 공개 질의응답 시간을 뜨겁게 달구었다. 〈대부분의 악당들이 이제 사라졌습니다〉[48]라는 말로 다이먼은 말문을 열었다. 다음으로 찰리 윌슨의 말을 그대로 뒤집어 JP모건에게 나쁜 것은 국가 전체에도 나쁘다고 지적했다. 「경제 위기의 한가운데에서 이를 극복하려는 노력을 방해하고 있는 우리의 잘못을 고발하는 책을 누군가가 10년, 20년 뒤에 쓰지 않을까 걱정됩니다. ……이러한 모든 것들[규제 방안들]의 누적 효과를 누군가는 연구하려 들지 않을까요? 그리고 오랜 세월이 흘러 지금의 상황을 돌아보았을 때, 우리의 은행, 신용, 기업, 그리고 무엇보다 중요한 일자리 창출이 다시 정상 궤도에 올라서는 데 그토록 오랜 시간이 걸린 이유가 지금의 규제 방안들 때문이었다는 사실을 밝혀낼지도 모른다는 걱정을 여러분도 저처럼 하고 있는 것은 아닌가요? 지금의 규제가 우리의 발목을 잡고 있는 것은 아닐까요?」

그 전에도 다이먼은 대중들 앞에서 정부의 경제 관리 능력에 불신을 드러낸 적이 있었다. 2010년 1월 워싱턴에서 열렸던 금융위기규명위원회 청문회에서 다이먼은 이렇게 말했다. 「어느 날 제 딸이 학교에서 전화를 걸어 이렇게 묻더군요. 〈아빠, 금융 위기가 뭐예요?〉 저는 진지하게 이렇게 얘기해 주었습니다. 〈5년이나 7년마다 찾아오는 일이란다.〉 그러자 아이는 이렇게 말하더군요. 〈그런데 왜 다들 이렇게 난리예요?〉」[49]

카니의 세계관은 이와는 대척점에 서 있다. 그로부터 9개월 뒤 베를린에서 카니는 다이먼의 딸과 관련한 일화를 완곡한 화법으로 일축했다. 다이먼의 이름을 직접 언급하지는 않았지만, 그가 한 언급을 암시하면서 〈지긋지긋〉하다고 얘기했다. 그는 우리들이 왜 한 금융가가 얘기했던 〈경기 주기에 관한 지긋지긋한 이야기를 받아들여야 하는지〉 물었다. 다이먼과 논쟁을 벌이고 나서 48시간 이후에 가졌던 한 워싱턴 연설에서 카니는 다이먼이 월스트리트의 〈운명론〉이라고 표현했던 것에 대해 이렇게 반박했다. 「인류는 모든 곳에서 배우고 발전하기 위해 열심히 노력해 왔습니다. 지난 몇 년 동안의 암울한 경험을 통해 우리는 세계 금융 시스템의 효율성과 탄력성을 강화해야 한다는 사실을 깨달았습니다. 뚜렷한 목표와 확고한 실천 의지만 있다면 충분히 가능합니다. 실제로 변화를 위한 최근의 노력들이 성과를 드러내고 있습니다.」

카니는 또한 금융권이 로비를 벌일 때 습관적으로 제시하는 케케묵은 논리를 비판했다. 그 논리란 규제 기관이 새로 규칙을 만들어 봤자 금융권은 규제를 피해 갈 방도를 늘 찾아내어 사실상 아무런 효력을 발휘하지 못하기 때문에 새로운 규칙을 마련하는 것은 쓸데없는 짓이라는 것이다. 완곡하게 표현하고 있기는 하지만, 이러한 논리는 규제 기관이 아무리 애써 봤자 은행가들과 그들이 고용하고 있는 변호사들을 당해 낼 재간이 없다는 얘기다. 이는 익히 알려져 있는 사냥터지기와 밀렵꾼의 관계에 관한 논의(우리는 테러리스트와 보안 규정 사이의 관계에 대해서도 똑같은 논의를 적용할 수 있을 것이다)에 돈과 능력주의라는 흥미로운 주제를 더한 것이다. 금융가들이 자신을 규제하고 있는 관료들보다 100배 이상으로 많은 돈을 벌고 있는 상황에서(다이먼과 버냉키의 경우가 그렇다)[50] 정부 관료들은 지적 능력에서 항상 뒤처질 수밖에 없는 것인가?

그 격차는 봉급 명세서보다 일의 수행에 쓰이는 재원에서 더 뚜렷하게 드러난다. 비즈니스 세상에 있었을 때 500만 달러를 연봉으로 받았던 한 백악관 관료는 아시아에서 열린 한 회의에 참석하기 위해 비행기 일반석을 타야 한다는 사실에 크게 당황했다. 그때 그는 그 일이 무척 힘들고, 특히 50이 넘은 나이로서는 대단히 버겁게 느껴졌다. 2011년 봄, 워싱턴에서 뉴욕으로 가는 길에 미국의 상품선물거래위원회 직원들은 암트랙이나 델타셔틀 대신 일인당 왕복 요금이 30달러에 불과한 메가버스를 선택함으로써 1천 달러가 넘는 돈을 절약했다.[51] 증권거래위원회 직원들은 그들이 감독하고 있는 은행들 대부분이 모여 있는 뉴욕으로 출장을 갈 때, 숙박비를 아끼기 위해 종종 억지로 당일치기 일정을 잡는다. 영화 속에서는 버스에 탄 가난한 사람이 개인용 제트기를 탄 부자를 물리치지만, 현실에서는 사실 그러한 사례를 찾아보기 힘들다.

카니의 연봉은 50만 달러에 달하지만, 그 금액은 2011년 기준으로 캐나다에서 가장 많은 돈을 버는 베이스트리트 금융가가 벌어들이는 수입의 20분의 1도 안 되는 것이다. 하지만 카니는 금융가들이 금융 시스템보다 앞서 있다는 바로 그 사실 때문에 규제가 더욱 중요하다고 설명한다. 「새롭고 개선된 규제가 필요하지만, 그것만으로는 충분치 않습니다. 사람들은 규제를 피해 가는 길을 항상 발견해 냅니다. 그리고 어떤 방법들은 잠깐 동안 성공을 거두기도 합니다. 그렇기 때문에 효과적인 감독이 중요한 것입니다. 효과적인 감독만큼 훌륭한 규제는 없습니다. 뛰어난 감독관은 규정 자체를 뛰어넘어 그 근본 취지까지도 고려합니다.」[52]

그로부터 8개월 후, 다이먼은 의도하지 않게 카니의 입장을 옹호하는 편에 서게 된다. 2012년 5월 10일, JP모건은 〈런던 고래〉라는 별명으로 유명한 한 직원이 신용 파생 상품에 손을 잘못 대는 바람에 20억 달러가 넘는 손실이 발생했다는 사실을 인정했다. 그러나 JP모건의 내부 사정을 잘 알고 있는 애널리스트들은 그 손실 규모가 60억 달러에 이를 것으로 예측했다. 지난 3년 동안 다이먼을 필두로 한 월스트리트는 정부의 과도한 규제 정책이 금융 시장을 마비시키고 있다고 끊임없이 주장해 왔다. 그러나 런던 고래 사건은 무모한 도박이야말로 가장 위험한 것이라는 사실을 보여 주었다. 이에 대해 미국 하원의원 바니 프랭크는 이렇게 설명했다. 〈적어도 20억 달러에 이르는 금액을 고려할 때, 2008년 위기의 원인을 제공했던 무책임한 행동을 다시 반복하지 않기 위한 법안 따위는 필요없다고 금융 기관들이 주장하기는 아주 어려워졌다.〉[53]

자본 요건을 둘러싼 힘겨루기 상황에서 금융가들은 연방준비제도이사회가 그린스펀 시절처럼 자율 규제를 기반으로 한 시스템으로 다시 돌아가기를 바랄 것이다. 하지만 플루토크라트와 정부 사이의 관계에서 더욱 중요한 사실은, 비즈니스 집단이 바라는 것이 단지 작은 정부는 아니라는 점이다. 적극적으로 개입에 나서는 거대 정부들이 때로는 플루토크라트들의 친구가 되기도 한다. 중국이나 러시아와 같은 국가 자본주의 사회가 그렇다. 또한 정부의 특혜가 수익 기반인 방위 산업이나 로비를 통해 보호주의 법안을 통과시킨 조지 W. 부시 시절의 미국 철강 산업 역시 그랬다. 그리고 이 이야기는 금융가들이 자신의 기업을 살리기 위해 어마어마한 구제 금융을 요구했던 2008년과 2009년의 월스트리트에도 그대로 해당된다. GDP를 기준으로 할 때, 그 기간은 레닌의 국유화 이래로 정부가 국가 경제에 가장 대대적으로 개입했던 때였다. 이러한 점에서 작은 정부와 자유로운 기업의 열성적 신봉자들도 정부와 최대한 좋은 관계를 유지하는 것이 기업의 의무라고 생각할 것이다. 보수적인 슈퍼팩을 후원하고 있는 억만장자 헤지펀드 매니저 켄 그리핀은 이렇게 설명했다. 〈CEO들에게는 주주들에 대한 의무가 있다. 정부가 특혜를 나누어 주려고 할 때, 많은 사람들은 당연히 이를 받아내야 한다고 생각한다.〉[54] 이러한 차원에서 문제의 핵심은 큰 정부 대 작은 정부의 대결이 아니다.

여기서 진정한 문제는 기업과 사회 전체의 이해가 항상 일치하는지, 만약 그렇지 않다면 정부가 기업의 반발에 맞서 공동체 전체의 이익을 수호하기 위한 의지와 능력, 인재를 갖고 있는지에 대한 것이다. 이러한 점에서 카니는 자본 요건을 강화해 나가야 한다고 주장했던 것이다. 토요일 아침 워싱턴 연설에서 카니는 청중들에게 이렇게 상기시켜 주었다. 「4년 전 금융 시장에서 이름을 날렸던 기업들이 자기 자본 비율, 유동성 완충, 위기 관리 차원에서 명백한 무능을 드러내면서 무너졌고, 이는 대공황 이래로 최악의 금융 위기로 이어지고 말았습니다. 이제 세계 선진 경제권들이 전반적인 안전장치로서 규제를 마련해야만 지금 여러분들이 있는 민간 분야의 금융 시장이 다시 자신감을 회복할 수 있습니다. 지속적인 경기 침체로 4조 달러에 육박하는 손실이 발생하고 2,800만 개에 달하는 일자리가 사라진 상황에서 개혁에 대한 당위성은 그때는 물론이고 지금도 분명하게 남아 있습니다.」

당시 캐나다 중앙은행의 자료를 인용하면서, 카니는 〈바젤 III를 기반으로 향후 금융 위기의 위험을 조금이라도 낮출 수 있다면〉 이를 통해 G20 국가들이 얻을 수 있는 경제적 이득은 대략 13조 달러에 이를 것이라고 설명했다. 다시 말해 비즈니스 분야에서 약간의 불이익을 감수함으로써 경제 전반에 도움을 줄 수 있다는 뜻이다. 시카고대 부스 경영대학원의 루이지 징갈레스Luigi Zingales 교수는 이 문제를 시장 옹호promar-ket와 기업 옹호probusiness 사이의 선택 구도로 보고 있다. 슈퍼엘리트 집단은 강력한 시장 경제를 기반으로 탄생했지만, 아이러니하게도 그들의 힘이 세지면서 그들이 시장 경제의 적으로 돌변할 가능성이 있는 것이다.

미국을 사랑하는 이민자이자 시장 경제의 열렬한 옹호자인 징갈레스는 그러한 역학 관계에 대해 이렇게 설명한다. 〈진정한 자본주의 사회에서는 강력한 로비 활동을 찾아볼 수 없다. 미국 기업들이 의회에 수십억 달러를 로비 자금으로 퍼붓고 있는 상황에서, 이 말은 이상한 이야기로 들릴 수 있다. 하지만 바로 그 점이 핵심이다. 로비 활동의 목적은 일반적으로 경기장을 평평하게 다듬는 것이 아니라 한 가지 이상의 방향으로 경기장을 기울이는 데 있다. 그리고 실질적으로 자유롭고 개방적인 경제를 강화하기 위한 《시장 옹호》 차원이 아니라 대기업들의 이익을 강화하기 위한 《기업 옹호》 차원에서 이루어지기 마련이다. 열린 경쟁은 대기업들이 끊임없이 경쟁력을 강화해 나가도록 채찍질을 한다. 그러나 시장에서 큰 성공을 거둔 선수들은 그러한 채찍을 피하기 위해, 그리고 기존의 입지를 계속해서 강화해 나가기 위해 실력을 행사한다. 이로 인해 시장 옹호의 입장과 기업 옹호의 입장 간에 첨예한 대립이 사라지지 않는다.〉[55]

누구의 새로운 계급?

1977년 1월에 미국의 기업 이사회들과 대학들은 전혀 예상치 못했던 뉴스에 깜짝 놀랐다. 그것은 포드 자동차의 회장이자 CEO, 그리고 설립자 포드의 손자인 헨리 포드 2세가 포드 재단 이사회에서 물러난다는 소식이었다.

〈포드의 이름을 단 자동차에 일본 엔진을 집어넣는 일은 없을 것이다〉[56]라는 원칙으로 혼다 엔진을 포드에 장착해 보라는 리 아이아코카의 제안을 단호히 거절했던 공격적이고 솔직한 경영 방식으로 유명한 해군 장교 출신의 포드 2세는 언론에 흘렸던 직설적인 사직서에서 이렇게 사퇴 이유를 밝혔다.

포드 재단은 우리의 경제적 시스템의 성과를 기반으로 존재하고 성장한다. 경쟁력 있는 기업의 수익이 모든 것을 가능케 한다. 미국 기업들이 일구어 낸 풍요로움 덕분에 우리 재단을 비롯한 다양한 단체들이 그 역할을 수행할 수 있는 것이다. 이 말은 곧 재단이 자본주의의 산물이라는 뜻이다. 자선 사업 분야에서 일하고 있는 많은 전문가들은 이러한 주장에 분명 충격을 받을 것이다. 재단이 맡고 있는 역할 속에서 이러한 진실을 간파해 내기란 쉬운 일이 아니다. 많은 단체의 활동 속에서, 특히 재단 기부 프로그램의 수혜자인 대학들의 모습 속에서 이러한 사실을 발견하기는 더욱 힘들다. ……나는 지금 임직원 여러분들에게 재단의 존재를 가능하게 만들어 주는 시스템은 반드시 보존할 가치가 있다고 이야기하고자 한다. 이제 임직원들 모두 우리 사회의 경제 시스템에 대한 자신의 의무에 대해 고민해 볼 시간이 온 것 같다. 그리고 그 시스템의 가장 대표적인 후손으로서 무엇보다 설립자들의 뜻을 살리고 발전시켜 나가기 위해 앞으로 재단이 어떻게 나아가야 할지 고민할 때가 온 것 같다.[57]

이후 드러난 것처럼 그의 사임은 그 가문의 이름을 딴 재단에 직접적인 영향은 미치지 않았다. 사실 포드 재단은 그의 할아버지인 헨리 포드와 아버지 에드젤 포드가 1936년에 주로 세금 회피, 그리고 그들 가문이 자동차 비즈니스에 대한 경영권을 계속해서 확보하기 위한 방안으로서 설립한 단체다. 애초의 목적에 부합되는 것이기는 하지만, 그의 사임으로 인해 포드 가문은 1977년 이후로 그 자선 단체에 관한 도덕적인 차원 이외의 모든 권한을 잃어버렸다.

그러나 사회적, 문화적으로 한창 시끄러웠던 1970년대에 그 사건은 그다지 중요한 일이 아니었다. 당시 포드 재단의 대표를 맡고 있던 맥조지 번디McGeorge Bundy는 포드 후손의 입장에서 대중적인 비난에 대해 콧대 높은 무관심으로 일관했다. 「당연하게도 사람들이 자신의 편지를 진지하게 읽어 볼 것이라고 생각할 것입니다. 하지만 편지 한 장이 우리 재단의 진로에 영향을 미칠 것이라고는 생각하지 않습니다.」[58]

그러나 포드의 사퇴는 하나의 전환점으로 드러났다. 그것은 부분적으로 한 사람과 그의 기업, 그의 가문이 자선 사업 분야에서 거대한 비중을 차지하고 있었기 때문이다. 당시 포드 CEO 연봉은 미국에서 두 번째로 높았고, 매출 규모에서 포드 자동차는 미국에서 네 번째로 큰 기업이었다.[59] 게다가 자선 사업 분야에서 포드가 차지하고 있던 비중은 훨씬 더 높았다. 그때까지만 하더라도 포드는 미국 최대의 자선 단체로, 1954년을 기준으로 그 후원 규모는 2위인 록펠러보다 네 배나 더 많았고, 3위인 카네기의 열 배가 넘었다.

더 중요한 사실은, 포드의 사임은 미국의 많은 기업가들의 마음속에서 자라나고 있던 두려움, 즉 그들이 국가적인 이념 싸움에서 밀리고 있다는 우려를 그대로 확인시켜 주었다는 점이다.[60] 위대한 포드 세대는 제2차 세계 대전을 승리로 이끌었고, 그리고 고향으로 돌아와서 20년 동안이나 역사적으로 전례 없는 사회 전반적인 번영의 시대를 일구어 나갔다. 그러나 그들은 미국의 지성적, 이념적 근간을 이루고 있는 대학과 재단, 언론 기관 등의 공공 단체들이 비즈니스와 자본주의로부터 등을 돌리고 있다는 사실을 두려워하게 되었던 것이다.

포드의 선언이 있고 3개월 후 미국 평론가 어빙 크리스톨Irving Kristol은 한 유명한 기사에서 그 사건을 〈학계와 비즈니스계〉[61] 사이의 갈등으로 설명했다. 〈대부분의 주요 대학들과 마찬가지로 미국의 주요 단체들 대부분은 반기업적인 성향이 대단히 자연스러운 흐름으로 자리 잡아 가고 있는 여론의 분위기를 그대로 반영하고 있다.〉

오늘날의 기준으로 본다면 분명히 맞는 말이다. 당시 상위 소득 계층에 대한 한계 세율은 70퍼센트였으며, 자본 이득에 대한 최고 세율은 49퍼센트에 달했다. 그리고 투자 은행과 상업 은행 업무를 엄격하게 분리하는 글래스-스티걸법의 제한에 묶여 있었던 월스트리트는 금융 산업에서 지루한 보조자의 역할에만 머물러 있었다. 박애 자본가들의 후예들처럼 1960년대와 1970년대의 재단들은 자선 사업을 통해 정부 정책에 영향력을 행사할 수 있기를 기대하고 있었다.

하지만 그 시대의 재단들은 비즈니스 분야에서 쌓은 기술을 공익 분야에 적용하기보다는 민간의 자선 사업을 정부 사업으로 형태를 전환하고자 했다. 하버드 대학의 사회 이론가이자 포드 재단의 영향력 있는 공익 사업 책임자였던 폴 일비세이커Paul Ylvisaker는 이후에 그 재단의 역할이 〈따로 떨어져 있고 임시방편적인 자선 사업 관련 법안들을 정당한 절차로 입법화된 사회적 구제 방안으로 전환함으로써 사회 보장과 생활 보조금, 교육의 권리와 같은 프로그램과 정책〉[62] 수준으로 승격시키는 것이었다고 설명했다.

크리스톨은 기업들이 자제할 필요가 있다고 주장했다. 그는 사회적 책임에 대해 기업들마다 생각이 다르겠지만, 그래도 세상을 자본주의와 자본가들에게 안전한 공간으로 만들어 나가는 것이 그러한 사회적 책임에 포함되어 있다는 데는 모두 동의할 것이라고 쓰고 있다. 〈민간 분야에서 비교적 자율적인 단체로서 기업의 생존 자체를 한 가지 목표로서 항상 간직하고 있어야 한다는 사실에 대부분의 기업들이 아마 동의할 것이다. 그리고 이를 위해 우리 사회의 교수와 교사, 지식인, 평론가, 다시 말해 새로운 계급이 만들어 내고 있는 대중 여론의 분위기를 조성하고 변화시키기 위한 노력이 당연히 뒤따라야 한다.〉

크리스톨은 다소 온건한 주장으로 글을 마무리 짓고 있다. 여론에 영향을 미치기 위해서 기업들은 〈강력한 민간 분야를 보존해야 한다고 믿고 있는〉, 〈다양한 의견들을 가진〉 새로운 계급의 구성원들을 지지해야 한다고 주장하고 있다. 지성의 전쟁터에서 스스로 군대를 확보하지 못하면 기업들은 정치적인 전쟁에서, 그리고 궁극적으로 경제적인 전쟁에서 패하고 말 것이다. 〈새로운 계급들과의 그 어떠한 직접적인 논쟁에서도 기업은 절대 승리할 수 없을 것이다. 자녀에게조차 자신의 비즈니스가 도덕적으로 정당하다고 설득하지 못하는 기업가들은 세상 누구도 설득할 수 없을 것이다. 기존 이념에 대항하려면 새로운 이념을 제시해야만 하고, 이념 싸움에서의 승패는 새로운 계급에 대항해서가 아니라, 새로운 계급 안에서 갈릴 것이다. 그 싸움에서 기업의 역할은 분명하지만, 대부분이 안일하게도 그 사실을 깨닫지 못하고 있다.〉

물론 크리스톨 자신 역시 다른 의견을 가진 새로운 계급의 일원이다. 결론 부분에서 그는 석유 탐사를 위해 유능한 지질학자를 채용하는 것처럼, 앞으로 기업들은 자신과 같이 〈대안을 제시하는〉 지식인들을 적극적으로 발굴해 내야 한다고 강조하고 있다. 그리고 그 이후로 30년 동안 크리스톨과 동료 보수 지식인들, 그리고 그들을 후원했던 기업가들은 보수적인 싱크 탱크와 재단, 엘리트 언론 및 대중 언론 기업들로 이루어진 네트워크를 구축하는 훌륭한 성과를 일구어 냈다. 그러나 정말로 놀라운 점은 힐러리 클린턴의 표현대로 〈우익의 거대한 음모〉의 등장이 아니라, 1977년 크리스톨이 신랄하게 비판했던 분위기가 오늘날 그의 생각에 더욱 힘을 실어 주고 있다는 사실이다.

미국 주요 신문들의 지면을 잠깐 살펴보자. 실업률이 9퍼센트 수준이고, 미국 정부가 돈을 빌리는 비용을 의미하는 미국 재무부 단기 증권의 10년 이자율이 역사적으로 낮은 수준인 3퍼센트 언저리에 머물고 있던 2011년 4월 5월, 미국의 5대 일간지들은 재정 적자에 관해서는 총 201건의 기사를 실었지만, 실직에 관한 기사는 고작 63건을 싣는 데 그쳤다.[63] 1960년대에 좌파는 문화적인 논쟁에서 압도적인 승리를 거두었지만, 우파는 경제적인 논쟁을 위한 기반을 다지는 데 성공했다. 그리고 이는 1퍼센트에게 좋은 결과를 낳았다.

민주당 출신 대통령 일가들이 살아가는 모습은 이와 비슷한 이야기를 들려준다. 백악관에서 성년이 되었던 지미 카터의 딸, 아미 카터는 1985년에 남아프리카 대사관에서 벌어졌던 인종차별 반대 시위에 참여했다(이로 인해 체포되었다). 아미는 자신이 아르바이트로 일하던 애틀랜타 서점의 매니저와 결혼했다. 다음 민주당 대통령의 딸인 첼시 클린턴은 한 헤지펀드 회사에서 경영 컨설턴트로 일했다. 마찬가지로 민주당 집안의 후손인 첼시의 남편은 골드먼삭스에서 일하다가 결혼을 하고 나서 손수 헤지펀드 회사를 차렸다.

크리스톨이 언급한 새로운 계급이 승리를 거둘 수 있었던 한 가지 이유는 그들의 주장이 옳았기 때문이다. 자본주의는 여전히 잘 돌아갔고, 소련의 붕괴는 그들의 승리를 전 세계적인 진실로 입증해 주었다.

물론 공산주의의 몰락은 미국의 새로운 계급에 해당하는 자유 시장 지식인들에게 많은 용기를 불어넣었을 뿐 아니라, 신흥 시장의 새로운 계급에게도 중대한 영향을 미쳤다. 신흥 시장의 지식인들 대부분은 소련의 억압적인 체제에서부터 인도의 다소 자유롭지만 비효율적인 체제에 이르기까지 다양한 형태의 중앙집중식 계획 경제 속에서 살았다. 하나의 집단으로 볼 때, 새로운 계급이 거둔 성과는 공산주의 치하에서도 그리 나쁘지 않았다. 셀레니와 콘라드는 물론 질라스 역시 그렇게 생각했다. 그러나 실제로 공산주의의 삶을 경험했던 대다수의 사람들에게, 그들의 그러한 생각은 독재 치하의 일상적인 굴욕적 삶과는 무관한 것이었다. 신흥 경제 국가들의 경우, 그 성적표는 더욱 극명하게 드러난다. 인도와 중국은 보다 자유로운 시장 경제를 통해 지난 30년 동안 수억 명의 사람들을 가난으로부터 구제하는 성과를 이룩했다. 이는 같은 기간에 공산주의식 계획 경제가 이룩하지 못한 놀라운 업적이었다.

그 결과, 1970년대의 미국에서 크리스톨이 다른 의견이라고 표현했던 사고방식이 지성적인 차원에서 우위를 점하는 현상이 벌어졌다. 1990년대 폴란드의 바르샤바에서부터 에스토니아의 탈린, 그리고 모스크바에 이르기까지 예전 바르샤바 체제의 똑똑한 지식인들은 공산주의에서 자본주의로 이동하는 방법을 모색하고 있었다. 또한 똑똑한 중국 지식인들 역시 똑같은 문제로 고민하고 있었다. 오늘날 아프리카 대륙 외부에서 가장 유명한 아프리카 출신 지식인으로 활동하고 있는 담비사 모요 Dambisa Moyo은 해외 원조가 결국 강대국이 그들의 잇속만 차리고 권력을 빼앗기 위한 것이라고 주장했다.

자칭 자본가들의 도구인 『포브스』지는 미국 시장의 인쇄 및 잡지 산업의 슬픈 운명과 더불어 점진적인 쇠퇴를 겪고 있다. 그러나 다른 한편에서 『포브스』는 전 소련의 세 국가들과 인도, 중국, 중동을 비롯하여 총 15개국에서 출간을 하고 있다. 고위 비즈니스맨들의 자랑스러운 학술 바이블인 『하버드 비즈니스 리뷰』는 11개국에서 발행되고 있으며, 모스크바 지하철 가판대에서도 쉽게 찾아볼 수 있다.

새로운 계급의 크리스톨 진영은 경제적인 차원에서도 세계적인 우위를 점하고 있다. 크리스톨이 활동하던 시절에 좌파 성향 지식인들은 일류 대학과 싱크 탱크, 언론 등 크리스톨이 맹비난을 퍼부었던 이념적 성향을 풍기는 기관들에서 안정적이고 사회적 지위도 높은 일자리를 차지하고 있었다. 하지만 오늘날, 특히 플루토크라트들의 은행 잔고에 비교할 때, 대학들 및 주요 언론사들은 힘든 재정 상황으로 어려움을 겪고 있다. (얼마 전 「파이낸셜 타임스」의 발행인은 실적이 좋았던 해에도 그 언론 그룹 전체 수익이 중간 수준의 월스트리트 증권 중개인의 보너스와 맞먹는 수준에 불과했다고 내게 측은하게 얘기했다.) 몇몇 싱크 탱크들은 비교적 튼튼한 재정 기반을 유지하고는 있지만, 그들과 관계를 맺고 있는 박애주의 자본가들에게 상당 부분 의존하고 있는 실정이다.

크리스톨이 가장 두려워했던 새로운 계급의 구성원들, 즉 인문학 분야의 학자들은 오늘날 가장 심한 압력을 받고 있다. 예전에 새로운 계급의 상류층으로 올라가는 티켓이었던 인문학 분야에서 박사 학위를 받는 것은, 오늘날 한 낙담한 학자가 〈대학원에 가지 말아야 할 100가지 이유〉라는 제목의 한 유명 웹사이트를 만들 정도로 비참한 일이 되어 버렸다. 우파가 최고의 악마로 묘사했던 새로운 계급의 조직들 중 하나인 국립예술기금National Endowment for the Arts에서 일한 바 있는, 에모리 대학의 영문학과 교수 마크 바우어라인Mark Bauerlein은 「예일 데일리 뉴스」를 통해 이렇게 밝혔다 〈인문학을 공부하기 위해 학교로 들어간다는 것은 이해할 수 없는 일이다.〉[64]

다른 한편에서는 슈퍼엘리트들이 번영을 누리고 있고, 그들이 즐겨 〈사고 리더십Thought leadership〉이라고 부르는 것에 대한 지출 또한 늘어나고 있다. 충분히 예측할 수 있듯이, 이는 다시 새로운 계급으로 이루어진 단체들의 분위기에 영향을 미치고 있다. 하버드 대학의 총장 드루 파우스트는 취임 연설에서 인문학 분야에서 경력을 쌓으려는 하버드 졸업생이 거의 없다시피 하고, 그렇게 많은 사람들이 월스트리트로 향하는 이유는 〈은행 강도 윌리 서턴의 말처럼 거기에 돈이 있기 때문〉[65]이라고 말하며 안타까운 표정을 지었다.

이처럼 동기 부여에서 나타난 변화는 강력한 문화적 변화로 이어졌다. 1969년 하버드의 급진 행동파들은 힘을 합해 ROTC가 캠퍼스를 떠나도록 압력을 넣었다. 그러나 일부 하버드 학생들이 부시 대통령의 고문을 지낸 그레고리 맨큐Gregory Mankiw의 강의를 거부하는 운동을 벌였을 때, 「뉴욕 타임스」 발행인 양성소인 『하버드 크림슨』은 〈학교에 남아 있어라 Stay in School〉라는 제목의 논평을 통해 그 시위자들을 비판했다. 게다가 그 교수를 지지하는 여섯 명의 학생들은 박수갈채와 함께 〈우리는 그렉 맨큐를 사랑합니다〉[66]라고 외치면서 그를 환영했다. 롬니 선거 캠프의 고문을 맡았던 맨큐 교수는 요즘 학생들은 예전에 비해 사회 정의에 별로 관심이 없다고 지적했다. 그는 그 사건에 대한 논평에서 이렇게 언급했다. 〈가장 먼저 향수를 느낄 수 있었다. 나는 베트남 전쟁과 학생 운동이 한창이던 1970년대 후반에 대학에 들어갔다. 그러나 요즘 학생들은 사회 개혁을 촉구하는 시위보다 자신의 이력서를 화려하게 꾸미는 데 더

많은 정성을 쏟는다.〉[67]

맨큐 교수의 많은 제자들은 아마 월스트리트에 취직할 것이다. 그러나 새로운 계급으로 남아 있는 사람들 중에서는 슈퍼엘리트와 가장 가까운 관계를 맺고 있는 사람들만이 성공을 누리게 될 것이다. 지식인으로서 먹고 사는 제일 좋은 방법은 슈퍼엘리트들의 스승이 되거나 그들의 직원이 되는 것이다. 교수들 중에서 억대 연봉을 받는 사람들은 법학과 공학, 경영학, 그리고 컴퓨터 과학 이 네 가지 분야뿐이다.[68]

더 중요한 것으로, 종종 신흥 시장들의 경우, 플루토크라트들이 중요하게 생각하는 분야에서 활동하는 학자들은 슈퍼엘리트들을 대상으로 조언을 하거나 연설을 함으로써 그들의 수입을 몇 배로 높일 수 있다는 사실이다. 하버드 대학 교수 니얼 퍼거슨Niall Ferguson이 내게 들려준 이야기처럼, 이스탄불의 한 터키 플루토크라트가 주최한 사모펀드 컨퍼런스에서 자신이 연설을 했던(이후 우크라이나 플루토크라트인 빅토르 핀추크의 얄타 연설로 이어졌던) 바쁜 주말 동안, 하버드대 경영대학원 교수들이 그 세계적인 연설 모임에 참석하기 위해 급히 공항으로 향하던 목요일 오후 시간에 매사추세츠 주 케임브리지에서 빠져나오는 길들이 정체를 빚는 일까지 벌어졌다. 그리고 뉴욕의 한 논픽션 베스트셀러 작가는, 문학 쪽에서 활동하고 있는 가난한 친구들에게 자신의 성공 비결은 기업인들이 대서양을 건너는 비행기 안에서 읽을 수 있는 책을 쓰는 것이라는 이야기를 종종 들려준다고 한다.

슈퍼엘리트들에게 연설을 해준 대가로 그들로부터 돈을 받고 있기는 하지만, 이들 교수들은 경제에 대해 접근하는 사고의 틀을 우리 모두에게 제시하고 있다.[69] 그것은 대개 강의실과 그들의 컴퓨터를 통해 이루어지고 있지만 입법을 둘러싼 논쟁에서 〈독립〉 전문가로서 그들이 수행하는 역할을 통해서도 이루어진다. 로이터에서 일하고 있는 나의 세 동료들은 2010년에 수행한 한 연구를 통해, 금융 위기 대처 방안을 놓고 입법자들이 논쟁을 벌이던 대단히 중요한 시기인 2008년 말에서 2010년 초 사이에 상원 은행위원회와 주택금융서비스위원회에서 학자 82명이 했던 96건의 증언 가운데 약 3분의 1이 금융 기관들과의 관계를 숨기고 있었다는 사실을 밝혀냈다.

승자 독식 정치학[70]

때로는 정치인들도 새로운 계급을 이루는 또 하나의 구성원이 된다. 그들의 학술적 동료들이 여전히 종신 임용 제도에 의존하고 있는 반면 (비록 점점 더 초라해지고는 있지만), 정치인들은 슈퍼엘리트에 더 많이 의존한다. 다시 한 번 이 이야기는 우파뿐만이 아니라 하나의 집단으로서 모든 정치인들에게 해당되는 말이다. 물론 자금 모금이 그 이야기의 가장 큰 부분을 차지하고는 있지만, 그 관계는 드러나 있는 것보다 훨씬 더 강력하다.

가장 먼저 정치인 집단에서 슈퍼엘리트의 수가 점점 더 증가하고 있다. 2010년을 기준으로 미국 의회 전체 구성원들 중 거의 절반에 해당하는 250명이 백만장자인 것으로 밝혀졌고, 그들의 평균 순재산은 91만 3,000달러로 미국 평균의 9배가 넘었다. 미국 의회의 의원들은 점점 더 부자가 되고 있다. 2004년에서 2010년 사이에 그들의 순재산은 15퍼센트나 증가했다. 그중 10명 이상은 1억 달러 이상의 재산을 보유한 진정한 플루토크라트들이다.[71]

한 연구 결과는 이러한 정치인들이 워싱턴에서 일했던 경력으로부터 부를 쌓는 데 많은 도움을 얻었다는 사실을 보여 주고 있다.[72] 조지아 주립 대학의 앨런 지오브롭스키 교수와 그의 동료들이 조사한 바에 따르면, 미국 하원의원들의 주식 포트폴리오 수익률은 적극적인 투자 전략에도 불구하고 6퍼센트에 그친 반면, 상원의원들의 투자 수익률은 12퍼센트를 상회하고 있었다. 이들 경제학자들은 이러한 투자 실적의 차이는 〈중요한 정보 우위〉에 따른 것으로 보았다. 게다가 이들 입법자들은 내부자 거래를 금지하는 법률의 적용도 받지 않고 있었는데, 이러한 상황은 2012년 4월 4일 오바마 대통령이 그러한 관행을 금지하는 법안에 서명할 때까지 지속되었다. 그러나 런던 정치경제대학과 MIT의 연구원들은 입법자들의 투자 수익률이 시장 평균에도 미치지 못했다는 연구 결과를 발표함으로써 이전의 연구 결과를 반박했다.[73] 그래도 두 연구 결과 모두 미국 정치인들과 그 유권자들 사이의 경제적 격차, 그리고 이로 인한 입장의 차이는 계속 벌어지고 있다는 사실을 드러내고 있다.

여기서 확실한 사실 한 가지는, 정치 경력의 경제적 가치는 공직을 떠나고 난 뒤에 비로소 빛을 발한다는 것이다. 정치인들은 자리에서 물러나고 나서야 그들이 보유하고 있던 플루토크라트들과의 인맥을 돈으로 바꿀 수 있다. 그러한 환금화가 이루어지고 나면 그들은 억만장자의 반열에 올라서기도 한다. 2000년에서 2007년 사이에 클린턴 부부는 1억 1,100만 달러를 벌어들였는데,[74] 그중 거의 절반은 클린턴이 연설의 대가로 받은 돈이었고, 또한 그 가운데 상당 부분은 핀추크 같은 세계적인 플루토크라트들이 지불한 것이었다. 민주당의 상원 원내총무를 지낸 톰 대슐Tom Daschle은 사모펀드 투자가 레오 힌드리Leo Hindery의 급여 대상자 명단에 이름이 올라 있던 4년 동안 200만 달러가 넘는 돈을 벌었으

며, 최근 비난을 받고 있는 운전기사까지 딸린 자동차를 포함한 특별 대우를 누렸다.[75]

폴슨 장관과의 오찬

가령 대슐이 받았던 자동차, 또는 2010년 화제의 다큐멘터리 영화인 「인사이드 잡Inside Job」에 실수로 등장하여 인터뷰를 했던 경제학자들이 밝힌 컨설팅 수입처럼, 이러한 인맥 관계들은 때로 정치적 스캔들로 이어진다. 하지만 여기서 중요한 것은 개인의 부패가 아니라, 뷰이터가 지적한 것처럼 체계적인 약탈이다.

슈퍼엘리트들을 흡혈귀 오징어로 비유한 시나리오는 흥미로우면서 감성적인 공감대를 이끌어 낸다. 월스트리트 세계로 들어선 슈퍼엘리트, 경제학 교수가 된 그들의 하버드 동문들, 그리고 미국 상원의원들이 중산층을 뜯어 먹겠다는 거대한 음모(아마도 하버드 비밀 모임인 포셸리언 클럽에서 시작된)에 가담한다는 상상은 재미있다. 그러나 이러한 인맥 관계의 영향력은 대단히 중요한 요소이기는 하나, 그렇게까지 부정적인 것은 아니며, 또한 훨씬 더 모호한 형태로 나타난다.

예를 들어 미국 상원의원들이 유권자의 재산에 따라 그들의 목소리에 차별적으로 귀를 기울인다는 사실에 대해 생각해 보자. 정치학자 래리 바텔스Larry Bartels의 연구 결과에 따르면, 소득 피라미드를 세 단계로 나누었을 때, 상원의원들은 중간 단계 유권자들보다 맨 위 단계 유권자들의 목소리에 50퍼센트나 더 많이 반응한 것으로 나타났다. 반면 맨 아래 단계 사람들은 그들의 주장을 전달할 기회가 거의 없었던 것으로 드러났다.[76] 또 다른 놀라운 사실은, 이러한 현상과 관련하여 바텔스는 민주당 의원들과 공화당 의원들 사이에 유효한 차이를 발견하지 못했다는 것이다.

경제 위기가 절정에 이른 2008년 7월, 당시 미국 재무부 장관이었던 행크 폴슨이 참석한 뉴욕의 한 특별한 오찬에서도 우리는 이러한 인맥 관계의 위력을 엿볼 수 있다.[77] 골드먼삭스 출신이자 이튼 파크Eton Park 헤지펀드 설립자인 에릭 민디시Eric Mindich가 3번가에 위치한 자신의 사무실에서 마련한 그 오찬에는 열 명 정도의 헤지펀드 매니저들이 참석했는데 그중 다섯 명 이상은 골드먼삭스의 중역이었으며, 폴슨 또한 2006년에 재무부로 자리를 옮기기 전에 골드먼삭스의 CEO로 있었다. 그로부터 3년 뒤 정보공개법에 따른 요청과 끈질긴 조사를 통해 블룸버그의 한 기자가 밝혀냈던 것처럼, 그 자리에서 폴슨은 패니메이(연방저당권협회)와 프레디맥(연방주택금융저당회사)을 정부 관리 체제로 편입시킴으로써 정부가 그 준(準)민간 기업들을 완전히 통제하려는 시나리오에 대해 개략적인 이야기를 들려주었다. 그리고 7주 후, 폴슨은 그 시나리오를 실제로 실행에 옮겼다.

그 자리에 참석한 인물들은 폴슨 장관이 설명한 시나리오를 가지고 충분히 경제적인 이익을 얻어 낼 만한 위치에 있는 사람들이었다. 그 사적인 정보의 가치를 알아본 한 참석자는 즉각 자신의 변호사에게 전화를 걸어 이번 기회를 이용하는 것이 법적으로 문제가 없는지 물어보았고, 그 변호사의 대답은 부정적이었다. 그 자리에 있었던 사람들 모두 그렇게 신중하게 처신했는지 확인할 도리는 없지만, 대담한 성격이었다면 아마 크게 한몫 잡았을 것이다. 그해 9월 폴슨이 패니메이와 프레디맥의 관리에 들어갔을 때, 두 기업의 주식은 모두 이전보다 크게 떨어진 1달러 이하가 되었으며, 그 주식을 빨리 팔아치웠던 사람들은 화를 면할 수 있었다.

그 오찬에서 가장 놀라운 점은, 그 일이 너무나 공개적인 장소에서 벌어졌다는 사실이다. 대부분 지인들로 이루어진 많은 사람들이 참석했기 때문에 폴슨은 자신의 이야기가 그리 오랫동안 비밀로 남아 있을 것이라고 기대하지는 않았을 것이다. 나중에 당시 오찬에 대해 인터뷰를 했던 몇몇 참석자들은 그 시나리오에 대해 이야기를 늘어놓았던 폴슨의 진정한 의도는 앞으로 벌어질 사태에 대해 비공식적 차원으로 시장 전반에 경고 메시지를 보내고, 이를 통해 치명적인 사태를 사전에 예방하기 위한 것이었다고 말했다.

게다가 행크 폴슨은 사람들 앞에서 그러한 실수를 저지를 초보도 아니다. 2006년 재무부 장관으로 임명되기 전에도 폴슨은 워싱턴에서 일을 한 적이 있었다. 20대 시절에는 펜타곤에서 근무를 했으며, 이후 닉슨 대통령 시절에는 백악관에서도 일했다. 골드먼삭스에서 30년의 경력을 쌓는 동안 폴슨은 조직 내부는 물론 브로드스트리트 85번지에 위치한 유구한 역사의 본사 건물을 넘어 중국과 같은 먼 나라의 인사들과도 강력한 인맥을 순식간에 구축해 내는 탁월한 정치적 수완으로 명성이 자자했다. 그는 투자 은행에서 대외 관계 업무로 경력을 쌓았고, 골드먼삭스에서는 노련한 관리자로서 이름을 떨쳤다. 폴슨과 함께 일을 했던 골드먼삭스의 한 파트너는 감탄하는 표정으로 내게 이렇게 말했다. 「시카고 지사를 운영했을 때, 폴슨은 조직 전체가 자신을 위해 일하도록 만들었죠」

그렇다면 무슨 이유로 이 똑똑하고 노련한 리더가 골드먼삭스를 싫어하는 사람들의 판타지 속에나 등장하는 일종의 비밀 모임이라 할 수 있는 개념 없는 오찬에 참석했던 것일까? 이에 대해 공화당 지지자이자 자유 시장 경제학의 정신적 고향인 시카고 대학의 교수인 징갈레스는 뷰이터의 인지 포획 이론을 제시했다.

징갈레스는 이렇게 쓰고 있다. 〈최근 정부 고위급 인사들 중 금융 분야에서 훈련을 받고 경험을 쌓은 사람들의 비중이 대단히 높다. 지난 여섯 명의 재무부 장관들 중 네 명이 여기에 해당한다. 사실상 그 네 사람 모두 직간접적으로 골드먼삭스라고 하는 하나의 기업과 연결 고리를 갖고 있다. 그러한 관계 자체가 문제인 것은 아니다. 결국 정부는 가장 똑똑한 최고의 전문가들이 모여 있는 금융 시장에서 인재를 데려와야 하기 때문이다.〉[78]

그러나 이러한 성실한 실력파들은 〈제너럴 모터스에 좋은 것은 미국에도 좋다〉고 말한 찰리 윌슨의 잘못된 판단을 수용할 가능성이 크다. 징갈레스는 이렇게 주장했다. 〈문제는 금융 분야에서 오랜 세월을 보낸 사람들은 그 산업의 이익이 국가의 이익과 항상 일치한다고 생각하는 경향이 있다는 것이다. 그리고 이는 충분히 이해할 수 있는 일이다. 지난 가을에 폴슨 재무장관이 의회에 출석하여 7천억 달러의 구제 금융을 승인하지 않으면 우리가 알고 있던 세계는 모두 끝날 것이라고 주장했을 때, 그 말은 진심에서 우러나온 것이었다. 그리고 어느 정도는 맞는 말이다. 그가 살고 일했던 세상은 구제 금융이 없었더라면 사라졌을지 모른다. 하지만 헨리 폴슨의 세상은 대부분의 미국인들이 살고 있는 세상이 아니며, 또한 우리의 경제 전체가 존재하는 세상도 아니다.〉

이튼 파크 오찬 회동이 드러냈던 지극히 편협하게 왜곡된 세계관은 그 인간적인 요소에 의해 더욱 강화된다. 징갈레스는 이렇게 설명한다. 〈문제를 악화시키는 것은 정부에서 일하고 있는 사람들이 《외부》 정보를 얻기 위해 그들이 신뢰하는 동료들의 네트워크에 의존하려는 성향이다. 그러나 그 네트워크 속 구성원들이 모두 동일한 배경을 가진 사람들이라면, 지극히 제한된 정보와 생각들만이 정책 입안자들의 귓속으로 흘러들어 갈 수밖에 없을 것이다.〉

징갈레스는 자신의 말에 설득력을 더하기 위해 프랑스의 사례를 들었다. 프랑스 정치 엘리트 양성소라고 할 수 있는 에콜 폴리테크니크의 막대한 영향력으로 인해(아이비리그 대학들이 미국 사회에 미치는 영향력보다 실질적인 차원에서 훨씬 더 강력하다), 이 나라의 많은 리더들은 공학 분야, 특히 원자핵 공학 분야에서 집중적인 훈련을 받았다. 이에 따라 원자력 산업과 관련하여 프랑스 정치인들의 인지 포획 현상이 대단히 뚜렷하게 드러나고 있다. 실제로 프랑스가 소비하고 있는 전력의 절반 이상이 원자력 발전으로 충당되고 있으며, 이는 세계 어느 국가들보다 높은 비중이다.

인지 포획의 힘은 완전히 내재화된 형태로 존재한다는 사실에 있다. 평론가들, 특히 좌파적 입장을 취하는 평론가들은 슈퍼엘리트들을 종종 오웰주의적 관점으로 바라본다. 다시 말해 하위 계층이 어떤 고통을 겪을지 잘 알면서도, 비정하게 자신의 이익만을 챙기는 이중 사고Double-think의 대가들로 슈퍼엘리트들을 바라본다. 그러나 그들이 그 정도로 사악한 마음을 갖고 있는 것은 아니다. 실제로 슈퍼엘리트들은 자기 자신과 그들의 회사, 또는 그들이 활동하고 있는 산업에 이익이 되는 정책들이 다른 모든 사람들에게도 마찬가지로 이익이 된다고 진심으로 확신하고 있다.

도드-프랭크Dodd-Frank 금융 규제 법안을 둘러싼 로비 활동이 한창이던 2010년 봄, 나는 한 비즈니스 토론에서 사회를 맡은 적이 있었다. 참석자들 중에는 JP모건에서 온 고위 임원도 있었는데, 그는 기업이 워싱턴 입법가들을 〈교육〉시키는 데에 얼마나 많은 시간과 돈을 들여야 하는지에 대해 구구절절이 불만을 늘어놓았다.

듀크 대학의 댄 애리얼리는 연구를 통해 자신에게 어울리는 것을 믿으려고 하는 인간적인 성향을 분석해 보았다. 그리고 무언가가 자신의 개인적인 이익에 큰 도움이 될 때, 사람들은 그것이 〈나를 위해 좋은 것〉일 뿐 아니라, 다른 모든 사람들에게도 무조건 〈좋은 것〉이라고 믿게 된다는 사실을 확인할 수 있었다. 애리얼리는 내게 이렇게 설명했다. 「내가 당신에게 큰돈을 주면서 특정한 방식으로 어떤 문제를 바라보도록 주문한다면, 당신은 분명히 그렇게 할 것입니다. 가령 일 년에 5백만 달러를 주면서 모기지 상품이 좋은 것이라고 생각하도록 요청을 한다고 상상해 봅시다. 그러면 당신은 분명 그것을 좋아하는 것처럼 행동할 겁니다. 하지만 진짜 문제는 어느새 당신이 정말로 그것이 더 좋은 상품이라고 믿기 시작한다는 겁니다. 이는 사실로 드러나고 있습니다. 실제로 사람들은 가슴 깊이 간직하고 있는 신념까지도 쉽게 바꾸어 버릴 수 있습니다.」[79]

애리얼리 교수는 이렇게 말했다. 「특정한 방식으로 현실을 바라봐야만 하는 분명한 동기가 주어질 때, 사람들은 결국 그러한 방식으로 바라보게 됩니다. 그 사람이 나빠서가 아니라, 그 또한 인간이기 때문이죠」

그리고 우리는 자신의 이기심은 물론, 주변 동료들의 이기심으로 물든 색안경을 쓰고 세상을 바라본다. 애리얼리 교수는 내게 이렇게 말했다. 「인간은 진정으로 사회적 동물입니다. 그렇기 때문에 이방인이 아니라 친구의 시선으로 세상을 바라봅니다. 불평등이 야기하는 한 가지 문제는 단일한 사회가 아니라 다중적인 사회를 만들어 낸다는 것입니다. 불평등이 집단의 내부와 외부 사이에 또 다른 분리의 층을 만들어 내는 것이죠」[80]

존 대시우드와 이복 남매들

제인 오스틴은 한가로운 토지 귀족들이 제조업과 상업으로 성장한 실력자들로부터 그들의 기득권에 대해 맹공격을 당하기 직전인 산업 혁명의 여명기에 살았다. 애리얼리처럼 실험적인 환경의 도움을 받지 못했음에도 불구하고, 오스틴은 자기 합리화로 치우치는 인간의 타고난 성향을 정확하게 간파하고 있었다.

그녀가 1811년에 쓴 소설 『이성과 감성Sense and Sensibility』의 첫 장면을 떠올려 보자. 아버지의 임종을 지키던 존 대시우드는 의붓어머니와 이복 남매들을 끝까지 보살피기로 맹세를 한다. 실제로 그는 그렇게 할 생각이었다. 〈《정말로 그는 그들에게 3,000파운드를 줄 생각이었다. 그 정도 돈이면 아마 충분할 것이다! 편안한 삶을 살 수 있을 것이었다. 3,000파운드! 자신이 조금만 양보하면 그 정도는 해줄 수 있는 돈이었다.》 존은 하루 종일, 그리고 며칠 동안을 계속 생각했고, 그리고 후회하지 않았다.〉[81]

하지만 노아랜드파크의 새로운 지주가 된 대시우드는 그 돈을 놓고 다음 주부터 자신의 아내와 계속해서 이야기를 나누면서, 원래의 액수를 조금씩 줄여 나간다. 〈절반만 주는 게 모두를 위해 좋을 거야. 500파운드도 그들에게는 엄청난 돈이지!〉 여기서 대시우드가 금액을 줄이는 것이 〈모두에게〉 이익이 될 것이라고 생각했다는 사실에 주목하자.

다음으로 의붓어머니에게만 연금으로 주는 것보다 더 좋은 방법이 있을 것이라는 생각이 든다. 〈일 년에 100파운드씩 주어도 모두 편안하게 먹고 살 수 있을 거야.〉

하지만 좀 더 생각해 보니 그것도 많다는 생각이 들었다. 그는 아내에게 이렇게 말한다. 「여보, 당신 말이 맞아. 연금으로 주지 않는 게 더 나을 것 같아. 일 년에 한 번 주는 것보다, 가끔씩 돈을 주는 게 그들에게도 더 도움이 될 거야. 한꺼번에 많은 돈이 생기면, 씀씀이만 헤퍼지고 결국 연말쯤이면 모두 빈털터리가 되어 있겠지. 그러니 가끔씩 주는 게 좋을 것 같아. 이따금 50파운드씩 주면 돈 때문에 힘든 일은 없을 거야. 그러면 아버지하고 했던 약속도 지킨 셈이고 말이야」

그러나 결국 존은 그것마저도 많다는 결정을 내린다. 〈아내의 말처럼 완전히 예의에 어긋난 경우가 아니라면, 아버지의 미망인과 그 딸들을 위해 지나친 호의를 베푸는 것이 전혀 불필요한 배려라는 결론에 그는 도달했다.〉

결론

우리 사회는 민주주의를 갖거나, 또는 소수에게 집중된 부를 가질 수 있다. 그러나 둘 다를 가질 수는 없다.[1]

— 루이스 브랜다이스

자유보다 평등을 우선시하는 사회는 둘 다 놓치고 말 것이다. 그러나 평등보다 자유를 우선시하는 사회는 두 가지 모두를 상당 부분 누릴 수 있을 것이다.[2]

— 밀턴 프리드먼

오늘날 베네치아에 해당하는 북아드리아 해 연안 석호 지대는 원래 훈족을 비롯한 다양한 독일 민족들의 파상적인 공격을 피해 살기 좋은 내륙 도시들로부터 도망 온 피난자들이 정착했던 곳이었다. 겨울에는 안개가 자욱하고, 여름에는 벌레들이 득실대는 이 습한 섬 지역은 꽤 안전한 은신처가 되어 주었다. 들어가기도 힘들뿐더러, 항상 우중충한 날씨에 살기도 좋지 않은 이곳을 굳이 정복할 이유가 없었기 때문이다.

그러나 14세기 초에 이르러 베네치아는 런던의 세 배, 그리고 파리와 어깨를 나란히 하는 유럽에서 가장 부유한 도시로 성장해 있었다. 베네치아는 제국의 위용을 떨쳤다. 그 도시 국가는 4차 십자군 원정에 자금을 댔고, 북쪽 기름진 평야로 세력을 확장했다. 그리고 가르다 호수와 아다 강 북서쪽으로 뻗은 달마티아 해안을 따라 오늘날의 크로아티아 영토 깊숙이 확장해 나갔으며, 지중해의 사이프러스와 에게 해의 크레타까지 지배했다.

세레니시마*의 핵심 권력과 그 역할은 상업에 기반을 두고 있었다. 전성기를 구가할 무렵 3만 6천 명에 달하는 베네치아 선원들과 3,300척의 배들이 세계 해상 통로를 누볐다. 베네치아는 그 시대의 석유라고 할 수 있는 해상 무역을 장악했고, 비잔티움 및 근동 지역과 무역을 했다. 베네치아 상인이자 개척자인 마르코 폴로는 중국 방문을 통해 서구 유럽에 중국이라고 하는 나라를 소개하는 중요한 역할을 했다. 그리고 역시 무역업자인 그의 아버지는 몽고의 황금 군단과 거래를 했다. 14세기 베네치아 사람인 프란체스코 페트라르카Francesco Petrarca는 산마르코 계류장이 내려다보이는 베네치아식 창가에 앉아 친구에게 보낼 편지를 쓰면서 그 도시를 일구어 낸 베네치아 사람들의 능력과 상업적 야망에 대해 이렇게 감탄하고 있다. 〈자네가 이 배를 보았다면, 보통 배가 아니라 대양의 파도를 가르고 나아가는 산이라고 생각했을 걸세. ……이 배는 돈 강을 따라 저 멀리 흑해로 향할 것이고, 많은 선원들은 상륙을 했다가 또다시 여행을 하겠지. 갠지스 강과 코카서스 산맥을 넘어 인도로, 그리고 더 멀리 중국과 동쪽 바다를 향해 나아갈 거야. 인간의 마음을 사로잡는

* 당시 베네치아의 공식 명칭은 세레니시마 레푸블리카 디 베네치아Serenissima Repubblica di Venezia였다.

부를 향한 끝없는 욕망은 어디서 나오는 것일까?〉

베네치아는 그 시대의 슈퍼엘리트들, 그리고 그들을 부유하게 만들어 준 경제적, 정치적 체제를 기반으로 권력과 돈을 거머쥐었다. 베네치아 경제의 중심에는 〈코멘다commenda〉가 있었다. 한 건의 무역 거래가 이루어지는 동안 존재하는 코멘다는 오늘날 합자 회사의 원형에 가까운 것이었다. 코멘다의 가치는 새로운 진입자들에게 경제의 문을 열어 두었다는 사실에 있다. 코멘다는 〈국내에 머무르면서〉 무역 거래를 위한 자금을 대는 투자자, 그리고 힘들고 위험한 여행을 수행할 상인들 사이의 협력 관계로 이루어진다. 투자자가 거래를 위한 자본 전부를 부담하는 경우에는 수익의 75퍼센트를 가져가고, 3분의 2를 부담하면 절반을 가져간다. 이러한 코멘다 시스템은 베네치아의 경제 성장과 사회적 유동성을 가능케 하는 강력한 동인으로 기능했다. 960년, 971년, 982년도 정부 문건들을 연구했던 역사가들은 그 자료들에 등장하는 엘리트 시민들 중에서 새로운 이름이 각각 69퍼센트, 81퍼센트, 65퍼센트의 비중을 차지했다는 사실을 확인했다.

세레니시마가 성장하면서 베네치아 엘리트들은 큰돈을 벌었다. 그러나 개방적인 경제 시스템들이 항상 그렇듯, 베네치아의 상황 역시 대단히 혼란스러웠다. 사람들은 대개 사회적 유동성을 전반적인 차원에서 긍정적인 개념으로 받아들이지만, 상류층의 입장에서 유동성이란 외부 기업가들과 계속해서 경쟁해야만 하는 힘든 상황을 의미하는 것이다. 이와 같은 창조적 파괴의 순환이 베네치아의 상류층을 탄생시켰음에도 불구하고, 그 도시 국가의 경제력이 절정에 달했던 1315년에 이들은 자신들의 특권을 영구화하려고 획책했다. 베네치아는 다양한 계층의 사람들이 공화국의 통치자인 총독의 결정에 대해 의견을 개진할 수 있는 비교적 개방적인 정치 체제를 기반으로 발전했으며, 성공을 거둔 외부인들도 지배 계급으로 합류할 수 있었다. 하지만 1315년, 통제력을 점차 강화해 나가던 그 도시 국가는 베네치아 귀족들에 대한 공식 명부라고 할 수 있는『황금의 책*Libro D'Oro*』을 펴내면서 사회적 유동성을 공식적으로 금지했다. 그 명부에 이름이 올라와 있지 않은 사람은 지배 계급이 될 수 없었다.

초기의 대표 민주주의로부터 이후 과두 체제로의 정치적 변화는 대단히 충격적인 것이었으며, 베네치아 사람들은 이를 폐쇄라는 의미로 〈세라타La Serrata〉라고 불렀다. 그리고 정치적 세라타는 얼마 지나지 않아 경제적 세라타로 넘어갔다. 과두 체제하의 베네치아 정부는 계속해서 새로운 진입자들의 상업적 기회를 차단해 나갔다. 베네치아를 비롯하여 이탈리아의 다른 도시 국가들을 부유하게 만들어 주었던 혁신적인 법률 제도인 코멘다는 금지되었다. 세레니시마의 지배 엘리트들은 자신의 근시안적인 이기심만을 좇았다. 새로운 기업가들의 유입을 차단함으로써 기득권 계층은 그 도시에서 돈을 벌어들일 수 있는 기존의 모든 분야를 독점했다. 그러나 세라타는 베네치아 과두 체제가 몰락하고, 그리고 거시적인 차원에서 베네치아의 영광이 몰락하는 출발점인 것으로 드러났다. 1500년경 베네치아의 인구는 1330년의 인구보다 적었다. 그리고 유럽의 나머지 지역들이 성장을 가속화하던 17세기와 18세기에 한때 최고 부자 도시였던 베네치아는 계속 위축되어만 갔다.

대런 애스모글루와 제임스 로빈슨 두 사람은 베네치아의 성장과 몰락에 관한 이야기를 통해 국가의 성공과 실패가 통치 기관의 포용성과 배타성에 달려 있다는 자신들의 이론을 설명하고 있다.[3] 그들의 설명에 따르면, 착취적인 국가는 사회 전체로부터 가능한 많은 이익을 뽑아내고,

자신의 권력을 유지하는 것을 목표로 삼는다.

반면 포용적인 국가는 모든 구성원들에게 통치 방식에 대한 발언권과 경제적 기회에 대한 접근성을 보장한다. 포용적인 사회들은 대체로 선순환 방식으로 수익을 창출하며, 그 과정에서 높아진 포용성은 사회적 번영으로 이어지고, 이는 다시 더 높은 포용성을 향한 동기를 제공한다. 더욱 큰 포용성을 가진 사회를 구현하기 위한 혁명으로부터 탄생한 미국 사회를 바로 그러한 선순환의 역사로 해석할 수 있다.

그러나 애스모글루와 로빈슨은 세라타의 사례를 이러한 선순환이 무너질 수 있다는 증거로 제시하고 있다. 포용적인 시스템 덕분에 성공을 거둔 엘리트들은 그들이 꼭대기로 밟고 올라갔던 사다리를 걷어차고 싶은 유혹을 느낀다. 이러한 플루토크라트들의 성장을 걱정해야 하는 이유는 더 있다. 심각한 불평등은 시민 사회의 가치와 범죄율, 도덕성에 부정적인 영향을 미치며, 한 연구에 따르면 건강마저도 해칠 수 있다. 그리고 또 하나의 중요한 문제는 세라타가 상징하는 위험이다. 최상층은 더욱 부유해지면서, 게임의 법칙을 자신들에게 유리하게 바꿀 수 있는 더 큰 힘을 갖게 된다. 그러한 힘은 곧 저항하기 힘든 유혹이 된다.

세라타가 적절한 사례가 될 수 있는 이유는, 사회를 폐쇄적으로 바꾸어 버린 베네치아 지배층은 사실 강력한 열린 경제를 기반으로 성장했기 때문이다. 그들이 처음부터 지배층이었던 것은 아니다. 그들은 스스로의 노력으로 지배층이 되었다. 계급에 관한 공개적인 논의에 지나치게 민감한 미국과 같은 나라에서도 심각한 소득 불평등의 문제가 정치적 기정사실로 자리 잡으면서, 플루토크라트들을 선한 사람과 악한 사람으로 구분하는 시각이 보편적으로 나타나고 있다는 점에서 이는 대단히 중요하다. 가령 스티브 잡스는 영웅이고, 로이드 블랭크페인은 악당이다. 대

기업은 나쁘고, 소기업은 착하다. 사모펀드는 악덕하고, 지방 은행은 선량하다. 월스트리트 기업들은 구제 금융을 받을 자격이 없는 투기꾼들이고, 디트로이트 자동차 기업들은 보호해야 할 일꾼들이다.

이러한 이분법을 가장 환영하는 사람들은 물론 〈착한〉 플루토크라트들이다. 에릭 슈미트는 내게 이렇게 말했다. 「정부가 금융 산업에 부당한 특혜를 주었고, 그건 분명 불공정한 처사였기 때문에 우리 사회에는 아직 분노가 많이 남아 있습니다. 하지만 사람들은 마이크로소프트나 빌 게이츠에게도 그런 분노를 느끼고 있습니까? 글로벌 기업을 이룩한 역사적인 미국인들은 누구입니까? 저는 국가의 경제 지대를 가지고 개인의 이익만 추구한 부자들과 새로운 비즈니스나 새로운 부의 원천을 창조한 부자를 구분하려는 노력이 대단히 중요하다고 생각합니다.」[4]

이러한 말에도 일리는 있다. 플루토크라트들을 지대 추구자와 가치 창조자로 구분하는 방식으로 우리가 살고 있는 사회가 포용적인지, 착취적인지를 가늠해 볼 수 있다. 그리고 포용적인 경제 시스템을 구축하기 위해 지대 추구를 좇는 기업이 아니라, 가치 창조를 추구하는 기업에게 기회를 주어야 한다. 그러나 이러한 이분법은 도를 넘어서기 마련이다.

가장 먼저, 플루토크라트들을 분류하는 마법의 모자가 없기 때문에, 누가 가치 창조자이고 누가 지대 추구자인지 정확하게 가려 낼 방도가 없다. 타락한 플루토크라트들로부터 선한 플루토크라트들을 구분하고 그들을 차별 대우하고자 한다면, 〈잘못된〉 형태의 부를 만들어 내는 지대 추구의 문제부터 먼저 되짚어 봐야 한다.

1퍼센트를 추적하고 있는 경제학자 이매뉴얼 사에즈는 내게 이렇게 말했다. 「어떤 활동들은 제로섬 게임과 같은 반면, 다른 활동들은 일반 시장처럼 가치 창조적이라는 말은 아마 사실일 겁니다.」[5] 하지만 어떤 활동이 그러한 것인지 구분하는 것은 완전히 다른 이야기다. 「좋은 기업과 나쁜 기업을 분류하고, 나쁜 기업들을 특별 세금 같은 방식으로 처벌하는 일을 정부에게 모두 맡겨도 된다고 생각하는 사람은 없을 겁니다. 만약 그렇게 된다면 기업들은 오로지 로비에 사활을 걸게 될 것입니다…… 〈이것은 좋은 기업이고, 이것은 나쁜 기업이다〉라는 판단은 경제학자들에게조차 버거운 과제입니다. 특히 상황이 진행 중인 동안에는 더욱 힘들겠죠」

더욱 중요한 사실은 좋은 사람과 나쁜 사람의 차이는 우리가 생각하는 것만큼 그렇게 분명하지 않다는 것이다. 포용적 사회와 착취적 사회는 분명히 다르지만, 그 속에서 활동하고 있는 경제 엘리트들은 돈을 벌고, 자신의 경쟁력을 지키고자 하는 동일한 동기를 따라서 움직인다. 자신에게 유리하게 게임의 법칙을 바꾸려는 시도는 예외적인 모습이라기보다는 모든 기업들이 추구하는 것이다. 여기서 중요한 문제는 선한, 또는 비열한 기업가들을 구분하려는 노력이 아니라 우리 사회가 합리적인 법칙을 유지하고, 그리고 모두가 그 법칙을 지키도록 국가 기관이 실력을 행사할 수 있는가 하는 것이다.

하나의 사례로, 공식적으로 선한 미국의 억만장자 영웅 워런 버핏이 2008년에 주주들에게 보내는 서한에서 밝힌 자신의 투자 철학을 한번 들여다보자. 거기서 버핏은 이렇게 이야기했다. 〈진정으로 위대한 기업은 투자 자본에 대한 최고 수익을 보장하기 위해 장기적인 차원에서 《해자(垓子)》를 구축해 놓아야 합니다. 자본주의의 〈창조적 파괴〉는 사회 전반에 많은 이익을 가져다주기는 하지만, 투자의 확실성에는 걸림돌이 됩니다. 해자를 계속해서 새로 만들어야 한다면, 해자가 아예 없는 것과 다를 바 없습니다.〉[6] 버핏은 열린 경제의 창조적 파괴가 국가 전체를 위해 이익이 된다는 사실을 잘 이해하고 있었다. 하지만 그와 같은 영리한 자본가들은 스스로를 『황금의 책』으로 가두어 넣었던 베네치아 사람들처럼 해자를 지어서 자신을 보호하는 전략을 선호한다.

버핏은 낮은 비용으로 생산을 하고 세계적인 브랜드를 창조하는 방법을 해자로 들고 있지만, 자신에게 유리한 정부 규제 또한 강력한 해자가 될 수 있다.

헤지펀드 창업자이자 반정부 운동가인 켄 그리핀이 〈주주들에 대한 의무〉를 다하기 위해 CEO는 〈선물을 나누어 주려는〉 정부에 마땅히 손을 벌리고 있어야 한다고 언급했던 사례에서 알 수 있듯이, 정부라고 하는 해자를 구축하려는 시도는 이데올로기나 도덕의 문제가 아니라 비즈니스 차원에서 판단을 내려야 하는 문제다.

순수하게 비즈니스적인 판단으로 해자를 구축했다고 하더라도, 그러한 결정이 반드시 높은 수익을 보장하는 것은 아니다. 가령 마이크로소프트는 대단히 효과적이고 수익성 높은 해자를 구축하는 데 성공했지만, 그 이미지는 세계 최고의 혁신가에서 혐오스러운 기술 업체로 추락하고 말았다. 그 해자를 통해 빌 게이츠는 억만장자가 되었지만, 미국과 유럽 지역의 공정 거래 감독 기관들은 사회 전체적으로 피해를 입힐 수 있다는 판단하에, 해자를 건널 수 있는 다리를 놓으라고 마이크로소프트에게 압력을 넣고 있다.

모든 기업가는 그들만의 세라타를 꿈꾼다. 그리고 다른 사람들에 비해 강력한 힘을 가질 때, 세라타를 구축할 수 있는 힘도 그만큼 강력해진다.

『황금의 책』이 지닌 목표 중 하나는 귀족으로서의 특권을 그들의 자녀들에게로 넘겨주는 것이었다. 이는 극심한 소득 불평등이 몰고 온 두 번째 위험이다. 오늘날 플루토크라트들은 엄청난 경제 변화 속에서 막대한 이익을 챙긴 현대의 강도 귀족들이다. 그러나 이들이 자신의 부를 유산으로 물려주기 시작하면서, 플루토크라트 집단의 모습은 〈일하는 부자〉로부터 광란의 1920년대에 〈부자로 태어나〉 특권을 누리며 자란 임대 수입자로 바뀌어 가고 있다. 한 세대에서 다음 세대로 넘어가는 특권의 전이는 점진적이고 누진적으로, 그리고 지극히 개인적으로 이루어진다. 그리고 포용적인 사회적, 경제적 질서를 배타적인 질서로 바꾸어 버린다는 점에서 이 문제는 세라타보다 훨씬 심각한 것이라 하겠다.

대통령 직속 경제자문위원회를 이끌었던 앨런 크루거는 이러한 경제적 현상을 〈위대한 개츠비 곡선〉으로 설명한다.[7] 캐나다의 경제학자 마일스 코락Miles Corak의 연구에 근거한 〈위대한 개츠비 곡선〉은 소득 불평등과 사회적 유동성 사이의 관계를 나타내고 있다. 이 곡선은 소득 불평등이 심각해질수록 사회적 유동성이 떨어지는 현상을 보여 준다. 그리고 이러한 현상은 초기의 높은 사회적 유동성을 바탕으로 기업가적인 도전이 왕성하게 일어나면서 상류층이 막대한 부를 축적했던 사회의 고유한 패러독스를 드러낸다. 일류 공립 대학들, 정부로부터 연구 지원 혜택을 받았던 실리콘밸리, 또는 코멘다 시절의 베네치아를 생각해 보자. 슈퍼엘리트들이 성장하는 데 강력한 동력으로 작용했던 이러한 집단과 사회는 시간이 흐르면서 그들이 이룬 성공의 전제 조건이었던 높은 사회적 유동성을 잃어버릴 위험에 처하게 되었다.

오늘날 황금의 책 멤버십은 귀족 목록이나 신탁자금 유산보다 훨씬 미묘한 형태로 드러나고 있다. 점점 더 복잡해지고 있는 오늘날의 경제 상황에서 진정한 황금의 책은 일류 대학 졸업장이며, 그 졸업장은 점점 더 글로벌 슈퍼엘리트들의 차지가 되어 가고 있다. 통계 자료들 역시 고등

학교 성적보다 부모의 재산이 일류 대학 졸업장과 더 밀접한 관계가 있다는 사실을 보여 주고 있다.[8] 상류층으로 올라가려는 노력보다 지금 상류층에 있는 것이 더욱 중요한 것이다. 이처럼 세대를 뛰어넘는 지대 추구의 위력은 저항하기가 더욱 힘들다. 한편에서 우리는 금융가들이 규정을 자신들에게 유리한 쪽으로 바꾸기 위해 로비를 벌이고 있으며, 마이크로소프트가 막강한 시장 지배력을 가지고 경쟁을 억압하고 있다고 비난할 수 있다. 그런데 99퍼센트가 자신들의 자녀를 위해 바라고 있을 것을 1퍼센트들이 바란다고 해서 어떻게 비난할 수 있겠는가? 사회적 유동성이 높다는 말은 상류층에게는 아래로 떨어질 위험이 그만큼 더 크다는 의미다. 그리고 그 격차가 더 크게 벌어져 있는 사회일수록 그러한 유동성을 받아들이기는 더욱 힘들다.

2012년 다보스포럼에서 나는 아이비리그에 대한 접근성과 사회적 유동성에 대해 브라운 대학 총장 루스 시먼스Ruth Simmons와 이야기를 나누어 보았다. 아프리카계 미국인으로서는 최초로 아이비리그 대학 총장의 자리에 오른 시먼스는 진보적인 슈퍼엘리트로서 널리 존경을 받고 있으며, 플루토크라트들의 열렬한 지지 또한 얻고 있다. 그리고 최고의 영예라고 할 수 있는 골드먼삭스의 이사회 멤버이기도 하다. (그 자리에는 상징적인 지위 이상의 혜택이 있다. 일 년 연봉이 30만 달러 이상이다. 2010년에 골드먼삭스 이사회 자리에서 물러났을 때, 그녀의 지분은 400만 달러가 넘었다.)[9] 시먼스 총장은 가난한 학생들이 브라운 대학에 입학하고, 그리고 그렇게 들어온 학생들이 학업을 이어 나갈 수 있도록 경제적인 도움을 주는 데 대단히 많은 관심을 가지고 있다. 하지만 내가 동문들의 자녀들에게 특혜를 주는 입학 시스템을 폐지해야 하는 것은 아닌지 물었을 때, 우리의 대화는 사적인 분위기로 바뀌었다.[10] 그녀는 웃으며 이렇게 말했다. 「손녀가 남았거든요. 아직은 때가 아닙니다」

　마르크스는 자본주의적 세라타의 위험에 대해 잘 알고 있었고, 자신의 생각이 틀림없다고 확신했다. 그는 다음과 같은 유명한 말을 남겼다. 〈자본주의 체제는 그 내부에 파괴의 씨앗을 품고 있다.〉 마르크스는 떠오르는 자본가 계급이 근시안적인 베네치아 부자들처럼 그 한계를 넘어서 자신들의 지위를 강화해 나갈 것이며, 결국에는 경제적으로 억압되고 정치적으로 불안한 상황으로 이어질 것이라고 예측했다.

　그 이후 2세기 동안 정치적으로 가장 놀라운 사실은 그러한 마르크스의 예언이 실현되지 않았다는 것이다. 베네치아 귀족들과는 달리, 서구 자본가들은 창조적인 파괴와 새로운 진입자들의 경쟁을 기꺼이 받아들였으며, 보다 포용적인 경제적, 정치적 질서를 구축하고자 했다. 그리고 그 결과, 우리는 지금 인류 역사상 가장 획기적인 진보의 시대를 살아가고 있다.

　그 과정에서 마르크스라는 인물은 엘리트 계급이 그들의 재산을 기꺼이 나누도록 자극했던 하나의 원인으로 작용했다. 즉, 공산주의 혁명에 대한 두려움이 개혁을 향한 가장 강력한 동기로 작동했던 것이다. 볼셰비키 선봉대가 권력을 장악하는 위험을 감수하는 것보다 노동 계급에게 정치적 발언권과 사회적 안전망을 어느 정도 보장해 주는 편이 더 나은 선택이었다.

　20세기가 포용적인 사회의 시대가 될 수 있었던 또 다른 이유는, 비즈니스 엘리트, 특히 세계적으로 독보적인 위치를 차지하고 있는 미국의 엘리트들이 중산층이 잘 살아야 자신들도 번영할 수 있다는 사실을 깨달았기 때문이다. 대량 생산을 위해서는 대량 소비가 필요하다. 헨리 포드의 표현대로, 그가 만든 자동차를 살 수 있는 충분한 돈을 가진 소비자를 포함하고 있는 노동자 계층이 필요했던 것이다.

반면 세계화는 플루토크라트들이 포용적인 사회를 지지해야 하는 정치적, 경제적 동기를 위축시킬 수 있는 요인으로 작용할 수 있다. 그 이유는 오늘날 세계가 경제적으로 서로 긴밀하게 연결되어 있는 상황에서 서구 민주주의 국가들은 신흥 시장에서 시장 수요를 발견할 수 있기 때문이다. 다시 말해 신흥 시장의 떠오르는 중산층에게 물건을 팔 수 있기 때문에, 자국 중산층에게 얽매일 필요가 없다는 뜻이다. 헨리 포드는 충분한 구매력을 가진 자국의 중산층을 필요로 했지만, 그의 후계자들은 대규모 소비자 집단을 발굴하기 위해 신흥 시장으로 눈길을 돌리고 있다.

다른 한편으로 착취적인 신흥 시장에서 성공을 거두고 있는 부자들은 자국의 억압적인 비즈니스 환경 때문에 선진국들이 우위를 점하고 있는 기술 혁신으로부터 도태되지 않을까 하는 걱정을 할 필요가 없다. 공산주의 중국의 소공자들은 서구로부터 기술을 들여올 수 있다. 러시아 올리가르히들은 실리콘밸리에서 가장 주목을 받고 있는 신생 기업에 직접 투자할 수 있다. 그리고 그들 모두 맨해튼과 켄싱턴에 두 번째 집을 사고, 코트다쥐르에 별장을 지을 수 있다. 또한 자녀들을 영국 기숙학교와 미국 아이비리그 대학에 보낼 수도 있다.

세계화, 그리고 그 쌍둥이 경제적 요인인 기술 혁명은 사회를 보다 포용적으로 만들고, 또는 그러한 상태로 유지해야 하는 플루토크라트들의 짐을 또 다른 방식으로 덜어 주고 있다. 그것은 흔히 문화적 세라타라고 부르는 것으로, 황금의 책과 같은 형식적인 정치적 구분 없이도 플루토크라트들과 나머지 다른 사람들을 분리하는 기능을 이미 하고 있다. 다른 사람들과 경제적 격차가 크게 벌어지면서, 플루토크라트들은 그들만의 세계적인 사유지에서 살아가고 있다. 실제로 그 격차는 너무나 엄청나서 오래전부터 계급에 관한 논의에 민감한 반응을 보이는 우파 인사들까지 관심을 보이고 있다. 보수적인 사회학자 찰스 머레이Charles Murray는 완전히 새로운 개념을 제시했는데, 그것은 1퍼센트와 99퍼센트가 서로 다른 문화 속에서 살고 있다는 것이다. 2012년 공화당 예비 선거에서 주요 쟁점은 어마어마한 재산을 보유한 미트 롬니가 일반 유권자들이 살고 있는 세상과 너무 동떨어져 있는 것이 아닌가 하는 것이었다.

플루토크라트들의 정치적 근시안을 악화시킨다는 점에서 문화적 세라타는 대단히 중요한 개념이다. 사람들의 탐욕, 그리고 자본가를 영웅으로 떠받드는 사회적 분위기 역시 경제적 엘리트들이 베네치아 상인들의 실수를 똑같이 반복하도록, 즉 그들만의 쿨에이드(또는 이탈리아 화이트 와인인 프로세코가 더 좋은 비유일 수 있겠다)를 마시고, 그들의 이익을 사회 전체의 이익과 동일시하도록 몰아가고 있다. 낮은 세금과 솜방망이 규제, 형식적인 노동조합과 아무런 제약이 없는 정치 후원 제도는 플루토크라트들에게 최고의 이익을 가져다준다. 그러나 그러한 것들은 오늘날의 슈퍼엘리트들을 양산해 냈던 경제 시스템을 유지하는 데에는 도움이 될 수 없다.

물론 엘리트들은 그들의 존재를 가능케 했던 사회 체제를 고의적으로 파괴하려고 들지는 않을 것이다. 그러나 현명하고 선견지명이 있는 플루토크라트조차 그들 자신의 근시안적 이기심에 눈이 멀어 그들 자신이 살고 있는 사회 번영의 토대를 무너뜨릴 수 있다. 1343년 세레니시마는 교황에게 이슬람 세계와의 교역을 허락해 달라고 요청했다. 그들은 이렇게 말했다. 「우리는 신의 은총으로 태어났고, 세상의 모든 땅과 바다에서 무역과 수익을 일구어 낸 상인들의 노력으로 성장을 했으며, 그것이 바로 우리와 우리 자손들의 삶이 되었습니다. 이제 거래가 없이 살아가는 삶을 생각할 수 없기에 우리는 항상 신중하게 생각하고 움직여야 합니다. 우리의 선조들이 그러했던 것처럼, 우리는 엄청난 재산과 보물이 사라져 버리지 않도록 하기 위해 모든 측면에서 대비를 하고 있어야만 합니다.」[11]

편집증의 미덕에 대해 확고한 신념을 갖고 있는, 인텔의 설립자 앤디 그로브Andy Grove는 도시의 장기적인 번영을 위한 무역과 무역업자들의 중요성에 대해 최고의 설명을 내놓았다. 그러나 그는 몇십 년 전에 세레니시마를 무역의 왕국에서 결국 박물관으로 전락시켜 버린 경제적 배제 작업에 착수했던 엘리트이기도 하다. 흔히들 기업의 황금시대라고 말하는 1969년에서 1976년 사이 골드먼삭스에서 수석 파트너로 있었던 거스 레비Gus Levy는 자신의 철학을 일컬어 일종의 〈장기적 탐욕〉이라고 설명한다. 오늘날 똑똑한 플루토크라트들은 아마 그의 철학을 진지하게 받아들일 것이다. 하지만 거대한 골드먼삭스에서 일하고 있는 레비의 후계자들이 그 철학을 배우고 있다고 해도, 그건 말처럼 쉬운 일이 아닐 것이다.

감사의 글

이 책에 실수와 누락이 있다면 전적으로 내 책임일 것이다. 반면 이 책의 가치는 기자로서 내가 지난 20년 동안 해왔던 모든 작업들과 그동안 내게 가르침을 베풀어 주셨던 모든 사람들로부터 온 것이다. 특히 이 책은 러시아, 우크라이나, 동유럽 지역에서 출판되고 있는 「파이낸셜 타임스」에 실렸던 나의 기사들과 올리가르히의 등장을 다룬 나의 전작인 『세기의 세일 Sale of the Century』에 크게 기대고 있다. 미국판 「파이낸셜 타임스」에 실렸던 기사들, 특히 조지 소로스에 대한 조사와 캐나다 은행들을 주제로 한 부분에도 상당 부분 기반을 두고 있다. 이 책에서 다루고 있는 글로벌 슈퍼엘리트를 주제로 내가 처음으로 썼던 글은 『애틀랜틱』지의 커버 스토리로 실린 바 있다. 그 글을 쓰기 위해 러시아의 실리콘밸리라고 할 수 있는 스콜코보 지역에서 했던 조사 역시 이 책에 많은 도움이 되었다. 로이터의 비디오 인터뷰 및 잡지와 마찬가지로, 로이터와 「인터내셔널 헤럴드 트리뷴」에 게재했던 주간 칼럼은 내 생각을 다듬는 데 많은 보탬이 되었다.

나의 동료들과 편집자들, 그리고 기꺼이 논쟁 상대가 되어 주었던 사람들께 감사를 드린다. 그중 생각나는 사람들로 마틴 울프, 앨리슨 울프, 존 로이드, 데이비드 호프먼, 존 개퍼, 펠릭스 새먼, 짐 임포코, 짐 레드베터, 마이크 윌리엄스, 스튜어트 칼, 앨리슨 스메일, 아나톨 칼레츠키, 데이비드 로드, 데이비드 위튼, 개리 실버만, 프란체스코 게레라, 존 손힐, 앨런 비티, 크리슈나 구하, 로버트 톰슨, 애널리나 매커피, 앤드루 고워스, 리처드 램버트, 대니얼 프랭클린, 세바스티안 맬러비, 퍼리드 자카리아, 데이비드 프럼, 아리아나 허핑턴, 엘리엇 스피처, 스티브 브릴, 앤야 시프린, 스티브 클레먼스, 수전 글래서, 앨리 벨시가 있다. 존경하는 경제학자인 데이비드 가트맨과 조슈아 브라운은 그들의 연구 논문을 길게 인용할 수 있도록 흔쾌히 허락해 주었다. 그리고 나의 상사인 스티브 애들러는 반드시 필요했던 지성적인 지침과 감성적인 격려를 통해 많은 특별한 도움을 주었다. 또한 나의 2011년도 『애틀랜틱』 기사를 편집해 주었고, 이 책의 초고까지 읽고 다듬어 준 돈 펙, 그 작업을 이끌었던 제임스 베넷, 그리고 데이비드 브래들리에게 특히 감사를 드린다.

이 책은 방대한 학술 연구를 기반으로 하고 있다. 그리고 몇 분의 학자들이 소중한 피드백과 자문을 주셨다. 그러한 분들로는 래리 서머스, 대런 애스모글루, 이매뉴얼 사에즈, 제이컵 해커, 앨런 크루거, 브란코 밀라노비치, 대니얼 카우프만, 이언 브레머, 피터 린더트, 마이클 스펜스, 조지프 스티글리츠, 테다 스콕폴, 안데르스 오슬룬드, 로만 프리드먼, 롭 존슨, 세르게이 구리에프, 마이클 맥폴, 에르네스토 세디요, 존 반 리넌, 라구람 라잔, 샤무스 칸, 그리고 고인이 된 이고르 가이다르가 있다.

나는 내 자신의 정치 철학을 설명하면서 종종 간단하게 〈캐나다적〉이라는 표현을 쓰곤 한다. 실제로 캐나다라는 나라는 내 생각의 중심을 차지하고 있다. 중요한 동료와 스승들로는 로저 마틴, 제프 비티, 마크 카니, 다이애나 카니, 폴 마틴, 도미니크 바턴, 마크 와이즈먼, 데이비드 톰슨, 존 스택하우스, 앤 매클렐런, 어넬라이즈 에이콘, 돈 탭스캇, 모리스 로젠버그가 있다.

　많은 플루토크라트들이 내가 그들의 세상을 이해하는 데 도움을 주었고, 그중 일부는 친구로 지내고 있다(항상 입장이 같다는 의미는 아니지만). 그러한 인물들로 조지 소로스, 에릭 슈미트, 빅토르 핀추크, 데이비드와 메리 보이스, 니케시 아로라, 제프 이멜트, 피터 와인버그, 마크 갤로글리, 로저 앨트먼, 데이비드 루벤스타인, 빌 포드, 로버트 루빈, 클라우스 슈바프, 아디트야 미탈, 미하일 프리드만, 블라디미르 구신스키, 이고르 말라셴코를 들 수 있겠다.

　편집자, 연구원, 에이전트들 모두 최선을 다해 주었다. 무엇보다 똑똑하고 영리한 앤 고도프는 힘든 작업을 계속해서 이끌어 주었고, 또한 수고스럽게도 내 아이들을 보살펴 주기까지 했다. 학구적이고 세심한 연구원인 피터 루드게어는 엄청난 양의 조사를 맡아 주었으며, 또한 핵심적인 피드백을 제공해 주었다. 앤의 조수 벤 플라트는 펭귄을 운영하겠다는 꿈을 언젠가 이룰 것이다. 벤은 피터와 함께 많은 도움을 주었고, 주석 작업 또한 맡아 주었다. 피어슨그룹의 회장 마조리 스카디노와 펭귄 CEO 존 매킨슨은 처음부터 이번 프로젝트에 축복이 되어 주었다. 초반부 에이전트였던 팻 카바나와 조에 패그너멘타, 그리고 지금의 앤드루 와일리는 나를 위한 청중을 발견해 주었고, 내가 계속해서 글을 쓸 수 있도록 용기를 주었다. 잠도 자지 않고 일하는 앤드루는 내가 글을 미처 다 쓰기도 전에 초고를 읽어 주었다.

　복잡한 사실 관계들을 확인하는 과정에서 많은 동료와 친구들은 내 부탁 이상으로 보답을 해주었다. 특히 법률과 관련하여 도움을 준 에이미 스티븐스와 네이트 레이먼즈에게 고마움을 표하고 싶고, 키어런 머레이, 데이브 그레이엄, 신시아 바레라, 그리고 남미에 있는 크리스타 휴스에게도 감사의 마음을 전한다. 캐나다 일간지인 「글로브 앤 메일」에서 일하고 있는 나의 동료 마크 매키넌은 중국과 관련된 전문적인 정보들을 아낌없이 나누어 주었다. 『포브스 우크라이나』의 보리스 다비덴코는 나의 두 번째 고향에 대한 정보와 관련하여 큰 힘이 되어 주었다. 네 명의 정보 검증 전문가들인 레이철 브라운, 엘리 스미스, 니콜 앨런, 에스터 이는 힘든 일정 속에서 함께 이 책의 내용들을 꼼꼼하게 확인해 주었다.

내 좋은 친구들은 모두 활력 넘치는 치어리더들이자 기발한 아이디어의 원천이었다. 특히 앨리슨 프랭클린, 로베르타 브레진스키, 루칸 웨이, 아네트 라이언, 카렌 버먼에게 고마움을 전한다. 내니스의 우크라이나 여성들, 특히 나디야 바사라바와 아이라 앤드레이추크는 네 번째 자식 같은 이 책을 쓰는 동안 아이들을 챙겨 주었다.

마지막으로 어느 누구보다 가족과 친지들에게 감사를 드린다. 나탈카 초미악, 마리아 홉친, 크리스티아 초미악, 그리고 시어머니 바바라 볼리는 이번 프로젝트 내내 나의 어머니이자 정신적인 버팀목이 되어 주셨다. 아버지 돈 프릴랜드와 어머니 나탈카 프릴랜드는 지성적으로, 도덕적으로 내게 많은 영향을 미친 분들이다. 언니 앤 프릴랜드와 사촌 카트루시아 엔슬렌과 에바 힘카는 나와 나의 가족들을 돌봐 주었다. 이 책이 세상에 나올 수 있었던 것은 무엇보다 남편이자 동료 작가인 그레이엄 볼리, 그리고 우리 인생에 가장 소중한 세 명의 아이들, 나탈카 볼리, 할리나 볼리, 이반 볼리 덕분이다.

주

들어가며

1 Andrew Carnegie, "Wealth," *North American Review* 148:391 (June 1889).

2 Branko Milanovic, *The Haves and the Have-Nots: A Brief and Idiosyncratic History of Global Inequality* (Basic Books, 2011), p. 84.

3 Bill Clinton, *Back to Work: Why We Need Smart Government for a Strong Economy* (Knopf, 2011), p. 93.

4 Graeme Wood, "Secret Fears of the Super-Rich," *The Atlantic*, April 2011.

5 Alexis de Tocqueville, *Memoir on Pauperism: Does Public Charity Prode an Idle and Dependent Class of Society?*, 1835.

6 Claudia Goldin and Lawrence F. Katz, *The Race Between Education and Technology* (Belknap Press, 2008), p. 87.

7 Michael I. Norton and Dan Ariely, "Building a Better America — One Wealth Quin-tile at a Time," *Perspectives on Psychological Science* 6 (2011).

8 이에 대해 더 진전된 논의를 보려면 Lawrence Summers, "The fierce urgency of fixing economic inequality," Reuters, November 21, 2011 참조.

9 Emmanuel Saez, "Striking It Richer: The Evolution of Top Incomes in the United States (Updated with 2009 and 2010 Estimates)," March 2, 2012. http://elsa. berkely.edu/~saez/saez-UStopincomes-2010.pdf

10 Henry George, *Progress and Poverty: An Inquiry in the Cause of Industrial Depressions and of Increase of Want with Increase of Wealth; The Remedy* (Cambridge University Press,

reprint, 2009), p. 8.

1장 역사, 그리고 역사가 중요한 이유

1 Deirdre Donahue, "Able, Entertaining The Manny Does Triple Duty," *USA Today*, June 18, 2007.

2 저자와의 여러 인터뷰들, Holly Peterson, 2009-2010.

3 Robert Reich, *Supercapitalism: The Transformation of Business, Democracy, and Everyday Life* (Knopf, 2007), p. 113.

4 "Divided We Stand: Why Inequality Keeps Rising," OECD report, December 2011.

5 저자와의 인터뷰, Naguib Sawiris, November 18, 2011.

6 Ajay Kapur, Niall Macleod, and Narendra Singh, "Plutonomy: Buying Luxury, Explaining Global Imbalances," Citigroup Global Markets Equity Strategy report, October 16, 2005.

7 James Freeman, "The Bullish Case for the U.S. Economy," *Wall Street Journal*, June 4, 2011.

8 Alan Greenspan, interview on NBC's *Meet the Press*, August 1, 2010.

9 Ellen Byron, "As Middle Class Shrinks, P&G Aims High and Low," *Wall Street Journal*, September 12, 2011.

10 스벤 베커트Sven Beckert는 뉴욕, 그리고 미국 부르주아의 통합을 주제로 다룬, 통찰력이 돋보이고 대단히 재미있는 그의 저서 『자본가들의 도시 The Monied Metropolis』 (Cambridge University Press, 2001)에서 브래들리 마틴의 무도회를 잘 묘사하고 있다. pp. 1-2.

11 Walter L. Arnstein, "Queen Victoria's Diamond Jubilee," *American Scholar*, September 22, 1997.

12 All Andrew Carnegie quotations come from "Wealth," *North American Review* 148:391 (June 1889).

13 토머스 제퍼슨이 토머스 쿠퍼 박사에게 보낸 편지, September 10, 1814. http://www.yamaghy.com/library/jefferson/cooper.html.

14 Alexis de Tocqueville, *Democracy in America* (Penguin Classics, 2003), p. 11.

15 Peter Lindert and Jeffrey Williamson. "American Incomes Before and After the Revolution"(NBER Working Paper No. 17211, July 2011).

16 Mark Twain and Charles Dudley Warner, "Author's Preface to the London Edition,"

The Gilded Age: A Tale of Today (Chatto & Windus, 1897).

17 "CEO Pay and the 99%," AFL-CIO Executive PayWatch report, April 19, 2012.

18 Branko Milanovic, "Global Inequality: From Class to Location, from Proletarians to Migrants" (World Bank Development Research Group Policy Research Working Paper 5820, September 2011).

19 Chrystia Freeland, "The Rise of the New Global Elite," *The Atlantic*, January/February 2011.

20 저자와의 인터뷰, Joel Mokyr, August 19, 2010.

21 Frank Levy and Peter Temin, "Inequality and Institutions in 20th-Century America," MIT Economics Department Working Paper No. 07-17, June 2007.

22 예산과 불평등을 주제로 열린 예일 컨퍼런스에서 저자와의 대화, 2012년 4월 30일.

23 Chrystia Freeland, "Some See Two New Gilded Ages, Raising Global Tensions," *International Herald Tribune*, January 23, 2012.

24 위의 글.

25 Michael E. Porter and Jan W. Rivkin, "Prosperity at Risk: Findings of Harvard Business School's Survey on U.S. Competitiveness," Harvard Business School, January 2012.

26 저자와의 인터뷰, Michael Porter, January 17, 2012.

27 저자와의 인터뷰, John Van Reenen, January 13, 2012.

28 David Autor, David Dorn, and Gordon Hanson, "The China Syndrome: Local Labor Market Effects of Import Competition in the United States," MIT working paper, May 2012.

29 Maarten Goos and Alan Manning, "Lousy and Lovely Jobs: The Rising Polarization of Work in Britain," *Review of Economics and Statistics* 89:1 (February 2007).

30 Greg Linden, Jason Dedrick, and Kenneth L. Kraemer, "Innovation and Job Creation in a Global Economy: The Case of Apple's iPod," *Journal of International Commerce and Economics* 3:1 (May 2011).

31 Greg Linden, Jason Dedrick, and Kenneth L. Kraemer, "Who Captures Value in a Global Innovation System? The Case of Apple's iPod," *Communications of the ACM* 52:3 (2007).

32 James R. Hagerty and Kate Linebaugh, "In U.S., a Cheaper Labor Pool," *Wall Street Journal*, January 6, 2012 참조.

33 Carnegie, "The Gospel of Wealth."

34 저자와의 인터뷰, Joe Stiglitz, January 26, 2012.

35 저자와의 인터뷰, Steve Miller, January 26, 2012.

36 Freeland, "Some See Two New Gilded Ages."

37 저자와의 인터뷰, Ashutosh Varshney, November 13, 2011.

38 Mark Landler, "Chinese Savings Helped Infl ate American Bubble," *New York Times*, December 25, 2008 참조.

39 저자와의 인터뷰, John Van Reenen, January 13, 2012.

40 Jim O'Neill, *The Growth Map: Economic Opportunity in the BRICs and Beyond* (Penguin, 2011), pp. 251-52.

41 Reader feedback on "The Second Economy," McKinsey Quarterly Facebook post, November 1, 2011. http://www.facebook.com/note.php?note_id= 10150536805679908.

42 위의 글.

43 Richard A. Easterlin, "Does Economic Growth Improve the Human Lot? Some Empirical Evidence," in *Nations and Households in Economic Growth: Essays in Honor of Moses Abramowitz*, eds. Paul A. David and Melvin W. Reder (Academic Press, 1974).

44 Angus Deaton, "Income, Health, and Well-Being Around the World: Evidence from the Gallup World Poll," *Journal of Economic Perspectives* 22:2 (Spring 2008).

45 John Knight and Ramani Gunatilaka, "Great Expectations? The Subjective Well-Being of Rural-Urban Migrants in China," Oxford University Economics Department Working Paper 332, April 2007; and Martin K. Whyte and Chunping Han, "Distributive Justice Issues and the Prospects for Unrest in China," paper prepared for conference on "Reassessing Unrest in China," Washington, D.C, December 11-12, 2003 참조.

46 Betsey Stevenson and Justin Wolfers, "Economic Growth and Subjective Well-Being: Reassessing the Easterlin Paradox" (Brookings Papers on Economic Activity, Spring 2008).

47 "Global Development Debate: Jobs and Opportunities for All," World Bank Institute conference, Washington, D.C., September 22, 2011.

48 Ariel Levy. "Drug Test: Can One Self-Made Woman Reform Health Care for India, and the World?," *The New Yorker*, January 2, 2012.

49 사에즈의 전체 데이터는 다음 사이트 참조. http://elsa.berkeley.edu/~saez/TabFig2010. xls.

50 Wojciech Kopczuk and Emmanuel Saez, "Top Wealth Shares in the United States, 1916-2000: Evidence from Estate Tax Returns," *National Tax Journal*, vol. 57, no. 2, part 2, June 2004, 482.

51 "Global Wealth Report 2011," Credit Suisse Research Institute, October 2011.

52 Saez, "Striking It Richer."

53 저자와의 인터뷰, Emmanuel Saez, February 24, 2011.

2장 플루토크라트 문화

1 Scott Turow, *Pleading Guilty* (Grand Central Publishing, 1994), p. 174.

2 아인슈타인이 애너 조지 드밀Anna George de Mille에게 보낸 편지, 1934. http://www.cooperativeindividualism.org/einstein-albert_letters-to-anna-george-demille-1934.html.

3 Joanne Reitano, *The Restless City: A Short History of New York from Colonial Times to the Present* (Taylor & Francis, 2006), p. 101.

4 "Expressions of Regret: The Comments of Many Prominent Persons in New York Upon the Death of Henry George," *New York Times*, October 30, 1987.

5 Henry George, Jr., *The Life of Henry George* (Doubleday and McClure Company, 1900), p. 149.

6 위의 책, pp. 468-69.

7 Henry George, *Progress and Poverty* (D. Appleton and Co., 1886), pp. 3-4.

8 위의 책, p. 5.

9 위의 책, p. 7.

10 Edward Robb Ellis, *The Epic of New York City: A Narrative History* (Carroll & Graf, 2005), p. 382.

11 F. Scott Fitzgerald, "The Rich Boy," in *The Short Stories of F. Scott Fitzgerald*, ed. Matthew J. Bruccoli (Charles Scribner's & Sons, 1989), p. 317.

12 John Stuart Mill, *Principles of Political Economy with Some of Their Applications to Social Philosophy* (Longmans, Green and Co., 1848), Book V, Chapter 2, Section 5.

13 Freeland, "The Rise of the New Global Elite."

14 Thomas Piketty and Emmanuel Saez, "The Evolution of Top Incomes: A Historical and International Perspective," *American Economic Review* 96:2 (May 2006), p. 204.

15 Paul Sullivan, "Scrutinizing the Elite, Whether They Like It or Not," *New York Times*, October 15, 2010.

16 "Trends in the Distribution of Household Income Between 1979 and 2007," Congressional Budget Office study, October 2011, Section XI, p. 17.

17 Jon Bakija, Adam Cole, and Bradley T. Heim, "Jobs and Income Growth of Top

Earners and the Causes of Changing Income Inequality: Evidence from U.S. Tax Return Data," working paper, April 2012, p. 4, footnote 3.

18 Leon G. Cooperman, "An Open Letter to the President of the United States of America," November 28, 2011. http://www.thestreet.com/tsc/common/images/pdf/Omega%20Advisor1.pdf.

19 Lydia Polgreen, "Scaling Caste Walls with Capitalism's Ladders in India," *New York Times*, December 21, 2011.

20 Oliver H. Holiet, "Torsten Müller-Ötvös, CEO of Rolls-Royce," *Luxos* (Germany), Fall/Winter 2011.2012, p. 46.

21 Goldin and Katz, *Race Between Education and Technology*, p. 4.

22 위의 책, p. 50.

23 Anthony P. Carnevale, Stephen J. Rose, and Ban Cheah, "The College Payoff: Education, Occupations, Lifetime Earnings," Georgetown University Center on Education and the Workforce, August 5, 2011.

24 Thomas Philippon and Ariell Reshef, "Wages and Human Capital in the U.S. Finance Industry: 1909.2006," National Bureau of Economic Research, working paper no. 14644, March 2011.

25 Thomas Lemieux, "Postsecondary Education and Increasing Wage Inequality," American Economic Review 96:2 (May 2006), pp. 195-99.

26 "The Wall Street Fix," PBS Frontline, May 8, 2003.

27 John Quiggin, "Cutthroat Admissions and Rising Inequality: A Vicious Duo," *Chronicle of Higher Education*, September 11, 2011.

28 저자와의 인터뷰, Larry Summers, November 22, 2011.

29 Steve Jobs, Stanford University commencement address, June 12, 2005.

30 Drew Gilpin Faust, "Living an Unscripted Life," 2010 baccalaureate speech, Memorial Church, Harvard University, Cambridge, Massachusetts, May 25, 2010.

31 "The New Wave of Affluence," *Ad Age* Insights white paper, May 23, 2011.

32 Robert K. Merton, "The Matthew Effect in Science," *Science* 159:3810 (January 5, 1968), pp. 56-63.

33 Alfred Marshall, *Principles of Economics*, Book VI, Chapter XII, Section 10.

34 David Streitfeld, "Funny or Die: Groupon's Fate Hinges on Words," *New York Times*, May 28, 2011

35 Carol Graham, *Happiness Around the World: The Paradox of Happy Peasants and Miserable Millionaires* (Oxford University Press, 2010) 참조.

36 David Luhnow, "The Secrets of the World's Richest Man," *Wall Street Journal*, August 4, 2007.

37 Scott Turow, *Pleading Guilty* (Grand Central, 1994), p. 304.

38 Eric Dash, "In Euro Era, Opening Bell Is a 2:30 A.M. Alarm," *New York Times*, December 10, 2011.

39 Stacy-Marie Ishmael, "We Are Wall Street . . . " Alphaville blog, *Financial Times*, April 30, 2010.

40 A. G. Lafley, "The Art and Science of Finding the Right CEO," *Harvard Business Review*, October 2011.

41 저자와의 인터뷰, Eike Batista, September 23, 2011.

42 1967년 첫 번째 화이트홀 연구는 18,000명의 남자 공무원들을 대상으로 조사한 결과, 직급이 낮을수록 사망률이 더 높고 심폐 질환이 더 많이 나타난다는 사실을 확인했다.

43 Andrew Carnegie, "Wealth," *North American Review* 148:391 (June 1889).

44 저자와의 인터뷰, Eric Schmidt, February 23, 2011.

45 피치 존슨이 모스크바 기술 박물관에서 행한 벤처 기업가 정신에 대한 강의, October 2010.

46 Harry Mount, "England, Their England: Foreign Money Now Dominates at the Most Traditional of Summer Fixtures," *The Spectator*, June 18, 2011.

47 저자와의 인터뷰, Eric Schmidt. February 23, 2011.

48 Global Wealth Report, Credit Suisse Research Institute, October 2011, pp. 16–17.

49 Chrystia Freeland, "The Rise of the New Global Elite," *The Atlantic*, January/February 2011.

50 저자와의 인터뷰, Aditya Mittal, November 11, 2010.

51 저자와의 인터뷰, Dominic Barton, November 30, 2011.

52 저자와의 인터뷰, Eric Schmidt, February 23, 2011.

53 Chrystia Freeland, "Global Seagulls and the New Reality of Immigration," *International Herald Tribune*, October 6, 2011.

54 GroupM Knowledge–Hurun Wealth Report 2011, p. 19.

55 Tim Adams, "Who Owns Our Green and Pleasant Land?" *The Observer*, August 6, 2011.

56 Elisabeth Marx, *Route to the Top: A Transatlantic Comparison of Top Business Leaders* (Heidrick & Struggles, 2007). http://www.heidrick.com/ PublicationsReports/ PublicationsReports/RoutetotheTop.pdf

57 Chrystia Freeland, "Accepting the Rise of China," *International Herald Tribune*, January

20, 2011.

58 Chrystia Freeland, "U.S. Needs to Think Globally About Business," *International Herald Tribune*, October 20, 2011.

59 Freeland, "The Rise of the New Global Elite."

60 미국 외교협회에서 나눈 저자와의 대화, New York, April 5, 2012.

61 Freeland, "The Rise of the New Global Elite."

62 Stephen Jennings, "Opportunities of a Lifetime: Lessons for New Zealand from New, High-Growth Economics," Sir Ronald Trotter Lecture, April 7, 2009.

63 Chrystia Freeland, "Globalization 2.0: Emerging-Market Cross-Pollination," *The Globe and Mail*, October 1, 2010.

64 Adam Smith, *The Wealth of Nations*, Book V, Chapter II, Section 91.

65 Benjamin Wallace, "Those Fabulous Confabs," *New York*, February 26, 2012.

66 Nick Paumgarten, "Magic Mountain: What Happens at Davos?" *The New Yorker*, March 5, 2012.

67 "Chris Anderson on TED's Nonprofit Transition." TED. February 2002. http://www.ted.com/talks/chris_anderson_shares_his_vision_for_ted.html.

68 Ginia Bellafante, "With Vows Exchanged, Break Out the Slides," *New York Times*, December 16, 2011.

69 Matthew Bishop and Michael Green, *Philanthrocapitalism: How Giving Can Save the World* (Bloomsbury, 2008), pp. 2-3.

70 저자와의 인터뷰, Matthew Bishop, November 2011.

71 Jamie Doward, "Can This 'Venture Philanthropist' Save Our Schools?" *The Observer*, May 29, 2005.

72 미국 교육감협회Council of Chief State School Officers의 2010년 연례 정책 포럼에서 한 빌 게이츠의 연설. 출처는 http://www.gatesfoundation.org/speeches-commentary/pages/bill-gates-2010-ccsso.aspx.

73 Jeff Guo, "In Interview, Gates Describes Philanthropic Journey," *The Tech*, April 23, 2010.

74 Charles Piller and Doug Smith, "Unintended Victims," *Los Angeles Times*, December 16, 2007.

75 Jeffrey A. Winters, *Oligarchy* (Cambridge University Press, 2011), p. 227. Subsequent statistics come from *Oligarchy* pp. 227-31.

76 위의 책, p. xii.

77 Ben Stein, "In Class Warfare, Guess Which Class Is Winning?" *New York Times*,

November 26, 2006.

78 위의 글.

79 저자와의 인터뷰, Holly Peterson.

80 Brian Bell and John Van Reenen, "Bankers' Pay and Extreme Wage Inequality in the UK," CEP Special Report, April 2010. http://eprints.lse.ac.uk/28780/1/cepsp21.pdf.

81 Jeffrey A. Winters, *Oligarchy*, (Cambridge University Press, 2011), p. 214.

82 Claudia Goldin and Lawrence F. Katz, "Transitions: Career and Family Life Cycles of the Educational Elite," *American Economic Review: Papers & Proceedings 2008*, 98:2, 363-69.

83 Carol Graham, *Happiness Around the World: The Paradox of Happy Peasants and Miserable Millionaires*, (Oxford University Press, 2010), p. 151.

84 Chrystia Freeland, "For Dictators, Protests Offer 3 Lessons." *International Herald Tribune*, December 15, 2011.

85 *Oligarchy*, p. 215.

86 Dave Ungrady, "As Miles Add Up, So Do the Unforgettable Moments," *New York Times*, November 1, 2011.

87 Daniel J. Hemel, "'07 Men Make More," *The Harvard Crimson*, June 6, 2007.

88 Catherine Rampell, "Women Now a Majority in American Workplaces," *New York Times*, February 6, 2010.

89 Sarah Jane Glynn, "The New Breadwinners: 2010 Update," Center for American Progress, April 2012. http://www.americanprogress.org/issues/2012/04/pdf/breadwinners.pdf.

90 Mad Men era Bakija, Cole, and Heim, "Jobs and Income Growth," p. 19.

91 "Jobs and Income Growth of the Top Earners and the Causes of Changing Income Inequality: Evidence from U.S. Tax Return Data," working paper, April 2012, p. 19. http://web.williams.edu/Economics/wp/BakijaColeHeimJobsIncomeGrowthTopEarners.pdf.

3장 슈퍼스타들

1 Peter Drucker, "The Age of Social Transformation," *The Atlantic*, November 1994, p. 67.

2 Friedrich A. Hayek, *Law, Legislation, and Liberty, Volume 2: The Mirage of Social Justice*

(The University of Chicago Press, 1976), p. 74.

3 R. H. Tawney, *Equality* (Capricorn Books, 1961), p. 108.

4 György Konrád and Ivan Szelényi, *The Intellectuals on the Road to Class Power* (Harcourt Brace Jovanovich, 1979).

5 David Autor, "The Polarization of Job Opportunities in the U.S. Labor Market," Center for American Progress and The Hamilton Project, April 2010.

6 Alan B. Krueger, "The Rise and Consequences of Inequality in the United States," remarks prepared for an event at the Center for American Progress, January 12, 2012.

7 Noam Scheiber, "The Audacity of Data: Barack Obama's Surprisingly Non-Ideological Policy Shop," *The New Republic*, March 12, 2008 참조.

8 Cass Sunstein, "The Empiricist Strikes Back: Obama's Pragmatism Explained," *The New Republic*, September 10, 2008.

9 Justin Wolfers, "The Empiricist-in-Chief," *Freakonomics* blog, February 26, 2009.

10 Philip H. Highfill, Kalman A. Burnim, and Edward A. Langhans, *A Biographical Dictionary of Actors, Actresses, Musicians, Dancers, Managers and Other Stage Personnel in London, 1660-1800* (SIU Press, 1993), pp. 122-29에서 엘리자베스 빌링턴에 대한 항목 참조.

11 Marshall, *Principles of Economics*, Book VI, Chapter XII, Section 11.

12 Patricia Buckley Ebrey, *The Cambridge Illustrated History of China* (Cambridge University Press, 2010), p. 201.

13 Marshall, *Principles of Economics*, Book VI, Chapter XII, Section 9.

14 위의 책, Section 11.

15 Sherwin Rosen, "The Economics of Superstars," *American Economic Review* 71:5 (December 1981), p. 857.

16 Gerben Bakker, "Time and Productivity Growth in Services: How Motion Pictures Industrialized Entertainment," LSE working paper 119/09, March 2009, p. 7 and table B1. http://eprints.lse.ac.uk/27866/1/WP119.pdf.

17 Ted Okuda and David Maska, *Charlie Chaplin at Keystone and Essanay: Dawn of the Tramp* (iUniverse, 2005).

18 Francis Evans Baily, *Six Great Victorian Novelists* (Kennikat Press, 1969).

19 Chris Anderson, "The Long Tail," *Wired*, October 2004.

20 저자와의 인터뷰, Eric Schmidt, February 23, 2011.

21 William D. Henderson, "Three Generations of U.S. Lawyers: Generalists, Specialists, Project Managers," *Maryland Law Review*, vol. 70, no. 1, 2011.

22 Nathan Koppel and Vanessa O'Connell, "Pay Gap Widens at Big Law Firms as Partners Chase Star Attorneys," *Wall Street Journal*, February 8, 2011; and Vanessa O'Connell, "Big Law's $1,000-Plus an Hour Club," *Wall Street Journal*, February 23, 2011 참조.

23 Vanessa O'Connell, "With Oracle and Dodgers Waiting, Boies Not Ready to Retire," *Wall Street Journal*, August 1, 2011.

24 The National Association of Law Placement's Employment Report and Salary Survey for the Class of 2010. http://www.nalp.org/uploads/Classof2010SelectedFindings.pdf 참조.

25 May 2011 National Occupational Employment and Wage Estimates, Bureau of Labor Statistics. http://www.bls.gov/oes/current/oes231011.htm.

26 John Markoff, "Armies of Expensive Lawyers, Replaced by Cheaper Software," *New York Times*, March 4, 2011 참조.

27 Nathan Koppel and Vanessa O'Connell. "Pay Gap Widens at Big Law Firms as Partners Chase Star Attorneys," *Wall Street Journal*, February 8, 2011 참조.

28 Joan Juliet Buck, "Drill, Bebe, Drill," *New York Times T Magazine*, August 10, 2011.

29 Dorothy Pomerantz, "Lady Gaga Tops Celebrity 100 List," Forbes, May 18, 2011; "The Celebrity 100," *Forbes*, June 6, 2011.

30 인구조사국에 따르면, 2010년 기준 실질 중위 가구 소득은 4만 9,445달러였다.

31 피터 린더트와 저자가 주고받은 이메일, June 25, 2012.

32 *Baseball Almanac*, www.baseball-almanac.com/players/player.php?p=mantlmi01.

33 *USA Today* Salaries database, http://content.usatoday.com/sportsdata/baseball/mlb/salaries/player/alex-rodriguez.

34 메이저리그 야구선수협회에 따르면, 2011년 기준 메이저리그 선수의 평균 연봉은 309만 5,183달러였다.

35 Alan B. Krueger, "The Economics of Real Superstars: The Market for Rock Concerts in the Material World," *Journal of Labor Economics* 23:1 (2005).

36 Chrystia Freeland, "The Rise of Private News," *Columbia Journalism Review*, July/August 2010.

37 Mary Schenck Woolman, *Clothing — Choice, Care, Cost* (Lippincott, 1922).

38 Roger L. Martin and Mihnea C. Moldoveanu, "Capital Versus Talent: The Battle That's Reshaping Business," *Harvard Business Review*, July 2003.

39 Drucker, "The Age of Social Transformation."

40 Steven N. Kaplan and Joshua Rauh, "Wall Street and Main Street: What Contributes

to the Rise in the Highest Incomes?," *Review of Financial Studies* 23:3 (March 2010). pp. 1004-50.

41 저자와의 인터뷰, David Rubenstein, April 27, 2011.

42 Christine Harper, "Goldman CEO Blankfein Gets $67.9 Million Bonus, New Pay Record," Bloomberg News, December 24, 2007; David Segal, "$100 Million Payday Poses Problem for Pay Czar," *New York Times*, August 1, 2009.

43 Suzanna Andrews, "How Rajat Gupta Came Undone," *Bloomberg Businessweek*, May 23, 2011.

44 Michael Klein and Michael D. Schaffer, "City Slivers Seen on Philly 'Idol,'" *Philadelphia Inquirer*, January 17, 2008. 오디션 프로그램인 「아메리칸 아이돌」의 필라델피아 지역 예선 참가자들 중 겨우 0.1퍼센트만이 다음 라운드로 진출한 반면, 그해 하버드 대학 입시 합격률은 7.1퍼센트였다.

45 Merton, "The Matthew Effect," pp. 56-63.

46 Alan T. Sorensen, "Bestseller Lists and Product Variety," *The Journal of Industrial Economics* 55:4 (December 2007), pp. 715-38.

47 Matthew Salganik and Duncan Watts, "Leading the Heard Astray: An Experimental Study of Self-Fulfilling Prophecies in an Artificial Cultural Market," Social Psychology Quarterly, vol. 71, no. 4, 2008, pp. 338-355.

48 Jeffrey Katzenberg, "The World Is Changing: Some Thoughts on Our Business," Walt Disney Company memorandum, January 11, 1991. http://www.lettersofnote. com/2011/11/some-thoughts-on-our-business.html.

49 Eduardo Porter and Geraldine Fabrikant, "A Big Star May Not a Profitable Movie Make," *New York Times*, August 28, 2006.

50 Bernard Weinraub, "Disney Settles Bitter Suit with Former Studio Chief," *New York Times*, July 8, 1999. 디즈니는 「딕 트레이시」 제작비로 4,700만 달러를 썼다. James B. Stewart, *DisneyWar* (Simon & Schuster, 2005), p. 111 참조.

51 Smith, *Wealth of Nations*, Book V, Chapter I, Section 107.

52 Gardiner C. Means, "The Separation of Ownership and Control in American Industry," *The Quarterly Journal of Economics*, 1931.

53 Adolf Augustus Berle and Gardiner Coit Means, *The Modern Corporation and Private Property* (Transaction Publishers, 1932), p. 4.

54 위의 책, p. 114.

55 Glenn Fowler, "Gardiner C. Means, 91, Is Dead; Pricing Theory Aided U. S. Policy," *New York Times*, February 18, 1988.

56 Michael C. Jensen and Kevin J. Murphy, "Performance Pay and Top-Management Incentives," *Journal of Political Economy* 98:2 (April 1990), pp. 225–64.

57 Roger Martin, "The Age of Customer Capitalism," *Harvard Business Review*, January 2010. 1932년에서 1976년까지의 미국 GDP 수치는 앵거스 매디슨의 분석 자료에 의거한 것이다.

58 Carola Frydman and Dirk Jenter, "CEO Compensation," *Annual Review of Financial Economics* 2 (December 2010), pp. 75–102.

59 Lucian Bebchuk and Yaniv Grinstein, "The Growth of Executive Pay," *Oxford Review of Economic Policy* 21:2 (2005), p. 283.

60 Marianne Bertrand, "CEOs," *Annual Review of Economics* 1:1 (2009), p. 130.

61 Kaplan and Rauh, "Wall Street and Main Street," pp. 1004–50.

62 Brian Bell and John Van Reenen, "Firm Performance and Wages: Evidence from Across the Corporate Hierarchy," CEP Discussion Paper No. 1088, May 2012. http://cep.lse.ac.uk/pubs/download/dp1088.pdf.

63 Kevin J. Murphy and Jan Zabojnik, "Managerial Capital and the Market for CEOs," (Queen's Economics Department Working Paper No. 10, October 2006. p. 1).

64 Xavier Gabaix and Augustin Landier, "Why Has CEO Pay Increased So Much?," *Quarterly Journal of Economics* 123:1 (2008), pp. 49–100.

65 Chrystia Freeland, "Capitalism Without the Capitalists," *International Herald Tribune*, December 22, 2011.

66 Marianne Bertrand and Sendhil Mullainathan, "Are CEOs Rewarded for Luck? The Ones without Principals Are," *Quarterly Journal of Economics* 116:3 (August 2001), pp. 901–32.

67 Julia Werdigier, "British Government Looks to Rein in Executive Pay," *New York Times*, January 23, 2012.

68 David Carr, "Media Hype for Lin Stumbles on Race," *New York Times*, February 19, 2012.

4장 혁명에 대처하는 능력

1 Reid Hoffman and Ben Casnocha, *The Start-Up of You: Adapt to the Future, Invest in Yourself, and Transform Your Career* (Crown Business, 2012), p. 71.

2 Chrystia Freeland, "The Credit Crunch According to Soros," *Financial Times*, January

30, 2009. 구체적으로 밝히지는 않았지만, 이 부분에 실린 인용들은 모두 이 자료에서 나온 것이다.

3 Charles Morris. *The Sages*. p. 3.

4 Rick Sopher, "Great Money Managers," selfpublished by LCH Investments, November 2011. 2010년 소로스가 은퇴한 후, 바로 이듬해에 헤지펀드 브리지워터의 수장인 레이 달리오가 소로스를 제쳤다.

5 George Soros, *The Crash of 2008 and What It Means*. p. 122.

6 Justin Lahart "Bears Top List of Economic Forecasters," *Wall Street Journal*, February 13, 2009. 51명의 예상은 실업 문제에서 더욱 빗나갔다. 2008년 말 6.9퍼센트로 증가한 결과에 대해 근사한 예측을 내놓은 사람은 아무도 없었다.

7 연방 규제 기관들에 대한 감독 및 정부 개혁을 위한 하원위원회에서 펄드가 한 발언, 2008년 10월 6일.

8 연방 규제 기관들에 대한 감독 및 정부 개혁을 위한 하원위원회 청문회 기록, 2008년 10월 23일.

9 맥폴이 저자에게 보낸 이메일, 2011년 2월 22일.

10 Donald Sull, "Why Good Companies Go Bad," *Financial Times*, October 3, 2005.

11 Clayton Christensen, *The Innovator's Dilemma: When New Technologies Cause Great Firms to Fail* (Harvard Business School Press, 1997), p. xv.

12 W. Brian Arthur, "The Second Economy," *McKinsey Quarterly*, October 2011.

13 주커버그는 아즐리 고등학교에서 2년간 공부한 뒤 필립스 엑스터 아카데미로 옮겼다.

14 Ajay Kapur, Niall Macleod, and Narendra Singh, "Plutonomy: Buying Luxury, Explaining Global Imbalances," Citigroup Global Markets Equity Strategy report, October 16, 2005.

15 저자와의 인터뷰, George Soros, May 2009 and December 2008.

16 저자와의 인터뷰, George Soros, May 2009.

17 저자와의 인터뷰, Jonathan Soros, July 14, 2009.

18 저자와의 인터뷰, Keith Anderson, June 26, 2009.

19 저자와의 인터뷰, George Soros, May 2009.

20 위의 인터뷰.

21 위의 인터뷰.

22 위의 인터뷰.

23 저자와의 인터뷰, George Soros, December 16, 2008.

24 저자와의 인터뷰, Keith Anderson, June 26, 2009.

25 저자와의 인터뷰, Azim Premji, January 25, 2012.

26 저자와의 인터뷰, Ashutosh Varshney, November 13, 2011.

27 Kaitlin Shung, "Chinese 'Fugitive' Lai Changxing Faces Deportation in Canada," *China Briefing*, July 13, 2011.

28 저자와의 인터뷰, David Neeleman, September 14, 2010.

29 Chrystia Freeland, "Working Wealthy Predominate the New Global Elite," *International Herald Tribune*, January 25, 2011.

30 위의 글, pp. 101-8.

31 Jennings, "Opportunities of a Lifetime."

32 저자와의 인터뷰, Aditya Mittal, November 11, 2010.

33 Mark Mackinnon, "Lai's sentencing marks the end of China's Great Gatsby," *The Globe and Mail*, May 18, 2012.

34 Parmy Olson, "The Billionaire Who Friended the Web," *Forbes*, March 28, 2011.

35 Miguel Helft, "The Class That Built Apps, and Fortunes," *New York Times*, May 7, 2011.

36 John Seabrook, "Streaming Dreams," *New Yorker*, January 16, 2012.

37 "Big data: The next frontier for innovation, competition, and productivity," McKinsey Global Institute, May 2011. http://www.mckinsey.com/insights/mgi/research/technology_and_innovation/big_data_the_next_frontier_for_innovation.

38 저자와의 인터뷰, Larry Fink, October 20, 2010.

39 Donald Sull, "The Dynamics of Standing Still: Firestone Tire & Rubber and the Radial Revolution," *The Business History Review*, vol. 73, no. 3 (Autumn 1999), pp. 430-64.

40 Donald Sull, "Ingrained success breeds failure," *Financial Times*, October 2, 2005.

41 Stephen Jennings, "Opportunities of a Lifetime: Lessons for New Zealand from New, High-Growth Economics," Sir Ronald Trotter Lecture, April 7, 2009.

42 Michiyo Nakamoto and David Wighton, "Citigroup chief stays bullish on buy-outs," *Financial Times*, July 9, 2007.

43 저자와의 인터뷰, Peter Weinberg, June 25, 2009.

44 Caroline O'Connor and Perry Klebahn, "The Strategic Pivot: Rules for Entrepreneurs and Other Innovators," *Harvard Business Review* blog network, February 28, 2011.

45 Jessica Livingston, *Founders at Work: Stories of Startups' Early Days* (Apress, 2007), pp. 257-264 참조.

46 Chrystia Freeland, "The Credit Crunch According to Soros," *Financial Times*, January 30, 2009.

47 저자와의 인터뷰, George Soros, December 16, 2008.

48 저자와의 인터뷰, Jonathan Soros, July 14, 2009.

49 Jennings, "Opportunities of a Lifetime."

50 "Measuring the Forces of Long-Term Change: The 2009 shift index", Deloitte Center for the Edge, December 2009, p. 115.

51 Sam Grobart and Evelyn M. Rusli, "For Flip Video Camera, Four Years from Hot Start-Up to Obsolete," *New York Times*, April 12, 2011.

52 Warren Buffett, Berkshire Hathaway Inc. 2006 Annual Report, February 28, 2007.

53 Merton, "The Matthew Effect," pp. 56–63.

54 Graeme Wood, "Secret Fears of the Super-Rich," *The Atlantic*, April 2011.

55 "Rich Man's Burden," *The Economist*, June 14, 2001.

56 저자와의 인터뷰, Viktor Vekselberg, September 7, 2010.

57 Stephen E. Lucas and Martin J. Medhurst, "American Public Address: The Top 100 Speeches of the Twentieth Century," National Communication Association, Seattle, Washington, November 8–12, 2000.

58 1932년 9월 23일 캘리포니아 주 샌프란시스코 커먼웰스 클럽에서 프랭클린 델라노 루스벨트가 진보 정부에 관해 행한 대선 캠페인 연설.

59 Chrystia Freeland, "The Next Russian Revolution," *The Atlantic*, October 2011.

60 위의 기사.

61 Richard Cree, "Profile: Reid Hoffman," *Director*, July/August 2009.

62 저자와의 인터뷰, Reid Hoffman, February 17, 2012.

63 Hoffman and Casnocha, *The Start-Up of You*, p. 169.

64 위의 책, p. 18.

65 위의 책, p. 3.

66 위의 책, p. 4.

67 "The Mobile Revolution: Driving the Next Wave of Productivity and Growth," Council on Foreign Relations meeting, March 30, 2011. http://www.cfr.org/information-and-communication/mobile-revolution-driving-next-wave-productivity-growth/p24545.

68 Till von Wachter, Jae Song, and Joyce Manchester, "Long-Term Earnings Losses due to Mass Layoffs During the 1982 Recession: An Analysis Using U. S. Administrative Data from 1974 to 2004," Columbia University Economics Department Discussion Paper Series DP0910-07, April 2009.

69 저자와의 인터뷰, Michael Spence, April 15, 2011.

70 Hoffman and Casnocha, *The Start-Up of You*, p. 5.

71 Hoffman, *The Start-Up of You*, p. 188.

72 위의 책, p. 187.

5장 지대 추구

1 Chrystia Freeland, *Sale of the Century: Russia's Wild Ride from Communism to Capitalism* (Crown Business, 2000), pp. 67-68에서.

2 위의 책, p. 233.

3 Raghuram Rajan, "Is There a Threat of Oligarchy in India?" Speech to the Bombay Chamber of Commerce on its Founders Day Celebration, September 10, 2008.

4 Simon Johnson, "The Quiet Coup," *The Atlantic*, May 2009.

5 Paul Ryan, "Saving the American Idea," Remarks to the Heritage Foundation, October 26, 2011. http://blog.heritage.org/2011/10/26/video-rep-paul-ryan-on-saving-the-american-idea/.

6 "Ukraine: Country's Largest Steel Mill Sold at Auction," *Radio Free Europe/Radio Liberty*, October 24, 2005.

7 *The Econornist*, October 27, 2005.

8 Chrystia Freeland, "Tea with the FT: Yulia Tymoshenko," *Financial Times*, August 16, 2008 참조.

9 Ruchir Sharma,"The billionaires list," *Washington Post's Wonkblog*, June 24, 2012.

10 Steven Nafziger and Peter Lindert, "Russian Inequality on the Eve of the Revolution" (working paper, March 13, 2011).

11 Branko Milanovic, *The Haves and the Have Nots: A Brief and Idiosyncratic History of Global Inequality* (Basic Books, 2011), pp. 41-45.

12 Smith, *Wealth of Nations*, Book I, Chapter V, Section 1.

13 Luhnow, "The Secrets of the World's Richest Man."

14 이후로도 슬림은 계속해서 민영화 정책을 지지했다. 슬림을 지구에서 가장 돈이 많은 사람으로 꼽은 2012년 『포브스』의 억만장자 기사는 그를 대표적인 인물로 다루었다. 관련 기사에서 『포브스』는 슬림에게 세계의 〈경제를 다시 가동하기 위한 그의 계획〉을 물어보고 있다. 이 질문에 대한 슬림의 대답 중 하나는 이렇다. 「스페인에 대해 얘기해 봅시다. 스페인에는 고속도로가 많은데, 그것들 모두 공짜입니다. 스페인 정부는 사용 자들에게 요금을 받아야 하고, 그리고 [고속도로를] 민간 분야로 매각해야 합니다.」

15 Isabel Guerrero, Luis-Felipe López-Calva, and Michael Walton, "The Inequality Trap

and Its Links to Low Growth in Mexico," in *No Growth Without Equity: Inequality, Interests, and Competition in Mexico*, ed. Santiago Levy and Michael Walton (World Bank, 2009).

16 "All Lines Are Busy," *Outlook*, November 29, 2010.

17 저자와의 인터뷰, Kiran Bedi, November 11, 2011.

18 저자와의 인터뷰, Rajiv Lall, November 13, 2011.

19 저자와의 인터뷰, Arun Maira, November 13, 2011.

20 저자와의 인터뷰, Kris Gopalakrishnan, November 12, 2011.

21 "China's Billionaire People's Congress Makes U.S. Peers Look Like Paupers," Bloomberg News, February 27, 2012.

22 Chris Hogg, "What Brought Down China's Huang Guangyu?," BBC, May 18, 2010.

23 Russell Flannery, "China Leads the World in Billionaire Flame-Outs," *Forbes*, March 9, 2012.

24 Liu Jie, Kong Xiaohan, and Tian Ye, "Premier Wen Targets Causes of Instability, Stresses Fair Treatment of Disadvantaged Groups," Xinhua, February 27, 2011.

25 Philip P. Pan, *Out of Mao's Shadow: The Struggle for the Soul of a New China* (Simon & Schuster, 2008), p. 156.

26 International Monetary Fund, World Economic Outlook database, April 2012; National Bureau of Statistics of China; Jeremy Page, Bob Davis, James T. Areddy, "China Turns Predominantly Urban," *Wall Street Journal*, January 18, 2012; "Income of Urban and Rural Residents in 2011," January 30, 2012.

27 Carl E. Walter and Fraser J. T. Howie, *Red Capitalism: The Fragile Financial Foundation of China's Extraordinary Rise* (John Wiley & Sons, 2011), pp. 22–23.

28 Laurie Burkitt, "Landed Ladies Top List of China's Richest Women," *China Real-Time Report* blog, *Wall Street Journal*, September 29, 2011.

29 Walter and Howie, *Red Capitalism*, p. 187.

30 Shu-Ching Jean Chen, "China's Power Queen," *Forbes*, January 3, 2008; "Li Xiaopeng Appointed Vice Governor of Shanxi Province," *People's Daily Online*, June 12, 2008.

31 Audra Ang, "Chinese Tycoon Gets 18 Years in Fraud Case," Associated Press, July 15, 2003

32 "Face Value: Scandal in Shanghai," *The Economist*, August 14, 2003.

33 "China's Bo Signals Wealth Gap Breached Unrest Trigger Point," Bloomberg News, March 9, 2012.

34 Jeremy Page, "Children of the Revolution," *Wall Street Journal*, November 26, 2011.

35 Andrew Jacobs and Edward Wong, "Disgraced Chinese Official's Son Tries to Defuse Sports Car Scandal," *New York Times*, April 25, 2012.

36 Jeremy Page, Brian Spegele, and Steve Eder, "'Jackie Kennedy of China' at Center of Political Drama," *Wall Street Journal*, April 9, 2012.

37 "Bo Xilai Clan Links Included Citigroup Hiring of Elder Son," Bloomberg News, April 23, 2012.

38 Jamil Anderlini, "Bo Xilai's Wife Arrested in Murder Probe," *Financial Times*, April 10, 2012

39 저자와의 인터뷰, Stephen Roach, April 10, 2012.

40 Dinny McMahon, Lingling Wei, and Andrew Galbraith, "Chinese Premier Blasts Banks," *Wall Street Journal*, April 4, 2012.

41 Charles E. Schumer and Michael R. Bloomberg, "To Save New York from London," *Wall Street Journal*, November 1, 2006.

42 "Sustaining New York's and the US' Global Financial Services Leadership," McKinsey report, January 22, 2007.

43 Aaron Lucchetti, "Moving the Market: Why Spitzer Is Backing Study That Endorses Less Regulation. Restrictive Climate Said to Draw Business Away from New York," *Wall Street Journal*, January 23, 2007.

44 R. Glenn Hubbard and John L. Thornton, "Is the U.S. Losing Ground?", *Wall Street Journal*, October 30, 2006.

45 폴슨 장관이 뉴욕경제클럽에서 한 발언. 2006년 11월 20일 재무부 발표 자료.

46 John A. Thain, "New York Faces Challenges to Its Market Dominance," letter to the editor, *Wall Street Journal*, November 25, 2006.

47 Howard Davies, "Balls Must Save Us from U.S. Regulatory Creep," *The Independent*, January, 27, 2007.

48 "LSE Director Sir Howard Davies Resigns over Libya Links," BBC, March 4, 2011.

49 저자와의 인터뷰, John Thain, September 16, 2008.

50 여기 실린 인용들은 모두 다음 자료에서 온 것이다. Chrystia Freeland, "What Toronto Can Teach New York and London," *Financial Times*, January 29, 2010.

51 Claudia Goldin and Lawrence F. Katz, "Transitions: Career and Family Life Cycles of the Educational Elite," *American Economic Review: Papers & Proceedings* 2008, 98:2, 363-69.

52 Bakija, Cole, and Heim, "Jobs and Income Growth," p. 55, table 7; 또한 p. 24에 나오는 설명 참조.

53 Brian Bell and John Van Reenen, "Bankers' Pay and Extreme Wage Inequality in the UK," CEP Special Report, April 2010.

54 Thomas Philippon and Ariell Reshef, "Wages and Human Capital in the U.S. Financial Industry: 1909–2006," NBER Working Paper, March 2011.

55 저자와의 인터뷰, Christopher Meyer, 14644, February 21, 2012.

56 Deniz Igan, Prachi Mishra, and Thierry Tressel, "A Fistful of Dollars: Lobbying and the Financial Crisis," IMF Working Paper 09/207, December 2009.

57 Freeland, *Sale of the Century*, p. 176.

58 Sarah Palin, "How Congress Occupied Wall Street," *Wall Street Journal*, November 18, 2011.

59 "Revolving Regulators: SEC Faces Ethics Challenges with Revolving Door," Project on Government Oversight report, May 13, 2011.

60 Philippon and Reshef, "Wages and Human Capital," p. 21.

6장 플루토크라트와 우리들 나머지

1 Richard D. Lyons, "Fears of H.E.W. Cuts Spur Protests at Inflation Parley," *New York Times*, September 19, 1974.

2 Robert Harris, *The Fear Index* (Knopf, 2012).

3 Adam Smith, *The Theory of Moral Sentiments* (Cambridge University Press), 2004, p. 63.

4 구체적으로 명시하지는 않았지만, 이 부분의 모든 인용과 설명들은 저자가 2010년 8월에 자포스 본사를 방문했던 경험으로부터 온 것이다.

5 Zappos.com의 구인란에 있는 문구를 인용한 것이다.

6 Carnegie, "Wealth."

7 Jeff Guo and Rob McQueen, "Gates Asks Students to Tackle the World's Problems," *The Tech*, April 23, 2010.

8 저자와의 인터뷰, Eric Schmidt, February 23, 2011.

9 Chrystia Freeland, *Sale of the Century: Russia's Wild Ride from Communism to Capitalism* (Crown Business, 2000), p. 320.

10 "Prison Exchange: Mikhail Khodorkovsky Looks Back on His Choices," *Radio Free Europe/Radio Liberty*, September 21, 2009.

11 Carnegie, "Wealth."

12 Bloomberg TV interview with Steve Schwarzman, November 30, 2011.

13 Brad Stone. "It's Always Sunny in Silicon Valley," *Bloomberg Businessweek*, December 26, 2011.

14 Matt Rosoff, "Eric Schmidt: We Don't Talk about Occupy Wall Street in the Valley Because We Don't Have Those Problems," *Business Insider*, December 23, 2011.

15 Paul Piff, Daniel M. Stancato, Stephane Cote, Rodolfo Mendoza-Denton, and Dacher Keltner, "High social class predicts increased unethical behavior," *Proceedings of the National Academy of Sciences*, 109 (2012), 4086–91.

16 저자와의 인터뷰, B. N. Kalyani, November 13, 2011.

17 저자와의 인터뷰, Kris Gopalakrishnan, November 12, 2011.

18 Daniel S. Loeb, "Third Point LLC Second Quarter 2010 Investor Letter," August 27, 2010.

19 Jonathan Alter, "A 'Fat Cat' Strikes Back," *Newsweek*, August 15, 2010.

20 Mike Bloomberg, "How the Super Committee Can Balance the Federal Budget," remarks prepared for Center for American Progress/American Action Forum event, November 8, 2011.

21 Shira Ovide, "Billionaire Tells Occupy Wall Street to Get Off His Lawn," Deal Journal blog, *Wall Street Journal*, October 11, 2011.

22 Max Abelson, "Bankers Join Billionaires to Debunk 'Imbecile' Attack on Top 1%," Bloomberg News, December 20, 2011.

23 저자와의 인터뷰, Jeff Immelt, October 17, 2011.

24 Leon G. Cooperman, "An Open Letter to the President of the United States of America," November 28, 2011.

25 저자와의 인터뷰, Foster Friess, February 9, 2012.

26 Melissa Harris "Billionaire Opens Up on Politics," Chicago Tribune, March 11, 2012.

27 Neil Hume, "God Bless Income Disparity," Alphaville blog, *Financial Times*, November 17, 2011.

28 Empower Public Relations의 Lindsay Rafayko가 2012년 2월 22일에 보낸 이메일에서.

29 Yardeni Research Daily E-mail Briefing, December 8, 2011.

30 Jonathan Miles, "The Billionaire King of Techtopia," *Details*, September 2011.

31 "Governance Blueprints from Global Leaders," signature lecture panel, Centre for International Governance Innovation's "An Unfinished House: Filling the Gaps in Global Governance" conference, Waterloo, Canada, October 28, 2011.

32 저자와의 인터뷰, Mohamed El-Erian, June 15, 2010.

33 2011년 10월 10일, Mohamed El-Erian과 주고받은 이메일에서.

34 *Globe and Mail*에 게재된 다음 기사들을 참조. Andrew Willis, Tavia Grant, and Heather Scoffield, "Playing a New Game, in a New Arena," October 5, 2007; Heather Scoffield, "Mark Carney Takes Up His Mission," January 25, 2008; Jeremy Torobin, "Mark Carney: A Common Toh, an Uncommon Task," January 13, 2012.

35 Rachelle Younglai and Philipp Halstrick, "JPMorgan's Dimon's Aggressive Style May Hurt Bank Cause," Reuters, September 29, 2011.

36 Tom Braithwaite and Patrick Jenkins, "JPMorgan Chief Says Bank Rules 'Anti-US,'" *Financial Times*, September 12, 2011.

37 이 은행이 발표한 2011년 연례 보고서에 따르면, 전체 순매출은 970억 달러이고, 북미 외부 지역에서 발생한 매출은 250억 달러였다.

38 Tom Braithwaite, "Dimon in Attack on Canada's Bank Chief," *Financial Times*, September 26, 2011.

39 이 이야기는 Kevin Carmichael, Tara Perkins, Grant Robinson의 2011년 9월 26일자 *The Globe and Mail*의 기사 "Bankers, Regulators Square Off amid Turmoil", 그리고 월스트리트 은행가들과의 대화에 따른 것이다. 또한 "JPMorgan's Dimon's Aggressive Style May Hurt Bank Cause" 참조.

40 Kevin Carmichael, "Carney, Waugh Spar over New Banking Rules," *The Globe and Mail*, September 25, 2011.

41 Mark Carney, "Some Current Issues in Financial Reform," remarks to the Institute of International Finance, Washington, D.C., September 25, 2011.

42 Emma Dong, "China Executes 14 Billionaires in 8 Years, Culture News Reports," Bloomberg News, July 22, 2011.

43 Howard Fineman, "Jed S. Rakoff: Federal District Judge of New York's Southern District (The Inspirationals)," *Huffington Post*, December 27, 2011.

44 David J. Lynch, "Dimon-Bernanke Faceoff Shows Frustration over Regulation amid Kohn Regrets," Bloomberg News, July 7, 2011.

45 Willem H. Buiter, "Central Banks and Financial Crises," Federal Reserve Bank of Kansas City's Maintaining Stability in a Changing Financial System symposium, Jackson Hole, Wyoming, August 23, 2008.

46 Kate Kelly, "Inside the Fall of Bear Stearns," *Wall Street Journal*, May 9, 2009.

47 Jackie Calmes and Louise Story, "In Washington, One Bank Chief Still Holds Sway," *New York Times*, July 18, 2009.

48 "What Dimon Told Bernanke," *New York Times Dealbook*, June 8, 2011.

49 Sewell Chan, "Voices That Dominate Wall Street Take a Meeker Tone on Capitol Hill," *New York Times*, January 13, 2010.

50 2011년에 제이미 다이먼의 보수 총액은 2,300만 달러였던 반면, 벤 버냉키의 2011년 연봉은 19만 9,700달러였다.

51 "U.S. Regulators Face Budget Pinch as Mandates Widen," *New York Times Dealbook*, May 3, 2011.

52 "Some Current Issues in Financial Reform."

53 Dave Clarke, "JPMorgan's Dimon Loses Clout as Reform Critic," Reuters, May 11, 2012.

54 Harris, "Billionaire Opens Up on Politics."

55 Luigi Zingales, "Capitalism After the Crisis," *National Affairs* 1 (Fall 2009).

56 Lee Iacocca, *Iacocca: An Autobiography* (Bantam, 1984), p. 108.

57 1977년 3/4월 *Foundation News*에 게재된, 포드가 알렉산더 허드에게 보낸 편지의 내용.

58 Heather Mac Donald, "The Billions of Dollars That Made Things Worse," *City Journal*, Autumn 1996.

59 "Who Gets The Most Pay?" and "The Dimensions of American Business: A Roster of the U.S.'s Biggest Corporations," *Forbes*, May 15, 1977.

60 이러한 걱정을 잘 보여 주는 사례로, 당시 법인 고문 변호사이자 미래 대법관인 루이스 포웰이 1971년에 미국 상공회의소 의장인 유진 시드노어에게 보낸 편지가 있다. 여기서 포웰은 이렇게 주장했다. 〈최우선적으로 중요한 것은 궁극적인 과제가 생존이라는 사실을 기업가들이 이해하는 것이다. 다시 말해 최우선 과제는 우리가 자유 기업 제도라고 부르는 시스템, 그리고 미국의 힘과 번영, 미국인들의 자유를 위한 모든 제도의 생존이다.〉

61 Irving Kristol, "On Corporate Philanthropy," *Wall Street Journal*, March 21, 1977.

62 Mac Donald, "The Billions of Dollars That Made Things Worse."

63 Clifford Marks, "In Media Coverage, Deficit Eclipses Unemployment," *National Journal*, May 16, 2011.

64 David Burt, "Grad School Scrutinized," *Yale Daily News*, September 21, 2011.

65 Drew Gilpin Faust, "Baccalaureate Address to the Class of 2008," Cambridge, MA, June 3, 2008.

66 Allison Gofman, "Walking Out on Results," *Harvard Political Review*, November 6, 2011.

67 N. Gregory Mankiw, "Know What You're Protesting," *New York Times*, December 3,

2011.

68 교수 연봉 수치는 「고등 교육 신문The Chronicle of Hipher Education」이 『2011 고등
교육 연감2011 Almanac of Higher Education』에서 인용한 것이다. August 21, 2011.

69 Emily Flitter, Kristina Cooke, and Pedro da Costa, "Special Report: For Some
Professors, Disclosure Is Academic," Reuters, December 20, 2010.

70 여기서 제이컵 해커에게 진심으로 경의를 표하는 바이다!

71 Eric Lichtblau, "Economic Downturn Took a Detour at Capitol Hill," *New York Times*,
December 26, 2011.

72 Alan J. Ziobrowski, James W. Boyd, Ping Cheng, and Brigitte J. Ziobrowski, "Abnor-
mal Returns from the Common Stock Investments of Members of the U.S. House of
Representatives," *Business and Politics* 13:1 (2011).

73 Andrew Eggers and Jens Hainmueller, "Capitol Losses: The Mediocre Performance
of Congressional Stock Portfolios, 2004.2008," MIT Political Science Department
Research Paper No. 2011-5, December 2, 2011.

74 Kenneth P. Vogel, "Tax Returns Show How Clintons Got Rich Quick," *Politico*, April 4,
2008.

75 David D. Kirkpatrick, "In Daschle's Tax Woes, a Peek into Washington," *New York
Times*, February 1, 2009.

76 Larry Bartels, "Economic Inequality and Political Representation," in The Unsustainable
American State, eds. Lawrence Jacobs and Desmond Kin (Oxford University Press,
2009), pp. 167-96.

77 Richard Teitelbaum, "How Paulson Gave Hedge Funds Advance Word of Fannie Mae
Rescue," Bloomberg News, November 29, 2011.

78 Zingales, "Capitalism After the Crisis."

79 저자와의 인터뷰, Dan Ariely, December 2010 and January 2011.

80 "Working Wealthy Predominate the New Global Elite," *International Herald Tribune*,
January 25, 2011.

81 Jane Austen, *Sense and Sensibility* (Dover, 1995), p. 3.

결론

1 *Mr. Justice Brandeis, Great American*, ed. Irving Dilliard (Modern View Press, 1941), p.
42

2 Milton Friedman, "Free to Choose," PBS, 1980.

3 Daron Acemoglu and James A. Robinson, *Why Nations Fail* (Crown, 2012), pp. 152–56.

4 저자와의 인터뷰, Eric Schmidt, February 23, 2011.

5 저자와의 인터뷰, Emmanuel Saez, February 24, 2011.

6 Warren Buffett, Berkshire Hathaway Inc. 2007 Annual Report, February 29, 2008.

7 "The Rise and Consequences of Inequality in the United States."

8 Thomas B. Edsall, "The Reprodtion of Privilege," *New York Times* "Campaign Stops" blog, March 12, 2012 참조.

9 Felix Salmon, "Simmons Leaves Goldman's Board," Reuters, February 13, 2010 참조.

10 이 주제에 관한 더 많은 이야기는 Elyse Ashburn, "At Elite Colleges, Legacy Status May Count More Than Was Previously Thought," *Chronicle of Higher Education*, January 5, 2011 참조.

11 Roger Crowley, *City of Fortune: How Venice Ruled the Seas* (Random House, 2012), p. xxviii.

참고 문헌

Acemoglu, Daron, and David Autor. "Skills, Tasks and Technologies: Implications for Employment and Earnings." *In Handbook of Labor Economics Volume 4*. Orley Ashenfelter and David E. Card, eds. Elsevier, 2010.

Acemoglu, Daron, and James A. Robinson. *Why Nations Fail: The Origins of Power, Prosperity, and Poverty*. Crown Business, 2012.

Ariely, Dan. Predictably Irrational: *The Hidden Forces That Shape Our Decisions*. Harper, 2009.

Atkinson, Anthony, Thomas Piketty, and Emmanuel Saez. "Top Incomes in the Long Run of History." *Journal of Economic Literature* 49:1 (2011). pp. 3-71.

Autor, David. "The Polarization of Job Opportunities in the U.S. Labor Market." Center for American Progress and The Hamilton Project. April 2010.

Autor, David, and David Dorn. "The Growth of Low-Skill Service Jobs and the Polarization of the U.S. Labor Market." MIT working paper. April 2012.

Autor, David, David Dorn, and Gordon Hanson. "The China Syndrome: Local Labor Market Effects of Import Competition in the United States." MIT working paper. August 2011.

Bajpai, Nirupam, Jeffrey D. Sachs, and Ashutosh Varshney (eds.). *India in the Era of Economic Reforms*. Oxford University Press, 2000.

Bakija, Jon, Adam Cole, and Bradley T. Heim. "Jobs and Income Growth of the Top Earners and the Causes of Changing Income Inequality: Evidence from U.S. Tax Return Data." Working paper. April 2012.

Bartels, Larry M. *Unequal Democracy: The Political Economy of the New Gilded Age.* Princeton University Press, 2008.

Bebchuk, Lucian A., Alma Cohen, and Holger Spamann. "The Wages of Failure: Executive Compensation at Bear Stearns and Lehman 2000.2008." *Yale Journal on Regulation* 27 (2010). pp. 257-82.

Bebchuk, Lucian A., and Yaniv Grinstein. "The Growth of Executive Pay." *Oxford Review of Economic Policy* 21:2 (2005). pp. 283-303.

Beckert, Sven. *The Monied Metropolis: New York City and the Consolidation of the American Bourgeoisie, 1850-1896.* Cambridge University Press, 2001.

Berle, Adolf A., and Gardiner C. Means. *The Modern Corporation and Private Property.* Transaction Publishers, 1932.

Bertrand, Marianne, "CEOs." *Annual Review of Economics* 1:1 (2009). pp. 121-50.

Bertrand, Marianne, and Sendhil Mullainathan. "Are CEOs Rewarded for Luck? The Ones Without Principals Are." *Quarterly Journal of Economics* 116:3 (August 2001). pp. 901-32.

Bishop, Matthew, and Michael Green. *Philanthrocapitalism: How Giving Can Save the World.* Bloomsbury, 2008.

Bremmer, Ian. *The End of the Free Market: Who Wins the War Between States and Corporations?* Portfolio, 2010.

Christensen, Clayton M. *The Innovator's Dilemma: When New Technologies Cause Great Firms to Fail.* Harvard Business School Press, 1997.

Cohan, William D. *Money and Power: How Goldman Sachs Came to Rule the World.* Doubleday, 2011.

Collins, Jim. *Good to Great: Why Some Companies Make the Leap . . . and Others Don't.* HarperBusiness, 2001.

Congressional Budget Office. "Trends in the Distribution of Household Income Between 1979 and 2007." October 2011.

Cost, Jay. *Spoiled Rotten: How the Politics of Patronage Corrupted the Once Noble Democratic Party and Now Threatens the American Republic.* Broadside Books, 2012.

Cowen, Tyler. *The Great Stagnation: How America Ate All the Low-Hanging Fruit of Modern History,* Got Sick, and Will (Eventually) Feel Better. Dutton, 2011.

Crowley, Roger. *City of Fortune: How Venice Ruled the Seas.* Random House, 2012.

Diamond, Peter, and Emmanuel Saez. "The Case for a Progressive Tax: From Basic Research to Policy Recommendations." *Journal of Economic Perspectives* 25:4 (Fall

2011). pp. 165-90.

Djilas, Milovan. *The New Class: An Analysis of the Communist System.* Mariner Books, 1983.

Drucker, Peter F. *Landmarks of Tomorrow.* Harper, 1959.

Edsall, Thomas Byrne. *The Age of Austerity: How Scarcity Will Remake American Politics.* Doubleday, 2012.

Ford, Martin. *The Lights in the Tunnel: Automation, Accelerating Technology and the Economy of the Future.* CreateSpace, 2009.

Frank, Robert H. *The Darwin Economy: Liberty, Competition, and the Common Good.* Princeton University Press, 2011.

Frank, Robert H., and Philip J. Cook. The *Winner-Take-All Society: Why the Few at the Top Get So Much More Than the Rest of Us.* Penguin, 1996.

Freeland, Chrystia. "The Rise of the New Global Elite." *The Atlantic.* January/February 2011.

_____. *Sale of the Century: Russia's Wild Ride from Communism to Capitalism.* Crown Business, 2000.

Friedman, Thomas L. *The World Is Flat: A Brief History of the Twenty-First Century.* Farrar, Straus and Giroux, 2005.

Frydman, Carola, and Dirk Jenter. "CEO Compensation." *Annual Review of Financial Economics* 2(December 2010). pp. 75-102.

Frydman, Roman, and Michael D. Goldberg. *Beyond Mechanical Markets: Asset Price Swings, Risk, and the Role of the State.* Princeton University Press, 2011.

Fukuyama, Francis. *The End of History and the Last Man.* Free Press, 1992.

_____. "The Future of History: Can Liberal Democracy Survive the Decline of the Middle Class?" *Foreign Affairs.* January/February 2012.

Gabaix, Xavier, and Augustin Landier. "Why Has CEO Pay Increased So Much?" *Quarterly Journal of Economics* 123:1 (2008). pp. 49-100.

Galbraith, John Kenneth. *The Affluent Society.* Houghton Mifflin, 1958.

_____. *The Great Crash, 1929.* Houghton Miffl in, 1954.

Gilligan, James. *Why Some Politicians Are More Dangerous Than Others.* Polity, 2011.

Goldin, Claudia, and Lawrence F. Katz. *The Race between Education and Technology.* Belknap Press, 2008.

Goos, Maarten, and Alan Manning. "Lousy and Lovely Jobs: The Rising Polarization of Work in Britain." *Review of Economics and Statistics* 89:1 (February 2007).

Graham, Carol. *Happiness Around the World: The Paradox of Happy Peasants and Miserable*

Millionaires. Oxford University Press, 2010.

Greenspan, Alan. *The Age of Turbulence: Adventures in a New World*. Penguin Press, 2007.

Greenwald, Bruce C. N., and Judd Kahn. *Globalization: The Irrational Fear That Someone in China Will Take Your Job*. John Wiley & Sons, 2008.

Grove, Andrew S. *Only the Paranoid Survive: How to Exploit the Crisis Points That Challenge Every Company*. Crown Business, 1999.

Hacker, Jacob S., and Paul Pierson. *Winner Take All Politics: How Washington Made the Rich Richer — And Turned Its Back on the Middle Class*. Simon & Schuster, 2010.

Hayek, Friedrich A. *Law, Legislation, and Liberty, Volume 2: The Mirage of Social Justice*. University of Chicago Press, 1978.

Henriques, Diana B. *The Wizard of Lies: Bernie Madoff and the Death of Trust*. Times Books, 2011.

Hoffman, David E. *The Oligarchs: Wealth and Power in the New Russia*. Public Affairs, 2002.

Hoffman, Reid. *The Start-Up of You: Adapt to the Future, Invest in Yourself, and Transform Your Career*. Crown Business, 2012.

Hsieh, Tony. *Delivering Happiness: A Path to Profits, Passion, and Purpose*. Business Plus, 2010.

Jensen, Michael C., and Kevin J. Murphy. "Performance Pay and Top-Management Incentives." *Journal of Political Economy* 98:2 (April 1990). pp. 225-64.

Johnson, Simon, and James Kwak. *13 Bankers: The Wall Street Takeover and the Next Financial Meltdown*. Pantheon, 2010.

Johnston, David Cay. *Free Lunch: How the Wealthiest Americans Enrich Themselves at Government Expense* (and Stick You with the Bill). Portfolio, 2007.

————. *Perfectly Legal: The Covert Campaign to Rig Our Tax System to Benefit the Super-Rich — and Cheat Everybody Else*. Portfolio, 2003.

Judt, Tony. *Ill Fares the Land*. Penguin Press, 2010.

Kaletsky, Anatole. *Capitalism 4.0: The Birth of a New Economy in the Aftermath of Crisis*. Public Affairs, 2010.

Kaplan, Steven N., and Joshua Rauh. "Wall Street and Main Street: What Contributes to the Rise in the Highest Incomes?" *Review of Financial Studies* 23:3 (March 2010). pp. 1004-50.

Khan, Shamus Rahman. Privilege: *The Making of an Adolescent Elite at St. Paul's School*. Princeton University Press, 2010.

Kindleberger, Charles P. *Manias, Panics, and Crashes: A History of Financial Crises*, fifth edition. John Wiley & Sons, 2005.

Konrád, George, and Ivan Szelényi. *Road of the Intellectuals to Class Power: Sociological Study of the Role of the Intelligentsia in Socialism.* Branch Line, 1979.

Krueger, Alan B. "The Economics of Real Superstars: The Market for Rock Concerts in the Material World." *Journal of Labor Economics* 23:1 (2005).

Lemann, Nicholas. *The Big Test: The Secret History of the American Meritocracy.* Farrar, Straus and Giroux, 1999.

Levy, Santiago, and Michael Walton (eds.). *No Growth Without Equity?: Inequality, Interests, and Competition in Mexico.* World Bank Publications, 2009.

Lindert, Peter, and Jeffrey Williamson. "American Incomes Before and After the Revolution." NBER Working Paper No. 17211. July 2011.

Maddison, Angus. *Contours of the World Economy 1.2030 AD: Essays in Macro-Economic History.* Oxford University Press, 2007.

Mallaby, Sebastian. *More Money Than God: Hedge Funds and the Making of a New Elite.* Penguin Press, 2010.

Marshall, Alfred. *Principles of Economics.* Nabu Press, 2010.

Martin, Roger L. *Fixing the Game: Bubbles, Crashes, and What Capitalism Can Learn from the NFL.* Harvard Business Review Press, 2011.

Martin, Roger L., and Mihnea C. Moldoveanu. "Capital Versus Talent: The Battle That's Reshaping Business." *Harvard Business Review.* July 2003.

Merton, Robert K. "The Matthew Effect in Science." *Science* 159:3810 (January 5, 1968). pp. 56−63.

Meyer, Christopher. *Standing on the Sun: How the Explosion of Capitalism Abroad Will Change Business Everywhere.* Harvard Business Review Press, 2012.

Milanovic, Branko. *The Haves and the Have-Nots: A Brief and Idiosyncratic History of Global Inequality.* Basic Books, 2011.

Mills, C. Wright. *The Power Elite.* Oxford University Press, 2000.

Mokyr, Joel. *The Lever of Riches: Technological Creativity and Economic Progress.* Oxford University Press, 1990.

Murphy, Kevin J. "Top Executives Are Worth Every Nickel They Get." *Harvard Business Review.* March 1986.

Murphy, Kevin J., and Jan Zabojnik. "Managerial Capital and the Market for CEOs." Queen's Economics Department Working Paper No. 10. October 2006.

Murray, Charles. *Falling Behind: The State of White America, 1960−2010.* Crown Forum,

2012.

Nasar, Sylvia. *Grand Pursuit: The Story of Economic Genius.* Simon & Schuster, 2011.

Noah, Timothy. *The Great Divergence: America's Growing Inequality Crisis and What We Can Do about It.* Bloomsbury, 2012.

O'Neill, Jim. *The Growth Map: Economic Opportunity in the BRICs and Beyond.* Portfolio, 2011.

Pan, Philip P. *Out of Mao's Shadow: The Struggle for the Soul of a New China.* Simon & Schuster, 2008.

Pettis, Michael. *The Volatility Machine: Emerging Economics and the Threat of Financial Collapse.* Oxford University Press, 2001.

Philippon, Thomas, and Ariell Reshef. "Wages and Human Capital in the U.S. Finance Industry: 1909–2006." Working paper. March 2011.

Phillips, Kevin. *Wealth and Democracy: A Political History of the American Rich.* Broadway, 2002.

Pickett, Kate, and Richard Wilkinson. *The Spirit Level: Why Greater Equality Makes Societies Stronger.* Bloomsbury, 2009.

Piketty, Thomas, and Emmanuel Saez. "The Evolution of Top Incomes: A Historical and International Perspective." *American Economic Review: Papers and Proceedings* 96:2 (May 2006). pp. 200–205.

————. "Income Inequality in the United States, 1913–1998." *Quarterly Journal of Economics* 118:1 (2003). pp. 1–39.

Porter, Eduardo. *The Price of Everything: Solving the Mystery of Why We Pay What We Do.* Portfolio, 2011.

Rajan, Raghuram G. *Fault Lines: How Hidden Fractures Still Threaten the World Economy.* Princeton University Press, 2010.

Rajan, Raghuram G., and Luigi Zingales. *Saving Capitalism from the Capitalists: Unleashing the Power of Financial Markets to Create Wealth and Spread Opportunity.* Princeton University Press, 2004.

Rand, Ayn. *Atlas Shrugged.* Random House, 1957.

Ratigan, Dylan. *Greedy Bastards: How We Can Stop Corporate Communists, Banksters, and Other Vampires from Sucking America Dry.* Simon & Schuster, 2012.

Rosen, Sherwin. "The Economics of Superstars." *American Economic Review* 71:5 (December 1981).

Rothkopf, David. Power, *Inc.: The Epic Rivalry Between Big Business and Government — and* the Reckoning That Lies Ahead. Farrar, Straus and Giroux, 2012.

———. Superclass: The Global Power Elite and the World They Are Making. Farrar, Straus and Giroux, 2008.

Saez, Emmanuel. "Striking It Richer: The Evolution of Top Incomes in the United States." http://elsa.berkeley.edu./~saez/saez-Ustopincomes-2010.pdf. March 2, 2012.

Skocpol, Theda. Diminished Democracy: From Membership to Management in American Civic Life. University of Oklahoma Press, 2003.

Sloan, Alfred P., Jr. My Years with General Motors. Doubleday, 1964.

Smith, Adam. The Wealth of Nations. Bantam Classics, 2003.

Sorkin, Andrew Ross. Too Big to Fail: The Inside Story of How Wall Street and Washington Fought to Save the Financial System-and Themselves. Viking, 2009.

Soros, George. The Crisis of Global Capitalism: Open Society Endangered. Public Affairs, 1998.

Spence, A. Michael. "The Impact of Globalization on Income and Employment: The Downside of Integrating Markets." Foreign Affairs. July/August 2011.

———. The Next Convergence: The Future of Economic Growth in a Multispeed World. Farrar, Straus and Giroux, 2011.

Spence, A. Michael, and Sandile Hlatshwayo. "The Evolving Structure of the American Economy and the Employment Challenge." Maurice R. Greenberg Center for Geoeconomic Studies working paper. Council on Foreign Relations Press, March 2011.

Sull, Donald. Why Good Companies Go Bad and How Great Managers Remake Them. Harvard Business Review Press, 2005.

Taleb, Nassim Nicholas. The Black Swan: The Impact of the Highly Improbable. Random House, 2007.

Walter, Carl E., and Fraser J. T. Howie. Red Capitalism: The Fragile Financial Foundation of China's Extraordinary Rise. John Wiley & Sons, 2011.

Winters, Jeffrey A. Oligarchy. Cambridge University Press, 2011.

Wolf, Martin. Why Globalization Works. Yale University Press, 2004.

Yergin, Daniel. The Prize: The Epic Quest for Oil, Money, and Power. Simon & Schuster, 1991.

———. The Quest: Energy, Security, and the Remaking of the Modern World. Penguin Press, 2011.

Zakaria, Fareed. The Post-American World. W. W. Norton, 2008.

찾아보기

옮긴이의 말

이 책은 그야말로 〈부자〉들에 관한 이야기다. 크리스티아 프릴랜드는 20년 동안 전 세계 부자들, 특히 그중에서도 미국과 러시아 갑부들의 삶과 행적을 추적한 로이터의 베테랑 저널리스트다. 그녀가 여기서 펼쳐 놓은 방대한 자료와 세부적인 데이터들은 한 사람의 독자로서는 놀라움이었고, 우리말로 옮겨야 하는 번역가로서는 결코 만만치 않은 공부와 확인의 대상이었다.

그래도 글을 모두 옮기고 나서 보니 결론이 가장 인상에 많이 남는다. 기나긴 여정의 마지막에서 프릴랜드는 우리에게 베네치아의 이야기를 들려준다. 그러나 그녀가 여기서 그리고 있는 베네치아의 모습은 화려한 역사의 후광으로 빛나는 세계적인 관광지가 아니라, 그 옛날 지도층의 조급한 이기심으로 유럽의 역사 속에서 존재감을 잃어 갔던 실패한 도시 국가로서의 이미지다. 베네치아는 새로운 인물과 자본을 기꺼이 받아들이는 〈코멘다〉라고 하는 열린 시스템을 기반으로 역사적으로 전례 없는 상업적 성공을 일구어 냈다. 하지만 이후 기득권들은 『황금의 책』이라고 하는 귀족 명부와 더불어 지배 계급을 폐쇄적인 집단으로 만들어

놓고자 했으며, 이러한 시도는 결국 그들에게 성공을 가져다주었던 사회적 유동성을 몽땅 고갈시켜 버렸다.

얼마 전 SBS 다큐멘터리 「최후의 제국」을 참으로 흥미롭게 보았다. 그중에서도 4부 〈공존, 생존을 위한 선택〉이 가장 인상적이었다. 그 이야기의 무대는 남태평양 솔로몬 제도에 있는 〈아누타〉라고 하는 작은 외딴섬이다. 그런데 그 섬마을에는 지금 우리가 알고 있는 소유의 개념이 없다. 그곳 원주민들은 모든 것을 공평하게 나누어 가진다. 함께 잡은 물고기를 식구 수에 따라 골고루 나누어 가진다. 말 그대로 최후의 지상낙원인 셈이다.

그런데 아름답고 평화로운 섬마을의 풍경이 펼쳐지는 가운데 비탄에 빠진 미국과 유럽 사람들의 일그러진 표정들이 언뜻 스쳐 지나간다. 몇 년 전만 해도 대저택에 살면서 리무진을 몰았던 서구 중산층들이 이제 수도와 전기가 끊긴 집에서 살고, 차에서 잠을 자고, 빈 건물에 들어가 하루를 연명하는 실상들이 아누타 사람들의 구릿빛 미소와 선명한 대조를 이룬다. 대체 뭐가 잘못된 것일까?

미국발 금융 위기가 터질 것이라는 사실은 웬만한 경제 전문가들은 모두 알고 있었다. 다만 그들이 몰랐던 것은 그 거품이 과연 언제 터질까 하는 것이었다. 시티그룹 회장을 지낸 척 프린스는 〈음악이 나오는 동안에는 신나게 춤을 춰야 한다〉고 말했다. 조만간 파국이 닥칠 것이라는 사실을 잘 알면서도 그들이 끝내 무대를 내려오지 않았던 까닭은, 음악이 끝나기 전에 그 누구보다도 더 많은 이익을 뽑아 놓아야 했기 때문이었다. 결국 미국 중산층을, 그리고 전 세계 수많은 사람들을 금융 위기의 구렁텅이로 몰아넣은 것은 0.1퍼센트의 월스트리트 플루토크라트들의 근시안적 이기심이었던 것이다.

오늘날 전 세계적인 차원에서 플루토크라트들은 우리들 나머지와는 점점 더 멀어져 완전히 다른 세상을 살아가고 있다. 한국의 갑부들에 대해서는 특별히 언급하고 있지는 않지만, 심각한 소득 격차와 양극화 문제는 이제 우리의 일상생활 속에서 피부로 느낄 만큼 분명하게 드러나고 있으며, 이러한 현상은 전 세계적인 흐름으로 자리를 잡았다. 그리고 벌써 하늘 높이 올라간 플루토크라트들은 이제 그들이 밟고 올라간 사다리를 걷어찰 준비를 하고 있다.

바로 이 대목에서 프릴랜드는 그러한 플루토크라트들의 모습을 어리석은 과거의 베네치아 귀족에 비유하고 있다. 베네치아 갑부들은 정작 그들을 부유하게 만들어 주었던 코멘다 제도를 폐지해 버림으로써 역사의 뒤안길로 사라지고 말았다. 마찬가지로 오늘날 플루토크라트들 역시 그들을 돈방석에 올려놓았던 자본주의의 개방성과 민주주의의 유동성이라고 하는 가치의 사다리를 걷어차려 하고 있다. 결론적으로 프릴랜드는 이러한 근시안적 이기심이 오늘날 플루토크라트들을 그 옛날의 어리석은 베네치아 귀족들처럼 역사 속으로 사라지게 만들 것이라는 경고의 메시지를 던지고 있는 것이다.

다큐멘터리 「최후의 제국」은 마지막 장면에서 오늘날 자본주의가 아누타 원주민들의 공존, 공생의 정신, 즉 〈아로파〉를 현실적으로 얼마든지 수용할 수 있다는 가능성을 유럽의 협동조합 제도를 통해 보여 준다. 그리고 이 땅의 자본주의가 플루토크라트들의 눈먼 이기심 때문에 자멸의 길로 들어서기 전에, 우리 사회가 적극적으로 공존과 공생의 정신을 수용해야 한다고 최종 진단을 내리고 있다.

이제 남은 것은 우리 사회의 선택이다. 0.1퍼센트 플루토크라트들에게 이제 정신을 차리고 다른 사람들을 돌아보라고 애원하는 것은 순진한 발상이다. 그렇다면 플루토크라트들이 사다리를 걷어차지 못하게 막고, 협동조합과 같은 개방적인 자본주의 시스템을 확대해 나갈 강력한 의지와 장기적인 안목을 지닌 정부를 선택하는 일이 우리들 99.9퍼센트에게 주어진 책임일 것이다. 이것이야말로 프릴랜드가 오랜 시간동안 전 세계 수많은 갑부들의 삶을 파헤치면서 얻어 낸 유일한 희망의 메시지가 아닐까 한다.

박세연

옮긴이 **박세연** 고려대학교 철학과를 졸업하고 글로벌 IT 기업
에서 10년간 마케터와 브랜드 매니저로 일했다. 현재 전문번역가
로 활동하면서 번역가 모임인 〈번역인〉의 공동대표를 맡고 있다.
옮긴 책으로는『죽음이란 무엇인가』,『지금 당장 이 불황을 끝내
라!』,『립잇업』,『디퍼런트』,『누가 내 지갑을 조종하는가』등이
있다.

플루토크라트

발행일 2013년 10월 10일 초판 1쇄

지은이 크리스티아 프릴랜드
옮긴이 박세연
발행인 홍지웅
발행처 주식회사 열린책들

경기도 파주시 문발로 253 파주출판도시
전화 031-955-4000 팩스 031-955-4004
www.openbooks.co.kr

Copyright (C) 주식회사 열린책들, 2013, Printed in Korea.
ISBN 978-89-329-1626-2 03320

이 도서의 국립중앙도서관 출판시도서목록(CIP)은 e-CIP 홈페이지(http://www.nl.go.kr/ecip)와 국가자료
공동목록시스템 (http://www.nl.go.kr/kolisnet)에서 이용하실 수 있습니다.(CIP제어번호: CIP2013019223)